Lars Brozus

Globale Konflikte
oder Global Governance?

Lars Brozus

Globale Konflikte oder Global Governance?

Kontinuität und Wandel globaler Konfliktlinien nach dem Ost-West-Konflikt

Westdeutscher Verlag

Die Deutsche Bibliothek – CIP-Einheitsaufnahme
Ein Titeldatensatz für diese Publikation ist bei
Der Deutschen Bibliothek erhältlich

Zugl.: Bremen, Univ., Diss., 2001 u.d.T.: Brozus, Lars: Nach dem Ost-West-Konflikt: Globale Konflikte oder Global Governance? Konfliktakteure und Konfliktgegenstände der UN-Weltkonferenzen

1. Auflage Juli 2002

Alle Rechte vorbehalten
© Westdeutscher Verlag GmbH, Wiesbaden 2002

Der Westdeutsche Verlag ist ein Unternehmen der Fachverlagsgruppe BertelsmannSpringer.
www.westdeutschervlg.de

Das Werk einschließlich aller seiner Teile ist urheberrechtlich geschützt. Jede Verwertung außerhalb der engen Grenzen des Urheberrechtsgesetzes ist ohne Zustimmung des Verlags unzulässig und strafbar. Das gilt insbesondere für Vervielfältigungen, Übersetzungen, Mikroverfilmungen und die Einspeicherung und Verarbeitung in elektronischen Systemen.

Die Wiedergabe von Gebrauchsnamen, Handelsnamen, Warenbezeichnungen usw. in diesem Werk berechtigt auch ohne besondere Kennzeichnung nicht zu der Annahme, dass solche Namen im Sinne der Warenzeichen- und Markenschutz-Gesetzgebung als frei zu betrachten wären und daher von jedermann benutzt werden dürften.

Umschlaggestaltung: Horst Dieter Bürkle, Darmstadt
Druck und buchbinderische Verarbeitung: Rosch-Buch, Scheßlitz
Gedruckt auf säurefreiem und chlorfrei gebleichtem Papier
Printed in Germany

ISBN 3-531-13798-0

Danksagung

Die vorliegende Untersuchung ist die überarbeitete Fassung meiner Dissertation, die 2001 unter dem Titel „Nach dem Ost-West-Konflikt: Globale Konflikte oder Global Governance? Konfliktakteure und Konfliktgegenstände der UN-Weltkonferenzen" von der Universität Bremen angenommen wurde. Da der Beginn der Arbeit an der Dissertation bereits einige Zeit zurückliegt und das Gedächtnis auch der engagiertesten Beobachter internationaler Politik von immer neuen Ideen und Konzepten überflutet wird, ist der Ost-West-Konflikt inzwischen in den Untertitel gewandert. Zu den wenigen Personen, bei denen ich mir sicher bin, daß sie nicht dazu neigen, in langen Jahren der Auseinandersetzung mit internationaler Politik gewonnene Einsichten leichtfertig über Bord zu werfen, gehören die beiden Gutachter der Arbeit. Ganz herzlich möchte ich mich bei Dieter Senghaas und Michael Zürn bedanken, die dafür sorgten, daß der sich im Bearbeitungszeitraum spiegelnde Fokus der Arbeit – beides eine *longue durée* – nicht aus dem Blick verloren wurde.

Weiterhin gebührt Dank den Mitgliedern des Promotionskolloquiums für die ausgesprochen konstruktive Atmosphäre der Prüfung. Dieser Dank geht an Eva Senghaas-Knobloch, Rainer Dombois, Sonja Borski und Jürgen Gerdes. Da manches dafür spricht, daß Dissertationen, die in einem Forschungszusammenhang entstehen, zumindest partiell Resultat kollektiver Anstrengungen sind, möchte ich mich bei den MitarbeiterInnen des Instituts für Interkulturelle und Internationale Studien (InIIS) der Universität Bremen bedanken. Stellvertretend nenne ich in diesem Zusammenhang Marianne Beisheim, Sabine Dreher, Andrea Liese, Ulrich Schneckener, Bernhard Trautner, Gregor Walter, Dieter Wolf und Bernhard Zangl, die *first generation* der IB-Abteilung des Instituts. Leider verbleibt trotz dieser geballten Fachkompetenz die Verantwortung für alle Mängel der Untersuchung bei mir.

Neben dem kollegialen Umfeld spielten Familie und Freunde eine nicht hoch genug einzuschätzende Rolle während der Arbeit. Danken möchte ich Karen Gooden, meinen Eltern und ihren jeweiligen Familien, die nie aufhörten, das langsame Werden der Dissertation in verschiedenster Hinsicht zu unterstützen. Auch das emotional, sportlich und spirituell anregende Bremer Umfeld hat zum vorliegenden Ergebnis beigetragen.

„Das kann so nicht bleiben", war der Satz, den ich in den letzten Monaten der Niederschrift am häufigsten hörte. Geäußert wurde er von der Person, die wie keine andere individuellen Anteil am Fortgang der Arbeit und Einfluß auf ihre Gestaltung nahm. Ihr gebührenden Dank abzustatten, überstiege meine Fähigkeiten. Die Fertigstellung dieser Arbeit wäre ohne Deine Hilfe, Marianne, so nicht möglich gewesen. Ich werde das nicht vergessen.

Schließlich möchte ich mich bei der ZEIT-Stiftung Ebelin und Gerd Bucerius (Hamburg), namentlich bei Prof. Dr. Michael Göring und Dr. Ingmar Ahl, für die großzügige finanzielle Unterstützung bedanken, die mir die Entscheidung, die Arbeit im Westdeutschen Verlag zu publizieren, sehr erleichtert hat.

Berlin, im Frühjahr 2002 Lars Brozus

Inhaltsverzeichnis

	Verzeichnis der wichtigsten Abkürzungen	10
	Vorwort	11
A.	**Kapitel I: Einleitung**	**15**
1.	Einführung: Andauernde Orientierungslosigkeit	15
1.1	Die Unübersichtlichkeit internationaler Politik nach dem Ost-West-Konflikt	15
1.2	Allgemeine Fragestellung: Welche Konfliktlinien strukturieren internationale Politik im 21. Jahrhundert?	17
1.3	Aufbau der Arbeit	19
2.	Forschungsstand: Konfliktlinien in der Friedens- und Konfliktforschung	21
2.1	Historische Konfliktlinien	21
2.2	Zukünftige Konfliktlinien	22
2.3	Hintergrundbedingungen internationaler Politik im 21. Jahrhundert	24
2.4	Vier Szenarios internationaler Politik nach dem Ost-West-Konflikt	25
3.	Vorgehensweise	36
3.1	Definitionen und Fragestellung	36
3.2	Forschungsdesign und Untersuchungsmethode	39
3.3	Untersuchungsgegenstand und Fallauswahl	41
B.	**Kapitel II: Fallstudien**	**45**
	Lesehinweise zu den Fallstudien	45
	Konferenzstruktur und –auswertung	46
1.	Der Erdgipfel 1992 in Rio de Janeiro – United Nations Conference on Environment and Development (UNCED)	47
1.1	Hintergrund	47
1.2	Der Vorbereitungsprozeß	48
1.3	Der Erdgipfel in Rio de Janeiro	56
1.4	Die Ergebnisse der UNCED	64
1.5	Diskussion	70
2.	Die Weltkonferenz über Menschenrechte 1993 in Wien – World Conference on Human Rights (WCHR)	72
2.1	Hintergrund	72
2.2	Der Vorbereitungsprozeß	73
2.3	Die Weltmenschenrechtskonferenz in Wien	80

2.4	Die Ergebnisse der WCHR	92
2.5	Diskussion	97
3.	Der Weltbevölkerungsgipfel 1994 in Kairo – International Conference on Population and Development (ICPD)	99
3.1	Hintergrund	99
3.2	Der Vorbereitungsprozeß	100
3.3	Der Weltbevölkerungsgipfel in Kairo	104
3.4	Die Ergebnisse der ICPD	116
3.5	Diskussion	118
4.	Der Weltsozialgipfel 1995 in Kopenhagen – World Summit for Social Development (WSSD)	120
4.1	Hintergrund	120
4.2	Der Vorbereitungsprozeß	122
4.3	Der Weltsozialgipfel in Kopenhagen	129
4.4	Die Ergebnisse des WSSD	137
4.5	Diskussion	140
5.	Der Kernwaffengipfel 1995 in New York – Nonproliferation Treaty Review and Extension Conference (NPTREC)	142
5.1	Hintergrund	142
5.2	Der Vorbereitungsprozeß	146
5.3	Der Kernwaffengipfel in New York	148
5.4	Die Ergebnisse der NPTREC	161
5.5	Diskussion	163
6.	Die Weltfrauenkonferenz 1995 in Peking – Fourth World Conference on Women (FWCW)	167
6.1	Hintergrund	167
6.2	Der Vorbereitungsprozeß	168
6.3	Die Vierte Weltfrauenkonferenz in Peking	173
6.4	Die Ergebnisse der FWCW	182
6.5	Diskussion	187
C.	**Kapitel III: Auswertung der empirischen Befunde**	**189**
1.	Einleitung	189
2.	Erster Schritt: Auswertung der konfliktakteursorientierten Analyse der Konferenzdokumente	190
2.1	Konfliktakteursorientierte Analyse der protokollierten Stellungnahmen	192
2.2	Konfliktakteursorientierte Analyse der signifikanten Vorbehalte	193
3.	Auswertung der konfliktgegenstandsorientierten Analyse der Konferenzdokumente	196
3.1	Spezifische Konfliktgegenstände bei der UNCED 1992	197
3.2	Spezifische Konfliktgegenstände bei der WCHR 1993	197
3.3	Spezifische Konfliktgegenstände bei der ICPD 1994	198
3.4	Spezifische Konfliktgegenstände beim WSSD 1995	198

3.5	Spezifische Konfliktgegenstände bei der NPTREC 1995	199
3.6	Spezifische Konfliktgegenstände bei der FWCW 1995	200
4.	Zweiter Schritt: Zusammenfassende Analyse der Konferenzprozesse	202
4.1	Allgemeine Konfliktgegenstände bei der UNCED 1992	203
4.2	Allgemeine Konfliktgegenstände bei der WCHR 1993	205
4.3	Allgemeine Konfliktgegenstände bei der ICPD 1994	206
4.4	Allgemeine Konfliktgegenstände beim WSSD 1995	208
4.5	Allgemeine Konfliktgegenstände bei der NPTREC 1995	209
4.6	Allgemeine Konfliktgegenstände bei der FWCW 1995	210
4.7	Allgemeine Konfliktakteure der Konferenzprozesse	211
5.	Dritter Schritt: Konfliktbereiche und Konfliktlinien internationaler Politik nach dem Ost-West-Konflikt	213
5.1	Problemfelder, Sachbereiche und Konfliktbereiche	214
5.2	Konfliktbereiche und Konfliktgegenstände	215
5.3	Konfliktakteurskonstellationen im Konfliktbereich „Entwicklungsmodelle"	217
5.4	Konfliktakteurskonstellationen im Konfliktbereich „Modelle gesellschaftlicher Ordnung"	218
5.5	Konfliktakteurskonstellationen im Konfliktbereich „Modelle internationaler Ordnung"	220
5.6	Fazit: Konfliktbereiche und Konfliktlinien	221
D.	**Kapitel IV: Schlußdiskussion**	**223**
1.	Überprüfung der Prognosen der Szenarios	223
1.1	Machtkonflikte	223
1.2	Kulturkonflikte	224
1.3	Wirtschaftskonflikte	225
1.4	Entwicklungskonflikte	226
1.5	Zusammenfassung	227
1.6	Exkurs: Einige Folgerungen für Theorien Internationaler Beziehungen	229
2.	Ausblick: Konfliktlinien in einer globalisierten Welt	230
2.1	Entwicklungs- und Koordinationsdilemma	231
2.2	Integration oder Fragmentierung als Antwort auf Entwicklungs- und Koordinationsdilemma	233
2.3	Global Governance als vermittelndes Modell	236
2.4	Die Bedeutung von Konfliktlinien für Global Governance	239
2.5	Schlußplädoyer: Global Governance als Antwort auf die Gleichzeitigkeit von Entwicklungs- und Koordinationsdilemma	244
	Literaturverzeichnis	**246**

Verzeichnis der wichtigsten Abkürzungen

AEM	Allgemeine Erklärung der Menschenrechte
ACDA	Arms Control and Disarmament Agency
AFRM	African Regional Meeting
AOSIS	Alliance of Small Island States
AP	Aktionsprogramm
ASEAN	Alliance of South East Asian Nations
ASRM	Asian Regional Meeting
BSP	Bruttosozialprodukt
CGG	Commission on Global Governance
CSD	Commission for Sustainable Development
CSW	Commission on the Status of Women
Dekl.	Deklaration
DGVN	Deutsche Gesellschaft für die Vereinten Nationen
ECA	Economic Commission for Africa
ECAP	Economic Commission for Asia and Pacific
ECE	Economic Commission for Europe
ECLAC	Economic Commission for Latin America and the Caribbean
ECOSOC	Economic and Social Council of the UN
ECWA	Economic Commission for West Asia
EG	Europäische Gemeinschaft
EGMS	Mitgliedstaaten der EG
EU	Europäische Union
ENB	Earth Negotiations Bulletin
DPCSD	Department of Policy Coordination for Sustainable Development
FCKW	Fluor-Chlor-Kohlenwasserstoffe
FWCW	Fourth World Conference on Women
GATT	General Agreement on Trade and Tariffs
GEF	Global Environmental Facility
G-77	Gruppe der 77
IAEO	Internationale Atomenergiebehörde
ICPD	International Conference on Population and Development
ILO	International Labour Organisation
INC	International Negotiating Committee
LACRM	Latin American Countries Regional Meeting
NAFTA	North American Free Trade Association
NAM	Non-aligned Movement
NATO	North Atlantic Treaty Organization
NGO	Non-governmental Organisation
NPN	Nuclear Proliferation News
NPTREC	Nonproliferation Treaty Review and Extension Conference
NVV	Nichtverbreitungsvertrag
OAU	Organisation for African Unity
OECD	Organisation for Economic Cooperation and Development
ODA	Overseas Development Assistance
OPEC	Organisation of Petrol Exporting Countries
PrepCom	Preparatory Committee
UN	United Nations
UNCED	United Nations Conference on Environment and Development
UNCHE	United Nations Conference on the Human Enviroment
UNDP	United Nations Development Programme
UNFPA	United Nations Fund for Population Activities
UNGA	United Nations General Assembly
WCHR	World Conference on Human Rights
WHO	World Health Organization
WSSD	World Summit for Social Development
WTO	World Trade Organization
VN	Vereinte Nationen

Vorwort

Internationale Politik ist wieder *en vogue*. Nach dem viele Beobachter bedingt durch das Ende des Ost-West-Konflikts in den 1990er Jahren eine friedlichere Zukunft heraufziehen sahen, hat sich die Situation am Beginn des 21. Jahrhunderts drastisch gewandelt. Spätestens seit den Terroranschlägen in den USA vom 11. September 2001 boomt die Literatur über Konfliktakteure und Konfliktgegenstände internationaler Beziehungen wieder. Unzählige Spezialisten diskutieren verschiedenste Modelle, die das weltpolitische Geschehen, und insbesondere die sich abzeichnenden globalen Konflikte, in schlüssige Form bringen sollen. Dabei ist viel vom bevorstehenden Kampf der Kulturen die Rede, aber auch vom Kampf der Unterprivilegierten gegen die Reichen der Welt. Parallel dazu wird ein zunehmender Unilateralismus der USA diagnostiziert und über die Folgen des schärferen internationalen Wettbewerbs für die nationalen sozialen Sicherungssysteme lamentiert. Das alles geschieht vor dem Hintergrund unaufhaltsam erscheinender Globalisierungsprozesse.

Wie soll mit diesem ungeheuren Konfliktpotential umgegangen werden? Manche rufen nach stärkeren internationalen Organisationen wie einer reformierten UN oder dem Internationalen Strafgerichtshof, die die Staaten zur friedlichen Kooperation anhalten sollen. Andere sehen die Bedeutung nichtstaatlicher Akteure wachsen, ob nun im positiven Sinne, wie bei der zunehmenden transnationalen Vernetzung von Umwelt- und Entwicklungs-NGOs, oder im negativen Sinne, wie bei der transnationalen organisierten Kriminalität oder gar grenzüberschreitend agierenden Terrorgruppen. Dritte schließlich debattieren unterschiedliche Konzepte von Weltordnungspolitiken wie beispielsweise Global Governance, die eine mehr oder weniger deutlich ausgeprägte zentrale Steuerungskomponente aufweisen, mitunter gar den Weltstaat beschwören.

Oft basieren diese Lösungsansätze auf der Annahme einer einzigen dominierenden Konfliktlinie, die die Akteure internationaler Politik voneinander trennt, wie dies früher der über 40 Jahre dauernde Ost-West-Konflikt tat. Das zentrale Ergebnis der vorliegenden Arbeit besteht nun darin, daß im Gegensatz zur Ära nach dem Zweiten Weltkrieg gegenwärtig keine globale Konfliktlinie die Welt im Sinne einer übergeordneten Konfliktformation teilt. Eine neue Trennlinie, die *gleichermaßen* macht- und ordnungspolitische Konflikte umfaßt, ist auf zwischenstaatlicher Ebene nicht in Sicht.

Allerdings wäre es falsch, stattdessen nur unzusammenhängende Einzelkonflikte zu sehen. Vielmehr existieren nach Konfliktbereichen getrennt spezifische Konfliktlinien, die bedeutende Sachfragen internationaler Politik betreffen. Drei Konfliktbereiche können identifiziert werden, in denen sich jeweils die gleichen Konfliktakteure gegenüber stehen. Diese Konfliktbereiche bezeichnen damit zentrale Konflikte internationaler Politik nach dem Ost-West-Konflikt:

(1) Der erste Konfliktbereich umfaßt verschiedene Auffassungen über *Entwicklungsmodelle*. Die zugrundeliegende zentrale Positionsdifferenz zwischen den Konfliktakteuren bezieht sich im Kern auf den Vorrang ökonomischer oder ökologischer Entwicklungslogik. Dieser Konflikt besteht zwischen Industriestaaten und Entwicklungsländern.
(2) Der zweite Konfliktbereich beinhaltet gegensätzliche *Modelle gesellschaftlicher Ordnung*. Hierbei besteht die zentrale Positionsdifferenz über die normativen Maßstäbe, an denen sich innenpolitische Ordnungen ausrichten sollen. In diesem Konfliktbereich stehen sich staatlich verfaßte religiös oder säkular orientierte Weltanschauungen gegenüber.
(3) Der dritte Konfliktbereich zeichnet sich durch unterschiedliche *Modelle internationaler Ordnung* aus. Die zentrale Positionsdifferenz besteht über die Ausgestaltung des für das Westfälische Staatensystem konstitutiven Prinzips der Souveränität. Dieser Konflikt findet zwischen eher demokratisch-postnational und eher autoritär-national geprägten Staaten statt.

Ebenso falsch wäre es aber auch, von einem grundsätzlich geringeren Gewaltpotential dieser Konflikte auszugehen. Vielmehr scheint sich die Gewalt von den Staaten weg hinein in gesellschaftliche Kontexte zu verlagern. Dies hängt sowohl mit der Veränderung von Staatlichkeit als auch mit neuen Konflikttypen zusammen. Beides wiederum ist ohne die Berücksichtigung von Globalisierungsprozessen, die gesellschaftliche Akteure in den Vordergrund rücken, nicht verständlich. Angesichts der in mancher Hinsicht abnehmenden staatlichen Steuerungsfähigkeit steht die Welt damit vor der Herausforderung, neue Arrangements politischer Steuerung zu entwickeln, die gleichzeitig effektiv *und* demokratisch legitimiert sind. Wie schwierig sich die Bewältigung dieser Herausforderung in der Realität gestaltet, verdeutlichen die ebenso mühsamen wie zähen Verhandlungsprozesse während der in dieser Arbeit untersuchten Weltkonferenzen in den 1990er Jahren.

Darüber hinaus legen die Ergebnisse der Arbeit nahe, daß zwei Dilemmas von besonderer Bedeutung für die künftige Weltpolitik sein werden. Die Rede ist einerseits vom Entwicklungs- und andererseits vom Koordinationsdilemma:
(1) Das politikfeldspezifische *Entwicklungsdilemma* bezieht sich auf den engen Zusammenhang von ökonomischer und ökologischer Entwicklung. Das Dilemma besteht in den für die internationale Staatengemeinschaft kollektiv betrachtet oft abträglichen Folgen nationaler Entwicklungsprozesse im Zeitalter des stetig zunehmenden grenzüberschreitenden Austausches von Menschen bzw. Werten aller Art, seien dies Kapital, Waren, Zeichen, Waffen oder Schadstoffe.
(2) Das strukturell internationaler Politik inhärente *Koordinationsdilemma* ergibt sich aus der weitgehenden Abwesenheit verbindlicher Regelsetzungsmechanismen auf der supranationalen Ebene. Die Anarchie der internationalen Ordnung führt zu einem System nationaler Egoismen, das Kooperation erschwert und damit die Bearbeitung globaler Politikherausforderungen wie beispielsweise der Klimaproblematik erheblich beeinträchtigt.

Besonders bedenklich stimmt das gleichzeitige Auftreten beider Dilemmas. Sowohl die Entwicklungsproblematik als auch ordnungspolitische Fragen haben die internationale Staatengemeinschaft immer wieder in Krisen gestürzt, die oft genug gewaltsam ausgetragen wurden. Allerdings handelte es sich dabei meist um Auseinandersetzungen im Rahmen eines durch Nationalstaaten bestimmten internationalen Systems. Die Aussicht auf eine grundlegende, durch Globalisierungsprozesse induzierte Transformation dieses Systems stellt daher ebenfalls eine neue Herausforderung dar. Es müssen *gleichzeitig* neue Wege der Koordinierung verschiedenster Entwicklungsprozesse gefunden werden, um das kollektiv zu tragende Risiko von möglicherweise irreversiblen Schädigungen der sozialen, ökonomischen, ökologischen und auch politischen Umwelt des Menschen zu minimieren.

Die Komplexität der angedeuteten Konflikte verdichtet sich zu unübersichtlichen Konfliktkonstellationen, die sich simplen Interpretationen entziehen. Gerade die Terroranschläge in den USA zeigen, wie unzureichend verkürzende Analysen der Realität gerecht werden. Möglicherweise ist der Konflikt bzw. sind die Konflikte zwischen – um es vereinfachend zu sagen – fundamentalistischen Islamisten und dem liberalen Westen aber ein gutes Beispiel für künftige komplexe Konfliktkonstellationen, sind hier doch alle drei herausgearbeiteten Konfliktbereiche berührt:

(1) In den Konfliktbereich Modelle internationaler Ordnung fallen Forderungen islamistischer Organisationen nach dem Abzug der USA und ihrer Verbündeten aus der arabischen Region sowie dem Entzug ihres Beistands für Israel. Beides wird als Hindernis auf dem Weg zur Integration der islamischen Welt gesehen, die das politische Ziel dieser Organisationen ist. Diese Forderung tangiert die Frage nach der Autonomie souveräner Staaten in einer globalisierten Welt.

(2) Den Konfliktbereich Modelle gesellschaftlicher Ordnung betrifft die Annahme, daß es den islamistischen Organisationen letztlich um die Aufhebung der Trennung von Staat und Religion geht. Diese Dimension ihrer Forderungen verweist auf den Konflikt zwischen säkular und religiös orientierten Entwürfen einer guten gesellschaftlichen Ordnung.

(3) Den Konfliktbereich Entwicklungsmodelle berührt das von islamistischen Organisationen angeführte Argument, wonach der Westen die Ressourcen der arabischen Region, vor allem das Öl, in unfairer Weise ausbeute. Letztlich wird damit die bereits in den 1970er Jahren thematisierte Frage fairer Weltmarktpreise und der Ausgestaltung des Welthandels aufgeworfen. Der Konflikt erhält so auch eine entwicklungspolitische Dimension, die angesichts der aktuellen sicherheitspolitischen Zuspitzung freilich weit in den Hintergrund rückt.

Notwendig ist angesichts dieser vielfältigen Konfliktkonstellationen die Schaffung von effektiven und demokratisch legitimierten *Global Governance-Strukturen*. Nur dies – so scheint es mir – kann langfristig den terroristischen Organisationen den Boden entziehen und Sicherheit im globalisierten 21. Jahrhundert gewährleisten. Unilateral kann dies kein Land erreichen, multilateral ausgerichtete Weltkonferenzen, die den Einbezug nichtstaatlicher Akteure gewährleisten, können dagegen ein wichtiger Baustein für Global Governance sein. Bei aller berechtigten Skepsis gegenüber ihrer Leistungsfähigkeit, es gibt momentan keine besseren Verfahren der Konsensbildung auf globaler Ebene. Vielleicht ermutigen - zumindest mittelfristig - die jüngsten Ereignisse bislang eher kooperationsunwillige Staaten, zu denen sicher auch die USA gehören, die Verhandlungen und ihre Ergebnisse ernster als bisher zu nehmen.

A. Kapitel I: Einleitung

1. Einführung: Andauernde Orientierungslosigkeit

1.1 Die Unübersichtlichkeit internationaler Politik nach dem Ost-West-Konflikt

Thema dieser Untersuchung sind die Makrostrukturen internationaler Politik nach dem Ost-West-Konflikt. Wie in vielen anderen Teildisziplinen der Politikwissenschaft hat der Zusammenbruch der sozialistischen Herrschaftssysteme auch in den Internationalen Beziehungen für Verwirrung und „kunterbuntes Durcheinander" (Huntington 1996: 29) gesorgt.[1] Bis weit in die 1980er Jahre hinein bestand in den Internationalen Beziehungen eine gewisse Einigkeit darüber, daß internationale Politik im Rahmen einiger weniger, vergleichsweise übersichtlicher *Konfliktformationen* beschreib- und analysierbar sei.[2] Dabei handelte es sich um „makropolitische, makromilitärische und makroökonomische Achsen des internationalen Systems" (Senghaas 1988: 7). Demzufolge war die Analyse internationaler Politik auf die Auseinandersetzung mit diesen „Achsen des internationalen Systems" fokussiert.[3]

Die bedeutendste dieser Konfliktformationen war sicherlich der *Ost-West-Konflikt*, der über 40 Jahre lang die internationale Politik dominierte (Link 1988; Ritter 1987; Ruloff 1990). Die machtpolitische Zuspitzung dieser Konfliktformation fand ihren markantesten Ausdruck im Kalten Krieg, der zum nuklearen Rüstungswettlauf führte. Neben diesem militärischen Aspekt umfaßte der Ost-West-Konflikt aber auch andere Konfliktgegenstände. Insbesondere zeigten sich unüberbrückbare Gegensätze zwischen Ost und West in radikal entgegengesetzten Auffassungen über die politische, soziale und ökonomische Ordnung von Gesellschaft und Staat.[4] Im Ergebnis standen sich in ganz verschiedenen Politikfeldern immer wieder die glei-

---

1   Zur Kennzeichnung der politikwissenschaftlichen Teildisziplin, die sich mit internationaler Politik befaßt, wird im weiteren der Begriff Internationale Beziehungen gebraucht.
2   Vgl. dazu die Beiträge in Kaiser/Schwarz (1987) und Senghaas (1988).
3   Allerdings begann der in den Internationalen Beziehungen nie wirklich umfassende Konsens darüber, was die zentralen Strukturen der internationalen Politik ausmacht, spätestens in den 1970er Jahren immer brüchiger zu werden. Einige der wichtigsten theoretischen Annahmen über die Akteure und Inhalte internationaler Politik wurden durch empirische Beobachtungen relativiert: Beispielsweise ließ sich die dominierende Rolle des Staates als wichtigster Akteur internationaler Beziehungen angesichts der einerseits zunehmenden Zahl und andererseits wachsenden Bedeutung nicht-staatlicher, vor allem gesellschaftlicher Akteure nur noch bei erheblicher Vereinfachung behaupten (Keohane/Nye 1977; kritisch dazu u.a. Waltz 1979).
4   Daher können Kalter Krieg und Ost-West-Konflikt auch nicht einfach gleichgesetzt werden (Senghaas 1999: 148-150).

chen Konfliktlager gegenüber: auf der einen Seite die von den USA geführte NATO, auf der anderen Seite der von der UdSSR dominierte Warschauer Pakt.[5]

Eine Konstellation dieser Art soll im Rahmen dieser Arbeit als *Konfliktlinie* bezeichnet werden. Vorläufig lassen sich die Anforderungen an eine Konfliktlinie so charakterisieren: Eine Konfliktlinie besteht zwischen Akteuren, die sich in Konflikten über verschiedene Konfliktgegenstände gegenüberstehen. Dabei müssen die Konfliktlager, in die die Konfliktakteure geteilt sind, eine gewisse Stabilität und Dauer aufweisen. Darüber hinaus strukturiert die Konfliktlinie die Konfliktpositionen der Akteure auch in Politikfeldern, die mit dem Kernkonflikt sachlogisch nicht verbunden sind.[6]

Neben dem Ost-West-Konflikt gab es weitere wichtige Konfliktformationen, die die internationale Politik nach dem Zweiten Weltkrieg beeinflußten. An zweiter Stelle ist der *Nord-Süd-Konflikt* zu nennen, der in den 1970er Jahren globale Relevanz erlangte (Elsenhans 1987; Krasner 1985). In dieser Auseinandersetzung ging es vor allem um ökonomische Verteilungsfragen zwischen den industrialisierten Staaten des Nordens und den Entwicklungsländern des Südens. Daneben könnten weitere Konfliktformationen genannt werden, etwa die ideologisch fundierten und machtpolitisch ausgetragenen Konflikte innerhalb des östlichen Blocks oder die vor allem wirtschaftspolitisch bestimmten Konflikte zwischen den westlich orientierten Staaten. Auch die in erster Linie machtpolitisch fundierten Konflikte im Süden sollten nicht vergessen werden. Allerdings wurden einzelne Konflikte im Rahmen dieser Konfliktformationen oft genug allein im Lichte des Ost-West-Konflikts wahrgenommen. Alles in allem dominierte und strukturierte somit der Ost-West-Konflikt die Weltpolitik. In ihm bündelten sich die unvereinbaren machtpolitischen und ideologischen Differenzen zwischen den einflußreichsten Staaten der Erde. Rückblickend muß der Ost-West-Konflikt somit als *globale Konfliktlinie* bezeichnet werden, in der sich ein machtpolitischer Hegemonialkonflikt mit einem ordnungspolitischen Systemkonflikt verband.[7]

Dementsprechend orientierungslos standen die Beobachter internationaler Politik in den späten 1980er Jahren dem Ende des Ost-West-Konflikts gegenüber. Die vertrauten Elemente internationaler Politik unterlagen einem umfassenden Strukturwandel.[8] Relativ stabil erscheinende Gewißheiten über die Gegenstände, Akteure und Austragungsformen internationaler Konflikte wurden in überraschend kurzer

---

5   Trotz - oder, je nach Perspektive, wegen - des akkumulierten Zerstörungspotentials blieben die Verhaltensmuster in direkten Auseinandersetzungen zwischen den beiden Konfliktlagern in der Regel vergleichsweise kalkulierbar. Dies galt allerdings nicht für die sogenannten Stellvertreterkriege, die in vielen Regionen der Erde zu ebenso blutigen wie lang andauernden Auseinandersetzungen führten, vgl. dazu u.a. Matthies (1988). Eine Übersicht über die Kriege nach dem Zweiten Weltkrieg findet sich in Gantzel/Schwinghammer (1995).
6   Eine ausführliche Diskussion dieser und anderer zentraler Begrifflichkeiten der Untersuchung folgt in Teil 3 dieses Kapitels.
7   Vgl. dazu Zürn (1996; 1998: 313-326).
8   Vgl. die ganz unterschiedliche Herangehensweise an internationale Politik in Kaiser/Schwarz (1987) und Kaiser/Schwarz (1995). Den „Strukturwandel internationaler Beziehungen" thematisieren auch die einzelnen Beiträge in Siegelberg/Schlichte (2000).

Zeit beseitigt.[9] Seither wird in Wissenschaft und Politik verstärkt nach einem neuen Modell gesucht, das in ähnlich vereinfachender Form wie das Paradigma des Ost-West-Konflikts das Verständnis von Weltpolitik im 21. Jahrhundert erleichtert:

> „[W]enn wir ernsthaft über die Welt nachdenken und effizient in ihr handeln wollen, [benötigen wir, LB] eine Art von vereinfachter Landkarte der Realität, eine Theorie, ein Konzept, ein Modell, ein Paradigma" (Huntington 1996: 29).

Über zehn Jahre nach der grundlegenden „Transformation der Konflikte in den Ost-West-Beziehungen" (Rittberger/Zürn 1991) besteht jedoch nach wie vor keine Einigkeit über das adäquate Modell internationaler Politik nach dem Ost-West-Konflikt. Die vorliegende Untersuchung will einen vornehmlich empirischen Beitrag zum Entwurf eines solchen Modells leisten.

1.2 Allgemeine Fragestellung: Welche Konfliktlinien strukturieren internationale Politik im 21. Jahrhundert?

Nach dem Ende des Kalten Krieges und der Transformation der Konflikte in den Ost-West-Beziehungen wird in Theorie und Praxis internationaler Politik häufig die Frage aufgeworfen, was künftig die weltpolitische Tagesordnung bestimmen wird. Konsens scheint in diesem Zusammenhang zu sein, daß entgegen den optimistischen Annahmen über eine durch vornehmlich harmonische Beziehungen auf internationaler Ebene geprägte „Neue Weltordnung" auch in der postbipolaren Welt bedeutende Konflikte existieren und der Bearbeitung bedürfen.[10] Dabei stellen sich vor allem Fragen wie:
- Welche *Konflikte* sind auf globaler Ebene zu erwarten?
- Welche *Konfliktakteure* werden dominieren?
- Welche *Konfliktgegenstände* werden besonders umstritten sein?

Von besonderem Interesse für die Internationalen Beziehungen sind dabei Konfliktformationen im Sinne des Ost-West-Konflikts, in denen sich die gleichen Akteure in einer Vielzahl von Konflikten gegenüberstehen. Neben den obigen Fragen stellt sich daher die Frage, ob es Anzeichen für eine erneute Bündelung von Konflikten auf globaler Ebene gibt. Diese Fragen werden in der Regel auf zwei Arten behandelt: Einerseits provoziert der Umbruch in den internationalen Beziehungen umfassende Entwürfe, die im Sinne einer Gesamtschau weltpolitisch relevanten Trends nachspüren. Hier werden u.a. Entwicklungen wie Chaotisierung, Globalisierung, Fragmentierung und „Verweltgesellschaftung" thematisiert (Czempiel 1993;

---

9 Daß diese Gewißheiten womöglich nur auf Fehlperzeptionen basierten, soll hier nicht weiter diskutiert werden, vgl. aber Kaldor (1992) und Singer/Wildavsky (1993).
10 Selbst der prominenteste Vertreter der These vom „Ende der Geschichte" erwartet in der posthistorischen Welt keine naturwüchsig harmonischen Beziehungen zwischen den Akteuren auf internationaler Ebene (Fukuyama 1989: 19-25). Vgl. dazu auch Drury (1992/93) und Europäische Rundschau (1990).

Galtung 1993; Link 1998; Rosenau 1990; Pfetsch 1998; Senghaas 1994). Oft mangelt es jedoch an systematischen empirischen Untersuchungen, die die dort entfalteten Thesen stützen könnten. Andererseits treten neben diese umfassenden Entwürfe Arbeiten, die sich auf eng begrenzte Handlungszusammenhänge internationaler Politik konzentrieren und aus den jeweils identifizierten spezifischen Akteurskonstellationen bzw. Handlungsmustern auf künftig dominierende Konfliktlinien schließen.[11]

Mögen die Prognosen auch verschieden ausfallen, in einem Punkt sind sich die Beobachter einig: Das Ende des Ost-West-Gegensatzes hat keineswegs zu einer friedlichen Welt bestehend aus demokratischen Rechtsstaaten geführt, sondern den Blick freigegeben auf neue Unübersichtlichkeit. Das Fehlen eines klaren Feindes scheint die Orientierung zusätzlich zu erschweren. Für viele ist der religiöse Fundamentalismus - insbesondere der islamische Fundamentalismus - der erste Kandidat für ein neues Feindbild, sei es in der Version als reale und aggressive Herausforderung für die westlichen Lebensformen oder in der Version als konstruierter Feind, der Aufmerksamkeit auf sich zieht, Orientierung und Binnenkohäsion verschafft.[12] Es kann daher auch nicht überraschen, daß die Kultur immer wieder als ein zentraler Konfliktgegenstand der Weltpolitik nach dem Ende des Ost-West-Gegensatzes angesehen wird. Die These von der (Re-) Kulturalisierung internationaler Beziehungen steht allerdings in Konkurrenz mit anderen Prognosen über die künftig zentralen Konflikte der Weltpolitik. Manche fürchten China als kommende Weltmacht und machtpolitischen Widerpart der USA, andere die asiatisch-pazifische Wirtschaftsmacht, dritte ökologische Katastrophen und die Konfrontation von reichem Norden und armen Süden. Wieder andere fürchten eine entdemokratisierte Welt, in der transnationale Unternehmen das Leben allumfassend nach den Zwängen des Weltmarkts ausrichten.[13]

Vor diesem Hintergrund ist die vorliegende Studie ein Beitrag zur Verdeutlichung der zentralen Konflikte internationaler Politik nach dem Ost-West-Konflikt. In sechs Fallstudien wird umfangreiches empirisches Material präsentiert, das jeweils eine bedeutende Arena internationaler Politik vorstellt. Es handelt sich dabei um Weltkonferenzen, die im Rahmen der Vereinten Nationen in der ersten Hälfte der 1990er Jahre Themen aus so verschiedenen Bereichen wie Sicherheit, Menschenrechte, Umwelt oder ökonomische Entwicklung behandelten. Durch die Analyse der zentralen Konflikte dieser Weltkonferenzen soll eine „Landkarte" entstehen, die die wichtigsten Konfliktakteure und Konfliktgegenstände dieser Konferen-

---

11 Diese Arbeiten analysieren ganz unterschiedliche Aspekte internationaler Politik. Die Palette reicht dabei von den Gefahren des internationalen Drogenhandels (Griffith 1993/94) bis zu den Risiken global asymmetrisch ausgerichteter Kommunikations- und Informationsströme (Luke 1995).
12 Birckenbach (1990: 152-157) untersucht die Geschichte der Feindbilder während des Ost-West-Konflikts. Zur Bedeutung der Konstruktion von Feindbildern für die internationale Politik vgl. Weller (2000).
13 Literaturhinweise zu diesen Prognosen finden sich in den Ausführungen über die verschiedenen Szenarios internationaler Politik nach dem Ost-West-Konflikt in Teil 2 der Einleitung.

zen verzeichnet und dadurch einen Beitrag zur realitätsadäquaten Orientierung auf dem Weg ins 21. Jahrhundert leistet.

Die Relevanz der Arbeit ist damit eine doppelte: zum einen empirisch-realpolitisch und zum anderen wissenschaftlich-theoretisch. Empirisch besteht offenkundig ein großer Bedarf an Orientierung über die künftigen Makrostrukturen internationaler Politik. Häufig fehlen schlicht empirisch fundierte Erkenntnisse über konfliktträchtige Entwicklungen auf globaler Ebene. Bereits die ausführliche Beschreibung potentieller Konfliktlinien im Sinne einer empirisch gesättigten Problemheuristik scheint daher ein ebenso notwendiges wie lohnendes Unterfangen zu sein.

Darüber hinaus kann die Studie aber auch dazu beitragen, neue theoretische Einsichten zu eröffnen.[14] In der Theorie Internationaler Beziehungen konkurrieren verschiedene Erklärungsansätze miteinander, die jeweils gemäß ihren Prämissen und Hypothesen unterschiedliche Aussagen über die künftige Struktur internationaler Politik machen. Verschiedene dieser Deutungsmuster bzw. Szenarios internationaler Politik, die auf theoriegestützten Modellannahmen über die internationalen Beziehungen beruhen, werden im weiteren Verlauf der Untersuchung entfaltet.[15] Ein Ergebnis der Auswertung des empirischen Materials dieser Arbeit besteht nun darin, dem einen oder anderen Deutungsmuster und vermittelt darüber auch dem einen oder anderen theoretischen Ansatz mehr oder weniger Realitätsnähe und Erklärungskraft zuschreiben zu können. Von daher kann die Studie der Plausibilisierung theoriegeleiteter Annahmen dienen, auch wenn sie nicht im strengen Sinne der Theorieüberprüfung dient, da kein strikter Hypothesentest erfolgt. Im Hinblick auf die Schlußfolgerungen wird dies zu beachten sein.

1.3 Aufbau der Arbeit

Im erstenTeil der Studie, dem *Einleitungskapitel*, wird der Rahmen der Untersuchung abgesteckt. Zunächst wird die Vorgehensweise erläutert. Dazu gehören
- die Erläuterung der Relevanz des Themas (1),
- die Präzisierung der Fragestellung (2),
- die Offenlegung der Untersuchungsmethode (3).

(1) *Relevanz des Themas*: Der Kontext der Arbeit wird in einem allgemeinen und einem speziellen Teil vorgestellt. Im allgemeinen Teil werden kurz die historisch bedeutsamsten Konfliktlinien abgehandelt, um die Relevanz der Fragestellung hervorzuheben. Daran anschließend werden einige zentrale Faktoren internationaler Politik im Übergang zum 21. Jahrhundert erläutert. Dazu zählen *Globalisierungs-*

---

14 Vgl. dazu u.a. Aarebrot/Bakka (1997: 50-53) und Lijphart (1971: 691), der ausführt, daß "[p]urely descriptive case studies do have great utility as basic data-gathering operations, and can thus contribute indirectly to theory-building".

15 Vgl. dazu auch Rittberger/Zürn (1991: 400-401), die sich allerdings auf den Ost-West-Gegensatz beziehen.

prozesse, *Multipolarität* und *kulturelle Differenz*. Diese Faktoren haben für die Arbeit große Bedeutung, da sie je für sich und vor allem in Kombination miteinander darauf hindeuten, daß internationale Politik in Zukunft von einer Konfliktvielfalt geprägt sein wird. Im spezifischen Teil werden die vier vermutlich prominentesten Szenarios internationaler Politik nach dem Ende des Ost-West-Konflikts präsentiert. Im einzelnen befassen sich diese Szenarios mit Machtkonflikten, Kulturkonflikten, Wirtschaftskonflikten und Entwicklungskonflikten. Relevant für die Arbeit sind dabei vor allem die jeweiligen Annahmen über die wichtigsten Konfliktakteure und Konfliktgegenstände.

(2) *Präzisierung der Fragestellung*: Wie oben bereits kurz ausgeführt, geht die Arbeit von der Annahme aus, daß auch künftig Konflikte bestimmend für die Weltpolitik sein werden. Somit zielt die allgemeine Fragestellung der Arbeit auf die Beantwortung der Frage, welche Konflikte internationale Politik nach dem Ost-West-Konflikt strukturieren werden. Von zentraler Bedeutung ist dabei die Bestimmung der wichtigsten Konfliktakteure und Konfliktgegenstände. Daher müssen zunächst die wichtigsten Begriffe der Arbeit definiert werden. Dazu zählen Konflikt, Konfliktakteur, Konfliktgegenstand und Konfliktlinie. Auf der Grundlage dieser Definitionen kann dann die Fragestellung nach Konfliktlinien internationaler Politik nach dem Ost-West-Konflikt konkretisiert werden.

(3) *Untersuchungsmethode*: Hier wird die Wahl des Untersuchungsgegenstandes - Weltkonferenzen im Rahmen der Vereinten Nationen zwischen 1992 und 1995 - erläutert und die eigentliche Fallauswahl begründet. Aufgearbeitet werden die Fälle in sechs Einzelfallstudien, die anschließend fallübergreifend ausgewertet werden. Es handelt sich hierbei also um einen qualitativen Forschungsansatz, der darauf zielt, besondere und allgemeine Aspekte der Fälle gleichermaßen zu berücksichtigen. Mit Hilfe dieses vergleichenden Designs sollen die wichtigsten Merkmale der Fälle in Bezug auf Konfliktakteure und Konfliktgegenstände herausgearbeitet werden.

Im zweiten Teil der Arbeit, dem *Fallstudienkapitel*, werden die einzelnen Fälle präsentiert. Untersucht werden sechs Weltkonferenzen, die zwischen 1992 und 1995 stattgefunden haben. Im einzelnen handelt es sich dabei um die Weltkonferenz der Vereinten Nationen über Umwelt und Entwicklung in Rio de Janeiro 1992, die Weltkonferenz über Menschenrechte in Wien 1993, die Internationale Konferenz über Bevölkerung und Entwicklung in Kairo 1994, den Weltgipfel über soziale Entwicklung in Kopenhagen 1995, die Konferenz über die Überprüfung und Verlängerung des Nichtverbreitungsvertrages in New York 1995 und die Vierte Weltfrauenkonferenz in Peking 1995. Dieses Kapitel bildet den Hauptteil der Arbeit.

Im dritten Teil der Arbeit, dem *Auswertungskapitel*, wird die fallübergreifende Auswertung der Fälle vorgenommen. Dabei steht die vergleichende Analyse der Fallstudien mit Blick auf Konfliktakteure und Konfliktgegenstände im Mittelpunkt. Methodisch und inhaltlich gegliedert nach fallspezifischen und fallübergreifenden Konfliktakteuren bzw. Konfliktgegenständen wird in diesem Kapitel nach Ähnlichkeiten und Musterbildungen über die Fälle hinweg Ausschau gehalten. Als heuristisches Hilfsmittel werden drei Konfliktbereiche eingeführt, die sich durch je spezifische Arrangements von Konfliktakteuren und Konfliktgegenständen auszeichnen. Im einzelnen sind dies der Konfliktbereich „Entwicklungsmodelle", der Konfliktbereich „Modelle gesellschaftlicher Ordnung" sowie der Konfliktbereich „Modelle internationaler Ordnung". Auf dieser Grundlage werden schließlich drei konfliktbereichsspezifische Konfliktlinien internationaler Politik nach dem Ende des Ost-West-Konflikts identifiziert.

Im vierten Teil der Arbeit, dem *Schlußkapitel*, werden die in der Einleitung vorgestellten Szenarios im Lichte der bearbeiteten Empirie bewertet. Dabei stellt sich heraus, daß die Annahmen der Szenarios nur partiell durch die in dieser Studie untersuchte Empirie bestätigt werden können. Vieles deutet darauf hin, daß die Annahmen der Szenarios in der Regel komplexere Realitätsverhältnisse zu stark vereinfachen. Realitätsadäquatere Annäherungen zeichnen sich demgegenüber durch differenziertere Darstellungen aus, die einfache Zuschreibungen vermeiden. Auf der Grundlage der Ergebnisse dieser Arbeit werden dann die Zusammenhänge zwischen zwei grundlegenden Konflikten internationaler Politik im Übergang zum 21. Jahrhundert thematisiert. Dabei handelt es sich einerseits um einen Konflikt, der als Entwicklungsdilemma bezeichnet wird, und andererseits um einen Konflikt, der als Koordinationsdilemma charakterisiert werden kann. Abschließend wird dafür plädiert, beide Dilemmata unter dem gemeinsamen Dach eines inhaltlich angereicherten Global Governance-Projektes zu bearbeiten.

2. Forschungsstand: Konfliktlinien in der Friedens- und Konfliktforschung

2.1 Historische Konfliktlinien

Seit der Herausbildung des europäischen Staatensystems im 17. Jahrhundert gewann jeweils eine Konfliktlinie in verschiedenen historischen Epochen überragende weltpolitische Bedeutung (Zürn 1998: 313-320).[16] Zunächst artikulierte sich nach 1789 der Gegensatz zwischen dem revolutionären Frankreich und den konservativen Staaten Europas. Den gewaltträchtigsten Ausdruck fand dieser Konflikt in der hegemonialen Konkurrenz zwischen Frankreich und Großbritannien, die sich in den Koalitionskriegen zwischen 1792 und 1815 zeigte. Den Kern des Konflikts bildete jedoch die ordnungspolitische Herausforderung der Französischen Revolution, die von den konservativen Monarchien Europas als existentielle Bedrohung begriffen wurde. Im 19. Jahrhundert entwickelte sich dann der machtpolitische Gegensatz zwischen dem Deutschen Reich und Großbritannien, der im Ersten Weltkrieg eska-

---

16 Vgl. dazu Schimmelfennig (1995), der zwischen internationalem Konfessionskonflikt, absolutistisch-demokratischem Systemkonflikt und Ost-West-Systemkonflikt unterscheidet. Beschrieben werden diese Systemkonflikte unter dem Titel „Aufstieg und Fall der großen Mächte" auch von Kennedy (1996). Gilpin (1981) und Wallerstein (1984) thematisieren ebenfalls systemprägende Konflikte.

lierte. Auch hier findet sich neben der hegemonialen Konkurrenz eine ordnungspolitische Komponente, die die politischen Systeme der liberalen Demokratien Westeuropas und der konservativ-autoritären Mittelmächte gegenüberstellte.

Die Zwischenkriegszeit war von den Auseinandersetzungen zwischen drei ordnungspolitischen Lagern bestimmt: Dem liberaldemokratischen, dem nationalsozialistisch-faschistischen und dem kommunistischen. Um der machtpolitischen Herausforderung des nationalsozialistisch-faschistischen Lagers wirksam begegnen zu können, verbündeten sich die beiden anderen Lager im Zweiten Weltkrieg miteinander. Wiederum bestand somit eine einzige Konfliktlinie zwischen zwei antagonistischen Konfliktlagern. Das Bündnis zerfiel sehr rasch nach dem Sieg über den gemeinsamen Feind und ließ die Gegensätze zwischen Ost und West deutlich hervortreten. Der sich nun ausbildende Ost-West-Konflikt umfaßte ebenfalls die beiden charakteristischen Komponenten einer Konfliktline mit global strukturbildender Wirkung: einerseits den ideologisch fundierten ordnungspolitischen Gegensatz zwischen liberaler Demokratie und Sozialismus bzw. Kommunismus, andererseits den daraus abgeleiteten machtpolitisch fundierten Hegemonialkonflikt zwischen den USA und der Sowjetunion sowie ihren jeweiligen Verbündeten.

In allen diesen Fällen bestand gemäß der vorläufigen Definition eine Konfliktlinie. Darüber hinaus zeichneten sich diese Systemkonflikte durch Besonderheiten aus, die es gerechtfertigt erscheinen lassen, von einer *globalen Konfliktlinie* zu sprechen. Den Kern einer globalen Konfliktlinie bilden demnach Konfliktkonstellationen, die durch die Überschneidung von machtpolitischen und ideologischen Gegensätzen gekennzeichnet sind. Es ist somit der ideologisch bedingte ordnungspolitische Gegensatz, der globalen Konfliktlinien ihre besondere Brisanz verleiht:

> „Der ideologische Konflikt gibt der hegemonialen Auseinandersetzung Substanz, indem er die bloße Machtkonkurrenz um weltordnungspolitische Vorstellungen ergänzt, die sich aus der inneren Herrschaftsordnung ableiten" (Zürn 1998: 316).

Realpolitisch wirksam zeigt sich zwar vor allem der machtpolitische Gegensatz, der jedoch erst auf der Basis miteinander konkurrierender Ordnungsmodelle als bedrohlich für das gesamte internationale System wahrgenommen wird.[17]

2.2 Zukünftige Konfliktlinien

Das Ende des Ost-West-Konflikts stellt in manchen Augen gleichzeitig das Ende globaler Konfliktlinien im obigen Sinne dar. Ausschlaggebend dafür sind in erster

---

[17] Dementsprechend wurde nach 1945 die Entwicklung sowjetischer Nuklearwaffen zum weltpolitisch relevanten Problem, während die nukleare Aufrüstung Frankreichs und Großbritanniens, die als Verbündete der USA einem Konfliktlager zugeordnet waren, erheblich weniger machtpolitische Brisanz barg. Vgl. dazu die Darstellung in Mandelbaum (1981).

Linie *Globalisierungs-* bzw. *Denationalisierungsprozesse*: Demnach entzieht die Verdichtung transnationaler Handlungszusammenhänge in den verschiedensten Politikfeldern dem Staat mehr und mehr die für politisches Handeln im Sinne von „Regieren" konstitutive Funktion, Werte autoritativ zuzuteilen (Zürn 1998: 16-22). Infolgedessen versuchen andere Akteure, zumindest Teile der bisher dem Staat zugewiesenen Aufgaben zu bewältigen. Die Arrangements, in denen dies geschieht, entstehen jedoch nicht im erforderlichen Umfang und mit der nötigen Geschwindigkeit. Mithin vergrößert sich die Differenz zwischen neu auftretenden oder wieder aktualisierten Verteilungskonflikten und der effektiven Verregelung dieser Konflikte (Zürn 1992b).

Sollten aber Staaten immer weniger dazu in der Lage sein, das Monopol der bindenden Wertzuweisung im internationalen Raum insbesondere im Sicherheitsbereich aufrechtzuerhalten, kann es gemäß dieser Argumentation globale Konfliktlinien im bisherigen Sinne aus zwei Gründen nicht mehr geben: Zum einen verlieren die Staaten ihren bestimmenden Einfluß in machtpolitischen Auseinandersetzungen, da sie nicht mehr in der Lage sind, machtpolitische Konflikte exklusiv zu bearbeiten. Zum zweiten verschwindet aber auch die ideologisch bestimmte ordnungspolitische Komponente aus der internationalen Politik, da angesichts des überwältigenden Erfolgs des Liberalismus konkurrierende ordnungspolitische Designs auf staatlicher Ebene nurmehr um den Preis ökonomischen Mißerfolgs realisiert werden können.

In diesem Zusammenhang stellt Zürn (1998: 321-326) explizit die These auf, daß es aus diesen Gründen keine globale Konfliktlinie im Sinne der systemprägenden Auseinandersetzungen vergangener Jahrhunderte mehr geben wird:

„Als Folge der gesellschaftlichen Denationalisierung [d.h. Globalisierung, LB] treten zwei Konsequenzen ein, die dazu führen dürften, daß sich in absehbarer Zukunft keine globalen Konfliktlinien mehr herausbilden: Zum einen verlieren die Nationalstaaten ihre beinahe absolute Strukturierungsmacht im Bereich der Sicherheit und mithin die Fähigkeit, Konfliktlinien global auszurichten, und zum anderen internationalisieren sich Herrschaftskonflikte nicht mehr via Staaten" (Zürn 1998: 322).

Möglicherweise greift diese Argumentation aber zu weit vor. Zum einen spricht vieles dafür, daß für die absehbare Zukunft Staaten weiterhin die entscheidenden Akteure machtpolitischer Auseinandersetzungen sein werden, da sie nach wie vor das Gewaltmonopol auf internationaler Ebene innehaben. Zum zweiten gilt für unterschiedliche ordnungspolitische Designs vermutlich dasselbe, was Zürn mit Blick auf kulturelle Differenzen selbst konzediert: Je ähnlicher sich makrokulturelle Konstellationen gestalten, desto wirksamer werden vergleichsweise geringfügige Unterschiede (Zürn 1998: 322). Die womöglich stattfindende globale Annäherung der staatlichen ordnungspolitischen Vorstellungen würde dann die „feinen Unterschiede" zwischen ihnen stärker akzentuieren - ohne daß damit notwendigerweise eine geringere Konfliktträchtigkeit verbunden sein muß.

2.3 Hintergrundbedingungen internationaler Politik im 21. Jahrhundert

Zu den wichtigsten Hintergrundbedingungen bei der Bewertung von Szenarios über künftige Konfliktlinien gehören drei Faktoren, die internationale Politik nach dem Ost-West-Konflikt in besonderem Maße prägen.[18] An prominentester Stelle stehen dabei wohl *Globalisierungsprozesse* (1). Gemeint ist damit die stetige Zunahme grenzüberschreitender Handlungszusammenhänge. An zweiter Stelle ist die veränderte Struktur des internationalen Systems zu nennen. Nach dem Ende der bipolaren Konfrontation zwischen Ost und West scheint eine *multipolare Struktur* im Entstehen begriffen zu sein (2). Schließlich tritt als drittes Element die *kulturelle Differenz* hinzu. Während manches dafür spricht, daß kulturelle Differenz auf gesellschaftlicher Ebene von jeher ein wichtiger Konfliktfaktor war, scheint dieses Phänomen nun auch für die internationale Politik an Bedeutung zu gewinnen (3).

(1) *Globalisierung*: Globalisierung bedeutet in diesem Zusammenhang vor allem die Zunahme und Verdichtung von grenzüberschreitenden Aktivitäten.[19] Die Reichweite sozialer Handlungen bzw. Transaktionen endet nicht mehr an den Grenzen des Nationalstaates, sondern überschreitet diese in immer größerem Ausmaß - und zwar sowohl relativ zu binnenstaatlichen Transaktionen wie auch absolut. So steigt der Austausch bzw. die integrierte Produktion von Bedrohungen im Politikfeld Sicherheit, von Waren, Dienstleistungen und Kapital im Politikfeld Wohlfahrt, von Risiken und Schadstoffen im Politikfeld Umwelt/Entwicklung und von Zeichen und Symbolen im Politikfeld Kultur/Herrschaft (Beisheim et al. 1999: 18-21). Zwar gibt es grenzüberschreitende Aktivitäten schon, seitdem Grenzen bestehen. Eine der ältesten Formen solcher Aktivitäten ist der Handel, eine andere sind militärische Auseinandersetzungen zwischen politischen Akteuren, in denen es oft genug um die Festlegung von Grenzen ging. Die grenzüberschreitende Reichweite von Handlungen ist also nichts Neues. Was die Globalisierung heute so bedeutsam macht, ist zum einen die enorme Zunahme des Umfangs, der Reichweite und der Geschwindigkeit dieser Aktivitäten und zum anderen die annähernd gleichzeitige Wirkung auf verschiedene Politikfelder und Akteursgruppen. Auch wenn es regionale Verdichtungen gibt, in denen die Zunahme besonders stark ausfällt, kann sich im „Zeitalter der Globalisierung" auf Dauer wohl keine Weltregion mehr der immer dichteren Vernetzung von Handlungszusammenhängen entziehen. Gerade an Gegenreaktionen auf Globalisierungsprozesse, wie beispielsweise Versuchen der nationalistisch inspirierten Regionalisierung oder gar Fragmentierung politischer Räume, entzünden sich zudem besonders oft Konflikte (Senghaas 1994: 53-77; Zürn 1998: 294-309).[20]

---

18 Vgl. dazu auch die Beiträge in Kaiser/Schwarz (1995) oder Kennedy (1993).
19 Die Literatur über Globalisierungsprozesse ist mittlerweile kaum noch zu überschauen. Gute theoretische und empirische Einführungen finden sich u.a. in Beisheim et al. (1999), Beisheim/Walter (1997) und Held et al. (1999).
20 In diesem Zusammenhang untersucht Rotte (1996) den Einfluß von Globalisierungs- und Regionalisierungstrends auf strukturelle Veränderungen internationaler Politik in den Sachbereichen Ideologie, Wirtschaft, Umwelt und Sicherheit. Vgl. dazu auch Link (1998: 50-101).

(2) *Multipolarität*: Das bipolare Zeitalter nach dem Zweiten Weltkrieg bleibt möglicherweise eine einmalige Episode. Seit der Ausbildung des internationalen Staatensystems im 17. Jahrhundert bis weit ins 20. Jahrhundert hinein war eine multipolare Machtverteilung die Regel. Die großen Systemkriege, angefangen vom Dreißigjährigen Krieg über die diversen Erbfolgekriege des 18. Jahrhunderts und die Napoleonischen Kriege bis hin zum Ersten und Zweiten Weltkrieg, entzündeten sich stets am Versuch, eine unipolare Weltordnung durchzusetzen und endeten jeweils mit der Bestätigung der multipolaren Struktur. Nach dem Zweiten Weltkrieg wurde von diesem Muster abgewichen. Erstmals bildete sich eine über Jahrzehnte hinweg stabile bipolare Machtverteilung heraus. Nun wird vielfach von einer Rückkehr zur „normalen" Multipolarität ausgegangen - der „Logik von Macht- und Gegenmachtbildung folgend" (Link 1998: 21). Wieviele und welche Machtpole entstehen werden, scheint allerdings noch nicht absehbar.

(3) *Kulturelle Differenz*: Daß die Welt kulturell nicht homogen ist, wird jedem Beobachter schnell klar, der verschiedene Gesellschaften betrachtet. Menschen unterscheiden sich hinsichtlich ihrer Sprache, Religion, ethnischen Herkunft, Sitten und Gebräuche sowie ihrer Wertesysteme (Breidenbach/Zukrigl 1998). Diese Unterschiede sind mehr oder weniger stark ausgeprägt und ihnen wird mehr oder weniger Bedeutung zugemessen. Bei kultureller Differenz geht es um

> „kulturelle Unterschiede und Grenzziehungen zwischen generationsübergreifenden sozialen Großgruppen, die durch Selbst- und Fremddefinitionen als Gruppen mit besonderem Charakter, mit kultureller Eigenart, mit gemeinsamer Geschichte und gemeinsamen Zukunftserwartungen, Aspirationen und Interessen bestimmt werden" (Peters 1997: 224).

Kulturelle Differenz entsteht also in einem Prozeß wechselseitiger Identitätszuschreibungen zwischen unterschiedlichen sozialen Gruppen. Dies ist keine neue Erscheinung, sondern eine Konstante menschlicher Gemeinschaft. Für die internationale Politik wird die kulturelle Differenz vor allem dann bedeutsam, wenn sie auf globaler Ebene zum Konfliktfaktor wird. Globalisierungsprozesse spielen dabei eine zweischneidige Rolle: Einerseits rücken sie entfernte Gesellschaften und deren Sinn- und Bedeutungssysteme zusammen und sorgen damit für den Abbau von Fremdheit, andererseits führt dieser Austausch dazu, daß die kulturellen Differenzen nicht mehr zu übersehen sind. Die Gesellschaften wissen voneinander, daß sie verschieden sind - und zwar in bislang nicht dagewesener Deutlichkeit.

2.4 Vier Szenarios internationaler Politik nach dem Ost-West-Konflikt

Der Zerfall der früher dominierenden Konfliktlinie zwischen Ost und West und der damit verbundene Strukturwandel hat eine Vielzahl von Aussagen über die künftig zu erwartenden Konflikte auf der Makroebene internationaler Politik provoziert. Von besonderem Interesse im Kontext dieser Arbeit sind Prognosen, die analysieren, welche Konflikte das Potential haben, im Sinne einer globalen Konfliktlinie strukturbildend zu wirken. Aus der Menge der Vorhersagen über Konflikte in der postbipolaren Ära lassen sich vier Szenarios herausarbeiten, die verschiedene Prognosen über die künftig strukturprägenden Konfliktlinien abgeben.[21] Diese Szenarios werden in unterschiedlichem Ausmaß aus den oben vorgestellten Phänomenen Globalisierung, Multipolarität und kulturelle Differenz gespeist. Die folgende Darstellung faßt die konfliktrelevanten Aspekte der Szenarios hinsichtlich von Konfliktakteuren und Konfliktgegenständen zusammen. Damit werden die Szenarios zum Ausgangspunkt der Einordnung und Bewertung der Ergebnisse der empirischen Untersuchung.

2.4.1 Die Welt der Machtkonflikte

Ein erstes Szenario geht von der zentralen Annahme aus, daß *Sicherheit* den bedeutendsten Wert internationaler Politik darstellt (Brown et al. 1995; Mearsheimer 1990; Schwarz 1994; Waltz 1993). Im Mittelpunkt der Analysen dieses Szenarios steht daher die Sicherung der Existenz des in dieser Perspektive entscheidenden Akteurs der internationalen Beziehungen, des Nationalstaats. Sicherheit wird gewährleistet durch Macht. Wer Sicherheit erlangen will, muß Macht akkumulieren.[22] Notwendig wird die Akkumulation von Macht, da die Abwesenheit einer zentralen Autorität das herausragende Charakteristikum der internationalen Politik darstellt: Im Gegensatz zu den Staaten ist die Welt als Ganzes anarchisch verfaßt. Es gibt keine Weltregierung oder eine andere Institution, die in der Lage wäre, wirksam Ordnung zu schaffen und für die Sicherheit der Staaten zu sorgen. Da es keine entsprechenden Institutionen gibt, müssen die Staaten - so die Annahme des Szenarios - selbst für ihr Überleben sorgen. Grundbedingung dafür ist die Sicherung der eigenen Existenz, die tendenziell von anderen Staaten bedroht wird. Macht ist also kein Selbstzweck, sondern letztlich ein Mittel, mit dessen Hilfe das überragende nationale Interesse, nämlich die Sicherung der Fortexistenz des Staates, durch die Beeinflußung der internationalen Beziehungen im eigenen, nationalen Interesse gewährleistet werden soll: „Nach wie vor geht es in der Außenpolitik primär um die Sicherung der physischen Existenz eines Staatsvolkes" (Schwarz 1994: 163).

Als traditionelle Quellen der Macht gelten primär die ökonomische und militärische Stärke eines Staates. Daher entstehen Konflikte vor allem bei der Verteilung ökonomischer und militärischer Ressourcen. Was die militärische Machtkomponente betrifft, so hat die Entwicklung von Kernwaffen dem Wettbewerb ein Ende gesetzt: Selbst relativ kleine Kernwaffenarsenale schrecken aufgrund des Schadens,

---

21 Vgl. Brozus (2000) und Zürn/Brozus (1996). Galtung (1992) differenziert genauer zwischen einzelnen Konflikten, kommt letztlich aber zu ähnlichen Makrostrukturen.
22 Macht bedeutet in diesem Sinne die Fähigkeit, die eigene Zukunft und die Zukunft anderer autonom und in gewünschter Weise beeinflußen zu können. Zum Machtbegriff vgl. Albrecht/Hummel (1990).

den sie anrichten können, potentielle Aggressoren nachhaltig ab. Deshalb wird im nuklearen Zeitalter die ökonomische Konkurrenz zur Bewahrung und Ausdehnung der eigenen Machtposition zusehends wichtiger. Aufgabe der Staaten ist nunmehr die Förderung nationaler Forschungs- und Entwicklungsprogramme und die Sicherung des Zugangs zu Ressourcen und kaufkräftigen Absatzmärkten. Gleichzeitig werden Wirtschaftsspionage und Wirtschaftssabotage wichtige Instrumente der Außenpolitik (Waltz 1993: 57-58).

Realpolitisch auf die absehbare Zukunft bezogen wird nach dem Ende der Bipolarität und dem Zerfall der Sowjetunion eine Phase der Instabilität prognostiziert. Daher besteht die vordringlichste Aufgabe im Management der gegenwärtig stattfindenden Machtverschiebung. Dazu kann auch die kontrollierte Weitergabe von Kernwaffen, etwa an Japan und Deutschland, gehören, denn der Besitz von Kernwaffen verringert gemäß diesem Szenario die Wahrscheinlichkeit von gewaltförmigen Auseinandersetzungen zwischen den Großmächten.[23] Gegenwärtig bekleiden die USA als einzig verbliebene Supermacht eine dominante Position. Die Herausforderung der USA durch neue Großmächte wird jedoch nicht lange auf sich warten lassen.[24] Potentielle Kandidaten dafür sind u.a. China, Rußland, Japan und ein vereinigtes Europa oder eine wiedererstarkende Bundesrepublik, falls deren Einbindung in Europa fehlschlägt.[25] Vorhergesagt wird auch die Erosion der westlichen Bündnissysteme, da nach dem Ost-West-Konflikt keine Bedrohung mehr vorliegt, die groß genug erscheint, um die mit der Mitgliedschaft in einer Allianz verbundenen Souveränitätseinbußen bzw. Verpflichtungen jenseits der eigenen Interessen zu rechtfertigen. Knapp zusammengefaßt wird die Rückkehr zur traditionellen Machtpolitik erwartet, wie sie etwa vor dem Ersten Weltkrieg bestand.[26]

Tatsächlich scheint es in vieler Hinsicht so, als ob die USA seit dem Ende des Ost-West-Konflikts weniger Rücksicht auf ihre Verbündeten nehmen, sei es in der Frage der NATO-Osterweiterung oder in der Frage der Ausgestaltung der Handelsbeziehungen mit der EU. Weiter könnte man darüber spekulieren, ob die militärischen Interventionen im Irak, Haiti und Somalia überhaupt stattgefunden hätten, gäbe es die starre Blockstruktur des Ost-West-Konflikts noch.[27] Vereinzelt werden sogar Befürchtungen laut, daß die USA dabei seien, im Bewußtsein des „unilateralen Momentes" (Krauthammer 1991) ihre Position als „einzige Weltmacht" (Brzezinski 1997) zu mißbrauchen und eine Art „Schurken-Großmacht" (Huntington 1999) zu werden. Gleichzeitig scheint manches dafür zu sprechen, daß einstige Verbündete auf Distanz zu den USA gehen. So votiert Frankreich im UN-

---

23 So argumentieren u.a. Mearsheimer (1990) und Waltz (1993).
24 Zum Begriff „Großmächte" vgl. Hacke (1995) und Layne (1993).
25 Vgl. Henriksen (1995), Layne (1993) und Link (1998: 127-147). Kennedy (1996: 648-758) behandelt ebenfalls sehr ausführlich die möglichen Konkurrenten der USA.
26 Vgl. etwa Schwarz (1994: 189-225), der Ähnlichkeiten bzw. Unterschiede der weltpolitischen Situation vor dem Ersten Weltkrieg und nach dem Ost-West-Konflikt diskutiert.
27 Fairerweise müßte dann allerdings auch darüber spekuliert werden, ob die krisenhaften politischen Entwicklungen in diesen Staaten, die zu den Interventionen führten, während des Ost-West-Konflikts überhaupt in dieser Form möglich gewesen wären.

Sicherheitsrat regelmäßig gegen Anträge der USA, vor allem in der Frage der Behandlung des Irak. Die Beziehungen zwischen China und den USA haben sich ebenfalls erheblich verschlechtert. Darüber hinaus gibt es Befürchtungen, daß die NATO selbst auseinanderzubrechen droht. Diese Befürchtungen sind nicht zuletzt im Kontext des umstrittenen Kosovoeinsatzes 1999 und der Militäroperationen gegen Terrornetzwerke nach den Anschlägen auf New York und Washington 2001 laut geworden.

Zwar ist noch unklar, welche Großmächte mit der einzig verbliebenen Supermacht USA und miteinander rivalisieren werden, grundsätzlich bleibt aber die Annahme über den entscheidenden Wirkungsmechanismus der Weltpolitik bestehen: „Aufstieg und Fall der großen Mächte"[28] ist das beherrschende Thema dieses Szenarios. Damit sind auch die wichtigsten Annahmen hinsichtlich von Konflikten, Konfliktakteuren und Konfliktgegenständen benannt: Konflikte bestehen über die Verteilung von Macht. Konfliktakteure sind die mächtigsten Staaten eines gegebenen Staatensystems, die Großmächte. Konfliktgegenstände sind in erster Linie Ressourcen, die Macht verheißen, also etwa Kernwaffen oder der Zugang zu militärisch und ökonomisch relevanten Gütern.

2.4.2 Die Welt der Kulturkonflikte

Kulturkonfliktorientierte Ansätze gehen von der immer größeren Bedeutung kultureller Faktoren in der Weltpolitik aus und erwarten die Gruppierung von Konfliktlagern entlang kulturell definierter Grenzziehungen (Axt 1995; Barber 1995; Fukuyama 1995; Huntington 1993, 1998; Tibi 1995).[29] Die Welt besteht in dieser Perspektive aus verschiedenen *Zivilisationen.* Zivilisationen weisen bestimmte gemeinsame Merkmale auf. Zu diesen gehören vor allem ähnliche Identifikations- und Identitätsmuster, mit deren Hilfe Gruppen ihre Binnenkohäsion verstärken und sich gleichzeitig voneinander abgrenzen (Huntington 1993: 23-24). Diese Muster wiederum haben ihren Ursprung im kollektiv geteilten Glauben an eine absolut gute soziale Ordnung. Oft basiert dieser Glaube auf religiösen Ideen, er kann aber auch säkular begründet sein:

> "Both religious and secular-nationalistic frameworks of thought conceive of the world in coherent, manageable ways; they both suggest that there are levels of meaning beneath the day-to-day world that give coherence to things unseen; and they both provide the authority that gives the social and political

---

[28] So der Titel der Arbeit von Paul Kennedy (1996), die nach ihrem ersten Erscheinen 1987 eine intensive Diskussion über die schwindende Machtposition der USA auslöste - ironischerweise kurz vor Auflösung der Sowjetunion.

[29] In den Internationalen Beziehungen werden sehr verschiedene Definitionen von Kultur benutzt, vgl. dazu Jetschke/Liese (1998), die einzelnen Beiträge in Katzenstein (1996) und Lapid/Kratochwil (1996). In dieser Arbeit interessieren in erster Linie die Aspekte von Kultur, die sich auf soziale und politische Herrschafts- bzw. Ordnungsmodelle beziehen.

order its reason for being. In doing so they define for the individual the right way of being in the world and relate persons to the social whole" (Juergensmeyer 1993: 31).

In diesem Szenario werden weltweit mindestens sechs große Zivilisationen unterschieden: eine westlich-säkulare, eine islamische, eine konfuzianische, eine hinduistische, eine orthodox-christliche und eine japanische. Dazu kommen je nach Definition kleinere oder nicht klar bestimmbare Zivilisationen wie die lateinamerikanische, die schwarzafrikanische oder die jüdische.[30] Akteure dieser Welt sind in erster Linie Staaten - diese folgen aber den Interessen der Zivilisation, der sie angehören.[31] Staaten werden geradezu durch Zivilisationen instrumentalisiert: Die nationalen Interessen eines Staates sind gemäß dieses Modells nicht eigentlich national bestimmt, sondern kulturell durch die Zugehörigkeit zu einer bestimmten Zivilisation. Aus dieser Zugehörigkeit ergeben sich Handlungsanforderungen, denen die Regierungen gerecht werden müssen, wenn sie nicht in Gegensatz zur eigenen Gesellschaft geraten wollen. Besonders deutlich wird dies in einem unter Umständen gewaltförmig ausgetragenen Konflikt zwischen Staaten aus verschiedenen Zivilisationen: Prognostiziert wird für diesen Fall, daß die Staaten entsprechend ihrer zivilisatorischen Zugehörigkeit und nicht etwa - wie vom Szenario über Machtkonflikte erwartet - gemäß ihren nationalen Interessen Position beziehen. Selbst wenn zwischen den Angehörigen einer Zivilisation Differenzen bestehen, werden sie sich im Fall der Konfrontation mit einer anderen Zivilisation zu einer gemeinsamen Front formieren (Huntington 1998: 444-478).[32]

Prinzipiell ist nun eine Welt denkbar, in der verschiedene Zivilisationen ohne größere Berührungs- und Reibungsflächen miteinander koexistieren. Die Interaktion der Zivilisationen wäre in dieser Welt keine konfliktträchtige Angelegenheit, sondern vielmehr ein bereicherndes und stimulierendes Zusammentreffen (Müller 1999; Popper 1984). Demgegenüber wird in diesem Szenario auf das universalistische Moment verwiesen, das Zivilisationen auszeichnet und Auseinandersetzungen zwischen ihnen unvermeidbar erscheinen läßt. In Konflikt geraten Zivilisationen dadurch, daß sie die von ihnen getragene gute soziale Ordnung universal verbreiten wollen:

"Because both religion and secular nationalism are ideologies of order, they are potential rivals. Either can claim to be the guarantor of orderliness within a

---

30 Vgl. zu den verschiedenen Konzeptionalisierungen von Zivilisation Galtung (1987; 1992), Huntington (1993; 1998) und Tibi (1995).
31 Vor diesem Hintergrund besonders prekär erscheinen Staaten, die nicht eindeutig einer Zivilisation zugerechnet werden können. Zu diesen bikulturellen "torn countries" gehören etwa Mexiko, die Türkei und Rußland (Huntington 1993: 42-45).
32 Tendenziell fallen die Grenzen der politischen Regelungsreichweite und die Grenzen der kulturellen Kohäsion in diesem Modell ohnehin zusammen, wie am Beispiel der islamischen Idealvorstellung von der „Umma", die politische und kulturelle Gemeinschaft deckungsgleich umfaßt, deutlich wird (Lewis 1998: 41-43).

society; either can claim to be the ultimate authority for social order" (Juergensmeyer 1993: 33).

Wo es um das Allgemeinwohl geht, scheinen Kämpfe zwischen unterschiedlichen Entwürfen desselben nicht nur unvermeidlich - sie folgen beinahe zwingend aus der Unerschütterlichkeit des Glaubens, der eben deshalb Glauben und nicht bloß Meinung ist. Möglich sind allenfalls „taktische Kompromisse", der Konflikt an sich scheint nicht lösbar (Spaemann 1996: 286-289).

Wenn verschiedene Zivilisationen mit universalistischem Anspruch aufeinanderstoßen, sind daher Konflikte vorgezeichnet. Was diese Konflikte von anderen unterscheidet und so schwer vermittelbar macht, ist ihr Charakter: Es handelt sich hierbei um Wertekonflikte, also um Konflikte, in denen es um einander ausschließende und nichtteilbare Überzeugungen geht.[33] Wertekonflikte zeichnen sich dadurch aus, daß ein Kompromiß zwischen den Positionen nicht möglich ist. Man kann nicht gleichzeitig Christ und Moslem, sondern nur eins von beiden sein (Huntington 1993: 27). Ebenso läßt sich soziale Ordnung nicht gleichzeitig naturrechtlich und aus göttlicher Offenbarung ableiten. Unterschiedliche soziale Ordnungen, die jeweils privilegierte Einsicht in das menschengemäß Richtige für sich reklamieren, können im Grunde ohnehin nicht miteinander koexistieren, da sie der exklusiven Verbreitung bedürfen, um ihren eigenen Ansprüchen gerecht zu werden. Andere Ordnungsmodelle können nicht neben dem einen, richtigen geduldet werden, denn dadurch würde die absolute Wahrheit der eigenen Überzeugung relativiert, hinterfragt und womöglich gar kritisierbar. Daher können Wertekonflikte dieser Art nicht beigelegt oder vermittelt, sondern eigentlich nur aufgelöst werden - und zwar durch das Verschwinden der jeweils anderen Position.

Nach dem Ost-West-Konflikt zeichnet sich die globale Ordnung durch die Parallelität von zwei Bedingungen aus, die in dieser Konstellation erstmalig vorliegen: Die Welt ist gleichzeitig multipolar *und* multikulturell (Huntington 1998: 20). Der entscheidende Unterschied zur Welt der Machtkonflikte besteht darin, daß die verschiedenen Machtzentren verschiedenen Zivilisationen angehören. Die klassische multipolare Weltordnung des 19. Jahrhunderts war im wesentlichen eine europäische oder europäisch beeinflußte. Großbritannien, Frankreich, Deutschland, Italien und Österreich waren klar der europäischen Kultur zuzuordnen, Rußland und die USA als Flankenmächte setzten sich genau mit der Frage, inwieweit sie europäisch geprägt sein wollten, auseinander und bezogen sich damit auf die europäische „Leitkultur". Die multipolare Weltordnung des 21. Jahrhunderts wird anders aussehen, da einige Großmächte einem dezidiert nicht-europäischen Kuturkreis entstammen. Dies gilt in erster Linie für China, aber ebenso für Japan und - sollte das Land Großmachtstatus erreichen - auch für Indien. Und sofern sich eine islamische Zentralmacht herausbildet, wird es für diese in noch viel größerem Maße gelten. Im Gegensatz zum „Konzert der Mächte" im 18. Jahrhundert werden sich diese Großmächte

---

33   Zu den verschiedenen Konfliktbegriffen vgl. Zürn et al. (1990).

nicht auf die europäische Kultur als Referenzpunkt beziehen. Im Prozeß der „genuinen Politisierung von Religion" (Riesebrodt 1996: 252) werden vielmehr die Besonderheiten der je eigenen Kultur akzentuiert und programmatisch betont.[34] Damit erhöht sich die Gefahr von kulturell motivierten Auseinandersetzungen. Vor diesem Hintergrund wird in diesem Szenario eine Welt entworfen, die geprägt ist von Konflikten zwischen Zivilisationen. Kulturelle - und daran geknüpft politische - Hegemonie sind die wichtigsten Konfliktgegenstände dieser Auseinandersetzungen.

2.4.3 Die Welt der Wirtschaftskonflikte

Ein weiteres Szenario sieht den Gang der Weltpolitik nach dem Ost-West-Konflikt durch ökonomische Faktoren bestimmt (Bergsten 1992; Fukuyama 1995; Luttwak 1993, 1994; Nye 1990; Thurow 1992). Ökonomische Globalisierungsprozesse verändern das internationale Machtgefüge, in dem sie die Bewertungsmaßstäbe für „gute" und „schlechte" Politik neu ausrichten. Nicht mehr Machtpolitik, sondern *Wirtschaftspolitik* steht demnach im Zentrum des nationalen Interesses. Die früher dominierenden zwischenstaatlichen Macht- und Hegemoniekonflikte werden nach und nach von ökonomischen Auseinandersetzungen zwischen den großen Wirtschaftsregionen abgelöst. Gleichzeitig verändern sich die Ziele der Politik:

"In traditional world politics, the goals are to secure and extend the physical control of territory, and to gain diplomatic influence over foreign governments. The corresponding geo-economic goal is not the highest possible standard of living for a country's population but rather the conquest or protection of desirable roles in the world economy" (Luttwak 1993: 20).

Nicht zuletzt hängt dies mit der geringer werdenden Effizienz der „klassischen" Machtmittel zusammen, politische Ziele zu erreichen. In dem Maße, in dem der Einsatz militärischer Machtressourcen internationale Konflikte etwa über den Schutz ökologischer Ressourcen immer weniger entscheiden kann, sinkt der Wert dieses Machtmittels, während umgekehrt der Wert alternativer Machtressourcen steigt. Diese sogenannte "soft power" (Nye 1990) stützt sich vor allem auf wirtschaftliche Stärke, so daß der Ökonomie neue Bedeutung zukommt.

Gegenstand ökonomischer Konflikte ist vor allem der Zugang zu Ressourcen und Absatzmärkten sowie die Fähigkeit zur Erforschung und Produktion fortgeschrittener Technologien. Neben den Staaten treten transnational operierende Unternehmen und Konzerne als Konfliktakteure auf, die in zunehmendem Maße Regierungen für ihre Interessen instrumentalisieren. Den Staaten fallen im Zeitalter der sogenannten „Geo-Ökonomie" primär zwei Aufgaben zu: Zum einen sollen sie die Kosten für Forschung und Entwicklung neuer Produkte übernehmen, zum anderen

---

34 Vgl. dazu auch Marty/Appleby (1996).

die Erschließung neuer Märkte ermöglichen und die alten Märkte sichern (Seitz 1990). Beide Aufgaben erfordern angesichts anspruchsvoller und teurer Hochtechnologien hohen Kapitaleinsatz, der tendenziell nur noch durch Kooperation mit anderen Staaten gesichert werden kann. Ein wesentlicher Anreiz zur Vertiefung regionaler Integration wie beispielsweise in der EU oder der ASEAN besteht deshalb in der Sicherung geeigneter Entwicklungsbedingungen für Hochtechnologien. Es ist daher kein Zufall, daß in diesem Szenario ökonomische Konflikte auf globaler Ebene im Sinne von "Geo-economics" als Verdrängungswettbewerb zwischen Wirtschaftsregionen ausgetragen werden. Zu den am weitesten entwickelten und integrierten Regionen zählen heute USA/Nordamerika bzw. die regionale Wirtschaftsorganisation NAFTA, EU-Europa und Japan, die deshalb auch als Hauptantagonisten dieser kommenden globalen Konfliktlinie gelten.

Die steigende ökonomische Konkurrenz zwischen den Wirtschaftsregionen schlägt sich auch im Wettbewerb um Standortvorteile nieder. Da es immer mehr darauf ankommt, so die Annahmen dieses Szenarios, Unternehmen zu Investitionen im eigenen Land zu motivieren, ist es unausweichlich, den potentiellen Investoren die bestmöglichen Verwertungschancen für ihr Kapital zu bieten. Aufgrund damit verbundener Deregulierungsstrategien, die etwa zu Steuersenkungen führen, geraten wiederum die bislang staatsfinanzierten Sozialbudgets in Gefahr.[35] Viele der erfolgreichen Politiken des demokratischen Wohlfahrtsstaates können nicht mehr aufrechterhalten werden, sei es, weil der Kostendruck ein "race to the bottom" verursacht, was insbesondere für die Sozialpolitik zu gelten scheint, oder weil sie von vornherein nur bei internationaler Harmonisierung effektiv sein können, wie im Fall des Verbots von FCKW.[36]

In dieser Entwicklung sehen manche ein enormes Konfliktpotential. In dem Maße, in dem der Staat zum Vollzugsorgan weltwirtschaftlicher Imperative wird, schreitet die Unterhöhlung der Funktionsfähigkeit des demokratischen Wohlfahrtsstaates voran. Der ungezügelte „Terror der Ökonomie" (V. Forrester) zerstört sowohl die demokratischen als auch die sozialpolitischen Grundfesten des modernen Staates westlicher Prägung. Der Wohlfahrtsstaat verwandelt sich in einen „Wettbewerbsstaat".[37] Es entstehen verbissene Verteilungskonflikte innerhalb der Gesellschaften, die u.U. mit einer Revitalisierung des Ethnischen (im Gegensatz zum Na-

---

35 Vgl dazu u.a. Neyer/Seeleib-Kaiser (1995) oder Streeck (1998).
36 Insofern Staaten sich überhaupt der schwierigen Aufgabe unterziehen, die Probleme auf der internationalen Ebene durch die Schaffung internationaler Institutionen zu lindern, tritt ein weiteres Problem hinzu: Die Legitimation von Politiken, an deren Formulierung viele Betroffene kaum noch Mitwirkungsmöglichkeiten haben. Nationalen Parlamenten bleibt häufig keine andere Wahl, als das Ergebnis internationaler Kompromißfindung als Ganzes anzunehmen oder abzulehnen. Der Öffentlichkeit mangelt es vielfach an Informationen über internationale Verhandlungsprozesse und erst recht an der Möglichkeit, auf diese direkt Einfluß nehmen zu können. Internationale Politik ist nach wie vor ein weitgehend demokratiefreier Raum. Vgl. u.a. Wolf (2000) und Zürn (1998: 233-255).
37 Vgl. dazu u.a. Cerny (1995), Hirsch (1995) und Narr/Schubert (1994). Kritisch zur scheinbar geringer werdenden Fähigkeit der Staaten, autonome Wirtschafts- und Sozialpolitik zu betreiben, äußert sich u.a. Garrett (1995).

tionalen) als Grundlage der politischen Organisation einhergehen. Gleichzeitig wächst die Empfindlichkeit der Nationalstaaten gegenüber gesellschaftlich induzierten Bedrohungen und Gefahren, während die Fähigkeit zur effektiven Verregelung neu auftretender Herausforderungen schwindet. Denationalisierungsprozesse dieser Art aktualisieren Konfliktlinien einerseits zwischen dem Nationalstaat und gesellschaftlichen, hier vor allem wirtschaftlichen, Akteuren sowie andererseits zwischen konkurrierenden gesellschaftlichen Akteuren innerhalb der Nationalstaaten und im transnationalen Raum. Zwischenstaatliche Konflikte verlieren hingegen an Bedeutung. Im Rahmen dieser Arbeit werden daher Wirtschaftsregionen als typische Konfliktakteure dieses Szenarios begriffen. Konfliktgegenstände sind dementsprechend beispielsweise der Zugang zu wichtigen Ressourcen und Märkten, aber auch Forschungs- und Entwicklungsinvestitionen.

2.4.4 Die Welt der Entwicklungskonflikte

Das vierte Szenario sieht Konflikte über ökonomische, ökologische und soziale *Entwicklungsprozesse* im Rahmen der Nord-Süd-Beziehungen als zentralen Streitpunkt der kommenden Jahrzehnte. Es schreibt damit den Nord-Süd-Konflikt fort, der als bedeutende Konfliktformation bereits seit den 1970er Jahren besteht (Elsenhans 1990; Krasner 1985). Der „klassische" Nord-Süd-Konflikt war vor allem durch den Gegensatz zwischen den „armen" Entwicklungsländern des Südens und den „reichen" Industriestaaten des Nordens bzw. Westens bestimmt. Konflikte bestanden v.a. über wirtschaftliche Fragen, so z.B. über die Ausgestaltung der Weltwirtschaftsordnung und der internationalen Handelsbeziehungen, und wurden oft als durch einen "structural conflict" (Krasner 1985) geprägt betrachtet.[38]

Häufig konnten die Entwicklungsländer in ihren Auseinandersetzungen mit den westlichen Industriestaaten auf die Unterstützung des Ostblocks setzen. Im Gegenzug standen die Entwicklungsländer oft Forderungen des Ostblocks zur Seite, dies vor allem in internationalen Organisationen wie dem UN-System. Das Ende des Ost-West-Konflikts wirkte sich daher in mehrfacher Hinsicht auf die Nord-Süd-Konfliktformation aus:

- Die Auflösung des Ostblocks entzog den Entwicklungsländern einen gewichtigen Verbündeten. Damit verringerte sich das (aktive wie passive) Instrumentalisierungspotential. Die weltpolitische Bedeutung der Entwicklungsländer als Gruppe sank.
- Die machtpolitische Unterfütterung zahlreicher Konflikte zwischen Entwicklungsländern entfiel. In bzw. zwischen Entwicklungsländern ausgefochtene

---

38 Viele Konflikte im Rahmen des Nord-Süd-Konflikts besaßen jedoch auch eine kulturelle Dimension, etwa im Fall der Auseinandersetzungen über eine Weltinformationsordnung (Rittberger 1995).

Stellvertreterkriege änderten ihren Charakter, ohne dadurch notwendigerweise weniger intensiv zu werden.

Nicht unmittelbar mit dem Ende des Ost-West-Konflikts verbunden sind einige andere Bedingungen, die zur Veränderung der Beziehungen zwischen dem Norden bzw. Westen und dem Süden beigetragen haben:

- Innerhalb der Gruppe der Entwicklungsländer setzen sich Ausdifferenzierungstendenzen mehr und mehr durch. Das „Ende der Dritten Welt" (Menzel 1992) macht die Mobilisierung eines geschlossenen Konfliktlagers des Südens tendenziell unwahrscheinlicher.
- Gleichzeitig vergrößert sich nicht nur in wirtschaftlicher Hinsicht die Interdependenz zwischen Nord und Süd. Ökologische Fehlentwicklungen wie der Treibhauseffekt und die Ausdehnung des Ozonlochs betreffen sowohl den Norden wie auch den Süden, wobei die Fähigkeit, auf diese Phänomene zu reagieren, sehr unterschiedlich ausgeprägt ist.

Obgleich sich Nord und Süd in einigen Bereichen also näherkommen, sieht eine Variante dieses Szenarios die tiefen Widersprüche zwischen Nord und Süd nach dem Ost-West-Konflikt sehr viel deutlicher als bisher hervortreten:

> „Der Nord-Süd Konflikt war niemals das Kunstprodukt des Ost-West Konflikts [...] Der Nord-Süd Konflikt existierte schon vorher und ist der grundlegendere; er bestimmt seit fünf Jahrhunderten den Kapitalismus als globales Widerspruchssystem und ist daher für die Mehrheit der Völker des Planeten inakzeptabel" (Amin 1994: 15).

Gemäß diesen Annahmen werden sich die Konflikte über die „klassische" Entwicklungsproblematik im Sinne der Überwindung von Unterentwicklung verschärfen und zusehends die Agenda internationaler Politik prägen. Allerdings wird es der Dritten Welt immer schwerer fallen, sich gegen die Industriestaaten zu behaupten, da sie nicht mehr durch den Ostblock unterstützt werden. Daher kann der „reiche" Norden einzelne Entwicklungsländer sehr viel leichter gegeneinander ausspielen, zumal die ehemalige Zweite Welt nun in Konkurrenz um ohnehin knappe Transferleistungen tritt. Die Folge sind einerseits intensivere Verteilungskämpfe nicht nur zwischen Nord und Süd, sondern auch zwischen den Entwicklungsländern selbst, andererseits ungeniertere Interventionen der Geberländer in die inneren Angelegenheiten der Empfängerländer (Menzel 1992: 173-189; Nuscheler 1995).

Zusätzlich verschärft werden die Konflikte über Entwicklungsprozesse durch die ökologische Komponente wirtschaftlichen Wachstums. In der Welt der Entwicklungskonflikte spielen potentiell menschheitsbedrohende Risiken, Bedrohungen und Gefahren eine zentrale Rolle. Dabei geht es zum einen um die Frage, ob und inwieweit ökologische Entwicklungen Kriege verursachen und damit zur Bedrohung nationaler Sicherheit werden (Bächler et al. 1996; Homer-Dixon 1991, 1994; Wöhlke 1993). So zeigen sich beispielsweise die Auswirkungen des Treibhauseffekts in tropischen Gebieten in einer beschleunigten Desertifikation und folglich in (bisher meist lokal begrenzten) Wanderungsbewegungen, die wiederum in Verbindung mit wirtschaftlichen Problemen oder mageren Ernten zum Ausbruch von Kriegen zwischen Ethnien führen können, wie bereits seit über einem Jahrzehnt im zentralen Afrika zu beobachten. Zum anderen haben globale Umweltgefahren aber auch unmittelbar eine zerstörerische Wirkung insbesondere auf Länder in der Dritten Welt. Klimaerwärmung und die damit verbundene Anhebung des Meeresspiegels betreffen als erstes die Inselstaaten, die auf der südlichen Hälfte der Erdkugel liegen und kein ausreichendes ökonomisches und technologisches Potential zum Ausbau entsprechender Schutzmaßnahmen haben.[39]

Das aus diesen Zerstörungsspiralen erwachsende Konfliktpotential könnte mit dem Begriff „Chaosmacht" bezeichnet werden, die vielen neuen (im Osten) und alten (im Süden) Entwicklungsländern als nichtintendiertes Nebenprodukt einer fehlgeleiteten Entwicklung zukommt.[40] Eine mögliche Konfliktlinienbildung entlang der Nord-Süd-Dimension scheint dabei aus zwei Gründen möglich:

- Zum einen ist die Asymmetrie von Verursachern und Betroffenen ökologischer Probleme zu nennen. Obwohl die globalen Umweltgefahren im wesentlichen vom reichen Norden verursacht werden (reichtumsbedingte Gefährdungen wie Klimaerwärmung und Ozonloch), scheinen die südlichen Länder zunächst die Hauptleidtragenden zu sein. Umgekehrt sind die reichen Industrieländer nur sekundär von den armutsbedingten globalen Gefahren wie Desertifikation oder dem Raubbau an den Regenwäldern betroffen. Während viele der reichtumsbedingten ökologischen Gefährdungen aus der Externalisierung von Produktionskosten resultieren, handelt es sich bei der armutsbedingten ökologischen Zerstörung primär um eine Selbstzerstörung der Armen mit Nebenwirkungen auch für die Reichen. Mithin verteilen sich reichtumsbedingte Umweltzerstörungen gleichmäßig auf dem Globus, während armutsbedingte Umweltzerstörungen vorrangig an Ort und Stelle anfallen (Zürn/Take 1996).

- Zum zweiten treffen die notwendigen Maßnahmen zur Verhinderung ökologischer Fehlentwicklungen die Entwicklungsländer besonders hart. Dort fehlen die ökonomischen und technologischen Mittel zur Umsetzung effektiver Umweltschutzmaßnahmen, und - womöglich folgenreicher - nachholende Entwicklung im Sinne des rücksichtslosen Ausbaus ökonomischer Kapazitäten auf Kosten ökologischer Ressourcen wird oft als legitim betrachtet.[41] Dem Westen, dessen Reichtum genau auf einer solchen Entwicklungsstrategie beruht, wird das Recht verwehrt, scheinbar entwicklungsbehindernde Umweltschutzmaßnahmen einzufordern (Wöhlke 1993: 34-60).

---

39 Vgl. dazu die einzelnen Untersuchungen in Kaul et al. (1999), die sich mit der Problematik der sogenannten globalen Gemeinschaftsgüter befassen.
40 Singer/Wildavsky (1993) unterscheiden in diesem Zusammenhang zwischen sogenannten Friedenszonen ("zones of peace") und Kriegszonen ("zones of war"). Diese Zonen entsprechen im wesentlichen einerseits der OECD-Welt und andererseits der Welt der LDCs. Vgl. auch Senghaas (1994: 170-178).
41 Mit Blick auf die Beziehungen zwischen Nord- und Lateinamerika untersucht dies Rosenberg (1994).

Entsprechend der zunehmenden Ausdifferenzierung der Entwicklungsländer lassen sich nicht alle Staaten eindeutig der im Szenario vorhergesagten Konfliktlinie zuordnen. Klar sind allerdings die zentralen Konfliktlager: Die in der OECD zusammengeschlossenen entwickelten Industriestaaten bilden den einen Pol, die sich entwickelnden Staaten der Dritten Welt, deren wichtigste internationale Organisation die „Gruppe der 77" (G-77) darstellt, den anderen. Dazwischen befinden sich einerseits die ehemaligen Staaten des Ostblocks und andererseits Schwellenländer.[42] Immer wiederkehrende Konfliktgegenstände dieses Szenarios sind wirtschaftliche Fragen wie z.B. die Höhe und die Verwendung von Transferleistungen zwischen Nord und Süd (Entwicklungshilfe), der Umgang mit Schulden der Entwicklungsländer oder auch die Ausgestaltung von Handelsbeziehungen. In zunehmendem Maße rücken aber auch ökologische Aspekte ins Zentrum der Konflikte dieses Szenarios. Dabei geht es vor allem um den Schutz globaler Gemeinschaftsgüter bei gleichzeitiger Ermöglichung ökonomischer Entwicklung im Süden.

Die Konfliktszenarien lassen sich zusammengefaßt so darstellen:

Szenario	Konfliktlinie zwischen	Wichtigste Konfliktakteure	Typische Konfliktgegenstände
Machtkonflikte	Großmächten	USA, Rußland, China, EU (Deutschland), Japan	Einflußsphären, Massenvernichtungswaffen
Kulturkonflikte	Zivilisationen	„Westen", „Osten", Islam, China, Japan, Indien	Gesellschaftliche Ordnungsmodelle
Wirtschaftskonflikte	Wirtschaftsregionen	USA (NAFTA), EU (Europa), Japan (ASEAN)	Hochtechnologien, Ressourcen, Märkte
Entwicklungskonflikte	Nord-Süd	Industriestaaten (OECD), Entwicklungsländer (G-77)	Transferleistungen, Handel, Umweltschutz

Tab. 1: Vier Szenarios internationaler Politik nach dem Ost-West-Konflikt

3. Vorgehensweise

3.1 Definitionen und Fragestellung

Zunächst sollen im folgenden einige zentrale Begrifflichkeiten der Studie näher erläutert werden: Als *Konflikt* wird im Rahmen dieser Arbeit eine Situation begrif-

---

42 Schwellenländer sind gemäß dieser Kategorisierung Staaten, die so relativ weit entwickelt sind, daß sie teilweise bereits das Wirtschafts- und Sozialprofil schwächer entwickelter Industriestaaten aufweisen (Menzel 1992: 29-30).

fen, in der mindestens zwei *Konfliktakteure* unvereinbare Positionen bezüglich des Status, der Erzeugung oder der Verteilung eines sie interessierenden *Konfliktgegenstandes* haben.[43] Dabei sollen folgende Definitionen gelten:
- Konflikt: „*Konflikt* wird [...] definiert als eine Situation, in der zwei oder mehrere Akteure unvereinbare Ziele anstreben oder aber unterschiedliche Mittel wählen wollen, um ein gemeinsames Ziel zu erreichen. Ein Konflikt konstituiert sich also durch eine *unvereinbare Positionsdifferenz* zwischen mindestens zwei Akteuren in bezug auf ein Konfliktobjekt" (Zürn 1992a: 139, Herv. im Orig., LB).
- Konfliktakteure: "Decisional units which are directly or indirectly involved in the conflict and have some significant stake in its outcome" (Wehr 1979: 19). Dabei ist zu beachten, daß es sich bei den in dieser Arbeit systematisch untersuchten Akteuren um Staaten handelt.
- Konfliktgegenstand: „Als Konfliktgegenstand bezeichnen wir dasjenige Objekt, hinsichtlich dessen Bewertung, Herstellung oder Verteilung die Akteure unvereinbare Positionen einnehmen. Konflikt (unvereinbare Positionsdifferenz) und Konfliktgegenstand bedingen sich zwar wechselseitig, doch sie sind nicht identisch" (Zürn et al. 1990: 170, FN 12). Der Begriff „Gegenstand" umfaßt neben materiellen Gütern wie Öl, Kernwaffen oder Goldbarren auch immaterielle Güter wie Werte, Ideen oder Weltbilder.

Eine *Konfliktlinie* entsteht, wenn sich Gruppen oder Lager von jeweils gleichen Akteuren (*Konfliktlager*, im Rahmen dieser Arbeit sind dies Staatengruppen) in mehreren Konflikten befinden, die Konfliktgegenstände aus verschiedenen Politikfeldern betreffen.[44] Das heißt, daß sich in den verschiedenen Konflikten die immer gleichen Akteure bzw. Konfliktlager in den gleichen Konstellationen (*Konfliktakteurskonstellationen*) gegenüberstehen. Die Konfliktlinie strukturiert mithin die Konfliktpositionen der Akteure so, daß sie ihr Konfliktverhalten in unterschiedlichen Konflikten an der von „ihrem" Lager konfliktübergreifend vertretenen Konfliktposition ausrichten. Entsprechend müssen sowohl die Zugehörigkeiten zu den Konfliktlagern wie auch die eingenommenen Konfliktpositionen eine gewisse Kohärenz und Dauerhaftigkeit aufweisen. Beispielsweise beinhaltete der Ost-West-Konflikt unterschiedliche Konfliktpositionen bezogen auf verschiedene Konflikte über das bessere Gesellschafts- und Wirtschaftssystem (Politikfeld Kultur/Herrschaft, Politikfeld Wohlfahrt), die Zugehörigkeit bestimmter Weltregionen zum einen oder anderen Lager (Politikfeld Sicherheit), aber auch über den Schutz

---

43   Ausführlicher und allgemeiner setzen sich u.a. Krysmanski (1971: 8-22); Link (1988: 35-40); Schimmelfennig (1995: 28-30) und Schmid (1971: 40-47) mit dem Konfliktbegriff auseinander.
44   Die Begriffe „Politikfeld" und „Problemfeld" werden in dieser Arbeit gleichgesetzt. Für Problemfeld kann folgende Definition gelten: „Darunter soll ein Handlungszusammenhang verstanden werden, der aus einem Konfliktgegenstand oder aus mehreren in der Wahrnehmung der Akteure unauflösbar zusammenhängenden Konfliktgegenständen und/oder aus den davon abgeleiteten Konflikten sowie aus den beteiligten Akteuren besteht" (Zürn et al. 1990: 153).

der Ostsee vor Verschmutzung (Politikfeld Umwelt/Entwicklung).⁴⁵ All diese Positionsdifferenzen kennzeichneten einzelne Konflikte, die sich schließlich zu einer globalen Konfliktlinie verdichteten.

Nicht jede Konfliktbündelung, die gleiche Akteure in verschiedenen Konflikten gegenüberstellt, sollte allerdings gleich als Konfliktlinie bezeichnet werden. Hierzu müssen vielmehr zusätzlich folgende Bedingungen erfüllt sein:
- Auf beiden Seiten müssen *Staaten* als Konfliktpartei vertreten sein. Der Staat wird dabei als Scharnier zwischen gesellschaftlicher und internationaler Umwelt begriffen, der gemäß der klassischen Souveränitätslehre als einziger Akteur dazu legitimiert ist, bindende Wertzuteilungen nach innen wie nach außen vorzunehmen (Nitschke 2000; Rosenau 1997: 341-363; Schimmelfennig 1995: 53-58).⁴⁶ Die Bedeutung des Staates ergibt sich aus der Verfügung über Gewaltmittel und aus der Anerkennung als legitimer Herrschaftsverband durch andere Staaten. Gerade angesichts des oft konstatierten steigenden Einflusses gesellschaftlicher Akteure auf internationale Politik ist es wichtig, sich diese für den weiteren Gang der Untersuchung folgenreiche Bedingung zu vergegenwärtigen.
- Darüber hinaus müssen die Einzelkonflikte, die sich zur Konfliktlinie verdichten, so bedeutend sein, daß sie auf internationaler Ebene verhandelt werden. Es muß sich also um "global issues" handeln, die nicht nur regionale Interessen tangieren, sondern in der einen oder anderen Form auf der globalen Agenda politisch engagierter Akteure auftauchen. Die *Globalität* der Konfliktlinie ergibt sich aus dem Grad des Einflusses, den ihre Existenz auf das Verhalten von Akteuren ausübt, die nicht dem Kernbereich des aktuellen globalen politischen Handlungszusammenhanges angehören. Zwar müssen sich nicht alle Regionen der Erde gleichermaßen auf *eine* Konfliktlinie fokussieren; der Kern des globalen politischen Handlungszusammenhanges muß aber durch die globale Konfliktlinie bestimmt, die Randbereiche von ihr zumindest geprägt sein. Anders formuliert: Angesichts einer globalen Konfliktlinie verringern sich die Optionen politischen Handelns auch für Akteure, die selbst nicht direkt an den Konflikten teilnehmen.

Vor diesem Hintergrund kann die zentrale Fragestellung der Arbeit nun folgendermaßen formuliert werden:
- Um welche *Konfliktgegenstände* geht es in bedeutsamen internationalen Konflikten nach dem Ost-West-Konflikt?
- Welche *Konfliktakteure* stehen sich in diesen Konflikten gegenüber?
- Gibt es Anhaltspunkte für ein spezifisches Arrangement von Konfliktgegenständen und Konfliktakteuren im Sinne einer *globalen Konfliktlinie*?

---

45 Die systematisch verschiedenen Wahrscheinlichkeiten der gewaltfreien Verregelung dieser unterschiedlichen Konflikttypen untersuchen u.a. Efinger/Zürn (1989) und Rittberger/Zürn (1991).
46 Dies ist hinsichtlich der Frage nach den Gewaltpotentialen einer Konfliktlinie bedeutsam, da Staaten nach wie vor über die umfangreichsten militärischen Mittel verfügen. Allerdings wird diese Frage hier nicht systematisch behandelt.

Das *Ziel der Arbeit* besteht somit darin, empirisch einen Teil des internationalen Konfliktgeschehens in den 1990er Jahren aufzuarbeiten und daraus auf die künftige Struktur internationaler Konflikte zu schließen. Von besonderer Bedeutung ist dabei eine eventuelle Strukturähnlichkeit mit der zentralen Konfliktformation der Epoche nach dem Zweiten Weltkrieg: dem paradigmatisch für eine globale Konfliktlinie stehenden Ost-West-Konflikt.

3.2 Forschungsdesign und Untersuchungsmethode

Methodisch stützt sich die Arbeit auf den *strukturierten, fokussierten Vergleich* (Aarebrot/Bakka 1997; Collier 1993; George 1979; Lijphart 1971; Mair 1996). Zunächst werden im empirischen Teil der Arbeit Einzelfallstudien vorgestellt, die anschließend systematisch fallübergreifend ausgewertet werden. In Form eines kontrollierten Vergleichs der untersuchten Fälle werden die gewonnenen Erkenntnisse herangezogen, um empirisch gesättigte Aussagen sowohl über die Realitätsangemessenheit der in der Literatur vorfindlichen Szenarios als auch über etwaige alternative Erklärungsansätze machen zu können - jeweils bezogen auf den Ausschnitt internationaler Politik, der in dieser Arbeit betrachtet wird.

Der methodische Status der *Einzelfallstudie* in einem wissenschaftlichen Forschungsdesign "is somewhat ambiguous" (Lijphart 1971: 691). Prinzipiell strebt Wissenschaft nach generalisierenden Aussagen; es geht bei jedem theoretischen Ansatz darum, Aussagen über einen Einzelfall hinaus tätigen zu können, Ähnlichkeiten und Unterschieden zwischen Fällen nachzuspüren, um letztlich im Idealfall kausale Zusammenhänge zwischen Ereignissen oder Phänomenen aufzuzeigen. Daher ist der wissenschaftliche Wert der Einzelfallstudie begrenzt, da mit ihrer Hilfe bestehende theoretische Aussagen weder überprüft noch neue theoretische Einsichten generiert werden können. Ein Weg, mit diesem Problem umzugehen, besteht darin, mehrere Fallstudien systematisch miteinander zu vergleichen (Mackie/Marsh 1995: 177-179). Ein solches *komparatives Forschungsdesign* verbindet die Vorteile der Einzelfallstudie, vor allem die tiefgehende Aufarbeitung des Falles, mit den Vorteilen eines vergleichenden Ansatzes. Insbesondere werden dadurch fallübergreifende Aussagen möglich, also Aussagen, die für mehr als einen Fall gelten. Diese Aussagen sind zwar noch weit davon entfernt, Gesetzmäßigkeiten zu bezeichnen, sie können aber wertvolle Hinweise auf Strukturähnlichkeiten liefern, die dann wiederum weiter systematisch beforschbar sind.

Lijphart (1971) unterscheidet den verschiedenartigen wissenschaftlichen Nutzen, den Fallstudien haben können. Dabei formuliert er ein Kontinuum mit den beiden Polen „Interesse am Fall" und „Interesse an Theoriebildung". Entlang dieses Kontinuums gruppieren sich sechs Typen von Fallstudien, die von der atheoretischen, rein beschreibenden bis zur explizit theorieüberprüfenden Fallstudie reichen. Gemäß dieser Typologie umfaßt die vorliegende Untersuchung sogenannte *interpretative Fallstudien*, die sich dadurch auszeichnen, daß sie bestehende theoretische

Aussagen auf Fälle anwenden, dabei aber in erster Linie am Fall und nicht an der Überprüfung der Theorie interessiert sind:

"In these studies, a generalization is applied to a specific case with the aim of throwing light on the case rather than of improving the generalization in any way" (Lijphart 1971: 692).

Zwar steht zu hoffen, daß die Arbeit dazu beitragen kann, Generalisierungen zu verbessern, dies ist in striktem Sinne jedoch nicht ihr Ziel.

George (1979) behandelt hingegen die Frage, wie durch die Methode des kontrollierten Vergleichs, der sogenannten "controlled comparison" (George 1979: 49), aus der Analyse mehrerer Fallstudien theorierelevante Schlüsse gezogen werden können. Dazu ist es nötig, daß
- der Ansatz "disciplined-configurative" gewählt wird, das heißt, daß zur Beschreibung und Analyse des Falles Variablen gewählt werden, die nicht nur den Einzelfall erfassen, sondern generalisierbar sind,
- die untersuchten Fälle alle derselben Klasse angehören, also bestimmte Merkmale aufweisen, die in allen Fällen gleich sind,
- die Fälle mit einer gezielten, klaren Fragestellung untersucht werden, wobei das Ziel nicht eine möglichst vollständige Beschreibung ist (wohl aber ein Mittel sein kann), sondern die Herausarbeitung der gemeinsamen Merkmale, die wiederum durch das Erkenntnisinteresse des Forschers bestimmt werden.

Die eigentliche "controlled comparison" läuft dann in drei Phasen ab (George 1979: 54-59). In der ersten Phase wird das Design der Studie festgelegt. Dabei müssen insbesondere die Fragestellung und der Untersuchungsgegenstand spezifiziert werden. Besonders wichtig ist die Auswahl geeigneter Fälle. Phase 2 besteht aus der Durchführung der Fallstudien. In der dritten Phase werden die Ergebnisse der Auswertung der Fälle dazu benutzt, die in Phase 1 formulierten Erklärungsansätze zu modifizieren bzw. zu widerlegen. Gleichzeitig können die Ergebnisse genutzt werden, um einen anderen Erklärungsansatz zu konstruieren. Dabei gilt, daß jeder deviante Fall, der untersucht wird, zur Verfeinerung und Ausdifferenzierung der Theorie beitragen kann. In diesem Sinne ist kumulative Theoriebildung möglich, die durch die Betrachtung weiterer Fälle und ihren fortgesetzten kontrollierten Vergleich vorangetrieben werden kann. Die hier beschriebene Methode wird von George (1979: 61) "structured, focused comparison" genannt: Strukturiert, da generelle und nicht nur spezifische Fragen an die Fälle gestellt werden, fokussiert, da nur einige und nicht alle Aspekte der Fälle untersucht werden.

Methodisch läßt sich die vorliegende Studie vor diesem Hintergrund somit folgendermaßen verorten: Im empirischen Teil sollen die Fälle zunächst einzeln intensiv untersucht werden.[47] Die Fallstudien haben vorwiegend interpretativen Charakter. Dabei wird auf Primärquellen und Sekundärliteratur zurückgegriffen.

---

47   Das Vorgehen lehnt sich dabei an die von George/McKeown (1985: 34-41) beschriebene Methode des "process-tracing" an.

Anschließend werden die Fälle im Sinne des strukturierten, fokussierten Vergleichs miteinander verglichen, um allgemeine Aussagen mit begrenzter theoretischer Reichweite treffen zu können. Angeleitet von den Hauptforschungsfragen nach Konfliktakteuren, Konfliktgegenständen und Konfliktlinien werden die Fälle fallübergreifend ausgewertet und auf dabei zutage tretende Übereinstimmungen und Differenzen hin untersucht. Entscheidend für die Schlüssigkeit der Auswertung ist die exakte Bestimmung der relevanten Konfliktakteure und Konfliktgegenstände. Nur wenn die Bestimmung dieser Faktoren jeweils gemäß den gleichen, in sich schlüssigen Kriterien erfolgt, ist die Vergleichbarkeit der Ergebnisse über die Fälle hinweg gewährleistet.

3.3 Untersuchungsgegenstand und Fallauswahl

Die Analyse postbipolarer Konfliktlinien beginnt mit der Identifizierung von Fällen, die den oben genannten Kriterien genügen. Am vielversprechendsten in dieser Hinsicht sind *internationale Konferenzen* im Rahmen der Vereinten Nationen, auf denen "global issues" verhandelt wurden (Kaufmann 1996; Messner/Nuscheler 1996; Rittberger 1983). Diese Konferenzen bieten einer Vielzahl von Akteuren Gelegenheit, ihre Positionen in Konflikten aus verschiedenen Politikfeldern zu verdeutlichen und sich gegenüber anderen Staaten abzugrenzen. Es handelt sich hierbei um Ereignisse, an denen praktisch die gesamte internationale Staatengemeinschaft aktiv partizipiert. Im Gegensatz zu Treffen wie den sogenannten Weltwirtschaftsgipfeln der G7-, G8-, G10- oder gar G22-Staaten nehmen an den meisten internationalen Konferenzen im Rahmen des UN-Systems tatsächlich so gut wie alle Staaten teil.[48] Das heißt, daß hier auch den sogenannten Außenseitern internationaler Politik ein Forum geboten wird, auf dem sie ihre Positionen zu verschiedenen Aspekten der Weltpolitik darstellen können. Darüber hinaus erfüllen die Konferenzen eine der grundlegenden Bedingungen der vergleichenden Analyse von Fallstudien:"[T]here exist relatively few instances of the phenomenon under consideration that exhibit the attributes of interest to the analyst" (Collier 1993: 105).

Folgende Kriterien sind bei der Auswahl der Fälle zu berücksichtigen: An den in Frage kommenden Konferenzen sollte mindestens die Hälfte der von den UN anerkannten souveränen Staaten aus verschiedenen Weltregionen teilgenommen haben. Darüber hinaus sollen auch Vertreter von nichtstaatlichen Organisationen auf der Konferenz präsent gewesen sein, um ein gewisses Maß gesellschaftlicher Repräsentation zu gewährleisten. Damit wird die zunehmende Relevanz nichtstaatlicher

---

48 Daraus folgt allerdings nicht, daß hier tatsächlich folgenreiche Beschlüsse gefaßt werden. Gute Gründe sprechen im Gegenteil dafür, davon auszugehen, daß solche Beschlüsse eher in den erwähnten exklusiven Clubs gefaßt werden (vgl. dazu aber Bohnet 1996). Da im Zentrum der Analyse aber nicht die tatsächliche Wirkungsmächtigkeit von Beschlüssen steht, sondern alleine die Konflikte im Kontext ihres Zustandekommens, wurde dieser Aspekt nicht systematisch in die Untersuchung mit einbezogen.

Akteure in internationalen Politikprozessen berücksichtigt, auch wenn die sogenannten NGOs (Non-Governmental Organizations) auf den eigentlichen Verhandlungsprozeß, der zwischen den staatlichen Delegationen abläuft, keinen direkten Einfluß nehmen können.[49] Schließlich ist auch öffentliche Wirkung zu berücksichtigen. Gerade die internationalen Konferenzen in der ersten Hälfte der 1990er Jahre, also unmittelbar nach dem Ost-West-Konflikt, wurden aufmerksam verfolgt. Dies zeigte sich nicht zuletzt in der vergleichsweise umfassenden medialen Berichterstattung, die einen Transmissionsriemen für die Debatten internationaler Politik in nationale Öffentlichkeiten darstellt. Internationale Konferenzen finden immer weniger unter Ausschluß der Öffentlichkeit statt, wodurch tendenziell ihr Politisierungspotential ansteigen sollte. Dies wiederum macht sie in zunehmenden Maße interessant für die Analyse internationaler Politik.

Es gilt also, zunächst die Konferenzen zu identifizieren, die in diesem Sinne am ehesten als „Weltforen" bzw. *Weltkonferenzen* gelten können. Indikatoren dafür sind zum einen die Anzahl der teilnehmenden Akteure (vor allem der Staaten), zum zweiten der (protokollarische) Rang der Teilnehmer und zum dritten die (medienvermittelte) globale Aufmerksamkeit, die die Verhandlungen erregten. Die Konferenzen müssen außerdem Themen aus verschiedenen zentralen Politikfeldern internationaler Politik behandeln. Zudem sollten die verhandelten Konflikte als global relevante Probleme angesehen werden.

Die Auswahl der konkreten Fälle erfolgte nach folgenden Kriterien:

- *Zeitraum*: Der Beginn des Untersuchungszeitraums wird durch das Ende des Ost-West-Konflikts markiert. In der Regel wird die Zeitspanne zwischen 1989 und 1991 als Endphase dieses Konflikts betrachtet. Daher beginnt der Untersuchungszeitraum 1991. Das Ende des Untersuchungszeitraums wird hingegen bestimmt durch ein qualitatives Kriterium, nämlich die Bedeutung der Fälle. Die in diesem Sinne letzte bedeutende internationale Konferenz des vergangenen Jahrzehnts war die Vierte Weltfrauenkonferenz 1995.
- *Bedeutung*: Unter Bedeutung wird in diesem Zusammenhang nicht so sehr die politikpraktische Wirkung der gefaßten Beschlüsse verstanden. Vielmehr sind eher „weiche" Kriterien wie Grad der Repräsentativität der Teilnehmenden (in Bezug auf Staaten- und Gesellschaftswelt), Grad der erreichten Aufmerksamkeit (im Sinne weltweiter Medienpräsenz der Konferenz) und Status der Teilnehmenden (festgemacht am protokollarischen Rang der Verhandelnden) wichtig für die entsprechende Einschätzung. Demnach kann unterschieden werden zwischen Konferenzen auf Ebene der Staats- und Regierungschefs, auf Ebene der Fachminister und auf Ebene der Botschafter. Bis auf eine Ausnahme fanden alle untersuchten Konferenzen auf der Ebene der Staats- und Regierungschefs statt.

---

49 Allerdings gehören den staatlichen Delegationen immer öfter NGO-Mitarbeiter an, so daß der mittelbare Einfluß gesellschaftlicher Vertreter auf die Weltkonferenzen eher zunimmt. Darüber hinaus verstärken NGOs zusehends ihre lobbyistischen Tätigkeiten gerade im Rahmen großer internationaler Konferenzen, vgl. u.a. Beisheim (1997); Beisheim/Zürn (1999); Walk/Brunnengräber (2000); Schmidt/Take (1997) und Take (2002).

- *Gegenstand*: Die Themen und Gegenstände von internationalen Verhandlungen sind mindestens ebenso vielfältig wie die Themen und Gegenstände nationaler Politik. Eine unumstrittene Rangfolge der Relevanz dieser Themen gibt es nicht, wie schon die kontroversen Debatten über das „movens" internationaler Politik nach dem Ost-West-Konflikt zeigen. Im Rahmen der Debatte, die innerhalb der Disziplin Internationale Beziehungen über Konfliktlinien geführt wird, zählen jedoch folgende Politikfelder zu den zentralen Themen internationaler Politik: Sicherheit, Wohlfahrt, Umwelt/Entwicklung und Kultur/Herrschaft. Ideal wären also Konferenzen, die Probleme aus diesen Politikfeldern behandeln.

Nach einer Durchsicht der internationalen Konferenzen der 1990er Jahre kommen gemäß den oben genannten Kriterien folgende sechs Fälle für eine Analyse in Betracht:[50]

(1) Die „Konferenz der Vereinten Nationen über Umwelt und Entwicklung" 1992 in Rio de Janeiro (United Nations Conference on Environment and Development; UNCED): Der sogenannte Erdgipfel war die erste Weltkonferenz nach dem Ost-West-Konflikt. Hier ging es vor allem um die Interdependenz von Umwelt, Wirtschaft und Entwicklung, ausgedrückt in der Formel von der Nachhaltigen Entwicklung. Ca. 115 Staats- und Regierungschefs nahmen an der UNCED teil und dokumentierten den hohen Stellenwert der Konferenz, die dementsprechende globale Resonanz erzielte. Über 1.400 NGOs ließen sich als Teilnehmer registrieren.

(2) Die „Weltkonferenz über Menschenrechte" 1993 in Wien (World Conference of the United Nations on Human Rights; WCHR): Auftrag dieser Konferenz war es, Stand und Aufgaben einer global wirksamen Menschenrechtspolitik zu debattieren. 25 Jahre nach der letzten Menschenrechtskonferenz in Teheran versammelten sich Vertreter von über 170 Regierungen und mehr als 800 NGOs in Wien.

(3) Die „Internationale Konferenz über Bevölkerung und Entwicklung" 1994 in Kairo (International Conference on Population and Development; ICPD): Die bis dahin größte Weltkonferenz in Kairo sollte sich vor allem mit den Implikationen des Zusammenhanges von Bevölkerungswachstum und Entwicklungsprozessen befassen. 179 Staaten entsandten über 10.000 Vertreter in die ägyptische Hauptstadt, dazu kamen fast 4.000 NGO-Delegierte.

(4) Der „Weltgipfel für soziale Entwicklung" 1995 in Kopenhagen (World Summit for Social Development; WSSD): Der Weltsozialgipfel hatte vor allem das Ziel, Strategien nachhaltiger ökonomischer und ökologischer Entwicklung im Hinblick auf größere globale Verteilungsgerechtigkeit zu diskutieren. Hierzu versammelten sich Delegierte aus 185 Staaten und über 2.000 Mitglieder von NGOs.

(5) Die „Konferenz über die Überprüfung und Verlängerung des Nichtverbreitungsvertrages" 1995 in New York (Review and Extension Conference of the Parties to the Treaty on the Non-Proliferation of Nuclear Weapons; NPTREC): Zweck dieser Konferenz war die Entscheidung über die Verlängerung bzw. Terminierung

---

50 Zu den Zahlen, Daten und Fakten der folgenden Übersicht vgl. Messner/Nuscheler (1996) und Fues/Hamm (2001).

des sogenannten Atomwaffensperrvertrages, der seit 1970 in Kraft ist. 178 Staaten nahmen an der Konferenz teil, die von einigen Dutzend NGOs beobachtet wurde.[51]

(6) Die „Vierte Weltkonferenz über Frauen" 1995 in Peking (Fourth World Conference on Women; FWCW): Hier standen insbesondere die Stellung, die Aufgaben und die Rechte von Frauen im Kontext nachhaltiger Entwicklung und gleichberechtigter gesellschaftlicher Teilhabe im Zentrum. Mehr als 180 Staaten waren durch Delegationen vertreten. Weit eindrucksvoller erscheinen jedoch die Zahlenangaben zum NGO-Forum, die zwischen 40.000 Anmeldungen und 27.000 Teilnehmerinnen schwanken.

Angesichts dieser Auswahl sind einige kritische Anmerkungen notwendig. Gleich drei der Konferenzen befassen sich explizit mit der Entwicklungsproblematik. Einerseits droht somit Redundanz, andererseits besteht bei der fallübergreifenden Auswertung die Gefahr einer verzerrten Schlußfolgerung aufgrund eines "bias" im untersuchten "sample". Dem Redundanz-Vorwurf kann entgegengehalten werden, daß es für die Untersuchung der Fragestellung sinnvoll ist, die Entfaltung eines Themas unter den strukturell ähnlichen Bedingungen der Weltkonferenzen über einen gewissen Zeitraum hinweg zu verfolgen. Darüber hinaus wurden auf den verschiedenen Konferenzen zur Entwicklungsproblematik jeweils spezifische Aspekte verhandelt: Bei der UNCED lag der Schwerpunkt auf dem Zusammenhang von ökonomischem Wachstum und ökologischer Entwicklung, bei der ICPD ging es um die Folgen des Bevölkerungswachstums für Entwicklungsprozesse, während beim WSSD vor allem die soziale Dimension von Entwicklung thematisiert wurde.

Der Vorwurf der Verzerrung ist schwerer zu entkräften: Der Schwerpunkt Entwicklung hat zur Folge, daß die Aussagekraft der vorliegenden Arbeit mit einer entsprechenden Einschränkung versehen werden muß. Prinzipiell denkbar scheint jedoch, daß das Auftauchen der Entwicklungsproblematik an prominenter Stelle bei gleich drei Weltkonferenzen auch ein Indiz für die Relevanz dieses Themas nach dem Ost-West-Konflikt sein könnte. Hier deutet sich eine Schwerpunktsetzung internationaler Politik an, die sich auffällig von der Agenda während des Ost-West-Konflikts unterscheidet und somit für die Analyse *neuer* Konfliktlinien bedeutsam ist. Darüber hinaus lassen sich, wie gezeigt, deutliche inhaltliche Differenzierungen zwischen den einzelnen Konferenzen vornehmen.

Schließlich könnte noch der Einwand erhoben werden, daß ökonomische Konflikte nicht angemessen repräsentiert seien. Dagegen läßt sich argumentieren, daß zwar keine dezidierte Wirtschaftskonferenz untersucht wurde, ökonomische Aspekte, angefangen von Transfer- und Verteilungsfragen bis zur Diskussion von Finanz- und Handelsregimen, bei allen Fällen aber eine wichtige Rolle spielten. Dies überzeugend zu zeigen, bleibt dem folgenden empirischen Teil der Arbeit überlassen.

---

51 Die NPTREC fand zwar im Rahmen der UN in New York statt, war aber eine Konferenz der Vertragsparteien des Nichtverbreitungsvertrages (NVV). Aufgrund der nahezu universalen Mitgliedschaft der internationalen Staatengemeinschaft in diesem Vertrag bleibt jedoch die Vergleichbarkeit gewährleistet.

B. Kapitel II: Fallstudien

Lesehinweise zu den Fallstudien

Im Mittelpunkt der Analyse der sechs folgenden Fallstudien steht die zentrale Fragestellung der Arbeit nach Konfliktakteuren und Konfliktgegenständen nach dem Ost-West-Konflikt. Die ausgewählten Weltkonferenzen werden darauf hin untersucht, welche Konflikte während der Konferenzprozesse die größte Rolle spielten. Um die einzelnen Analyseschritte nachvollziehbar darzustellen und die Vergleichbarkeit der Ergebnisse zu gewährleisten, ist der jeweilige Aufbau der Fallstudien identisch.

Zunächst wird der *Kontext* der Konferenzen behandelt. Hier werden Informationen über den Hintergrund der Konferenzprozesse geliefert, beispielsweise durch eine kurze Einführung in die entsprechenden Sachproblematiken. Auch die Geschichte der institutionellen Bearbeitung der jeweiligen Themen im Rahmen der Vereinten Nationen spielt hierbei eine Rolle. Anschließend wird der *Vorbereitungsprozeß* der Konferenzen untersucht. Diese Phase des Konferenzgeschehens muß ausführlich dargestellt werden, da sich bereits im Verlauf der Vorbereitungsprozesse die entscheidenden Konflikte, Konfliktakteure und Konfliktgegenstände herausschälen. In der Regel werden die Vorbereitungsprozesse gemäß der Abfolge der Sitzungen des jeweiligen Vorbereitungsausschusses untersucht.

An die Vorbereitungsprozesse schließt sich die Analyse der eigentlichen *Konferenzprozesse* an. Hier verdichten sich die Verhandlungen, es werden noch einmal die wichtigsten Konflikte thematisiert und mehr oder minder konsensuell bearbeitet. Die Darstellung der Konferenzen konzentriert sich auf:
- den generellen *Verhandlungsverlauf*,
- die wichtigsten *Konfliktgegenstände* und *Konfliktakteure*,
- die *protokollierten Stellungnahmen*, die nach Verabschiedung der Konferenzdokumente von interessierten Delegationen geäußert wurden.

Die Kapitel über die Konferenzprozesse werden mit einer tabellarischen Übersicht der wichtigsten Konflikte, Konfliktakteure und Konfliktgegenstände abgeschlossen.

Bei der Darstellung der Weltkonferenzen scheint es angemessen, ausführlich auf ihre *Ergebnisse* einzugehen. Zum einen soll damit dem Informationsbedürfnis der Leser Rechnung getragen werden, zum anderen geht es aber auch um die Vermittlung eines Eindruckes von den Produkten solcher aufwendig vorbereiteter und durchgeführter Veranstaltungen. Da ein nicht unbedeutender Teil internationaler Politik im Rahmen internationaler Verhandlungen gestaltet wird, sind die Ergebnisse dieser Verhandlungen von besonderem Interesse nicht nur für die spezifischen Themen, sondern auch für den allgemeinen Zustand der internationalen Beziehungen. Immerhin umfassen die Abschlußdokumente die in mühevollen Auseinandersetzungen errungenen Kompromißformulierungen, auf die sich die internationale Staatengemeinschaft verständigen konnte. Sie vermitteln daher ein recht gutes Bild vom „täglichen Brot" internationaler Politik. Daher werden die Ergebnisse der Konferenzen vergleichsweise ausführlich dargestellt.

Abgeschlossen wird jede Fallstudie durch eine kurze *Diskussion*. Um der in einem separaten Teil stattfindenden fallübergreifenden Auswertung nicht vorzugreifen, beziehen sich diese Diskussionen in einem eher allgemeinen Sinne auf die Konferenzen. Hier soll es darum gehen, den relativen Erfolg bzw. Mißerfolg vor dem Hintergrund der Erwartungen an die Konferenzen zu bewerten. An dieser Stelle wird ebenfalls auf die Besonderheiten der einzelnen Konferenzprozesse eingegangen.

Konferenzstruktur und -auswertung

Typischerweise beginnt die Vorbereitung einer Weltkonferenz etwa fünf Jahre vor dem eigentlichen Konferenztermin. Zunächst beschließt die UN-Generalversammlung (UNGA) die Abhaltung der Konferenz. Ein Vorbereitungsausschuß koordiniert die weitere Arbeit und beruft nationale und regionale Ausschüsse, die Positionspapiere erstellen. Diese werden gesammelt, aufbereitet und zur weiteren Diskussion in Sitzungen des Vorbereitungsausschusses bereitgestellt, an denen die Konferenzteilnehmer mitwirken. Zusätzlich beruft der Vorbereitungsausschuß gelegentlich Expertenkommissionen, die sich mit spezifischen Konferenzthemen befassen. Auf diese Weise entsteht der Entwurf der Abschlußdokumente, die meist ein kürzeres, Deklaration genanntes, und ein längeres, als Aktionsprogramm bezeichnetes Papier umfassen. Diese Entwürfe werden als Verhandlungsgrundlage in den eigentlichen Konferenzprozeß eingebracht.

Da es im Vorfeld in der Regel nicht gelingt, völlige Einigkeit über den Wortlaut der Abschlußdokumente herzustellen, werden umstrittene Passagen mit Klammern versehen und alternative Formulierungen aufgelistet. Diese Streitpunkte werden während der Konferenzen im sogenannten Hauptausschuß diskutiert, der oft Arbeitsgruppen einsetzt, die besonders hartnäckige Probleme bearbeiten. Nach mehr oder weniger zähen und langwierigen Verhandlungen werden dem Plenum der Konferenz die Abschlußdokumente zur Verabschiedung vorgelegt. Zu den Abschlußdokumenten können interessierte Delegationen Stellungnahmen abgeben, in denen sie ihre abweichenden Standpunkte und Vorbehalte darlegen. Diese Stellungnahmen werden auf Verlangen der Delegationen protokolliert und in den offiziellen Bericht über die Konferenz aufgenommen.

Die Analyse der Konferenzen stützt sich zunächst auf die Auswertung der *protokollierten Stellungnahmen*. Zugrunde liegt dabei die Annahme, daß die in ihnen enthaltenen Vorbehalte den Kern der Konfliktpositionen umfassen. Wenn nach einem bis zu fünfjährigen Vorbereitungsprozeß, in dem die Delegationen ihre

Ansichten zu einzelnen Streitfragen ausführlich diskutieren konnten, immer noch Vorbehalte bestehen, die gravierend genug sind, um sie in den offiziellen Bericht über die jeweilige Konferenz aufnehmen zu lassen, scheint es angemessen, diese Bedenken zum Ausgangspunkt der Analyse der wichtigsten Konflikte der Konferenzen zu machen.

Die Auswertung der protokollierten Stellungnahmen erschließt jedoch nur spezifische Konfliktgegenstände, da nur die Delegationen Vorbehalte einlegen, die mit bestimmten Punkten der verabschiedeten Dokumente unzufrieden sind. Um alle Konfliktakteure zu identifizieren, muß zusätzlich der eigentliche Verhandlungsprozeß analysiert werden. Erst durch diesen Schritt lassen sich die kontroversen Konfliktpositionen bestimmen, denn hier tauchen die Befürworter der letztlich verabschiedeten Formulierungen auf. So konnten für alle Konferenzen die wesentlichen Konfliktgegenstände und Konfliktakteure herausgearbeitet werden. Im Auswertungskapitel werden diese dann schließlich fallübergreifend ausgewertet.

1. Der Erdgipfel 1992 in Rio de Janeiro - United Nations Conference on Environment and Development (UNCED)

1.1 Hintergrund

Die UNCED war die zweite von den UN ausgerichtete Weltkonferenz, die sich auf der Ebene der Staats- und Regierungschefs mit Umwelt- und Entwicklungsfragen befaßte. Ihr Vorläufer, die "United Nations Conference on the Human Enviroment" (UNCHE), fand 1972 in Stockholm statt.[1] In den zwei folgenden Dekaden trugen Entdeckungen wie etwa die der periodischen Ausweitung des Ozonlochs über den Polkappen und die des anthropogenen Treibhauseffektes dazu bei, das Bewußtsein für die globale Bedeutung menschlicher Eingriffe in die Umwelt gerade im Kontext der Entwicklungsproblematik zu vertiefen.

Wesentlich beeinflußt wurde die Entscheidung, 20 Jahre nach Stockholm die UNCED abzuhalten, durch den Bericht der „Weltkommission für Umwelt und Entwicklung", der 1987 unter dem Titel "Our Common Future" erschien.[2] In diesem Bericht spielte das Konzept nachhaltiger Entwicklung eine wichtige Rolle, das sich mit den Folgen ungebremsten ökonomischen Wachstums für die Ökosphäre auseinandersetzt.[3] Im Zusammenhang damit empfahl die Weltkommission verstärkte internationale Bemühungen um menschen- und ressourcenschonende Entwicklungsprozesse. 1988 verabschiedete die UN-Generalversammlung daher eine Resolution, die

---

1 Vgl. Doherty (1994: 202-203), insbesondere zur Rolle von NGOs bei der Umweltkonferenz von Stockholm. Vermutlich im Kontext der UNCHE wurde der Begriff nachhaltige Entwicklung (dt. für sustainable development) erstmals breit thematisiert (Arts 1994: 9).
2 Vgl. die deutsche Übersetzung „Unsere gemeinsame Zukunft" in Hauff (1987).
3 Zum Konzept nachhaltige Entwicklung vgl. u.a. Arts (1994), Barbier (1987) und Schmitz (1996).

die Abhaltung eines Weltgipfels über Umwelt und Entwicklung für 1992 vorsah. In dieser Resolution wurden mehrere von der Konferenz zu behandelnde Aufgaben aufgelistet:[4]
- Die Begutachtung der Fortschritte seit der ersten Weltumweltkonferenz hinsichtlich der Berücksichtigung des Umweltschutzes in Prozessen ökonomischer und sozialer Enwicklung.
- Die Bewertung der wichtigsten Umweltprobleme und -risiken im Zusammenhang mit globalen ökonomischen Aktivitäten.
- Die Entwicklung von Maßnahmen zum Ausbau der internationalen Kooperation im Bereich Umwelt und Entwicklung.

Ein Jahr später, inmitten sich grundlegend verändernder weltpolitischer Konstellationen an der Jahreswende 1989/90, behandelte die UNGA das Thema erneut. Diesmal wurde der Auftrag der UNCED erheblich detaillierter diskutiert und formuliert. Demnach sollte sich die Konferenz u.a. mit folgenden spezifischen Umweltproblemen im Kontext nachhaltiger Entwicklung auseinandersetzen:[5]
- Schutz der Erdatmosphäre
- Schutz der Ozeane und Frischwasserressourcen
- Schutz der Landressourcen
- Bewahrung der biologischen Vielfalt
- Umweltgerechter Umgang mit Biotechnologie und Abfällen aller Art

Darüber hinaus sollten die sozialen Rahmenbedingungen nachhaltiger Entwicklung thematisiert werden. In erster Linie war hier an die Bekämpfung von Armut und die Herstellung bzw. Bewahrung menschenwürdiger Lebensbedingungen gedacht. Dabei sollten sowohl armuts- wie auch reichtumsbedingte Gefahren und Risiken für die globale nachhaltige Entwicklung im Auge behalten werden.[6] Insbesondere wurde auf den Aspekt der Finanzierung der zum Schutz der Umwelt und der nachhaltigen Entwicklung menschlicher Gesellschaften notwendigen Mittel hingewiesen. Zu diesem Zweck sollten neue Wege der Mobilisierung finanzieller Ressourcen thematisiert werden.

1.2 Der Vorbereitungsprozeß

Die UNCED war von vornherein als Konferenz auf höchster diplomatischer Ebene geplant. Damit sollte der Stellenwert verdeutlicht werden, den die UN als Organ der internationalen Staatengemeinschaft dem Themenkomplex Umwelt und Entwicklung zubilligt. Darüber hinaus war die UNCED der Auftakt zu einer ganzen Reihe von Weltkonferenzen, die sich in der einen oder anderen Form mit der Frage der gemeinsamen Zukunft der Menschheit im 21. Jahrhundert auseinandersetzten. Die

---

4 Vgl. UNGA-Resolution A/RES/43/196, vom 20. Dezember 1988.
5 Vgl. UNGA-Resolution A/RES/44/228, vom 22. Dezember 1989.
6 Zu armuts- und reichtumsbedingten Umweltschäden vgl. Zürn/Take (1996).

politischen Umbrüche 1989/90 blieben daher nicht ohne Auswirkung auf den Vorbereitungsprozeß, da die Chancen auf substantiellen Fortschritt bei den zu behandelnden Sachthemen aufgrund des wegfallenden ideologischen Gegensatzes zwischen Ost und West nun besser als zuvor eingeschätzt wurden. Nicht zuletzt vor diesem Hintergrund begann sich im Zuge des Umbruchs in den Ost-West-Beziehungen der Charakter der UNCED insgesamt zu verändern: Von der anfangs geplanten eindeutig intergouvernemental ausgerichteten Veranstaltung wandelte sie sich zu einem tatsächlichen Erdgipfel, der sich vor allem dadurch auszeichnete, daß nichtstaatliche Akteure in bisher ungekanntem Ausmaß in Vorbereitung und Durchführung der Konferenz eingebunden werden sollten.[7]

Zur Vorbereitung der UNCED wurde ein Vorbereitungsausschuß (PrepCom) eingerichtet, der in vier Sitzungsperioden die Entwürfe der Abschlußdokumente ausarbeiten sollte. Die inhaltlichen Aufgaben des Vorbereitungsausschusses bezogen sich gemäß UNGA-Resolution 44/228 vom 22. Dezember 1989 auf die Ausarbeitung von Richtlinien zur Vorbereitung der Konferenz, die Erstellung einer Tagesordnung und die Vorbereitung der Entwürfe der Abschlußdokumente der UNCED. Die wesentliche organisatorische Leistung des Vorbereitungsausschusses bestand darin, die lokalen, nationalen, regionalen und internationalen Beiträge von staatlichen und nichtstaatlichen Akteuren zur UNCED zusammenzufassen und zu koordinieren. Angesichts der Vielzahl an Akteuren, die nach und nach in den Vorbereitungsprozeß eingebunden wurden, mußte es dabei fast zwangsläufig zu Verzögerungen kommen.[8]

Während der sogenannten Organisationssitzung des Vorbereitungsausschusses im März 1990 wurden grundlegende Fragen des prozeduralen Ablaufs des weiteren Vorbereitungsprozesses geklärt. Dazu gehörten u.a. die Regelung der Einrichtung von und des Zuganges zu Verhandlungsgruppen, die Verteilung der Posten in den verschiedenen konferenzvorbereitenden Ausschüssen und die Erstellung eines Rahmenterminplans. Als Tagungsort wurde, wie von der ausrichtenden brasilianischen

---

7   In den zwischen 1988 und 1991 jährlich verabschiedeten UNGA-Resolutionen zur UNCED wird das Bemühen deutlich, gesellschaftliche Gruppen zum Erdgipfel nicht nur zuzulassen, sondern diese zur Teilnahme zu animieren, vgl. A/RES/43/196, vom 20. Dezember 1988, A/RES/44/228, vom 22. Dezember 1989, A/RES/45/211, vom 21. Dezember 1990 und A/RES/46/168, vom 19. Dezember 1991.
8   UNGA-Resolution 46/168 listet die Akteure auf, die schließlich zum Erdgipfel selbst eingeladen wurden. Deutlich wird die offenkundige Regierungsfixierung der UN, da die Aufzählung nahelegt, daß die überwiegende Zahl der Teilnehmenden Repräsentanten von Staaten bzw. zwischenstaatlichen Organisationen wären, was nicht der Fall war:"(a) All States Members of the United Nations or members of the specialized agencies and the International Atomic Energy Agency; (b) Representatives of organizations that have received a standing invitation from the General Assembly to participate, in the capacity of observers, in the sessions and work of all international conferences convened under its auspices [...]; (c) Representatives of the national liberation movements recognized by the Organization of African Unity in its region [...]; (d) All executive heads of specialized agencies and the International Atomic Agency, as well as other organs, organizations and programmes of the United Nations System; (e) All intergovernmental organizations that have been invited to participate in the work of the Preparatory Committee; (f) All nongovernmental organizations accredited to participate in the work of the Preparatory Committee by the conclusion of its fourth session"(A/RES/46/168, vom 19. Dezember 1991).

Regierung vorgeschlagen, Rio de Janeiro bestätigt. Zum Vorsitzenden des Vorbereitungsausschusses wurde mit Tommy Koh, dem UN-Botschafter Singapurs und vormaligen Präsidenten der UN-Seerechtskonferenz, ein ausgewiesener Kenner des UN-Systems gewählt. Das Büro des Vorbereitungsprozesses wurde mit gleich 39 Vizepräsidenten bestückt.[9] Als Generalsekretär der UNCED wurde Maurice Strong (Kanada) eingesetzt, der bereits die Umweltkonferenz von Stockholm geleitet hatte und als ehemaliges Mitglied der Weltkommission für Umwelt und Entwicklung bestens mit der Materie vertraut war (Chasek 1994: 47-48).

Parallel zum Vorbereitungsprozeß der UNCED fanden Verhandlungen über zwei umweltrelevante Konventionen im Rahmen intergouvernementaler Verhandlungsausschüsse (INCs) statt. Dies waren zum einen die Verhandlungen über den Klimawandel, die sich mit dem Schutz der Atmosphäre angesichts des anthropogenen Treibhauseffekts befaßten und zum anderen die Verhandlungen über die Bewahrung der Artenvielfalt, die zur Biodiversitätskonvention führen sollten. Aufgrund der inhaltlichen Nähe der Verhandlungsgegenstände zu einigen Kapiteln der Agenda 21 gab es zahlreiche personelle und thematische Überschneidungen mit dem Vorbereitungsprozeß der UNCED. Um die Bedeutung der UNCED weiter zu vergrößern, beschloß die UNGA daher, die Konventionen über den Klimawandel und die Biodiversität im Rahmen des mittlerweile so titulierten Erdgipfels von Rio zur Unterschrift auszulegen.

1.2.1 PrepCom 1, Nairobi, 6.-31. August 1990

Im Mittelpunkt dieser Sitzung stand die Ausarbeitung der Struktur der verschiedenen für die UNCED zu erarbeitenden Abschlußdokumente. Dazu zählten:
- Eine kurze Deklaration über die Bedeutung nachhaltiger Entwicklung für die Menschheit, die unter dem Arbeitstitel Erdcharta entworfen werden sollte.
- Ein umfangreiches Aktionsprogramm, das den Titel Agenda 21 tragen sollte, um die Bedeutung des Dokumentes für das 21. Jahrhundert herauszustellen.
- Eine Erklärung, die sich gesondert mit dem Problem der massiven Abholzung der Tropenwälder befassen sollte.

In etwa 30 Kapiteln sollte sich die Agenda 21 mit den in UNGA-Resolution 44/228 vom 22. Dezember 1989 genannten Schwerpunkten auseinandersetzen. Das UNCED-Sekretariat wurde damit beauftragt, Expertenberichte zu diesen Themen einzuholen und dem Vorbereitungsausschuß als Verhandlungsgrundlage zur Verfügung

---

9   Koh war alles andere als glücklich über den enormen Umfang des ihm zugeordneten Büros. Im Verlauf des Vorbereitungsprozesses gelang ihm jedoch die Einrichtung eines verhandlungsfähigeren informellen „Steuerungskommitees", das aus den Vorsitzenden der fünf Regionalgruppen des UN-Systems, Repräsentanten der regional nicht gebundenen Staaten China, Japan und den USA sowie den Vorsitzenden der drei Arbeitsgruppen (s.u.) bestand. Dieses Gremium avancierte zur eigentlichen Kommandozentrale des UNCED-Vorbereitungsprozesses (Koh 1994: 168).

zu stellen. Um die Verhandlungen über die einzelnen Schwerpunkte zu entzerren, wurden zwei Arbeitsgruppen eingerichtet:
- Arbeitsgruppe 1 befaßte sich mit den Verhandlungsgegenständen Atmosphäre und Klima, Desertifikation, Schutz der Wälder, Erosion sowie Biodiversität und Biotechnologie.
- Arbeitsgruppe 2 befaßte sich mit den Verhandlungsgegenständen Schutz der Ozeane und der Frischwasserressourcen sowie gefährliche Abfallstoffe.

Neben den inhaltlichen Verhandlungen prägte ein weiterer Aspekt diese Sitzung des Vorbereitungsausschusses: Während der gesamten ersten Woche wurde über die Zulassung gesellschaftlicher Akteure zum Verhandlungsprozeß gestritten. Einige Delegationen bemängelten, daß NGOs ohne Konsultativstatus bei den UN nicht zur PrepCom zugelassen worden waren.[10] Andere Delegationen, besonders nachdrücklich die tunesische und die mauretanische, wollten demgegenüber NGOs prinzipiell nicht teilnehmen lassen. Da die Positionen in dieser Frage weit auseinander lagen, wurde die Entscheidung über die Beteiligung von NGOs am UNCED-Vorbereitungsprozeß schließlich an die UNGA delegiert (Chasek 1994: 48).

1.2.2 PrepCom 2, Genf, 18. März bis 5. April 1991

Laut Rahmenterminplan hätten während dieser Sitzung sämtliche Inhalte der UNCED-Agenda auf der Basis der bereitgestellten Berichte verhandelt werden sollen. Jedoch stockte die Debatte immer wieder bei der Frage der Waldkonvention. Den Befürwortern einer völkerrechtlich verbindlichen Konvention zum Schutz der Tropenwälder, wofür sich vor allem die USA aussprachen, stand eine relativ starre Ablehnungsfront aus waldreichen Entwicklungsländern gegenüber, allen voran Indien, Kolumbien und Malaysia. Letztlich verständigte sich die PrepCom darauf, keine förmliche Konvention über den Schutz der Wälder zu erarbeiten, sondern nur ein wesentlich weniger bedeutsames "Statement on Forest Principles". Ferner setzte diese PrepCom eine weitere Arbeitsgruppe ein, die sich mit rechtlichen und institutionellen Fragen im Kontext des Erdgipfels befassen sollte. Diese begann umgehend mit der Erarbeitung der Erdcharta, die die wesentlichen Normen und Prinzipien der Abschlußdokumente zusammenfassen sollte (Chasek 1994: 49-51).

In Genf wurde auch die Frage der Zulassung von NGOs geklärt. Die UNGA hatte in der Resolution 45/211 vom 21. Dezember 1990 verfügt, daß der Vorbereitungsausschuß selbst über die Modalitäten der Partizipation nichtstaatlicher Akteure zu befinden habe. Daraufhin entwarf das PrepCom-Sekretariat ein Verfahren, daß vorsah, prinzipiell allen NGOs, unabhängig vom bestehenden oder nicht bestehenden Konsultativstatus bei den UN, die Beantragung der Zulassung zum Vorbereitungsprozeß zu ermöglichen. Die NGOs mußten jedoch ihre Kompetenz und ihr

---

10 Zu den Befürwortern einer möglichst weitgehenden Beteiligung von NGOs am UNCED-Prozeß zählten u.a. Brasilien und Kanada (Doherty 1994: 204).

berechtigtes Interesse am UNCED-Prozeß in einem Antrag begründen. Nach Antragstellung sollte das Sekretariat der PrepCom innerhalb von 24 Stunden über die Zulassung oder Ablehnung entscheiden. Bei positivem Bescheid galt die Zulassung für den gesamten Vorbereitungsprozeß und die UNCED selbst. Dieses Verfahren wurde von den teilnehmenden Delegationen gebilligt (Doherty 1994: 205).

1.2.3 PrepCom 3, Genf, 12. August bis 4. September 1991

Mittlerweile hatte das PrepCom-Sekretariat Verhandlungstexte zu den einzelnen Punkten der UNCED entworfen. Diese sahen für die Behandlung der Schwerpunkte der Agenda 21 folgende Strukturierung vor:
- Bestandsaufnahme ("Basis for action")
- Ziele ("Goals, objectives and targets")
- Umsetzungsmaßnahmen ("Implementation requirements")

Abgesehen von der Bestätigung dieser formalen Struktur fiel die inhaltliche Bilanz von PrepCom 3 ausgesprochen mager aus. Die Delegationen begnügten sich überwiegend mit rhetorischen Stellungnahmen zu allgemeinen Fragen von Umwelt und Entwicklung und arbeiteten wenig substantiell. Zum Teil begannen erst gar keine Beratungen über einzelne Verhandlungsgegenstände, da nicht alle Sekretariatsberichte übersetzt in alle Amtssprachen der UN vorlagen, ein grundsätzliches Problem während des gesamten Vorbereitungsprozesses (Chasek 1994: 51-54). Der Großteil der inhaltlichen Arbeit für die UNCED blieb damit der letzten Sitzung des Vorbereitungsausschusses überlassen.

1.2.4 PrepCom 4, New York, 2. März bis 3. April 1992

Da der Vorbereitungsprozeß bis zu dieser Sitzung ausgesprochen schleppend verlaufen war, standen den Delegationen diesmal ausgedehnte Verhandlungen bevor. Während dieser Sitzung wurden Abend- und Nachtsitzungen üblich, um die Abschlußdokumente möglichst „sauber", das heißt mit so wenig Formulierungsalternativen wie möglich versehen, nach Rio schicken zu können. Gleichzeitig nahm die Politisierung der Debatte spürbar zu, da vielfach personelle Änderungen in den Delegationen vorgenommen wurden. Bisher hatten Experten die Delegationen dominiert und eher sachorientiert miteinander verhandelt - freilich, wie gesehen, ohne allzu großen Erfolg. Diese wurden nun durch ohnehin bei den UN in New York akkreditierte Staatenvertreter abgelöst, die einen eher bargaining-orientierten Verhandlungsstil pflegten.[11] Trotzdem - oder gerade deswegen - gelang es Prepcom 4,

---

11 Zu den beiden (Ver-) Handlungsmodi arguing und bargaining vgl. die Beiträge in Prittwitz (1996) und Schimmelfennig (1995).

etwa 85% der Abschlußdokumente konsensuell zu beschließen (Antrim 1994: 160; Chasek 1994: 54).

Als erstes wurde die von Arbeitsgruppe 3 vorbereitete Erdcharta behandelt. Hier dominierten zunächst prozedurale Streitpunkte, bei denen die Frage im Mittelpunkt stand, welcher Vorschlag die Basis der Verhandlungen bilden sollte. Der Vorsitzende der Arbeitsgruppe hatte zu Beginn der Sitzung einen eigenen Entwurf vorgelegt und zur Diskussion gestellt. Gegen dieses Vorgehen sperrte sich die G-77, die gemäß der üblichen UN-Prozedur zunächst einen Vorschlag aus den eigenen Reihen als Diskussionsgrundlage behandelt sehen wollte. Ein solcher Vorschlag mußte jedoch erst erarbeitet werden, so daß die absurd wirkende Situation entstand, daß die Delegationen zum einen - inhaltlich - über einen Vorschlag debattierten, der gar nicht Diskussionsgrundlage war, und zum anderen über die prozedurale Frage, welche Vorschläge bevorzugt zu behandeln seien. Diese Debatte nahm die erste Woche der Verhandlungen dieser Arbeitsgruppe in Anspruch. Schließlich wurde entschieden, daß alle vorliegenden Vorschläge gleichberechtigt behandelt würden, aber der nachgereichte Entwurf der G-77 als erstes zu behandeln sei.

Die inhaltlichen Streitpunkte betrafen vor allem zwei Fragen:
- Welche Prinzipien sollen in die Charta und welchen Umfang soll sie haben?
- Soll der Schwerpunkt auf Entwicklung liegen oder auf Umwelt?

Zum einen ging es darum, die Charta kurz und dennoch prägnant zu halten, zum anderen darum, eine allseits akzeptierte Balance zwischen Entwicklungs- und Umweltschwerpunkten zu erreichen. Der G-77-Entwurf wurde von den OECD-Staaten kritisiert, da er zu viel auf sie als Verursacher von Umweltproblemen zielende Rhetorik und zu wenig Substanz im Sinne kurzgefaßter Prinzipien aufweise (ENB 1992: Vol. 1, No. 13, vom 18. März 1992).

Erst als in der letzten Woche die Verhandlungen unter die direkte Leitung des PrepCom-Vorsitzenden Koh gestellt wurden, waren echte Fortschritte möglich.[12] Zur allgemeinen Überraschung produzierte Arbeitsgruppe 3 schließlich den einzigen nichtgeklammerten Textentwurf. Möglich wurde dies zum einen durch die straffe Führung Kohs in der letzten Phase der Verhandlungen und zum anderen durch Kompromisse zwischen den verschiedenen Interessen.[13] So wurde aus dem ursprünglichen anspruchsvollen Titel Erdcharta die erheblich weniger spektakuläre „Erklärung von Rio", die einen Ausgleich herstellt zwischen den Interessen des

---

12 Koh stellte ein eigenes, um Repräsentativität bemühtes Verhandlungsgremium zusammen, das aus acht Vertretern des „Nordens" (Australien, Deutschland, Japan, Niederlande, Norwegen bzw. Schweden, Portugal, Rußland und die USA) und acht Vertretern des „Südens" (Brasilien, China, Indien, Iran, Mexiko, Nigeria, Pakistan und Tansania) bestand. Innerhalb von 24 Stunden gelang es dieser Gruppe, sich auf einen unumstrittenen Text zu verständigen (Antrim 1994: 156-157; Koh 1994: 168).

13 An der Verhandlungsführung Kohs wurde von verschiedenen Delegationen (und auch von NGOs) Kritik geübt. Vor allem die Geschlossenheit des Verhandlungsgremiums und der bewußt eingesetzte Zeitdruck erregten Unmut. Allerdings kommentierte eine Beobachterin anschliessend:"Had it not been for Koh's insistence, the late hour and a very fast gavel, debate would have been protracted during the final session of the PrepCom and the fragile consensus would have been lost" (Chasek 1994: 56).

Nordens am nachhaltigen Schutz der Umwelt und den Interessen des Südens an anhaltender wirtschaftlicher Entwicklung (ENB 1992: Vol. 1, No. 28, vom 25. April 1992). Allerdings waren viele Beobachter mit diesem Ergebnis alles andere als zufrieden. UNCED-Generalsekretär Strong hatte beispielsweise gemeinsam mit etlichen NGOs auf einen kurzen, inspirierenden Appell an die Verantwortung der Menschheit für die Erde gehofft, der sich im Begriff Erdcharta bündeln sollte. Stattdessen bekamen sie ein relativ langes Dokument, dem der Kompromißcharakter in vielen Paragraphen überdeutlich anzumerken war (ENB 1992: Vol. 1, No. 27, vom 23. April 1992).

Zu den weiteren erwähnenswerten Verhandlungen während der letzten PrepCom zählten die Debatten über das Kapitel „Schutz der Ozeane". Die entsprechenden (152!) vorgeschlagenen Paragraphen bildeten das mit Abstand umfangreichste Kapitel des Entwurfs der Agenda 21 (ENB 1992: Vol. 1, No. 8, vom 11. März 1992). Im einzelnen ging es dabei um Probleme wie die nachhaltige Bewirtschaftung der Ozeane, die Sicherung der Küsten und die zunehmende Verschmutzung der Meere. Trotz der vielfältigen Kontroversen beispielsweise zwischen Verschmutzern und Helfern oder Nutzern und Schützern konnten diese Konflikte relativ konstruktiv behandelt und zum großen Teil beigelegt werden. Mit dementsprechend wenig geklammerten Passagen, die vor allem der aus anderen Gründen in Zeitnot geratenen Arbeitsgruppe 2 zuzuschreiben waren, wurden die Entwürfe auf den Weg nach Rio gebracht (ENB 1992: Vol. 1, No. 26, vom 5. April 1992).

Schwieriger gestalteten sich die Verhandlungen über das vor allem von afrikanischen Staaten forcierte Thema der Desertifikation. Beschrieben als "the neglected issue on the UNCED agenda" (ENB 1992: Vol. 1, No. 7, vom 10. März 1992), setzten diese durch, daß es als erstes von der dafür zuständigen Arbeitsgruppe 1 debattiert wurde. Obwohl substantiell vergleichsweise wenig Kontroversen über dieses Problem bestanden, entfaltete die Debatte doch eine gewisse Brisanz: Die afrikanischen Staaten warfen den Industrieländern, aber auch den nichtafrikanischen Entwicklungsländern vor, sich nicht genügend für ihre Belange zu interessieren und daher die Verhandlungen nicht mit dem nötigen Engagement zu führen. Zeitweise zirkulierten Gerüchte, nach denen Absprachen zwischen afrikanischen Staaten bestünden, den weiteren Fortgang der PrepCom zu verhindern, sofern es nicht eine schnelle Einigung über die Desertifikation betreffenden Kapitel gäbe (ENB 1992: Vol. 1, No. 11, vom 15. März 1992). Entsprechende Befürchtungen erwiesen sich jedoch als unbegründet. Bis auf die Forderung nach einer Konvention zur Bekämpfung der Desertifikation konnte Arbeitsgruppe 1 die Agenda 21-Kapitel ungeklammert zur UNCED auf die Reise schicken.

1.2.5 Konflikte während des Vorbereitungsprozesses

Im Verlauf der Verhandlungen über die einzelnen Kapitel der Abschlußdokumente kristallisierten sich folgende Themen als besonders konfliktträchtig heraus:

- Schutz der Wälder/Walderklärung: In dieser Frage standen sich auf der einen Seite eine Gruppe von Industriestaaten, auf der anderen Seite eine Gruppe von Entwicklungs- bzw. Schwellenländern gegenüber. Zu den Wortführern letzterer gehörten etwa Brasilien, Malaysia, Indonesien, aber auch Indien und China, denen es gelang, die übrigen Entwicklungsländer in der Frage der Walderklärung vergleichsweise fest an sich zu binden (Wöhlke 1993: 15). Inhaltlich betraf die Kontroverse die Frage, wie der Schutz des globalen Gemeinschaftsgutes Wald zu gewährleisten sei, ohne die souveränen Zugriffs- und Nutzungsrechte der waldreichen Staaten zu beschneiden.[14]
- Technologietransfer: Vor allem die USA bestanden darauf, in den Abschlußdokumenten durchgängig von „technologischer Kooperation" zu reden, um deutlich zu machen, daß es nicht um den (einseitigen) Export von (umweltfreundlichen) Technologien aus dem Norden in den Süden gehe. Dagegen sprach sich die G-77 für den Terminus „Transfer von Technologien" aus, da Kooperation zwischen Ungleichen ohnehin nicht möglich sei (ENB 1992: Vol. 1, No. 27, vom 27. April 1992). Eine zweite Kontroverse bestand zwischen einigen erdölexportierenden arabischen Staaten, in erster Linie Saudi-Arabien und Kuwait, und den ölimportierenden Entwicklungsländern. Erstere beharrten darauf, daß bei der Diskussion des Technologietransfers der Aspekt der Sicherheit im Vordergrund stehen müsse. Daher lautete der Vorschlag der Delegation Saudi-Arabiens für die entsprechenden Textstellen:"transfer of environmentally *safe and* sound technology". Die Gegenseite wollte sich diesbezüglich jedoch nicht festlegen, um zu vermeiden, daß bestimmte Technologien, wie etwa die Kernenergie, nicht unter die Übereinkunft fallen würden. Daher blieben die entsprechenden Textpassagen im Entwurf der Abschlußdokumente geklammert.
- Finanzierungsfragen: Die Auseinandersetzungen in dieser Frage betrafen in erster Linie die Verteilung der Kosten für die Umsetzung der in der Agenda 21 vorgesehenen Maßnahmen. Im Rahmen dieser Debatte forderte die G-77 zusammen mit China die Festschreibung eines bestimmten Zeitrahmens, innerhalb dessen die Industriestaaten die von ihnen geleistete öffentliche Entwicklungshilfe auf 0,7% des BSP erhöhen sollten. Dies wurde vor allem von den USA abgelehnt, die jede Festlegung der Höhe von Entwicklungshilfe vermeiden wollten. Weiterhin schlugen die G-77 und China vor, die Globale Umweltfazilität (GEF) umzugestalten.[15] Zum einen sollten die ihr zur Verfügung stehenden Mittel deutlich erhöht werden, zum anderen der Einfluß der Empfängerländer auf die Verteilung der Mittel institutionell gestärkt werden. Hiergegen sprachen sich wiederum die Industriestaaten aus; am deutlichsten bezogen die USA gegen entsprechende Forderungen Position.
- Klimaschutz: Bei diesem Gegenstand duplizierten sich die Konfliktpositionen des parallel verhandelnden INC. Ebenso wie dort forderten die Entwicklungsländer

---

14   Zur Konzeption globaler Gemeinschaftsgüter vgl. Kaul et al. (1999a).
15   Die GEF stellt Mittel für Projekte bereit, bei denen aufgrund des Einsatzes umweltschonender und nachhaltiger Maßnahmen Mehrkosten gegenüber herkömmlichen Projekten entstehen. Diese Mehrkosten können aus Mitteln der GEF besonders günstig gefördert werden.

die Industriestaaten als Hauptemmitenten von Treibhausgasen dazu auf, einen grundlegenden Wandel ihrer Produktions- und Konsumtionsweisen einzuleiten. Dies lehnten die Industriestaaten, unterstützt von den erdölproduzierenden arabischen Staaten, ab und forderten ihrerseits die Entwicklungsländer, und hier vor allem die Schwellenländer, dazu auf, den nachhaltigen Schutz der Umwelt vor die ungebremste wirtschaftliche Entwicklung zu setzen.[16] Dagegen sprachen sich wiederum die Schwellenländer aus, die argumentierten, der Westen könne nicht erwarten, daß andere Staaten auf den einst selbst beschrittenen Entwicklungsweg verzichteten. Die Verhandlungspositionen entsprachen denen des INC auch in anderen Aspekten des Klimafalles. So versuchten die USA, konkrete Reduzierungsvorgaben aus den Entwürfen der Abschlußdokumente herauszuhalten, während die EU darauf drängte, zumindest politisch verbindliche Reduzierungsziele festzuschreiben. Dabei wurde die EU von dem Teil der Entwicklungsländer unterstützt, der sich als AOSIS (Alliance of Small Island States)[17] zusammengeschlossen hat. Demgegenüber teilte die Mehrheit der G-77, inklusive der arabischen OPEC-Staaten, in diesem Punkt die Position der USA. Die einander widersprechenden Positionen ließen sich nicht vermitteln. Daher wurde die endgültige Formulierung der entsprechenden Passagen der Abschlußdokumente vom weiteren Fortgang der Verhandlungen des INC abhängig gemacht. Die Passagen der Textentwürfe für die UNCED zu diesem Thema wurden auf Verlangen Jemens, der im Namen der arabischen Staatengruppe sprach, am letzten Tag der Sitzung der PrepCom 4 komplett in Klammern gesetzt (ENB 1992: Vol. 1, No. 26, vom 5. April 1992).

1.3 Der Erdgipfel in Rio de Janeiro

Die UNCED begann am Mittwoch, den 3. Juni 1992. Am selben Tag begannen die Verhandlungen über den endgültigen Wortlaut der Abschlußdokumente im Hauptausschuß unter dem Vorsitz Tommy Kohs, der bereits die Sitzungen des Vorbereitungsausschusses geleitet hatte. Eingesetzt wurden acht Arbeits- bzw. Kontaktgruppen, die spezifische Inhalte behandeln sollten: 1. Finanzen, 2. Technologietransfer, 3. Atmosphäre, 4. Schutz der Wälder, 5. Biodiversität und Biotechnologie, 6. Frischwasserressourcen, 7. Rechtsinstrumente sowie 8. Institutionenbildung. Die von den Arbeitsgruppen nicht diskutierten strittigen Passagen sollten im Hauptausschuß selbst verhandelt werden (ENB 1992: Vol. 1, No. 4, vom 4. Juni 1992). Ebenso sollten die in den Arbeitsgruppen nicht lösbaren Probleme zurückverwiesen wer-

---

16 Besonders prägnant ist hier einmal mehr die Position der USA, die sich immer wieder dagegen sperrten, daß die Regierung in Washington der US-Gesellschaft Vorschriften bezüglich ihres Lebensstils machen sollte: Als geradezu unantastbar sah die Delegation den "american way of life". Jeder noch so vorsichtige Versuch, zu erwähnen, daß sich die Lebens- und Konsumtionsgewohnheiten gerade der Bevölkerung in den Industriestaaten ändern müßten, um das Ziel des Klimaschutzes zu erreichen, wurde von der Delegation der USA abgelehnt (Chasek 1994: 57).

17 Bei den AOSIS-Staaten handelt es sich um eine Gruppe Entwicklungsländer, die von einem Anstieg des Meeresspiegels in ihrer territorialen Existenz bedroht wären.

den an den Hauptausschuß, dem damit die Aufgabe zufiel, die am schwersten zu vermittelnden Konfliktgegenstände zu bearbeiten. Vorgesehen war darüber hinaus die Möglichkeit, Verhandlungen auf der Ebene von Fachministern während des sogenannten Gipfelsegments der UNCED vom 12.-14. Juni 1992 zu führen.[18]

1.3.1 Verhandlungen und Streitpunkte I: Verhandlungsverlauf

In der ersten Konferenzwoche kamen die Verhandlungen erstaunlich gut voran. Etliche der während PrepCom 4 festgefahrenen Konflikte ließen sich lösen. So konnte etwa das gesamte dritte Kapitel der Agenda 21, das sich mit der Stärkung der Rolle wichtiger gesellschaftlicher Gruppen befaßt, konsensuell beschlossen werden. Hierunter fielen Konzepte wie das "Empowerment of Women" oder der Schutz und die Beteiligung indigener Völker an der Entwicklung ihrer natürlichen Umwelt. Gerade in Bezug auf Frauenrechte setzte die UNCED wegweisende Standards. Dazu gehörten Forderungen wie die volle rechtliche und soziale Gleichstellung der Frauen oder die Erhöhung des Anteils von Frauen in allen erdenklichen Leitungspositionen.

In der zweiten Verhandlungswoche konnten weitere Kapitel der Agenda 21 entklammert werden. Als sehr förderlich erwies sich dabei die Struktur der Verhandlungsarbeit: Strittige Punkte in einzelnen Kapiteln wurden an ad hoc-formierte Arbeitsgruppen delegiert, die sich mit spezifischen, in verschiedenen Kapiteln auftauchenden Inhalten wie Finanzierungsfragen, Transfermechanismen oder der institutionellen Verankerung beschlossener Maßnahmen befaßten. So wurde es möglich, zahlreiche Kapitel, etwa über die Bewirtschaftung von Landressourcen, die nachhaltige Entwicklung von Bergregionen oder die Förderung der ländlichen Entwicklung fertigzustellen. Über viele umweltschutzrelevante Sachfragen konnte relativ einfach Konsens hergestellt werden, da die Vorstellungen über die Reichweite und Bedeutung der Probleme auf der einen und Maßnahmen zu ihrer nachhaltigen Lösung auf der anderen Seite oft nicht weit auseinander lagen.

Obwohl dem Hauptausschuß für die Schlußverhandlungen nur sehr wenig Zeit zur Verfügung stand, gelang es, die Abschlußdokumente so gut wie verabschiedungsreif zu machen. Dies muß auch der straffen Verhandlungsführung Tommy Kohs zugeschrieben werden, der in seinem Bericht über die UNCED-Verhandlungen den entscheidenden Durchbruch schildert:

> "The final meeting of the Main Committee began at 8:00 p.m. on 10 June 1992. It continued through the night and ended at 6:00 a.m. the next morning. I did take one short break though. At 4:00 a.m., after eight hours in the chair, I was desperate to go to the toilet - I also sensed that there was a lot of tension in

---

18 Da die Staats- und Regierungschefs von zahlreichen Fachministern begleitet wurden, bot sich hier eine hervorragende Gelegenheit, unmittelbar die Probleme anzupacken, die ansonsten an der notwendigen Rückkopplung der vor Ort Verhandelnden mit den Ministerien in ihren jeweiligen Hauptstädten litten (Chasek 1994: 59).

the room. I announced that we would recess the meeting for five minutes in order to enable me to make a discharge of non-toxic waste, and I promised to do it in an environmentally safe and sound manner. The delegates broke into laughter and the meeting resumed in a better mood. All bracketed language, excepting those words or statements relating to finance and forests, was resolved" (Koh 1994: 169).

1.3.2 Verhandlungen und Streitpunkte II: Die wichtigsten Konfliktgegenstände

Andere Konflikte erwiesen sich als verhandlungsresistenter. Wie sich schon im Verlauf des Vorbereitungsprozesses angedeutet hatte, zählten dazu vor allem folgende Punkte:
- Der Status und der Inhalt der Waldschutzerklärung und des entsprechenden Kapitels in der Agenda 21[19]
- Die Frage der Finanzierung der Maßnahmen der Agenda 21[20]
- Das Kapitel der Agenda 21 über den Schutz der Atmosphäre

Diese drei Streitpunkte konnten auch im Hauptausschuß nicht geklärt werden und wurden daher an die ministerielle Ebene verwiesen, die im Rahmen des Gipfels der Staats- und Regierungschefs in Rio tagte. Sie mußten bis zur buchstäblich letzten Minute verhandelt werden.

Konflikte über den Schutz der Wälder

Unter dem Vorsitz des damaligen Bundesumweltministers Töpfer gelang der Arbeitsgruppe über die Walderklärung relativ schnell die Verabschiedung des endgültigen Wortlautes nicht nur der Erklärung, sondern auch des Kapitels 11 der Agenda 21, das sich mit der Bekämpfung der Entwaldung befaßt. Möglich wurde dies auf der Basis verschiedener Kompromisse: Die Endfassung der Walderklärung bezieht sich auf alle Arten von Wäldern, und nicht, wie in einigen Entwürfen vorgesehen, nur auf die Tropenwälder. Damit wurde den Einwänden der Tropenwaldstaaten, allen voran Malaysia, Indonesien und Brasilien, Rechnung getragen, die argumentiert hatten, daß *alle* Wälder globale Gemeinschaftsgüter darstellten und daher schützenswert seien. Weiterhin betont die Walderklärung explizit das unverletzliche Recht der Staaten, ihre Ressourcen und damit auch ihre Wälder auszubeuten. Damit

---

19 Die wenig produktiven Spannungen in der mit der Walderklärung befaßten Kontaktgruppe werden u.a. darauf zurückgeführt, daß die verhandelnden Delegationen in Rio anders zusammengesetzt waren als noch während des Vorbereitungsprozesses und die neuen Unterhändler daher keinen Zugang zum „kollektiven Gedächtnis" des bisherigen Verhandlungsprozesses hatten (ENB 1992: Vol. 2, No. 7, vom 9. Juni 1992).
20 Hier scheinen die Probleme mehr mit der Leitung der mit Finanzierungsfragen befaßten Kontaktgruppe zu tun gehabt zu haben, zumindest wurde ihr Vorsitzender während des Verhandlungsprozesses ausgetauscht, vgl. Koh (1994: 167).

konnte einem zweiten Einwand der waldreichen Schwellenländer begegnet werden, die ihre Souveränität im Sinne der selbständigen Verfügung über eigene Ressourcen gefährdet sahen. Obgleich weder die Walderklärung noch die Agenda 21 völkerrechtlich bindende Dokumente darstellen, bestand auf Seiten der potentiellen Waldnutzer die Befürchtung, daß ihre politische Bindungswirkung so groß werden könnte, daß eine Mißachtung zu abträglichen Konsequenzen etwa für Handelsbeziehungen führen würde (Wöhlke 1993: 54-55). Daraus resultierte das Interesse der Tropenwaldstaaten an der expliziten Erwähnung des Vorrangs der nationalen Souveränität - das im übrigen auch von den waldreichen entwickelten Staaten wie den USA geteilt wurde.

Schließlich konnte auch der Konflikt über die Funktion von Wäldern als Senken für die Aufnahme von Treibhausgasen zwischen der G-77 und den erdölexportierenden arabischen Staaten beigelegt werden. Letztere wollten diesen Punkt besonders betont wissen, um dadurch Argumente zugunsten der Beschränkung von Treibhausgasemissionen zu entkräften. Dagegen opponierten die waldreichen Schwellenländer, um nicht noch zusätzliche Argumente gegen die souveräne Nutzung ihrer Wälder zu befördern (ENB 1992: Vol. 2, No. 9, vom 11. Juni 1992). Die Funktion der Wälder als Senken für Treibhausgase in den Abschlußdokumenten wird zwar erwähnt, aber längst nicht an so prominenter Stelle, wie von den arabischen Staaten gefordert.

Konflikte über Finanzierungsfragen

Dieses Kapitel befaßt sich mit den zur Umsetzung der Agenda 21 notwendigen materiellen Ressourcen und zwar insbesondere mit ihrer Finanzierung und Verteilung. Uneins zeigten sich die Delegationen beispielsweise darüber, welchen Finanzbedarf die Implementierung der in der Agenda 21 geforderten Maßnahmen erfordere und wie dieser Finanzbedarf überhaupt zu ermitteln sei. Prinzipiell tendierten die Entwicklungsländer zur Festschreibung großzügigerer Beträge, während die Industriestaaten eher zurückhaltend finanzieren wollten.

Weiterhin war umstritten, wer welchen Anteil an diesen Mitteln bereitstellen sollte. In diesem Kontext forderten die Entwicklungsländer die Industriestaaten immer wieder dazu auf, endlich das Ziel zu realisieren, demzufolge 0,7% des BSP der Geberländer als öffentliche Entwicklungshilfe (ODA) an Empfängerländer gehen sollten. Der Streit darüber, ob entsprechende Formulierungen unter Einschluß der Nennung eines Datums, bis zu dem dieses Ziel zu erreichen sei, in den Abschlußdokumenten auftauchen sollten, zog sich bis zum Konferenzende hin. Die G-77 forderten die Festlegung auf das Jahr 2000 als Zeitpunkt der Implementierung. Während die Position der G-77 von einigen Industriestaaten wie Dänemark, Frankreich und Niederlande unterstützt wurde, opponierten vor allem Deutschland und Großbritannien dagegen. Die Uneinigkeit der EU komplizierte die Verhandlungen zusätzlich (ENB 1992: Vol. 2, No. 13, vom 14. Juni 1992). In der Nacht vom 13.

auf den 14. Juni 1992 gelang den Verhandelnden schließlich ein Kompromiß, der zwar die Höhe der Verpflichtungen der Geberländer aufgreift, aber keinen Zeitpunkt festlegt. Gleichzeitig verknüpft der Kompromiß das Einhalten der Verpflichtung seitens der Geberländer mit Fortschritten bei der Umsetzung der Agenda 21 in den Empfängerländern.[21]

Ein weiterer Streitpunkt im Bereich Finanzen betraf die institutionelle Verwaltung von Entwicklungsgeldern. Die G-77 forderte die Aufwertung der Globalen Umweltfazilität (GEF), einer von der Weltbank und verschiedenen Sonderorganisationen der UN gemeinsam getragenen Institution zur Förderung nachhaltiger Entwicklungsprojekte. Die Vergabepraxis der GEF orientiert sich an der Mittelvergabe der Weltbank, so daß den einlagenstarken Industriestaaten entscheidender Einfluß bei der Kreditvergabe zukommt. Die Geberländer können dafür sorgen, daß finanzielle Mittel vorrangig an Staaten vergeben werden, die bestimmte politische, ökonomische, ökologische oder soziale Bedingungen erfüllen. Gegen diese Praxis richteten sich die Vorbehalte der Entwicklungsländer. Sie forderten in Bezug auf die GEF folgendes:

- Demokratisierung der Entscheidungspraxis der GEF gemäß UNGA-Standard, der jedem Mitglied einer Institution das gleiche Stimmrecht zubilligt
- Größere Transparenz der Entscheidungsfindung
- Aufstockung der zu verteilenden Mittel
- Abweisung zusätzlicher Konditionen bei der Mittelvergabe

Gegen diese Forderungen opponierten die USA und einige andere Industriestaaten wie etwa Japan. Vor allem wandten sie sich gegen den Vorschlag, daß Entscheidungen über die Mittelvergabe den UNGA-Standards angepaßt werden sollten. Die Verhandlungen über den genauen Wortlaut der Passagen über die GEF im Kapitel 33 der Agenda 21 zogen sich bis zum 13. Juni 1992 hin. Unter anderem litten sie darunter, daß nicht alle Staaten durch ihre Finanzminister in Rio vertreten waren und daher die Konsultationen zwischen den Delegationen immer wieder durch Rücksprachen mit den jeweiligen Regierungen unterbrochen werden mußten. Letztlich einigte sich die Arbeitsgruppe aber auf einen Kompromiß, der die Einführung neuer Konditionen bei der Mittelvergabe im Rahmen der GEF ausschließt, deren Entscheidungspraxis aber unangetastet läßt (ENB 1992: Vol. 2, No. 13, vom 14. Juni 1992).[22]

---

21 "Developed countries reaffirm their commitments to reach the accepted United Nations target of 0.7 per cent of GNP for ODA and, to the extent that they have not yet achieved that target, agree to augment their aid programmes in order to reach that target as soon as possible and to ensure prompt and effective implementation of Agenda 21. Some countries have agreed to reach the target by the year 2000. It was decided that the Commission on Sustainable Development would regularly review and monitor progress towards this target. This review process should systematically combine the monitoring of the implementation of Agenda 21 with a review of the financial resources available" (A/CONF.151/26, Vol. 3, Kap. 32, vom 12. August 1992).

22 "The Global Environment Facility, managed jointly by the World Bank, UNDP and UNEP, whose additional grant and concessional funding is designed to achieve global environmental benefits, should cover the agreed incremental costs of relevant activities under Agenda 21, in particular for developing countries. Therefore, it should be restructured so as to, inter alia: En-

Konflikte über den Schutz der Atmosphäre

Die arabische Staatengruppe unter Wortführung Saudi-Arabiens und Kuwaits kritisierte zwei Dinge an den Textentwürfen dieses Kapitels. Zum einen betonten die Gruppe, daß der Erforschung und Anwendung neuer und erneuerbarer Energiequellen zu viel Bedeutung zugemessen würde. Zum anderen forderten sie, daß in Bezug auf Energiequellen und -systeme in den Abschlußdokumenten durchgängig nicht nur von "environmentally sound energy systems" die Rede sein solle, sondern von "environmentally *safe and* sound energy systems". Mit dieser Position standen die erdölexportierenden Staaten weitgehend allein. Etliche Delegationen aus G-77-Staaten und aus Industriestaaten sprachen sich für „starke" Bestimmungen über den Schutz der Atmosphäre und die Notwendigkeit der Entwicklung nachhaltiger Energiequellen aus (ENB 1992: Vol. 2, No. 13, vom 14. Juni 1992). In den Verhandlungen auf ministerieller Ebene gelang es schließlich, Saudi-Arabien und Kuwait völlig zu isolieren. Die gefundene Lösung sah vor, in die Präambel der Agenda 21 einen Passus aufzunehmen, der besagt, daß, wann immer in den Abschlußdokumenten von Technologie die Rede ist, "environmentally safe and sound technology" gemeint sei.[23] In den folgenden Kapiteln taucht diese Formulierung jedoch nicht mehr auf. Diesem Kompromiß stimmte das Plenum der UNCED zu, während Saudi-Arabien und Kuwait Vorbehalte dagegen einlegten.

1.3.3 Verhandlungen und Streitpunkte III: Protokollierte Stellungnahmen

Stellungnahmen bezogen auf die Abschlußdokumente der UNCED wurden von folgenden Delegationen zu Protokoll gegeben: Argentinien, Frankreich, Kuwait, Palästina, Philippinen, Saudi-Arabien und USA. Argentinien, Frankreich, Palästina und Philippinen bezogen sich in ihren Stellungnahmen allerdings nicht auf zentrale Konflikte, sondern setzten spezifische Schwerpunkte. Daher werden sie in der weiteren Auswertung nicht berücksichtigt.[24] Substantielle Einwände in Form von signi-

---

courage universal participation; Have sufficient flexibility to expand its scope and coverage to relevant programme areas of Agenda 21, with global environmental benefits, as agreed; Ensure a governance that is transparent and democratic in nature, including in terms of decision-making and operations, by guaranteeing a balanced and equitable representation of the interests of developing countries and giving due weight to the funding efforts of donor countries; Ensure new and additional financial resources on grant and concessional terms, in particular to developing countries; Ensure predictability in the flow of funds by contributions from developed countries, taking into account the importance of equitable burden-sharing; Ensure access to and disbursement of the funds under mutually agreed criteria without introducing new forms of conditionality" (A/CONF.151/26, Vol. 3, Kap. 33, vom 12. August 1992).

23 "Throughout Agenda 21 the term "environmentally sound" means "environmentally safe and sound", in particular when applied to the terms "energy sources", "energy supplies", "energy systems" and "technology" or "technologies"" (A/CONF.151/26, Kap.1, vom 12. August 1992).

24 Argentinien betonte die Bedeutung der Agenda 21-Kapitel über die Reduzierung von Gesundheitsrisiken, die aus Umweltverschmutzung herrühren und forderte die Erweiterung des Mandats der in der Agenda 21 angeregten Konferenz über Hochseefischerei. Frankreich erklärte unter

fikanten Vorbehalten trugen demgegenüber die USA, Saudi-Arabien und Kuwait vor, die im folgenden näher analysiert werden.

Die umfangreichste Stellungnahme stammt von der *Delegation der USA*, die sich auf Elemente sowohl in der Rio-Deklaration als auch in der Agenda 21 bezog. Im Rahmen der zentralen Konflikte während der UNCED galten die wichtigsten Kommentare zur *Rio-Deklaration* zum einen dem Recht auf Entwicklung und zum anderen der besonderen Verantwortung der entwickelten Staaten bei der Umsetzung der Ziele nachhaltiger Entwicklung. So tragen die USA den Konsens hinsichtlich eines Rechtes auf Entwicklung zwar mit, ändern aber nicht ihre grundsätzlich ablehnende Position gegenüber einem (Menschen-) Recht auf Entwicklung:

> "The United States does not, by joining consensus on the Rio Declaration, change its long-standing opposition to the so-called "right to development". Development is not a right. On the contrary, development is a goal we all hold, which depends for its realization in large part on the promotion and protection of the human rights set out in the Universal Declaration of Human Rights" (A/CONF.151/26, Vol. 4, Kap. 4, vom 12. August 1992).

Weiterhin anerkennen die USA die besondere Führungsrolle der entwickelten Staaten bezogen auf die Umsetzung der UNCED-Ziele, lehnen jedoch etwaig daraus abgeleitete Verpflichtungen ab:

> "The United States understands and accepts that principle 7 highlights the special leadership role of the developed countries, based on our industrial development, our experience with environmental protection policies and actions, and our wealth, technical expertise and capabilities. The United States does not accept any interpretation of principle 7 that would imply a recognition or acceptance by the United States of any international obligations or liabilities, or any diminution in the responsibilities of developing countries" (A/CONF.151/26, Vol. 4, Kap. 4, vom 12. August 1992).

Daneben nahmen die USA in diesem Zusammenhang auch zu anderen weniger prominenten Punkten der Rio-Deklaration Stellung.[25]

Speziell bezogen auf die *Agenda 21* und die *Walderklärung* gab die US-Delegation weitere Erläuterungen zu bestimmten Termini und Konzepten zu Proto-

---

Verweis auf die Aussagen der Agenda 21 über indigene Völker, daß gemäß der französischen Verfassung alle Bürger Frankreichs die gleichen Rechte unabhängig von Herkunft, Rasse und Religion genössen. Die palästinensische Delegation drückte ihre Zustimmung dazu aus, daß in den Abschlußdokumenten der UNCED die Rechte von Völkern unter fremder Besatzung erwähnt werden. Die philippinische Delegation wies schließlich darauf hin, daß sie die Bestimmungen über Militäreinrichtungen gemäß Kapitel 20 der Agenda 21 so interpretiere, daß auch Militäreinrichtungen fremder Staaten darunter fielen.

25 Dabei handelte es sich zum einen um die Funktion von Handelssanktionen als Mittel, um Maßnahmen zum Schutz der Umwelt zu befördern und zum anderen um die Klarstellung, daß gemäß der Interpretation der USA die Rio-Deklaration den Status besetzter Territorien und der dort befindlichen Ressourcen nicht berühre.

koll. Dabei betonte sie den potentiellen Nutzen der Biotechnologie, die Notwendigkeit, Urheberrechte bei jeder Form von technologischer Kooperation zu schützen und die Vertragsfreiheit von Anbietern und Nutzern biologischer und genetischer Ressourcen zu gewährleisten. Darüber hinaus äußerte sie einen signifikanten Vorbehalt mit dem Inhalt, daß die USA keine Verpflichtungen zur Leistung von öffentlicher Entwicklungshilfe in einer bestimmten Höhe übernommen haben. Daher besässen die Passagen in der Agenda 21, in denen ausgeführt wird, daß die von Industriestaaten geleistete öffentliche Entwicklungshilfe 0,7% des jeweiligen BSP betragen solle, keine Relevanz für die Regierung der USA:

> "The United States is not among those countries that have affirmed an overseas development assistance target. Such a target would detract from the more important issues of the effectiveness and quality of aid and the policies in the recipient country." (A/CONF.151/26, Vol. 4, Kap. 4, vom 12. August 1992).

Die *saudi-arabische Delegation* bezog sich in ihrer Stellungnahme auf das Kapitel 9 der Agenda 21, das sich mit dem Schutz der Atmosphäre befaßt. Hierzu merkte die saudische Delegation in Form eines signifikanten Vorbehalts an, daß die in der Agenda 21 vorgeschlagenen Maßnahmen zum Schutz des Klimas die Notwendigkeit wissenschaftlicher Sicherheit über Ausmaß und Ursachen des Klimawandels ignorierten. Daher würden diese Maßnahmen einseitig zuungunsten fossiler Energieträger wie Erdöl diskriminieren:

> "The marked imbalance in dealing with questions relevant to the interrelated issues of environment and energy would lead to discrimination against oil, a clear observable conclusion of the draft" (A/CONF.151/26, Vol. 4, Kap. 4, vom 12. August 1992).

Gleichzeitig würde dadurch die Verbreitung umweltunverträglicher Energieträger wie der Kernenergie befördert. Darüber hinaus würde in der Walderklärung die Bedeutung der Wälder als Kohlenstoffsenken nicht hinreichend herausgestellt.

Die *kuwaitische Delegation* legte signifikante Vorbehalte gegen die Kapitel 4, 8 und 9 der Agenda 21 ein. Ähnlich wie im Fall Saudi-Arabiens kommt den Einwänden gegen das Kapitel 9, in dem es um den Schutz der Atmosphäre geht, die größte Bedeutung zu. Kuwait bemängelt in diesem Zusammenhang vor allem die einseitige Diskriminierung zuungunsten fossiler Energieträger und die Bevorzugung umweltunverträglicher Energieträger. Diese Diskriminierung hätte verschiedene unerwünschte Folgen, zu denen vor allem die Verbreitung umweltunverträglicher und ineffizienter Energieträger gehöre. Infolgedessen würden sich ökonomische Asymmetrien auf globaler Ebene eher noch verstärken statt - wie von der Agenda 21 gefordert - auszugleichen. Weiterhin lege die Agenda 21 zu viel Wert auf Treibhausgasquellen. Zu wenig berücksichtigt würden hingegen Senken, vor allem Wälder, deren Erhalt weit wichtiger sei als in der Agenda 21 ausgeführt. Schließlich würde die Bedeutung regenerierbarer Energieträger zu stark betont, da gerade der

Energiebedarf sich entwickelnder Staaten besser durch erprobte und effiziente Energieträger gedeckt werden könne.

Konfliktbezeichnung	*Konfliktgegenstände*	*Konfliktakteure*
Schutz der Wälder	Nachhaltige vs. uneingeschränkte Nutzung	OECD-Staaten (v.a. EU) vs. G-77 (v.a. Schwellenländer)
Finanzierungsfragen	Mobilisierung und Verteilung finanzieller Ressourcen	OECD-Staaten (v.a. USA) vs. G-77
Klimaschutz	Nachhaltige vs. nachholende Entwicklung; Verbindliche vs. unverbindliche Reduktionsziele	OECD-Staaten (v.a. USA) vs. G-77; EU und AOSIS vs. USA und G-77 (v.a. Schwellenländer)

Tab. 2: Zusammenfassung der wichtigsten Konflikte während der UNCED

1.4 Die Ergebnisse der UNCED

Die Rio-Deklaration

Die Rio-Deklaration benennt in 27 Prinzipien die Grundsätze, denen sich die internationale Staatengemeinschaft im Hinblick auf nachhaltige Entwicklung verpflichtet fühlt. Hier werden die in der Staatenwelt bestehenden Interessengegensätze darüber abgebildet, wie die Ziele Umweltschutz und wirtschaftliche Entwicklung gleichermaßen zu erreichen sind. Im ersten Prinzip wird der Mensch als der Träger und das Ziel nachhaltiger Entwicklung definiert. Mithin stehen nicht Staaten an erster Stelle der Deklaration, sondern ihre Bürger. Bereits im zweiten Prinzip wird diese Aussage jedoch relativiert zu Gunsten der Staaten als handlungsbevollmächtigten Akteuren des internationalen Systems:

> "States have, in accordance with the Charter of the United Nations and the principles of international law, the sovereign right to exploit their own resources pursuant to their own environmental and developmental policies, and the responsibility to ensure that activities within their jurisdiction or control do not cause damage to the environment of other States or of areas beyond the limits of national jurisdiction" (A/CONF.151/26, Vol. 1, Annex 1, Prinzip 2, vom 12. August 1992).

Das Recht der Staaten auf Ausbeutung ihrer Ressourcen und Umwelt wird also bestätigt und nur durch den Verweis auf die Rechte anderer Staaten qualifiziert. In den folgenden Prinzipien wird die internationale Staatengemeinschaft unter anderem dazu aufgerufen, das Recht auf Entwicklung zu gewährleisten (Prinzip 3), Umweltschutz als integralen Bestandteil von Entwicklungsprozessen zu betrachten (Prinzip 4) und die internationale Zusammenarbeit zu fördern, um die globalen Entwicklungsunterschiede zu verringern (Prinzip 5). Weiterhin wird die gemeinsame, aber differenzierte Verantwortung aller Staaten für die Aufrechterhaltung einer lebenswerten Umwelt beschworen. In diesem Kontext anerkennen die entwickelten Staaten ihre besondere Verantwortung für die Erhaltung der Umwelt, da ihre Gesellschaften die globale Umwelt am stärksten belasten.[26]

Die weiteren Prinzipien führen die Verpflichtungen der internationalen Gemeinschaft zur Bewahrung der Umwelt im einzelnen aus. Von Bedeutung ist vor allem die Erwähnung des Vorsorgeprinzips, nach dem die Abwesenheit wissenschaftlicher Sicherheit hinsichtlich potentiell irreversibler Schädigungen des globalen Ökosystems nicht die Vermeidung von effektiven Schutzmaßnahmen begründen kann:

> "In order to protect the environment, the precautionary approach shall be widely applied by States according to their capabilities. Where there are threats of serious or irreversible damage, lack of full scientific certainty shall not be used as a reason for postponing cost-effective measures to prevent environmental degradation" (A/CONF.151/26, Vol. 1, Annex 1, Prinzip 15, vom 12. August 1992).

Das Vorsorgeprinzip geht damit in den Katalog der die internationale Staatengemeinschaft bindenden Verpflichtungen über. Zweifel an der Stichhaltigkeit wissenschaftlicher Nachweise möglicher Umweltschädigungen können nicht mehr bemüht werden, um kostspielige Maßnahmen zum Schutz der Umwelt zu vermeiden (Hohmann 1993: 314).

Die Bedeutung der Rio-Deklaration besteht vor allem darin, daß sie neben dem Vorsorgeprinzip zwei neue Prinzipien oder Rechte auf globaler Ebene etabliert. Da ist zum einen das in Prinzip 3 angesprochene Recht auf Entwicklung, das sowohl gegenwärtigen wie auch künftigen Generationen zukommt, zum anderen die in Prinzip 4 angesprochene Pflicht, die Umwelt im Rahmen nachhaltiger Entwicklung zu schützen.[27] Abgeleitet aus diesen Prinzipien wird die Pflicht zur Zusammenarbeit in der internationalen Staatengemeinschaft, mit dem Ziel, global nachhaltige Entwicklung zu sichern (Hohmann 1993: 314-315). Allerdings muß noch einmal betont werden, daß es sich weder bei der Rio-Deklaration noch bei den beiden folgenden

---

26 "In view of the different contributions to global environmental degradation, States have common but differentiated responsibilities. The developed countries acknowledge the responsibility that they bear in the international pursuit of sustainable development in view of the pressures their societies place on the global environment and of the technologies and financial resources they command" (A/CONF.151/26, Vol. 1, Prinzip 7, vom 12. August 1992).

27 "The right to development must be fulfilled so as to equitably meet developmental and environmental needs of present and future generations" (A/CONF.151/26, Vol. 1, Annex 1, Prinzip 3, vom 12. August 1992) bzw. "[i]n order to achieve sustainable development, environmental protection shall constitute an integral part of the development process and cannot be considered in isolation from it" (A/CONF.151/26, Vol. 1, Annex 1, Prinzip 4, vom 12. August 1992).

Dokumenten um rechtsverbindliche Texte handelt. Anders als die beiden im Rahmen der UNCED zur Unterzeichnung ausliegenden Konventionen über Klimaschutz und Biodiversität können sie nur politische und moralische Folgebereitschaft bewirken.

Die Walderklärung

Die sogenannte Walderklärung besteht aus einer Präambel und 15 Prinzipien, die sich mit dem Management, der Bewahrung und der nachhaltigen Entwicklung aller Waldtypen befassen. Die Probleme, die sich bei der Verhandlung der Walderklärung ergaben, werden schon in ihrem Titel deutlich: "Non-legally Binding Authoritative Statement of Principles for a Global Consensus on the Management, Conservation and Sustainable Development of all Types of Forests." Entsprechend dem Titel der Erklärung ist auch ihr Inhalt ausgesprochen vorsichtig und zurückhaltend formuliert. Im wesentlichen geht es dabei um zwei scheinbar nicht immer miteinander vereinbare Ziele: einerseits um Wälder als Ressource für ökonomische Entwicklung, andererseits um Wälder als Gegenstand des Umweltschutzes.

Bereits in der Präambel wird das Spannungsverhältnis zwischen beiden Zielen deutlich:"Forests are essential to economic development *and* [Herv. LB] the maintenance of all forms of life" (A/CONF.151/26, Vol. 3, Annex 3, Präambel, vom 12. August 1992). Genau zwischen diesen beiden Positionen bewegt sich die Walderklärung. Einerseits wird mehrfach das Recht souveräner Staaten betont, die auf ihrem Territorium befindlichen Wälder zur ökonomischen Entwicklung zu nutzen. Andererseits wird auf den Stellenwert der Wälder im globalen Umweltkontext hingewiesen und ihre Bewahrung zu einem Anliegen der gesamten Menschheit erklärt. Als Ziel wird angegeben:"Efforts should be undertaken towards the greening of the world" (A/CONF.151/26, Vol. 3, Annex 3, Prinzip 8, vom 12. August 1992). Zu den dafür vorgeschlagenen Maßnahmen zählen verstärkte internationale Zusammenarbeit bei der Durchführung von Aufforstungsprogrammen und die Erforschung des ökologischen Stellenwertes intakter Wälder. Das unabdingbare Vorrecht der Staaten, die auf ihrem Territorium befindlichen Ressourcen auszubeuten, wird jedoch auch in der Walderklärung explizit betont:

> "States have the sovereign and inalienable right to utilize, manage and develop their forests in accordance with their development needs and level of socio-economic development and on the basis of national policies consistent with sustainable development and legislation, including the conversion of such areas for other uses within the overall socio-economic development plan and based on rational land-use policies" (A/CONF.151/26, Vol. 3, Annex 3, Prinzip 2, vom 12. August 1992).

Gestärkt wird dieses Recht noch dadurch, daß der Handel mit Holz und Holzprodukten keinen besonderen Beschränkungen unterliegen soll, sondern wie der Handel mit anderen Gütern zu behandeln ist:

> "Trade in forest products should be based on non-discriminatory and multilaterally agreed rules and procedures consistent with international trade law and practices. In this context, open and free international trade in forest products should be facilitated" (A/CONF.151/26, Vol. 3, Annex 3, Prinzip 13, vom 12. August 1992).

Dieser Punkt wird noch einmal dadurch bekräftigt, daß ausdrücklich unilaterale Maßnahmen gegen den Handel mit Holz und Holzprodukten abgelehnt werden:

> "Unilateral measures, incompatible with international obligations or agreements, to restrict and/or ban international trade in timber or other forest products should be removed or avoided, in order to attain long-term sustainable forest management" (A/CONF.151/26, Vol. 3, Annex 3, Prinzip 14, vom 12. August 1992).

Damit können Handelssaktionen nicht als Instrument zur Verhinderung der Abholzung insbesondere von Tropenwäldern genutzt werden.

Die Bedeutung der Walderklärung besteht vor allem darin, daß erstmals auf globaler Ebene Grundsätze für den Umgang mit einem bedeutenden globalen Gemeinschaftsgut ausgehandelt wurden. Damit sind die Wälder, und zwar alle Wälder, anerkannt als schutzwürdiges Erbe der Menschheit, das gemäß der Prinzipien der Rio-Deklaration für künftige Generationen zu bewahren ist. Zwar kommt dem Dokument keine rechtsgültige Verbindlichkeit zu, politisch muß die Erklärung aber beachtet werden, zumal sie ausdrücklich nicht als Endpunkt, sondern vielmehr als Beginn eines fortlaufenden Verhandlungsprozesses bezeichnet wird.

Die Agenda 21

Die Agenda 21 ist das mit Abstand umfangreichste Dokument der UNCED. Es handelt sich hierbei um ein Aktionsprogramm, das von seinem Anspruch ebenso wie vom Umfang her einen bedeutsamen Versuch der gemeinsamen Regelung eines großen Segmentes globaler Politik durch die internationale Staatengemeinschaft ausmacht. In vier Teilen mit insgesamt 40 Kapiteln werden vielfältigste Problemstellungen im Spannungsfeld Umwelt und Entwicklung dargestellt und analysiert. Allerdings hat die Agenda 21 ebenfalls keine völkerrechtliche Verbindlichkeit, sondern entfaltet allein politische Bindungswirkung. Bereits in der Einleitung zur Agenda 21 wird deutlich, wie bedeutsam das Aktionsprogramm der UNCED für die internationale Staatengemeinschaft angesichts der vielfältigen Herausforderungen an der Schwelle zum 21. Jahrhundert ist:

"Humanity stands at a defining moment in history. We are confronted with a perpetuation of disparities between and within nations, a worsening of poverty, hunger, ill health and illiteracy, and the continuing deterioration of the ecosystems on which we depend for our well-being. However, integration of environment and development concerns and greater attention to them will lead to the fulfilment of basic needs, improved living standards for all, better protected and managed ecosystems and a safer, more prosperous future. No nation can achieve this on its own; but together we can - in a global partnership for sustainable development. [...] Agenda 21 addresses the pressing problems of today and also aims at preparing the world for the challenges of the next century. It reflects a global consensus and political commitment at the highest level on development and environment cooperation. Its successful implementation is first and foremost the responsibility of Governments. National strategies, plans, policies and processes are crucial in achieving this. International cooperation should support and supplement such national efforts. In this context, the United Nations system has a key role to play. Other international, regional and subregional organizations are also called upon to contribute to this effort. The broadest public participation and the active involvement of the non-governmental organizations and other groups should also be encouraged" (A/CONF.151/26, Vol.1, Annex 2, vom 12. August 1992).

Strukturiert sind die einzelnen Kapitel der Agenda 21 wie folgt: Zunächst werden die Handlungsgrundlagen in Form einer Beschreibung des aktuellen Zustandes des jeweiligen Sachverhaltes dargestellt. Dann werden die Ziele erläutert, die erreicht werden sollen, um den eingangs geschilderten mangelhaften Zustand zu verbessern. Anschließend folgt die Darlegung der Maßnahmen, mit denen die internationale Staatengemeinschaft diese Ziele erreichen will. Schließlich wird noch auf die Kosten eingegangen, die die entsprechenden Programme bei ihrer Umsetzung verursachen.

Der erste Teil der Agenda 21 ist betitelt "Social and Economic Dimensions". In diesem Teil stehen die sozialen Rahmenbedingungen nachhaltiger Entwicklung im Vordergrund. Dabei wird zwischen zwei Aspekten unterschieden: Einerseits reichtums-, andererseits armutsbedingte Gefährdungen nachhaltiger Entwicklung. Die ersteren adressiert vor allem Kapitel 4, das die Veränderung von Produktions- und Konsumstilen in den entwickelten Ländern fordert. Unumstritten ist dabei, daß in den reichen Gesellschaften erheblich mehr Ressourcen verbraucht werden als in armen und dementsprechend dort die Umwelt stärker belastet wird - mit globalen Folgen, wie am Beispiel des Klimawandels deutlich wird. Dem entgegenzuwirken ist die vordringlichste Aufgabe der Industriestaaten. In armen Gesellschaften ist die Belastung der Umwelt das Ergebnis komplexer Prozesse, die häufig aus sozialen Ursachen resultieren, wie etwa das armutsbedingte Bevölkerungswachstum. Armutsbedingte Herausforderungen nachhaltiger Entwicklung stehen im Zentrum der Kapitel 3, 5 und 7, die sich mit der Bekämpfung der Armut, der demographischen Entwicklung und der Veränderung von Siedlungsstrukturen befassen.

Der zweite Teil der Agenda 21 ist betitelt "Conservation and Management of Resources for Development". In diesem Teil geht es im engeren Sinne um Umweltschutzmaßnahmen. Breit ist die Palette der hier verhandelten globalen Gefährdungen der Umwelt, sie reicht von der Erdatmosphäre bis zum Meeresboden. In sehr detaillierter Form listet die Agenda 21 die Maßnahmen auf, die zur Verbesserung und Erhaltung einer menschengerechten Umwelt gerade in Hinsicht auf künftige Generationen beitragen. Dabei steht neben dem Schutzaspekt auch immer der Nutzaspekt im Vordergrund. Angesichts der im ersten Teil geschilderten sozialen Rahmenbedingungen legt die Agenda 21 Wert darauf, praktikable Lösungswege aufzuzeigen, die die delikate Balance zwischen notwendiger Nutzung und hinreichendem Schutz halten. Da dies nicht ohne Konflikte geschehen kann, durchzieht der Souveränitätsvorbehalt die Agenda 21 wie ein roter Faden. Die Festlegung von Schutz- und Nutzkriterien ist eben nicht nur eine wissenschaftliche, sondern auch eine politische Frage.

Der dritte Teil der Agenda 21 ist betitelt "Strenghtening the Role of Major Groups". In diesem Teil werden die gesellschaftlichen Gruppen benannt, von deren Einbindung in die Umsetzung des Aktionsprogramms sich die Staatenvertreter zwei Dinge erhoffen: zum einen gesteigerte Effektivität durch die Beteiligung von Betroffenen an der Ausarbeitung und Realisierung von Vorhaben zur nachhaltigen Entwicklung, zum anderen höhere demokratische Legitimität und gesteigerte Akzeptanz von Maßnahmen, die tief in gewohnte (und bewährte) Lebens- und Konsumstile eingreifen. Damit wird der „Weltzivilgesellschaft" ein Stück Autonomie, aber auch Verantwortung für die kollektive Wohlfahrt übereignet. Durch Beteiligung und Einbindung dieser Gruppen wie etwa Frauen und indigene Völker sollen die negativen Folgen ungesteuerter Entwicklungsprozesse vermieden werden.

Der vierte Teil der Agenda 21 ist betitelt "Means of Implementation". In diesem Teil werden zwei Punkte thematisiert: Einerseits die Kooperation zwischen reichen und armen Gesellschaften, andererseits der institutionelle Ausbau des UN-Systems. Im Kapitel 33 wird der Finanzierungsbedarf der Agenda 21 grob und, wie es mehrfach heißt, nur zu indikativen Zwecken geschätzt. Demnach sind zur Umsetzung der einzelnen Ziele der Agenda 21 bis zum Jahr 2000 etwa $ 625 Mrd. notwendig. Von dieser Summe sollen $ 500 Mrd. die Entwicklungsländer selbst aufbringen, während die Industriestaaten den Rest beisteuern. Im Kapitel 34 über den Technologietransfer wird ausgeführt, daß Entwicklungsländer Zugang zu modernen Techniken erhalten sollen, die die Umsetzung der Agenda 21 erleichtern. Dieser Transfer vom Norden in den Süden soll zwar zu marktgerechten Bedingungen erfolgen, aber die Bedürfnisse der Entwicklungsländer berücksichtigen. Gleichzeitig legt die Agenda 21 Wert auf die Betonung von Urheberschutzrechten. Deren Beachtung soll Voraussetzung sein für die nachhaltige technologische Kooperation zwischen Nord und Süd. Weiterhin wird in diesem Teil die Einrichtung der Kommission für nachhaltige Entwicklung (CSD) im Rahmen des UN-Systems vereinbart. Diese Kommission soll die Fortschritte bei der Umsetzung der Agenda 21 überwachen und die übrigen Aktivitäten des UN-Systems im Bereich Umwelt und Entwicklung koordinieren.

Die Bedeutung der Agenda 21 ist vor allem darin zu sehen, daß sie das in der Rio-Deklaration zum Leitprinzip erhobene Konzept nachhaltige Entwicklung gewissermaßen mit Leben erfüllt. Nicht zuletzt in diesem Sinne handelt es sich um ein Aktionsprogramm, das ausgesprochen material- und detailreich gegenwärtige und künftige Herausforderungen der menschlichen Umwelt analysiert und Verbesserungsvorschläge vorstellt. Zu beachten ist sicherlich auch die prominente Rolle, die nichtstaatlichen Akteuren im Prozeß nachhaltiger Entwicklung zugebilligt wird. Weiterhin zeigt die Agenda 21, daß im Spannungsfeld zwischen Umwelt und Entwicklung durchaus Kompromisse gefunden werden können, und zwar selbst bei ausgesprochen divergenten Interessenslagen.

1.5 Diskussion

Vor dem Hintergrund des gerade beendeten Ost-West-Konflikts verbanden sich große Hoffnungen mit der vielfach erwarteten Einleitung einer neuen Periode multilateraler Problembearbeitung auf globaler Ebene.[28] Angesichts der teilweise hochgesteckten Erwartungen mußten die Ergebnisse der UNCED jedoch fast zwangsläufig enttäuschen. Wie sich bereits während des Vorbereitungsprozesses zeigte, bedeutete der Beginn einer neuen Phase der internationalen Beziehungen nicht automatisch die Vergrößerung der Bereitschaft zur vertieften Kooperation. Mitunter mutete das Festhalten mancher Delegationen an allein durch nationale Interessen bestimmten Positionen im Gegenteil recht anachronistisch an.

Allerdings übersahen die Hoffnungen, die sich an den Erdgipfel knüpften, einige strukturelle Kontinuitäten internationaler Politik. Dazu gehört die komplexe Geschichte internationaler Verhandlungen, deren Gebräuche nur zum Teil durch den Ost-West-Konflikt bestimmt wurden. Ebenso bedeutsam waren die Auseinandersetzungen zwischen Industriestaaten und Entwicklungsländern im Rahmen des Nord-Süd-Konflikts. Insofern knüpfte der Erdgipfel nahtlos an Auseinandersetzungen

---

28 Die ehemaligen Ostblockstaaten traten als Konfliktakteure während der UNCED so gut wie gar nicht in Erscheinung.Eine ausgesprochen heftige Kontroverse löste allerdings der Paragraph über die besondere Situation der Transitionsökonomien in der Präambel zur Agenda 21 aus. Während des Vorbereitungsprozesses war vereinbart worden, daß die speziellen Nöte dieser durch politische, ökonomische und soziale Umbrüche nach 1989/90 erschütterten Staaten in den Abschlußdokumenten zwar gesondert erwähnt werden sollten, ohne jedoch dadurch die Situation der übrigen Entwicklungsländer, vor allem der am wenigsten entwickelten, zu relativieren. Dieser Kompromiß wurde in Rio durch die G-77 wieder in Frage gestellt, die sich nun gegen die förmliche Anerkennung einer solchen Sonderstellung des ehemaligen Ostblocks aussprach. Dagegen opponierten die betroffenen Staaten ausdauernd und mit vereinten Kräften, so daß schließlich nach intensiven Diskussionen der ursprüngliche Kompromiß bestätigt wurde, demzufolge die gesonderte Erwähnung der einen Staatengruppe nicht zu Lasten der anderen gehen dürfe. In diesem Zusammenhang heißt es, daß die "polarization between members of G-77 and the Eastern European states intensified to a level never before witnessed in the UNCED process" (ENB 1992: Vol. 2, No. 6, vom 6. Juni 1992).

zwischen den Industriestaaten und der sich entwickelnden Welt in den 1970er Jahren an. Allerdings läßt eine pauschale Betrachtung dieser Art zu viele Einzelheiten unberücksichtigt. Kohärente Konfliktlager bildeten weder der Norden noch der Süden. Vielmehr unterschieden sich die Positionen innerhalb der Lager in Einzelfragen ganz erheblich voneinander. In manchen Fällen kam es zu erstaunlichen „lagerübergreifenden" Koalitionsbildungen, so etwa im Fall der Begrenzung der Treibhausgasemmissionen.

Was die inhaltlichen Resultate des Gipfels angeht, so fallen sie, je nach Perspektive, unterschiedlich aus:

- In Bezug auf Sachfragen sind die in den Abschlußdokumenten verabschiedeten Maßnahmen gemessen an den aus wissenschaftlicher Sicht nötigen Korrekturen an ökologisch bedenklichen Fehlentwicklungen sicher nicht ausreichend. Weder gelang es, eine völkerrechtlich verbindliche Konvention über den Schutz der Wälder abzuschließen, noch konkrete Reduzierungsziele bezogen auf die Emmission von Treibhausgasen festzulegen. Gleiches gilt für den Entwicklungsaspekt des Erdgipfels. Auch künftig können die Entwicklungsländer nicht darauf zählen, in größerem Ausmaß von Ressourcentransfers aus dem reichen Norden zu profitieren. Umgekehrt haben die Industriestaaten zwar ihre Verantwortung für den Zustand der globalen Umwelt anerkannt, aber daraus keine verbindlichen Konsequenzen gezogen.

- Etwas anders sieht es hinsichtlich der politischen Dimension des Erdgipfels aus. Daß der Schutz der Lebensgrundlagen der Menschheit eine zentrale Aufgabe der internationalen Staatengemeinschaft ist, wurde in Rio unübersehbar demonstriert. Dies gilt aber nicht nur für die Staatenwelt, sondern ebenso für die regionale und lokale Ebene. Gerade die lautstarke Beteiligung gesellschaftlicher Akteure hat die Rolle verdeutlicht, die ihnen bei der künftigen Gestaltung von Politik auf globaler Ebene zukommt. Zwar ist der Weg noch weit zur Umsetzung der unverbindlichen Handlungsempfehlungen, die sich in den Abschlußdokumenten finden, aber hinter die Beschlüsse von Rio geht es nicht mehr zurück:

"If historians in the 21st century have the fortunate task of explaining how global society was capable of solving the intertwined problems of environment and development, UNCED will undoubtedly figure prominently in their accounts" (Haas et al. 1992: 33).

2. Die Weltkonferenz über Menschenrechte 1993 in Wien - World Conference on Human Rights (WCHR)

2.1 Hintergrund

Die Debatte über Inhalt, Reichweite und Gültigkeit der Menschenrechte begleitet die UN seit ihrer Gründung.[1] Allerdings haben sich die spezifischen Streitpunkte und Akteure dieser Debatte im Verlauf der Jahrzehnte verändert: Nach der Verabschiedung der vor allem von angelsächsischen Traditionen bestimmten „Allgemeinen Erklärung der Menschenrechte" (AEM) 1948 standen in den 1950er Jahren die ideologischen Differenzen zwischen Ost und West im Zentrum der Auseinandersetzungen. In dieser Phase der Debatte ging es um die Bedeutung verschiedener Menschenrechtskonzeptionen, vor allem der sogenannten Zivilrechte einerseits (bürgerliche und politische Rechte, die erste Generation der Menschenrechte) und der sogenannten Sozialrechte andererseits (wirtschaftliche, soziale und kulturelle Rechte, die zweite Menschenrechtsgeneration). Während die liberalen Demokratien des Westens in erster Linie an der Durchsetzung der ersten Menschenrechtsgeneration interessiert waren, forderten die staatssozialistischen Systeme die Realisierung der sozialen Rechte. Die Differenzen zwischen den Blöcken konnten nicht überwunden werden, so daß beide Konzeptionen getrennt voneinander in den zwei UN-Menschenrechtspakten von 1966 kodifiziert wurden.

Ab den 1960er Jahren verschoben sich die Gewichte in der Menschenrechtsdebatte. Mit dem Ende des Kolonialismus traten neue Akteure in die internationale Politik ein, die auch in der Menschenrechtsfrage andere Akzente setzten. Zu einer zentralen Forderung der Entwicklungsländer wurde die Anerkennung des Rechts auf Entwicklung und damit des Anrechts auf Unterstützung durch die Industriestaaten. Die sogenannte dritte Generation von Menschenrechten, die vor allem internationale Solidaritätsrechte umfaßt, wurde 1986 durch die UNGA mehrheitlich anerkannt.

Mit dem Ende des Ost-West-Konflikts verschwanden die ideologischen Differenzen zwischen Ost und West weitgehend aus der internationalen Politik. Damit bot sich die Chance, die über Jahrzehnte festgefahrenen Positionen in Menschenrechtsfragen aufzubrechen und den globalen Konsens über Inhalt, Reichweite und Gültigkeit der Menschenrechte zu erweitern. Parallel dazu entwickelte sich in den 1980er und 1990er Jahren die Debatte über die sogenannten „asiatischen Werte", die der westlichen Menschenrechtsidee der individuellen Freiheit Gemeinschafts- und Zugehörigkeitsrechte entgegenhalten. Gleichzeitig schien im Prozeß der zunehmenden grenzüberschreitenden Verdichtung von wirtschaftlichen und sozialen Austauschprozessen die Annäherung an eine „Globalethik" immer dringlicher. Ein Kon-

---

[1] Vgl. allgemein zu Menschenrechten Donelly (1993), speziell zu den UN und Menschenrechten Nowak (1993).

sens über die unveräußerlichen Kernbestandteile der Menschenrechte könnte eine tragfähige Grundlage für eine solche Ethik sein.[2]

Vor diesem Hintergrund fand vom 14. bis zum 25. Juni 1993 in Wien die WCHR statt. Nach der Internationalen Konferenz über Menschenrechte in Teheran 1968 war dies die zweite von den UN ausgerichtete Großveranstaltung zum Thema Menschenrechte.[3] An der WCHR nahmen u.a. Delegierte aus 171 Staaten sowie 248 beim ECOSOC akkreditierte und 593 andere Nichtregierungsorganisationen teil (A/CONF.157/24, Vol. 1, I.C., vom 13. Oktober 1993). Damit war der Teilnehmerkreis deutlich größer als in Teheran. Vor allem die erheblich stärker ausgeprägte gesellschaftliche Beteiligung macht den Unterschied zwischen beiden Konferenzen sichtbar: 1968 waren die Staatenvertreter mehr oder minder unter sich, 25 Jahre später sind NGOs ein nicht mehr wegzudenkender Teil der internationalen Politik auch in Menschenrechtsfragen.[4]

2.2 Der Vorbereitungsprozeß

Im Dezember 1989 beauftragte die UNGA den UN-Generalsekretär damit, die Bereitschaft von Regierungen, internationalen Organisationen und NGOs zu erkunden, eine auf diplomatisch hochrangiger Ebene angesiedelte Konferenz zum Thema Menschenrechte durchzuführen. Aufgrund zahlreicher positiver Rückmeldungen beschloß die UNGA im folgenden Jahr, für 1993 die Abhaltung einer Weltkonferenz über Menschenrechte anzustreben. Als wichtigste dort zu behandelnde Punkte wurden folgende Aufgaben benannt:[5]

- Die Begutachtung und Bewertung des Fortschritts im Bereich der Menschenrechte seit Annahme der AEM 1948, unter besonderer Berücksichtigung der Entwicklung seit 1968.
- Die Diskussion des Zusammenhangs zwischen Entwicklungsmodellen einerseits und dem Genuß sowohl von ökonomischen, sozialen und kulturellen als auch bürgerlichen und politischen Rechten andererseits.
- Die Diskussion von Maßnahmen zur Verbesserung existierender Menschenrechtsinstrumente.
- Die Überprüfung der Wirksamkeit der institutionellen Maßnahmen der UN im Bereich der Menschenrechte.

---

2   Vgl. dazu u.a. Hamm (1996) und Nuscheler (1995b).
3   Das Abschlußdokument der ersten Menschenrechtskonferenz, die sogenannte Proklamation von Teheran, findet sich in A/CONF.32/41, vom 13. Mai 1968.
4   So tagten die NGOs während der WCHR erstmals im gleichen Gebäude wie die Staatenvertreter, was nicht unumstritten war unter den Basisorganisationen. Zwar wurde dadurch der Zugang zu Staatenvertretern wie auch zu Journalisten erheblich vereinfacht. Die NGOs mußten sich im Gegenzug aber dem Hausrecht der UN beugen, die u.a. durchsetzte, daß das ursprüngliche Tagungsprogramm der NGOs, in dem Staaten wie beispielsweise China wegen Menschenrechtsverletzungen namentlich angeprangert wurden, zurückgezogen werden mußte (Bungarten 1993: 80; Erbe 1993: 75-76).
5   Vgl. dazu auch Heinz (1993: 11) und Kunig/Uerpmann (1994: 34-35).

Darüber hinaus wurde der Vorbereitungsausschuß (PrepCom) unter Leitung der Marokkanerin Halima Warzazi eingesetzt.

Der weitere Vorbereitungsprozeß der WCHR unterschied sich in zweierlei Hinsicht von dem der übrigen Konferenzen: zum einen durch den überraschenden Wechsel des Konferenzortes, zum anderen durch die herausragende Bedeutung der regionalen Vorbereitungstreffen für den WCHR-Prozeß. Insgesamt viermal tagte der Vorbereitungsausschuß zwischen 1991 und 1993. Auf der ersten Sitzung wurde der Untergeneralsekretär der UN für Menschenrechte, der Senegalese Ibrahima Fall, zum Konferenzpräsidenten bestimmt. Dort wurde auch Berlin zum Konferenzort gekürt.[6] Die deutsche Außenpolitik hatte sich intensiv darum bemüht, den Zuschlag für die Konferenz zu bekommen. Damit sollte Berlin als Regierungssitz in die internationale Diplomatie eingeführt werden. Um so überraschender war daher die Rücknahme der Zusage im Februar 1992. In einem Schreiben an den UN-Generalsekretär erklärte der deutsche Außenminister, daß die Bundesregierung sich nicht in der Lage sähe, die WCHR auszurichten. Begründet wurde dies einerseits mit organisatorischen Defiziten des vorgesehenen Konferenzortes Berlin und andererseits mit den Kosten, die die Durchführung der WCHR verursachen würde. Der durch Vereinigungslasten ohnehin beanspruchten Stadt sei es nicht zuzumuten, die Konferenzkosten in Höhe von DM 100 Mio. aufzubringen. Daher müsse die Bundesregierung ihr Angebot, die WCHR auszurichten, zurückziehen. Dieses Vorgehen der deutschen Außenpolitik erregte erhebliches Unverständnis bei Beobachtern im In- und Ausland. Insbesondere die Begründung der Absage erschien vielen Beobachtern ausgesprochen zweifelhaft.[7] Schließlich erklärte sich die österreichische Regierung im Frühjahr 1992 bereit, die WCHR in Wien auszurichten.

Dies war jedoch nicht die einzige Panne während der Vorbereitung der WCHR. Der Vorbereitungsprozeß im Rahmen des PrepCom verlief dermaßen unbefriedigend, daß sich die UNGA 1992 genötigt sah, selbst eine provisorische Agenda für die WCHR zu beschließen.[8] Der Vorbereitungsausschuß hatte sich nicht auf eine Tagesordnung einigen können. Völlig zerstritten zeigte sich die PrepCom auch über den Inhalt der vorzubereitenden Abschlußdokumente. Vor diesem Hintergrund ist die Empfehlung der UNGA an den Vorbereitungsausschuß zu verstehen, zunächst die für Frühjahr 1993 vorgesehenen Regionaltreffen abzuwarten. Die dort beschlossenen Positionen sollten die Basis für die letzte Sitzung des PrepCom vor der WCHR bilden, auf der der endgültige Entwurf der Abschlußdokumente fertiggestellt werden sollte. Mithin kam den Regionaltreffen in diesem Fall entscheidende Bedeutung für den Vorbereitungsprozeß zu. Im folgenden werden daher im Unterschied zu den übrigen Weltkonferenzen die Regionaltreffen anstelle des Vorbereitungsausschusses analysiert.

---

6   Vgl. UNGA-Resolution A/RES/46/116, vom 17. Dezember 1991.
7   Vgl. „Kein Ort für Menschenrechte", taz, vom 15. Februar 1992, S. 35.
8   Vgl. UNGA-Resolution A/RES/47/122, vom 18. Dezember 1992.

2.2.1 Die Regionaltreffen im Vorfeld der WCHR

Insgesamt fanden drei Regionaltreffen statt, die der Positionsabstimmung der afrikanischen, lateinamerikanischen und asiatischen Staatengruppen dienten.[9] Die übrigen Regionen (Europa, Nordamerika, Australien und Ozeanien) hatten auf dezidierte Vorbereitungstreffen verzichtet. Allerdings entwarf die EU ein Positionspapier zur Frage der Menschenrechte, das gewissermaßen die Positionen der Industriestaaten repräsentierte.[10]

Die Positionen der Entwicklungsländer

Die Erklärungen zum Abschluß der drei regionalen Vorbereitungstreffen in Tunis (afrikanische Staatengruppe; AFRM), San José (lateinamerikanische Staatengruppe; LACRM) und Bangkok (asiatische Staatengruppe; ASRM) geben die Positionen des Südens wider. Bei ihrer Analyse fällt vor allem die Betonung des Rechtes auf Entwicklung auf, das in allen drei Erklärungen in den Vordergrund gerückt wird. So heißt es ausgesprochen prägnant in der Erklärung von Tunis: „Das Recht auf Entwicklung ist unveräußerlich" (A/CONF.157/AFRM/14, Punkt 7, vom 24. November 1992). Permanent betont wird die Unteilbarkeit der Menschenrechte, womit der unauflösliche Zusammenhang von politischen und bürgerlichen Rechten einerseits mit sozialen, kulturellen und religiösen Rechten andererseits gemeint ist. Zwar wird darauf verwiesen, daß Menschenrechtsverletzungen nicht hingenommen werden sollen, gleichzeitig aber zum einen die historische Genese unterschiedlicher Menschenrechtskonzeptionen betont und zum anderen der Vorrang nationaler Interpretationen der Menschenrechte behauptet.

Die asiatischen Staaten wenden sich vor allem gegen die Konditionierung der Gewährung öffentlicher Entwicklungshilfe, die mit der Einhaltung der Menschenrechte in den Empfängerländern verknüpft wird.[11] Dieses Junktim wird von den

---

9   Die deutschen Übersetzungen der Ergebnispapiere der Regionaltreffen und des Abschlußdokumentes der WCHR sind in DGVN (1994) abgedruckt.
10 Für die Annahme, daß die Position der EU insgesamt als repräsentativ für die Industriestaaten angesehen werden kann, spricht der Umstand, daß sich während der Konferenz die west- und osteuropäischen Delegationen sowie die USA, Australien und Neuseeland zur sogenannten WEOG (Western Europe and Others Group) zusammenschlossen (Klingebiel 1996c: 187). Wenn die Vermutung zutrifft, daß die in der AEM von 1948 aufgelisteten Prinzipien im wesentlichen das Ergebnis der Diskurse in entwickelten Gesellschaften waren, ist zu erwarten, daß sich diese Gesellschaften nicht gesondert mit der Aufstellung einer neuen Programmatik befassen müssen. Umgekehrt ist es naheliegend, zu vermuten, daß die am Prozeß der Ausarbeitung der AEM nicht oder nur sehr vermittelt beteiligten Gesellschaften eher Abstimmungsbedarf haben. Genau darauf scheint das unterschiedliche Verhalten der Weltregionen hinzudeuten, vgl. Nuscheler (1995: 202-204) und Wolfrum (1993: 681-684).
11 Mit Konditionierung ist in diesem Zusammenhang gemeint, daß öffentliche Entwicklungshilfe nur bzw. vorrangig dann gewährt wird, wenn der empfangende Staat Fortschritte in der Menschenrechtssituation nachweisen kann. Seit Anfang der 1990er Jahre betreiben beispielsweise Japan und die Niederlande eine an solchen Kriterien orientierte Vergabepolitik. Die Debatte über Konditionierung wurde verstärkt nach dem Ende des Ost-West-Konflikts geführt, auch wenn die

Betroffenen, also den potentiellen Empfängern von Entwicklungshilfe, zurückgewiesen. Kurz und bündig befinden die asiatischen Staaten in der Erklärung von Bangkok:

> „[L]ehnen sie [die asiatischen Staaten, LB] jeden Versuch ab, die Bereitstellung von Entwicklungshilfe von der Einhaltung der Menschenrechte abhängig zu machen" (A/CONF.157/ASRM/8, Punkt 4, vom 7. April 1993).

Moderater äußern sich die lateinamerikanischen Staaten. So heißt es in der Erklärung von San José,

> „daß dort, wo demokratische Regierungen entschiedene Anstrengungen unternehmen, um ihre Menschenrechtsprobleme zu lösen, diese Probleme nicht zu politischen Zwecken ausgenutzt oder bei der Entscheidung über die Gewährung von Hilfe oder sozioökonomischer Kooperation berücksichtigt werden sollten" (A/CONF.157/LACRM/15, Punkt 12, vom 11. Februar 1993).

Das andere große Thema der Regionalkonferenzen ist die Relativierung der universellen Geltung der Menschenrechte. In diesem Zusammenhang tauchen vor allem zwei Argumente auf: Erstens wird auf die historische Emergenz der Menschenrechte verwiesen. Damit ist gemeint, daß je nach sozialem, kulturellem, religiösem oder politischem Kontext die konkrete Interpretation der Menschenrechte verschieden ausfallen kann. So formulieren die afrikanischen Staaten am Beginn ihrer Erklärung zwar noch - scheinbar - unmißverständlich:

> „Der universelle Charakter der Menschenrechte steht außer Frage; ihr Schutz und ihre Förderung sind Verpflichtung aller Staaten, ohne Rücksicht auf ihre jeweilige politische, wirtschaftliche oder kulturelle Ordnung" (A/CONF.157/AFRM/14, Punkt 2, vom 24. November 1992).

Im weiteren Verlauf der Erklärung wird jedoch von dieser klaren Aussage abgewichen und die Frage der Interpretation der Menschenrechte auf den jeweiligen gesellschaftlichen Kontext bezogen:

> „Die Achtung und Förderung der Menschenrechte sind unbestreitbar universelle Anliegen und Ziele. Alle Staaten ohne Ausnahme sind aufgerufen, einen Beitrag zu ihrer Verwirklichung zu leisten. Da aber die jeweiligen historischen und kulturellen Gegebenheiten jeder Nation sowie die unterschiedlichen Traditionen, Normen und Werte der Völker nicht außer Betracht gelassen werden dürfen, läßt sich kein vorgefertigtes Modell auf universeller Ebene vorschreiben" (A/CONF.157/AFRM/14, Punkt 5, vom 24. November 1992).

---

dahinterstehenden Annahmen immer schon eine Rolle spielten bei internationalen Ressourcentransfers, vgl. Schrade (1997: 274-275).

Nicht ganz so explizit, aber ebenso unverkennbar beschlossen die asiatischen Staaten auf ihrem Regionaltreffen,

> „daß die Menschenrechte trotz ihrer universellen Natur im Kontext eines dynamischen und sich entwickelnden Prozesses internationaler Normensetzung zu betrachten sind, wobei der Bedeutung der nationalen und regionalen Besonderheiten sowie der unterschiedlichen historischen, kulturellen und religiösen Hintergründe Rechnung zu tragen ist" (A/CONF.157/ASRM/8, Punkt 8, vom 7. April 1993).

Zweitens wird in allen Dokumenten ein die universelle Durchsetzung der Menschenrechte relativierender genereller Souveränitätsvorbehalt geäußert. Demnach seien Einmischungen in die inneren Angelegenheiten anderer Staaten, und als solche wird die externe Überwachung der Menschenrechtssituation betrachtet, in den internationalen Beziehungen nicht zulässig. Ausformuliert wird der Souveränitätsvorbehalt in der Erklärung von San José, in der die lateinamerikanischen Staaten unterstreichen,

> „daß die Achtung vor den Menschenrechten und den Grundfreiheiten, die Stärkung von Entwicklung, Demokratie und Pluralismus in den internationalen Beziehungen bei gleichzeitigem vollen Respekt für die Souveränität, die territoriale Unversehrtheit und die wechselseitige politische Abhängigkeit von Staaten ebenso wie die souveräne Gleichheit und Selbstbestimmung der Völker die Grundpfeiler unseres regionalen Systems sind" (A/CONF.157/LACRM/15, Punkt 4, vom 11. Februar 1993).

Noch deutlicher betonen die asiatischen Staaten den Aspekt der Nichteinmischung in innere Angelegenheiten in Menschenrechtsfragen, hier heißt es:

> „[B]etonen sie [die asiatischen Staaten, LB] die Grundsätze der Anerkennung von nationaler Souveränität und territorialer Integrität sowie der Nichteinmischung in die inneren Angelegenheiten der Staaten und wenden sich dagegen, das Thema Menschenrechte als politisches Druckmittel einzusetzen" (A/CONF.157/ASRM/8, Punkt 5, vom 7. April 1993).

Die Positionen der Industriestaaten

Das Positionspapier der EU vertritt zu allen oben vorgestellten Punkten eine andere Position. Bezogen auf die Frage der Konditionierung befinden die Mitgliedstaaten der EU (EGMS), daß die Vergabe von Entwicklungshilfe bzw. generell Transferleistungen aus entwickelten in sich entwickelnde Länder sehr wohl an politische Bedingungen geknüpft werden könne, sofern die Bedingungen in erster Linie auf die Verbesserung der Menschenrechtssituation in den Empfängerstaaten zielten. Die

Entwicklungszusammenarbeit wird darüber hinaus in den Kontext von Demokratisierungsprozessen gestellt:

> „Die EGMS unterstreichen die Notwendigkeit einer konsequenten Haltung im Hinblick auf Menschenrechte, Demokratie und Entwicklung in ihrer Zusammenarbeit mit Drittstaaten. In der Entwicklungszusammenarbeit konzentrieren sich die Bemühungen auf die zentrale Rolle des Individuums; sie muß daher grundsätzlich auf eine Förderung von Demokratie und Menschenrechten ausgerichtet sein. Die Entwicklungshilfeprojekte müssen auch darauf abzielen, ein geeignetes und wirkungsvolles wirtschaftliches Umfeld sowie öffentliche und soziale Dienste zu fördern, die gleiche Möglichkeiten für die gesamte Bevölkerung schaffen können. Die Entschließung betont auch die Verpflichtung der Gemeinschaft und ihrer Mitgliedstaaten, diese Politik durch praktische Maßnahmen zur Förderung der Menschenrechte und der Demokratie in Bereichen wie etwa der Stärkung der richterlichen Gewalt, der Unterstützung bei Wahlen, der Förderung einer freien Presse, der Verringerung der Militärausgaben sowie des verantwortungsbewußten staatlichen Handelns zu unterstützen" (A/CONF.157/PC/87, Punkt 9, vom 23. April 1993).

Auch in einem anderen Punkt zeigen sich tiefe Differenzen zwischen den entwickelten und den sich entwickelnden Ländern. So sind die EGMS der Auffassung, daß Menschenrechte eine Angelegenheit der gesamten Völkergemeinschaft sind, die Einmischung in die inneren Angelegenheiten menschenrechtsverletzender Staaten legitimiert, wenn nicht sogar erfordert. Deutlich formuliert heißt es in dem Positionspapier:

> „Es sollte erneut bekräftigt werden, daß Menschenrechtsverletzungen zu den rechtmäßigen Belangen der internationalen Gemeinschaft gehören, wobei ein Staat unter Umständen gegenüber Einzelpersonen nach seiner Rechtsordnung oder gegenüber anderen Staaten der Völkergemeinschaft verantwortlich ist. Die Wahrnehmung dieser Aufgabe kann nicht als Einmischung in die inneren Angelegenheiten betrachtet werden" (A/CONF.157/PC/87, Punkt 6, vom 23. April 1993).

Im Gegensatz zur Position der asiatischen, afrikanischen und lateinamerikanischen Staaten sehen die Mitgliedstaaten der EU die Menschenrechte also als Wert an, dessen Schutz sogar die ansonsten für die internationalen Beziehungen konstitutiven Souveränitätsvorbehalte relativiert.

Der dritte herausgehobene Punkt unterscheidet sich vornehmlich durch eine andere Akzentsetzung von den Positionen der Entwicklungsländer. In der Frage des von den Entwicklungsländern so vehement eingeforderten Rechts auf Entwicklung konzedieren die EGMS durchaus das Bestehen dieses Rechtes, das allerdings strikt als individuelles und nicht als kollektives Recht definiert wird:

> „Es sollte anerkannt werden, daß der Mensch als Einzelwesen im Zentrum der Entwicklung stehen sollte und daß Demokratie, Pluralismus und Achtung der

Menschenrechte wesentliche Voraussetzungen für eine nachhaltige wirtschaftliche und soziale Entwicklung sind. [...] Die führende Rolle des einzelnen ist von grundlegender Bedeutung. Der einzelne ist das handelnde Subjekt, aber niemals das passive Objekt der Entwicklung" (A/CONF.157/PC/87, Punkt 8, 10, vom 23. April 1993).

2.2.2 Konflikte während des Vorbereitungsprozesses

Zusammengefaßt lassen sich die Positionen von Nord und Süd so darstellen: Während die Entwicklungsländer die unvollkommene Verwirklichung der Menschenrechte im wesentlichen auf ökonomische Defizite zurückführen, argumentieren die Industriestaaten, daß Menschenrechtsverletzungen vor allem Ausdruck mangelnden politischen Willens einzelner Regierungen sind. Typisch für die erste Argumentation ist etwa die Aussage, daß zunächst ökonomische Entwicklung stattfinden müsse, bevor die Menschenrechte realisiert werden könnten. So formulieren die asiatischen Staaten, „daß Armut eines der Haupthemmnisse für den vollen Genuß der Menschenrechte ist" (A/CONF.157/ASRM/8, Punkt 19, vom 7. April 1993). Daher muß die Armut beseitigt werden, um die Menschenrechte verwirklichen zu können. Armut läßt sich gemäß dieser Position am besten durch ökonomische Entwicklung überwinden. Diese wird jedoch durch die sich vertiefende ökonomische Kluft zwischen Nord und Süd bzw. Reich und Arm behindert, wie in der Erklärung von Bangkok deutlich wird, die ausführt,

„daß die Haupthemmnisse für Verwirklichung des Rechts auf Entwicklung auf internationaler makroökonomischer Ebene liegen, wie sie sich in dem wachsenden Gefälle zwischen dem Norden und dem Süden, den Reichen und den Armen widerspiegeln" (A/CONF.157/ASRM/8, Punkt 18, vom 7. April 1993).

Deutlicher kann das Junktim zwischen ökonomischer Entwicklung und der Realisierung der Menschenrechte kaum formuliert werden. In gewisser Weise wird sogar insinuiert, daß die entwickelten Länder Mitverantwortung für die Realisierung der Menschenrechte im globalen Rahmen tragen. Die Argumentation, wonach Menschenrechte nur kontextabhängig zu verstehen sind, der Kontext aber an die ökonomische Entwicklung geknüpft ist, läßt sich dahingehend erweitern, daß die Förderung des ökonomischen Wachstums den verbesserten Zugang der Entwicklungsländer zu den Märkten im Norden und die Erhöhung der Transferleistungen aus dem Norden in den Süden voraussetzt.[12]

Demgegenüber befinden die EGMS, daß die Verwirklichung der Menschenrechte zuallererst in die politische Verantwortung der Regierenden vor Ort fällt.

---

12 Insofern ließe sich argumentieren, daß die Konditionierung in beide Richtungen wirkt: Der Norden knüpft Transferleistungen an die Einhaltung der Menschenrechte, während der Süden die Einhaltung der Menschenrechte am Erhalt von Transferleistungen festmacht.

Zwar kann internationale (ökonomische) Zusammenarbeit diesen Prozeß fördern, er bleibt aber eine genuin nationale Aufgabe. Dementsprechend kann wirtschaftliche Rückständigkeit anhaltende Menschenrechtsverletzungen weder legitimieren noch kann daraus die Forderung nach höheren Transferleistungen abgeleitet werden:

> „Während die internationale Entwicklungshilfe natürlich gestärkt werden muß, bleiben Entwicklung und Demokratisierung in erster Linie nationale Aufgaben, wie dies auch in der Erklärung zum Recht auf Entwicklung dargelegt wird. Die betroffenen Staaten müssen Strukturen, insbesondere solche, die den Dialog fördern, schaffen, damit auf die Bedürfnisse und Wünsche der Menschen eingegangen werden kann" (A/CONF.157/PC/87, Punkt 11, vom 23. April 1993).

Damit verweisen die EGMS die gerechtere Wirtschaftsbeziehungen fordernden Entwicklungsländer auf den jeweils vorrangig national zu betreibenden Aufbau demokratischer bzw. gerechter politischer, sozialer und ökonomischer Strukturen und lehnen das oben formulierte Junktim ab.

2.3 Die Weltmenschenrechtskonferenz in Wien

Am 14. Juni 1993 eröffnete UN-Generalsekretär Boutros-Ghali die WCHR in Wien. Insgesamt nahmen Repräsentanten von 171 Staaten, 2 nationalen Befreiungsbewegungen, 15 UN-Organen, 10 UN-Sonderorganisationen, 18 intergouvernementalen Organisationen, 30 nationalen Menschenrechtsinstitutionen, 11 UN-Menschenrechtsorganisationen, 9 anderen Organisationen, 248 NGOs mit Konsultativstatus beim ECOSOC und 593 NGOs ohne Konsultativstatus beim ECOSOC an der Konferenz teil (A/CONF.157/24, Kap. 1, Teil C, vom 13. Oktober 1993).[13]

Zur Vorsitzenden des Hauptausschusses wurde Halima Warzazi (Marokko) gewählt, die dieses Amt bereits während des Vorbereitungsprozesses bekleidet hatte. Weiter einigte sich die Konferenz darauf, daß der Hauptausschuß allen Konferenzteilnehmern offen stehen sollte, während das sogenannte Drafting Committee, das mit der Fertigstellung der Abschlußdokumente betraut war, Regierungsvertretern vorbehalten blieb. Letzteres entsprach vor allem den Forderungen Chinas, da dadurch die Einwirkungsmöglichkeiten der NGOs im wesentlichen auf den Hauptausschuß begrenzt blieben.

---

13 Darüber hinaus waren einige bedeutende Einzelpersonen nach Wien eingeladen worden, um dort über Menschenrechtsfragen zu sprechen. Dazu zählten Elena Bonner, Jimmy Carter, Simone Veil, Hassan bin Talal, Rigoberta Menchu, Wole Soyinka, Nelson Mandela und Corazon Aquino. Ursprünglich hätte auch der Dalai Lama vor der WCHR sprechen sollen, er wurde auf Druck Chinas jedoch wieder ausgeladen.

2.3.1 Verhandlungen und Streitpunkte I: Verhandlungsverlauf

Die Debatten während der WCHR waren von einer Vielzahl von Streitfragen geprägt. So wies der Entwurf des Abschlußdokumentes der WCHR, der nach der dritten Sitzung des Vorbereitungsausschusses vorlag, etwa 200 geklammerte Passagen auf, die ein Drittel des gesamten Inhalts betrafen. Die im Vorfeld deutlich gewordenen Kontroversen setzten sich während der Konferenz in Wien fort. Etliche Beobachter erwarteten im Verlauf der zwei Sitzungswochen mehrfach ihr völliges Scheitern.

Daß schließlich doch ein Abschlußdokument konsensuell verabschiedet werden konnte, ist zum einen darauf zurückzuführen, daß es den Konfliktparteien gelang, inhaltliche Kompromisse einzugehen, zum zweiten darauf, daß das Abschlußdokument mehrfach eindeutig als nichtbindend definiert wurde und zum dritten auf die permanente kritische Begleitung der Konferenz durch die erstmals im gleichen Gebäudekomplex tagenden NGOs.[14] Erst das Zusammenwirken dieser drei Faktoren ermöglichte den Erfolg der Konferenz, der allerdings im wesentlichen darin bestand, überhaupt stattgefunden und ein einvernehmliches Ergebnis erreicht zu haben - wie unverbindlich dies auch immer aussehen mag.[15]

2.3.2 Verhandlungen und Streitpunkte II: Die wichtigsten Konfliktgegenstände

Während der WCHR kristallisierten sich drei Themenkomplexe als besonders konflikträchtig heraus. Im einzelnen waren dies die Kontroversen über:
- Das Recht auf Entwicklung
- Die Universalität bzw. Unteilbarkeit der Menschenrechte
- Die Debatte über die Konditionierung von Entwicklungshilfe

Protagonisten der entsprechenden Debatten waren zum einen die Wortführer der G-77 wie Indonesien, andere asiatische Staaten wie Birma, Malaysia und Singapur sowie islamisch geprägte Staaten wie der Iran oder Ägypten und zum anderen westliche Delegationen wie die der USA oder der EU. Dazu kommen als weitere wichtige Akteure China und Rußland.

Konflikte über das Recht auf Entwicklung

Diese Kontroverse betraf im Kern die Frage, ob es ein kollektives Recht auf Entwicklung gibt, wie von vielen Entwicklungsländern behauptet, oder ob das Recht

---

14 Zur Bedeutung der NGOs bei der WCHR vgl. Bungarten (1993) und Erbe (1993).
15 Ganz ähnlich sah dies der Generalsekretär der WCHR, Ibrahima Fall, der in seiner Abschlußrede das Nicht-Scheitern der Konferenz als eigentliche Leistung ansprach und darüber hinaus den Beitrag der Konferenz für die Stärkung des Individuums als Träger von Menschenrechten würdigte (DPI/1394/Rev.1/HR-95-93241, vom 25. Juni 1993).

auf Entwicklung individuell an Personen gebunden ist, was von den meisten Industriestaaten geäußert wurde. Im Abschlußdokument wird das Recht auf Entwicklung als allgemeingültiges und unveräußerliches Recht anerkannt und zum integralen Bestandteil der grundlegenden Menschenrechte erklärt. Allerdings wird weiter ausgeführt, daß „der wesentliche Träger der Entwicklung die menschliche Person" ist (A/CONF.157/23, Teil 1, §10, vom 12. Juli 1993).

Ein zweiter Aspekt dieser Debatte betraf die Frage, ob ein Abhängigkeitsverhältnis zwischen sozialer und ökonomischer Entwicklung einerseits und der vollständigen Beachtung der Menschenrechte andererseits besteht - und wie dieses gegebenenfalls aussieht. Die eine Position argumentiert, daß erst eine sozial und ökonomisch relativ weit entwickelte Gesellschaft in die Lage versetzt wird, die Menschenrechte zu beachten. Die Gegenposition argumentiert, daß echte ökonomische und soziale Entwicklung nur möglich ist, wenn die Menschenrechte beachtet werden. Beide Konfliktlager verfolgen das gleiche Ziel: Eine unter politischen, sozialen und ökonomischen Gesichtspunkten entwickelte, „reife" Gesellschaft, in der die Menschenrechte selbstverständlich geachtet werden. Die Vorstellungen darüber, wie dieses Ziel am besten zu erreichen ist, unterscheiden sich jedoch grundlegend.[16]

Die erste Position, nach der Entwicklung Vorrang vor der Beachtung der Menschenrechte genießt, wird z.B. von China artikuliert. Im chinesischen Beitrag zum Plenum der WCHR wird sehr deutlich, daß die ökonomische Entwicklung eines Landes den Maßstab bildet, an dem die Verwirklichung der Menschenrechte gemessen werden sollte. Daher kann von Entwicklungsländern nicht verlangt werden, daß sie alle Menschenrechte gleichermaßen einhalten. Dies wird abgeleitet aus der wechselseitigen Konstitution von individuellen und kollektiven Menschenrechten:

> "For the vast number of developing countries to respect and protect human rights is first and foremost to ensure the full realization of the rights to subsistence and development. The argument that human rights is the precondition for development is unfounded. When poverty and lack of adequate food and clothing are commonplace and people's basic needs are not guaranteed, priority should be given to economic development. Otherwise, human rights are completely out of the question. We believe that the major criteria for judging the human rights situation in a developing country should be whether its policies and measures help promote economic and social progress, help people meet their basic needs for food and clothing and improve the quality of their life. The international community should take actions to help developing countries alleviate economic difficulties, promote their development and free them from poverty and want" (Tang 1995: 214-215).

Der malaysische Plenumsbeitrag geht noch einen Schritt weiter. Hier wird unter Rückgriff auf die Menschenrechtskonferenz von Teheran ausgeführt, daß sich seither die Bedingungen für die Durchsetzung von Menschenrechten eher verschlechtert

---

16 Es handelt sich mithin um einen Mittel- und keinen Zielkonflikt. Vgl. dazu Zürn et al. (1990: 157).

hätten, da der Abstand in sozialer und ökonomischer Hinsicht zwischen Nord und Süd größer geworden sei. Weil die Realisierung der Menschenrechte aber abhängig sei von sozialer und ökonomischer Entwicklung, hätten sich die damaligen Hoffnungen nicht erfüllt. Dies sei in erster Linie das Resultat der Politik der entwickelten Länder, die die Entwicklung im Süden behinderten und daher die Verantwortung für den beklagenswerten Zustand der Menschenrechte trügen. Implizit wird weiter angedeutet, daß der Einfluß der entwickelten Welt in Menschenrechtsfragen künftig von ihrer Bereitschaft abhängen könne, dem Süden in Entwicklungsfragen entgegenzukommen - eine Art umgekehrte Konditionierung also:

> "The 1968 Teheran Conference proclaimed that the full realization of civil and political rights would be impossible without the enjoyment of economic, social and cultural rights. [...] The Teheran Conference also established that the realization of human rights was impeded by the widening gap between the developed and developing countries. It further acknowledged that meaningful progress in implementing human rights depended upon sound and effective national and international policies of economic and social development. Yet, today, the goals of the Teheran Declaration remain unfulfilled and the gap between developed and developing countries has further widened. Increasingly, the policies of the North are constraining the developmental objectives of the South and seriously undermining their economic growth. Without development, without an integrated approach to human rights, in which developmental needs are incorporated, international cooperation on human rights cannot be sustained" (Tang 1995: 235).

Der indonesische Delegierte bringt diese Position in seinem Plenumsbeitrag kurz und bündig so auf den Punkt: Die Beachtung der Menschenrechte hänge vom Entwicklungsstand einer Gesellschaft ab. Der Entwicklungsstand einer Gesellschaft wiederum könne nicht unabhängig von ihrer internationalen Umwelt betrachtet werden. Somit komme der internationalen Umwelt zumindest große Verantwortung für die Realisierung der Menschenrechte zu:

> "Human rights cannot thrive in a world burdened with widespread poverty, environmental crisis and rapid population growth, by unresolved disparities and inequities in the world economic system and a steadily widening gap between the rich and the poor" (Tang 1995: 233).

Aus ganz anderer Perspektive befaßt sich die japanische Delegation mit der Frage, in welchem Verhältnis Entwicklungsprozesse und Menschenrechte zueinander stehen. Der Auffassung, daß erst nachdem Gesellschaften ein bestimmtes Entwicklungsstadium erreicht hätten, von ihnen die Realisierung der Menschenrechte erwartet werden könne, hält die japanische Delegation entgegen, daß der Zusammenhang genau umgekehrt sei. Die Beachtung der Menschenrechte fördere und erleichtere geradezu Entwicklungsprozesse. Deshalb, aber auch aus grundsätzlicher Überzeugung vom inhärenten Wert der Menschenrechte, verurteilt Japan Versuche, Entwicklung und Menschenrechte gegeneinander aufzurechnen:

> "This Conference gives us an opportunity to address the question of the relationship between development, democracy and human rights. While social and economic development may facilitate enhanced respect for human rights, I believe that fundamental freedoms and rights should be respected by each and every country, whatever its culture, political or economic system, or stage of development. Human rights should never be sacrificed to development. Rather, development should serve to promote and respect rights - economic, social, cultural, civil and political. Respect for human rights will facilitate development by bringing about a society in which individuals can freely develop their own abilities" (Tang 1995: 218).

Konflikte über die Universalität bzw. Unteilbarkeit der Menschenrechte

Im Vorfeld der Konferenz gab es hitzige Auseinandersetzungen über die Frage, ob die Menschenrechte universell gelten oder ob das Maß ihrer Gültigkeit abhängt von kulturellen, sozialen und ökonomischen Kontexten. Vor allem asiatische Delegationen, allen voran China, Singapur, Burma und Malaysia, aber auch Jemen und Syrien, sprachen sich für die Beachtung spezifischer Kontexte im obigen Sinne bei der Bewertung der Durchsetzung der Menschenrechte aus - und damit für die Relativierung der universell geltenden Menschenrechtserklärungen. Eindeutig in diese Richtung äußerte sich beispielsweise die chinesische Delegation. Demnach ist das Konzept der Menschenrechte per se relativ zu unterschiedlichen nationalen Entwicklungskontexten zu betrachten: Jede Entwicklungsstufe einer Gesellschaft bedarf anderer Menschenrechtsprinzipien. Welche dies sind, muß den jeweiligen Gesellschaften überlassen bleiben. Daher sind alle Bemühungen, allgemeinverbindliche Menschenrechtsprinzipien aufzustellen und deren Einhaltung einzufordern, unzulässig:

> "The concept of human rights is a product of historical development. It is closely associated with specific social, political and economic conditions and the specific history, culture and values of a particular country. Different historical development stages have different human rights requirements. Countries at different development stages or with different historical traditions and cultural backgrounds also have different understandings and practice of human rights. Thus, one should not and cannot think of the human rights standard and model of certain countries as the only proper ones and demand all other countries to comply with them" (Tang 1995: 214).

Ein solcher Standpunkt scheint schwer vereinbar mit einer universalistischen Position in Bezug auf Menschenrechte. Mit ähnlichen Annahmen operiert der Delegierte Burmas vor dem Plenum der WCHR:

"I believe therefore that even as we seek universality of human rights, our diversity in historical, cultural and religious backgrounds must never be minimized or forgotten. There is no unique model of human rights implementation that can be superimposed on a given country. What we should strive for then is not the imposition of one's view on another but universal acceptance of agreed norms through dialogue and persuasion" (Tang 1995: 223).

Erheblich differenzierter in der Argumentation, aber in den Folgerungen letztlich ähnlich unerbittlich, äußern sich andere Delegationen zu dieser Frage. Der indonesische Delegierte betont zunächst die Bedeutung wechselseitigen Verständnisses für die Gegebenheiten verschiedener historischer Kontexte:

"[T]he point I do wish to make is that while we in the developing world do understand and appreciate the genesis of the thinking and motivation underlying present-day Western policies and views on human rights, we should at least expect similar understanding and appreciation of the historical formation and experiences of non-Western societies and the attendant development of our cultural and social values and traditions. For many developing countries, some endowed with ancient and highly developed cultures, have not gone through the same history and experience as the Western nations in developing their ideas on human rights and democracy. In fact, they often developed different perceptions based on different experiences regarding the relations between man and society, man and his fellow man and regarding the rights of the community as against the rights of the individual" (Tang 1995: 230).

Trotzdem also bedeutsame Unterschiede zwischen den Gesellschaften beständen, kommt der indonesische Delegierte zu der auf den ersten Blick überraschenden Folgerung, daß die Universalität der Menschenrechte außer Frage stehe. Damit sei jedoch noch nichts über ihre weltweite Gültigkeit ausgesagt. An dieser Stelle führt die Argumentation zurück zum Nichtinterventionsargument bzw. Souveränitätsvorbehalt, so daß letztlich alle Differenzierungsbemühungen und Appelle an gegenseitige Toleranz konsequenzlos bleiben:

"The universal validity of basic human rights and fundamental freedoms is indeed beyond question. But the United Nations Charter has rightly placed the question of their universal observance and promotion within the context of international cooperation. And I am sure we all agree that international cooperation presupposes as a basic condition respect for the sovereign equality of states and the national identity of peoples" (Tang 1995: 230).

Gegen diese Auffassung, die Interventionen im Namen der Menschenrechte letztlich ausschließt, wandten sich vor allem Delegationen aus Industriestaaten, aber auch aus Entwicklungsländern. Ihre Argumentationen anerkennen zwar die verschiedenen historischen, sozialen und religiösen Kontexte, leiten daraus aber nicht die Unantastbarkeit verschiedener Entwicklungswege ab, sondern halten vielmehr nach universalisierbaren Gemeinsamkeiten Ausschau.

So argumentiert die Delegation der USA, daß Angehörige ganz verschiedener Kulturkreise zu ganz ähnlichen Auffassungen über prinzipielle Menschenrechte gekommen seien. Zwar respektierten die USA die Einzigartigkeit jedes Landes, aber kultureller Relativismus dürfe nicht dazu führen, daß Menschenrechtsprinzipien, die im Individuum wurzelten, mißachtet würden. Daraus wird ein universell gültiger Katalog von Grundfreiheiten und -rechten abgeleitet, der unabhängig von gesellschaftlichen Besonderheiten gleichermaßen für alle Menschen Gültigkeit besitze. Es seien die Regierungen, die diesen Katalog oft genug verletzten. Seine Gültigkeit immer wieder zu verdeutlichen und seine Beachtung einzufordern, stelle keine unzulässige Einmischung dar, sondern vielmehr eine Notwendigkeit. Diese Interventionen richteten sich eben nicht gegen andere Gesellschaften und deren Wertvorstellungen, sondern nur gegen diejenigen Regierungen, die versuchten, Differenz zu benutzen, um damit Unfreiheit bemänteln zu können:

> "We respect the religious, social, and cultural characteristics that make each country unique. But we cannot let cultural relativism become the last refuge of repression. [...] [T]he universal principles of the UN Declaration put all people first. We reject any attempt by any state to relegate its citizens to a lesser standard of human dignity. There is no contradiction between the universal principles of the UN Declaration and the cultures that enrich our international community. The real chasm lies between the cynical excuses of oppressive regimes and the sincere aspirations of their people" (Bureau of Public Affairs 1993: Vol. 4, No. 25, vom 21. Juni 1993).

Auch Delegationen, die dem gleichen „Kulturraum" wie die Vertreter der erwähnten relativistischen Menschenrechtskonzeptionen angehören, unterstützen diese Argumentation. So fordert die philippinische Delegation, daß die Idee der Menschenrechte einheitlich betrachtet werden müsse. Demnach gebe es keine Abfolge bei der Realisierung der Menschenrechte, die etwa an das Erreichen bestimmter Entwicklungsniveaus geknüpft sei. Vielmehr müßten die Regierungen permanent danach streben, alle Menschenrechte gleichermaßen und vor allem gleichzeitig zu implementieren:

> "The truth is that individual rights, democracy and the right to development are indivisible and interdependent. All of them make up the sum and substance of the rights of each one of us as human beings. [...] There should no longer be any excuse, even if there were one before, for the separate advocacy of the various sets of human rights. In any case, we in the Philippines strongly hold that, because these rights are indivisible and interrelated, they should be promoted simultaneously and *not* [Herv. im Orig., LB] sequentially. We cannot give the non-fulfilment of one set of rights as an excuse for our failure to protect another" (Tang 1995: 240-241).

Die russische Delegation weist auf einen anderen Aspekt hin, der berücksichtigt werden sollte, wenn es darum geht, das Prinzip der Nichteinmischung im Zusammenhang mit der Einhaltung der Menschenrechte zu beurteilen. Gerade vor dem Hintergrund der sowjetischen Erfahrungen, so argumentiert der russische Delegierte, müsse die Bedeutung internationaler Einmischung in Menschenrechtsfragen durchaus positiv gesehen werden. Schließlich hätte oft genug nur der Druck aus dem Ausland die sowjetische Regierung davon abgehalten, Menschenrechtsverletzungen zu begehen:

> "[W]e cannot accept references to the non-interference principle with regard to other countries either, when violation of individual rights and freedoms is involved. Moreover, international solidarity is often the only means for victims of repression to prevent the authorities from the use of physical reprisals. That was the case in the former USSR. That is what is happening now in the countries where dissent is still considered a crime" (Tang 1995: 225).

Noch deutlicher fällt die bemerkenswerte Stellungnahme der japanischen Delegation aus. So bezieht Japan eindeutig Stellung in der Frage der Universalität der Menschenrechte. Demnach stehe es außer Frage, daß die Menschenrechte universell gültig seien und dementsprechend alle Regierungen unabhängig von den spezifischen kulturellen oder gesellschaftlichen Kontexten für ihre Durchsetzung zu sorgen hätten. Dies sei die allgemein geteilte Ansicht der internationalen Gemeinschaft, der mehrfach in den entsprechenden einschlägigen Dokumenten Ausdruck verliehen wurde:

> "Human rights are universal values common to all mankind. This truth, reflected in the United Nations Charter, is now generally accepted by the international community. The Universal Declaration of Human Rights is regarded as a common standard of conduct. [...] It is the duty of all States, whatever their cultural tradition, no matter what their political or economic system, to protect and promote those values" (Tang 1995: 217).

Weiter geht der japanische Beitrag auf das Argument einiger Kritiker universalistischer Menschenrechtskonzeptionen ein, die anführen, daß allein und ausschließlich die nationalen Regierungen für den Zustand der Menschenrechte in einem Staat verantwortlich seien und dementsprechend jede Form von externer Intervention als Verletzung des Souveränitätsprinzips strikt ablehnen. Dazu führt der japanische Delegierte aus, daß der Schutz der Menschenrechte wo auch immer ein legitimes Anliegen der internationalen Staatengemeinschaft sei, da diese Werte universellen Charakter hätten. Dementsprechend sollten Interventionen im Namen des Menschenrechtsschutzes auch nicht als Einmischung in die inneren Angelegenheiten eines Staates aufgefaßt werden:

> "Some countries argue that human rights are a matter falling essentially within the domestic jurisdiction of a State. It is true that a State has the primary responsibility to guarantee the human rights of those under its jurisdiction. However, human rights are also a matter of legitimate concern of the interna-

tional community, as their enshrinement in the United Nations Charter testifies. [...] To express concern over any grave violation of human rights, be it arbitrary detention, enforced disappearance or torture, in whatever country such abuses may occur, and to encourage the country concerned to remedy the situation, should not be regarded as interference in internal affairs" (Tang 1995: 217-218).

Konflikte über die Konditionierung von Entwicklungshilfe

Zu den Delegationen, die die Konditionierung der Vergabe öffentlicher Entwicklungshilfe ablehnten, zählte u.a. die burmesische. Deren Argumentation basiert auf der Annahme, daß (ökonomische) Entwicklung Voraussetzung für die Beachtung der Menschenrechte ist. Auch hier gilt wieder folgender Zusammenhang: Wenn die entwickelten Länder am Schutz der Menschenrechte interessiert seien, müßten sie in erster Linie die ökonomische Entwicklung der Dritten Welt fördern. Um die Entwicklung der Dritten Welt zu fördern, dürften jedoch keine Bedingungen an die Vergabe von Entwicklungshilfe geknüpft werden. Gemäß dieser Argumentation fällt somit die Verantwortung für den Schutz der Menschenrechte der entwickelten Welt zu, und nicht den Staaten, die deutlich häufiger in den einschlägigen Berichten über Menschenrechtsverletzungen auftauchen:

"Developing countries, particularly the least developed among them, continue to be faced with the problem of negative net financial transfers, large foreign debts, deterioration in terms of trade, shortage of foreign exchange and falling commodity prices. In view of this situation the developed countries should cooperate with the developing countries to eliminate all obstacles to development. This can be achieved only through constructive dialogue based on the shared belief that the right to development is as important a human right as any other. Any attempt to link developmental assistance with human rights is to debase those very rights" (Tang 1995: 224).

Indonesien teilte in dieser Frage den Standpunkt der burmesischen Delegation. Der indonesische Delegierte argumentierte, daß die Gewährung von Entwicklungshilfe nicht vom Stand des Menschenrechtsschutzes im Empfängerland abhängen dürfe, da andernfalls dessen Entwicklungsmöglichkeiten in unzulässiger Weise behindert würden. Da aber Entwicklung und Menschenrechtsschutz im eigentlichen Wortsinn gleichwertig seien, würde die Unterordnung der Entwicklung unter den Schutz der Menschenrechte letztlich die Bedeutung beider Rechte relativieren:

"Human rights are vital and important by and for themselves. So are efforts at accelerated national development, especially of the developing countries. Both should be vigorously pursued and promoted. Indonesia, therefore, cannot accept linking questions of human rights to economic and development cooperation, by attaching human rights implementation as political conditionalities to such cooperation. Such a linkage will only detract from the value of both" (Tang 1995: 231).

Die japanische Delegation findet in der Frage der Konditionierung erneut deutliche - und deutlich anderslautende - Worte. Die Verknüpfung des Menschenrechtsschutz in den Empfängerländern mit der Gewährung von Entwicklungshilfe ist demnach offizielle Politik Japans. Begründet wird dies mit der bereits zitierten Überzeugung, nach der die Förderung der Menschenrechte Voraussetzung für Entwicklung ist und nicht umgekehrt. Daher ist es nur folgerichtig, daß Japan sich für die Konditionierung öffentlicher Entwicklungshilfe ausspricht:

"Respect for human rights will facilitate development by bringing about a society in which individuals can freely develop their own abilities. Convinced of this, Japan believes that developmental assistance should also contribute to the promotion of the rights of individuals. The Official Development Assistance Charter, which the Government of Japan adopted in June last year, clearly states that when development assistance is provided, full attention should be paid to the situation regarding basic human rights and freedoms in a recipient country, and to the efforts being made by that country to promote democratization" (Tang 1995: 218).

Im Zusammenhang mit dieser Frage erklärt die Delegation der USA, daß die Menschenrechtslage in Empfängerländern ein wichtiges Kriterium bei der Vergabe von Entwicklungshilfe darstellt. Aber auch andere Kriterien werden in diesem Zusammenhang erwähnt, darunter sicherheitspolitische und ökonomische. Somit kann die Position der USA in diesem Fall als weniger entschieden als die japanische betrachtet werden:

"My country will pursue human rights in our bilateral relations with all governments - large and small, developed and developing. America's commitment to human rights is global, just as the UN Declaration is universal. As we advance these goals, American foreign policy will both reflect our fundamental values and promote our national interests. It must take into account our national security and economic needs at the same time that we pursue democracy and human rights. [...] We will insist that our diplomats continue to report accurately and fully on human rights conditions around the world. Respect for human rights and the commitment to democracy-building will be major considerations as we determine how to spend our resources on foreign assistance" (Bureau of Public Affairs 1993: Vol. 4, No. 25, vom 21. Juni 1993).

2.3.3 Verhandlungen und Streitpunkte III: Protokollierte Stellungnahmen

Auch bei der WCHR hatten interessierte Delegationen Gelegenheit, nach Annahme des Abschlußdokumentes individuelle Stellungnahmen abzugeben. Angesichts der Intensität der Konflikte überrascht, daß die Stellungnahmen in der Mehrzahl ausgesprochen zurückhaltend ausfallen. Keine Delegation schert aus dem verabschiedeten Konsens aus - im Kontext der untersuchten Weltkonferenzen stellt dies eine Besonderheit dar. Im Gegenteil zeichnen sich die meisten protokollierten Stellungnahmen durch die Bestätigung und Wiederholung der erzielten Übereinstimmungen aus. Manche bemühen sich sogar ganz explizit, diesen Konsens herauszustellen und den möglicherweise bei Beobachtern entstandenen Eindruck unüberbrückbarer Konflikte über die Interpretation der Menschenrechte auszuräumen. So äußert etwa der indonesische Delegierte zur Frage der Universalität:

> "While there may initially have been a great deal of misunderstanding and misconception of each other's views on the subject, we are all the more pleased that the concept of universality has been reaffirmed and that at the same time it is now recognized that the promotion and protection of human rights should take into account the various historical, cultural and religious backgrounds of individual States" (A/CONF.157/24, Vol. 1, Annex 9, vom 13. Oktober 1993).

Plötzlich scheinen alle differierenden Interpretationen ausgeräumt und die universelle Geltung der Menschenrechte nie in Frage gestellt gewesen zu sein. Daß dem doch vielleicht nicht ganz so ist, kommt in der russischen Stellungnahme zum Ausdruck, die durch ihre Offenheit und selbstkritischen Bemerkungen auffällt:

> "The idea of the universality of human rights - I should say rather the idea that the law stands outside politics or, if you like, above politics - has nevertheless been confirmed at this Conference. The final document has confirmed that every individual belongs to the human family in general and is neither the property nor an instrument of the State and that human rights are therefore not the internal affair of any one country. In the past it was precisely our country, the former Soviet Union, which initiated the sad tendency to evade control or criticism by invoking sovereignty and non-interference in internal affairs. We spread this cunning idea throughout the world, pressing it on many. Unfortunately our resourceful disciples are still numerous and active. We therefore feel a special responsibility and are particularly satisfied that we have been able to record, in the final document, that the defence of all human rights is a subject of legitimate concern to the international community and that, notwithstanding the specific circumstances of different States, every one of them has a responsibility, notwithstanding those specific circumstances, to promote and defend all human rights and fundamental freedoms" (A/CONF.157/24, Vol. 1, Annex 9, vom 13. Oktober 1993).

Insgesamt entsteht bei der Lektüre dieser Stellungnahmen der Eindruck, daß allgemein Erleichterung unter den Delegierten darüber bestand, daß die vor allem im Vorfeld sichtbar gewordenen Differenzen letztlich doch einem Konsens zugeführt werden konnten. So würdigen die USA in ihrer Stellungnahme ausdrücklich die positiven Errungenschaften der Konferenz:

"The attention this Conference has paid to the rights of women, minorities and the indigenous proves that human rights principles are being extended to new areas and that the protection of individuals remains paramount for the human rights community. This Conference has also broken new ground in showing the profound relationship between human rights, democracy and development. The Conference has also signalled that gross violations such as torture, enforced disappearances, extrajudicial executions and arbitrary detention must be stopped" (A/CONF.157/24, Vol. 1, Annex 9, vom 13. Oktober 1993).

Indonesien als Sprecher der G-77 befaßt sich mit den Punkten Konditionalität und Recht auf Entwicklung und stellt zu ersterem fest:

"[W]e are pleased that this Conference has been able to emphasize the principle that the promotion and protection of human rights and fundamental freedoms at the national and international level should be conducted without attaching conditions" (A/CONF.157/24, Vol. 1, Annex 9, vom 13. Oktober 1993).

Über das Recht auf Entwicklung heißt es ähnlich zurückhaltend:

"We are equally pleased that the right to development as enunciated in the United Nations General Assembly Declaration of 1986 and in United Nations General Assembly resolution 41/128 has now also been reaffirmed as a universal and inalienable right as well as an integral part of fundamental human rights" (A/CONF.157/24, Vol. 1, Annex 9, vom 13. Oktober 1993).

Diese vergleichsweise vorsichtigen Formulierungen scheinen eher darauf zu zielen, den ereichten Konsens zu bestätigen, als darauf, die eigenen Positionen herauszukehren, die, wie gesehen, oft genug deutlich schärfer formuliert waren. Mithin scheint nach der Wiener Konferenz die globale Übereinstimmung im Bereich der Menschenrechte erheblich größer als vorher zu sein.

Ansonsten beziehen sich die Aussagen in den protokollierten Stellungnahmen auf Punkte, die nicht im Zentrum der Konflikte standen, so z.B. auf die Frage der Einsetzung eines Hochkommissars für Menschenrechte oder die Lage der Bevölkerung in den von Israel besetzten Territorien Palästinas. Explizit äußerte die Delegation der USA Vorbehalte gegen die prinzipielle Interpretation von Besatzungsregimen als Menschenrechtsverletzung und die Thematisierung der Pressefreiheit in den Abschlußdokumenten:

"[W]e continue to have [reservations] about the language found in some parts of the final document, in particular, any implication that foreign occupation is a human rights violation per se [Herv. im Original, LB], and the fact that this Conference failed in some respect to support freedom of press as powerfully as we had wished" (A/CONF.157/24, Pt. II, Annex IX, vom 13. Oktober 1993).

Konfliktbezeichnung	Konfliktgegenstände	Konfliktakteure
Recht auf Entwicklung	Kollektive vs. individuelle Konzeption des Rechts auf Entwicklung	OECD-Staaten vs. G-77 (Entwicklungs- und Schwellenländer)
Universalität der Menschenrechte	Unbedingte vs. relative Geltung der Menschenrechte	OECD-Staaten vs. G-77 (v.a. Schwellenländer)
Bedingungen internationaler Kooperation	Konditionierung von Entwicklungshilfe vs. Souveränitätsvorbehalte	OECD-Staaten vs. G-77 (Entwicklungs- und Schwellenländer)

Tab. 3: Zusammenfassung der wichtigsten Konflikte während der WCHR

2.4 Die Ergebnisse der WCHR

Die Weltkonferenz über Menschenrechte verabschiedete am 25. Juni 1993 ein Dokument, das in knapp 150 Paragraphen den internationalen Konsens über die Menschenrechte nach dem Ost-West-Konflikt wiedergibt. Dieses Dokument trägt den Titel "Vienna Declaration and Programme of Action" (A/CONF.157/23, vom 12. Juli 1993). In der Präambel des Abschlußdokumentes wird der Stellenwert der Menschenrechte für die internationale Staatengemeinschaft und die Bedeutung der WCHR für friedliche Beziehungen zwischen den Staaten betont. Dabei wird gleich im zweiten Paragraphen darauf hingewiesen, daß sich die fundamentalen Menschenrechte aus dem Individuum herleiten und daß somit Individuen, und nicht etwa Gruppen oder Gemeinschaften, den zentralen Bezugspunkt der Menschenrechte darstellen.[17] Darüber hinaus geht die Präambel auf den tiefgreifenden Wandel der internationalen Beziehungen ein. Bedingt durch das Ende des Ost-West-Konflikts bestünde nun die Möglichkeit der globalen Ausbreitung der Menschenrechte mit Hilfe der Föderung von Demokratie, Rechtsstaatlichkeit und allgemeiner Wohlfahrt. Allerdings werden diese Werte inhaltlich nicht näher bestimmt.

Die Wiener Erklärung

Der erste Teil des Dokumentes, die Wiener Erklärung, faßt in 39 Paragraphen die wichtigsten Ergebnisse der WCHR zusammen. Bereits im ersten Paragraph wird der universelle Charakter der Menschenrechte und Grundfreiheiten bestätigt. Unmittelbar daran schließt sich die Verpflichtung aller Regierungen an, diese Rechte und

---

17 "[A]ll human rights derive from the dignity and worth inherent in the human person, and [...] the human person is the central subject of human rights and fundamental freedoms, and consequently should be the principal beneficiary and should participate actively in the realization of these rights and freedoms" (A/CONF.157/23, Präambel, vom 12. Juli 1993).

Grundfreiheiten, die das unveräußerliche Geburtsrecht aller Menschen seien, zu bewahren und zu fördern:

> "The World Conference on Human Rights reaffirms the solemn commitment of all States to fulfil their obligations to promote universal respect for, and observance and protection of, all human rights and fundamental freedoms for all in accordance with the Charter of the United Nations, other instruments relating to human rights, and international law. The universal nature of these rights and freedoms is beyond question. [...] Human rights and fundamental freedoms are the birthright of all human beings; their protection and promotion is the first responsibility of Governments" (A/CONF.157/23, Teil 1, §1, vom 12. Juli 1993).

Diese recht allgemein gehaltenen Aussagen über die universelle Geltung der Menschenrechte werden weiter spezifiziert. So wird in Paragraph 5 die universelle Gültigkeit erneut aufgegriffen, hier aber in Beziehung gesetzt zu unterschiedlichen sozialen Rahmenbedingungen in verschiedenen Gesellschaftssystemen. Zwar werden die Unterschiede zwischen sozialen Wertesystemen aufgrund historischer, kultureller und religiöser Entwicklungen als bedeutsam anerkannt. Dennoch dürften diese keinesfalls dazu herangezogen werden, um die Mißachtung von Menschenrechten zu rechtfertigen. Gleichzeitig wird die internationale Staatengemeinschaft dazu aufgefordert, weltweit mit gleichem Nachdruck auf die Einhaltung der Menschenrechte zu achten:

> "All human rights are universal, indivisible and interdependent and interrelated. The international community must treat human rights globally in a fair and equal manner, on the same footing, and with the same emphasis. While the significance of national and regional particularities and various historical, cultural and religious backgrounds must be borne in mind, it is the duty of States, regardless of their political, economic and cultural systems, to promote and protect all human rights and fundamental freedoms" (A/CONF.157/23, Teil 1, §5, vom 12. Juli 1993).

In der Wiener Erklärung finden sich an verschiedenen Stellen nähere Ausführungen über Umstände, die der Ausbreitung von Menschenrechten besonders förderlich seien. So wird in Paragraph 8 ein Zusammenhang hergestellt zwischen Demokratie, Entwicklung und der Achtung der Menschenrechte. Demokratie wird hierbei definiert als freier Wille des Volkes, über das Gesellschaftssystem autonom zu entscheiden. In diesem Sinne wird die internationale Staatengemeinschaft dazu aufgefordert, die Ausbreitung der Demokratie zu unterstützen. Dazu zählt auch die Förderung der sozialen und wirtschaftlichen Entwicklung benachteiligter Gesellschaften. Diese Förderung soll umfassend erfolgen und nicht mit spezifischen Bedingungen verknüpft sein, sofern sie der Ausbreitung demokratischer Prinzipien dient. Über diese kurze und wenig spezifische Aussage hinaus wird in den Wiener Abschlußdokumenten nicht zur Frage der Konditionierung Stellung genommen.[18]

Das umstrittene Recht auf Entwicklung findet sich ebenfalls in der Wiener Erklärung. In Paragraph 10 wird es unter Verweis auf die Erklärung der UNGA über das Recht auf Entwicklung als integraler Bestandteil der Menschenrechte bezeichnet.[19] Weiter wird hierzu ausgeführt, daß der Träger des Rechtes auf Entwicklung das Individuum sei - ebenso wie bei den übrigen Menschenrechten auch. Damit fällt ein kollektives Recht auf Entwicklung nicht unter den Grundrechtskatalog. Mehr noch: Explizit wird festgehalten, daß Entwicklungsrückstände nicht als Grund für die Mißachtung von Menschenrechten gelten können. Mithin stärkt also auch das Recht auf Entwicklung den Aspekt der Unteilbarkeit und Universalität der Menschenrechte.[20] Im Kontext hierzu steht jedoch ebenfalls der Paragraph 14, in dem entschiedene Maßnahmen zur Beseitigung der weltweiten Armut gefordert werden, da das Bestehen extremer Armut die vollständige Durchsetzung der Menschenrechte behindere.

Darüber hinaus setzt sich die Wiener Erklärung mit verschiedenen besonders schutzwürdigen Gruppen auseinander. Hier werden vor allem Personenkreise angesprochen, die bislang systematisch schlechter gestellt waren hinsichtlich des Genusses der Menschenrechte. An erster Stelle stehen dabei die Menschenrechte von Frauen und Mädchen, deren Anspruch auf gleiche und vollständige Rechte besonders betont wird.[21] Weiterhin werden Minderheiten, indigene Völker, Kinder, Behinderte, Asylsuchende bzw. Flüchtlinge sowie andere besonders gefährdete Gruppen wie etwa Gastarbeiter gesondert erwähnt.

Abschließend betont die Wiener Erklärung in den Paragraphen 38 und 39 die Bedeutung von nichtstaatlichen Organisationen bei der globalen Verbreitung des Menschenrechtsgedankens. Obgleich die Verantwortung für die Einhaltung der Menschenrechte in erster Linie bei den Regierungen liege, könne der Beitrag nicht-

---

18 "Democracy, development and respect for human rights and fundamental freedoms are interdependent and mutually reinforcing. Democracy is based on the freely expressed will of the people to determine their own political, economic, social and cultural systems and their full participation in all aspects of their lives. In the context of the above, the promotion and protection of human rights and fundamental freedoms at the national and international levels should be universal and conducted without conditions attached. The international community should support the strengthening and promoting of democracy, development and respect for human rights and fundamental freedoms in the entire world" (A/CONF.157/23, Teil 1, §8, vom 12. Juli 1993).
19 Vgl. UNGA-Resolution A/RES/41/128, vom 4. Dezember 1986, zum Recht auf Entwicklung.
20 "The World Conference on Human Rights reaffirms the right to development, as established in the Declaration on the Right to Development, as a universal and inalienable right and an integral part of fundamental human rights. As stated in the Declaration on the Right to Development, the human person is the central subject of development. While development facilitates the enjoyment of all human rights, the lack of development may not be invoked to justify the abridgement of internationally recognized human rights" (A/CONF.157/23, Teil 1, §10, vom 12. Juli 1993).
21 "The human rights of women and of the girl-child are an inalienable, integral and indivisible part of universal human rights. The full and equal participation of women in political, civil, economic, social and cultural life, at the national, regional and international levels, and the eradication of all forms of discrimination on grounds of sex are priority objectives of the international community" (A/CONF.157/23, Teil 1, §18, vom 12. Juli 1992).

staatlicher Akteure gar nicht hoch genug eingeschätzt werden. Diese hätten daher besonderen Anspruch auf wirksamen Schutz vor Verfolgung und Willkür. Dies gelte auch für die Medien, die über Menschenrechte und andere humanitäre Anliegen berichteten - dies allerdings im Rahmen der jeweilig geltenden nationalen Rechtsordnung.[22]

Das Aktionsprogramm der WCHR

Der zweite Teil der Wiener Abschlußdokumente, das Aktionsprogramm der WCHR, besteht aus sechs Kapiteln. In diesen Kapiteln befaßt sich die Konferenz systematischer mit den in der Wiener Erklärung niedergelegten Grundsätzen.

- Im ersten Kapitel geht es um die Stärkung des Menschenrechtsschutzes im Rahmen des UN-Systems. Zu den angestrebten Verbesserungen zählen Rationalisierungen und Bündelungen von Tätigkeiten, aber auch die effizientere Nutzung von Ressourcen. Darüber hinaus wird die institutionelle Weiterentwicklung der UN im Sinne der Förderung der Menschenrechte gefordert. So soll das bestehende Zentrum für Menschenrechte nachhaltig gestärkt werden. Darüber hinaus wirft das Aktionsprogramm die Frage nach der Schaffung eines Hochkommissars für Menschenrechte auf, verweist diese Frage jedoch zur Entscheidung an die UNGA.

- Das zweite Kapitel trägt den Titel „Gleichheit, Menschenwürde und Toleranz". Im wesentlichen geht es hierbei um die detaillierte Auflistung von Maßnahmen zum Schutz benachteiligter Gruppen. Zu diesen Gruppen zählen die Opfer von Rassendiskriminierung, Minderheiten aller Art (insbesondere ethnische, religiöse und sprachliche Minderheiten), Frauen, Kinder, politisch Verfolgte und Behinderte. Positiv hervorgehoben werden die Erfolge im Kampf gegen die Apartheid, negativ vermerkt hingegen die Praxis ethnischer Säuberungen. In diesem Zusammenhang wird gefordert, die Beteiligten an ethnischen Säuberungen juristisch zur Verantwortung zu ziehen und den Opfern das Recht auf geeignete Rechtsmittel im Rahmen des UN-Systems zuzubilligen.[23] Weiter wird in diesem Kapitel die Beseitigung aller Formen der Diskriminierung von Frauen gefordert. Dazu zählen offenkundige wie die Ausübung von Gewalt gegen Frauen im öffentlichen und privaten Leben, aber auch sozial bedingte Benachteiligungen. Unter anderem werden in diesem Zusam-

---

22 "Underlining the importance of objective, responsible and impartial information about human rights and humanitarian issues, the World Conference on Human Rights encourages the increased involvement of the media, for whom freedom and protection should be guaranteed within the framework of national law" (A/CONF.157/23, Teil 1, §39, vom 12. Juli 1993).

23 "The World Conference on Human Rights stresses that all persons who perpetrate or authorize criminal acts associated with ethnic cleansing are individually responsible and accountable for such human rights violations, and that the international community should exert every effort to bring those legally responsible for such violations to justice. [...] The World Conference on Human Rights calls on all States to take immediate measures, individually and collectively, to combat the practice of ethnic cleansing to bring it quickly to an end. Victims of the abhorrent practice of ethnic cleansing are entitled to appropriate and effective remedies" (A/CONF.157/23, Teil 2, §§23-24, vom 12. Juli 1993).

menhang historisch, kulturell und religiös begründete Praktiken genannt.²⁴ Schließlich werden die Regierungen dazu aufgefordert, sämtliche Beschränkungen für Behinderte zu beseitigen und ihre uneingeschränkte und gleichberechtigte Teilhabe an allen Aspekten des öffentlichen Lebens zu fördern.
- Das dritte Kapitel des Aktionsprogramms befaßt sich mit der internationalen Zusammenarbeit zur Entwicklung und Stärkung der Menschenrechte. Dabei geht es um die Förderung des Aufbaus institutioneller Strukturen zum Schutz von Menschenrechten. Dazu zählen u.a. Programme zur Durchführung freier und fairer Wahlen sowie generell Maßnahmen zur Förderung demokratischer sowie rechtsstaatlicher Prinzipien und Verhaltensweisen. Darüber hinaus bekräftigt die WCHR, daß das Recht auf Entwicklung umfassend und schnellstmöglich zu realisieren ist. Weiterhin solle die Entwicklungszusammenarbeit darauf ausgerichtet sein, die Wechselbeziehung zwischen Entwicklung, Demokratie und Menschenrechten zu berücksichtigen.
- Das vierte Kapitel des Aktionsprogramms widmet sich der Erziehung und der Aufklärung auf dem Gebiet der Menschenrechte. Zu diesem Zweck werden die Regierungen u.a. dazu aufgerufen, den Analphabetismus zu beseitigen und dafür Sorge zu tragen, daß sich ein stärkeres Bewußtsein für die Notwendigkeit wechselseitiger Toleranz ausbilden kann.
- Das fünfte Kapitel des Aktionsprogramms untersucht Methoden, mit deren Hilfe die Umsetzung und Überwachung der Menschenrechte gewährleistet werden kann. Im wesentlichen werden die Regierungen aufgefordert, die internationalen Vereinbarungen über den Schutz der Menschenrechte in nationale Gesetzgebung und Rechtsprechung umzusetzen. Darüber hinaus wird gefordert, die internationalen Verfahren zur Überwachung der Einhaltung von Menschenrechten weiter auszubauen und gerade in Krisenregionen und -situationen verstärkt einzusetzen.
- Das sechste und letzte Kapitel des Aktionsprogramms beleuchtet schließlich Maßnahmen im Anschluß an die WCHR. Dazu zählen vor allem periodische Berichte über die Umsetzung der im Aktionsprogramm beschlossenen Maßnahmen im Rahmen des UN-Systems. Weiterhin solle die UNGA in Betracht ziehen, eine Menschenrechtsdekade auszurufen.²⁵

---

24 "In particular, the World Conference on Human Rights stresses the importance of working towards the elimination of violence against women in public and private life, the elimination of all forms of sexual harassment, exploitation and trafficking in women, the elimination of gender bias in the administration of justice and the eradication of any conflicts which may arise between the rights of women and the harmful effects of certain traditional or customary practices, cultural prejudices and religious extremism" (A/CONF.157/23, Teil 2, §38, vom 12. Juli 1993).
25 Die UNGA rief zwar keine Menschenrechtsdekade aus, benannte aber in der Resolution 49/184 vom 23. Dezember 1994 die Dekade von 1995 bis 2004 zur Dekade der Menschenrechtserziehung.

2.5 Diskussion

Eine Bewertung der WCHR fällt ambivalent aus: Auf der einen Seite bezeichnete der Generalsekretär von amnesty international, Pierre Sané, die zwei Wochen von Wien als „Konferenz der verpaßten Gelegenheiten"[26], auf der anderen Seite hat die Anerkennung der Menschenrechte zumindest auf deklaratorischer Ebene große Fortschritte gemacht. Die AEM wurde 1948 von lediglich 56 Regierungen angenommen, von denen viele kolonisierte Gebiete vertraten, die selbst gar nicht an der Abstimmung teilnehmen konnten. Nunmehr teilen über 170 Staaten, die praktisch alle Regionen und Völker der Erde repräsentieren, den internationalen Konsens über die Universalität und Unteilbarkeit der Menschenrechte. Damit hat sich das ursprünglich aus dem Westen stammende Menschenrechtsverständnis in der globalen Debatte scheinbar weitgehend durchgesetzt.

Dennoch bleibt zu konstatieren, daß die tatsächliche globale Realisierung auch nur der grundlegendsten Menschenrechtsnormen nach wie vor nicht absehbar ist. Insofern kann die Enttäuschung, die sich in der Äußerung Sanés ausdrückt, nicht überraschen, denn über die Sicherung des allgemein akzeptierten Menschenrechtsbestandes hinaus wurden keine weiteren substantiellen Fortschritte erzielt. Weder wurden konkrete Menschenrechtsverletzungen durch die internationale Staatengemeinschaft offen angeprangert, noch wurde eine signifikante Vermehrung der Ressourcen vorgenommen, die für die Menschenrechtsarbeit der UN oder anderer Akteure bereitstehen. Alles in allem können die Errungenschaften der Wiener Konferenz jedoch in dreierlei Hinsicht positiv bewertet werden:

- *Auftreten neuer Akteure*: Den zahlreich vertretenen gesellschaftlichen Akteuren gelang es, sich nachhaltig Gehör zu verschaffen. Die Teilnahme von NGOs an Konferenzen, die auch Kernbereiche staatlicher Souveränität wie das Herrschaftssystem selbst betreffen, wird von den Regierungen künftig faktisch akzeptiert werden müssen. Darüber hinaus wurde in Wien die transnationale Vernetzung der gesellschaftlichen Kräfte weiter vorangetrieben. Damit dürfte es immer schwieriger werden, Menschenrechtsverletzungen unbemerkt von der Weltöffentlichkeit vorzunehmen.[27]

- *Verbesserung des institutionellen Schutzes der Menschenrechte*: Die Einrichtung eines Internationalen Strafgerichtshofes konnte auf den Weg gebracht werden. Sie ist inzwischen erfolgreich abgeschlossen, auch wenn diese neue Institution nur mit eingeschränkter Interventionsmacht begabt ist. Darüber hinaus wurden innerhalb

---

26   Zitiert nach Bungarten (1994: 72).
27   Allerdings stößt die Beteiligung gesellschaftlicher Akteure nach wie vor an Grenzen. Beispielsweise wurde den NGOs der ursprünglich vorgesehene Zugang zu allen Verhandlungsgremien inklusive des Redaktionsausschusses, der die Abschlußdokumente verfaßt, nicht gewährt, da sich einige Staatenvertreter, allen voran China, dagegen sperrten. Möglicherweise trug die starre Haltung der chinesischen Delegation während der ersten Konferenzphase in dieser wie in anderen Fragen (wie der zurückgezogenen Einladung an den Dalai Lama zur Konferenzeröffnung) aber dazu bei, daß sie sich während der entscheidenden Verhandlungen über die Formulierung der Abschlußdokumente merklich zurückhielt (Stelzenmüller 1993: 9).

des UN-Systems einige Veränderungen zugunsten der Verbesserung des Menschenrechtsschutzes eingeleitet, wie etwa die Einrichtung des Amtes eines Hochkommissars für Menschenrechte.

- *Erschließung neuer Inhalte*: Schließlich gelang es in Wien, den Menschenrechtsdiskurs auf neue Themenfelder auszuweiten. Die Aufnahme des Verbotes jeder Form geschlechtsspezifischer Diskriminierung, und zwar sowohl in der öffentlichen wie in der privaten Sphäre, in den allgemeinen Menschenrechtskatalog stellt aus Sicht der Frauen eindeutig einen Durchbruch auf dem Weg zur vollständigen Gleichberechtigung dar. Ähnliches gilt für Minderheiten- und Gruppenrechte. Auch daß die Konferenz so eindeutig Stellung bezog zugunsten der energischen internationalen Verfolgung von Kriegsverbrechen muß als Fortschritt betrachtet werden.

3. Der Weltbevölkerungsgipfel 1994 in Kairo - International Conference on Population and Development (ICPD)

3.1 Hintergrund

Zwischen dem 5. und dem 13. September 1994 fand in Kairo die ICPD statt. Nach den Weltbevölkerungskonferenzen in Bukarest 1974 und in Mexiko-Stadt 1984 war dies die dritte von den Vereinten Nationen ausgerichtete Konferenz, die sich auf hochrangiger politischer Ebene mit dem Problem des Bevölkerungswachstums beschäftigte. Die Kernfrage dieser Konferenzen nach der Steuerung der globalen Bevölkerungsentwicklung berührt ein Problemfeld von eindeutig weltpolitischer Relevanz. Der Problemdruck ist ausgesprochen hoch, da sich das Bevölkerungswachstum in den Jahrzehnten seit 1945 stetig beschleunigt hat.[1] Der Zeitraum, innerhalb dessen die Weltbevölkerung um eine weitere Milliarde Menschen wächst, verkürzt sich andauernd. Zwar können Prognosen über die absolute Tragfähigkeit der Erde nicht mit Sicherheit abgegeben werden, sehr deutlich ist aber, daß bereits jetzt etliche Regionen massiv unter einer relativen Bevölkerungsüberlast leiden, wie z.B. Schwarzafrika oder Teile Ostasiens. Dies äußert sich vor allem darin, daß die betroffenen Staaten nicht in der Lage sind, ausreichende Lebensgrundlagen für ihre Bevölkerung bereitzustellen. Gesellschaftliche Netzwerken absorbieren wiederum allenfalls noch kleinere Teile des Wachstums. Zunehmende Armut, anndauernder Hunger und steigende Migrationsraten sind einige der beklagenswerten Folgen.

Insbesondere bereitet das Auseinanderklaffen zwischen Bevölkerungswachstum und Nahrungsproduktion Sorge.[2] Die Erfolge der „Grünen Revolution", mit deren Hilfe in den 1960er und 1970er Jahren erhebliche Zuwächse erzielt werden konnten, sind mittlerweile eingeholt worden von den Spätfolgen der dazu eingesetzten Mittel. Im vergleichsweise unproblematischsten Fall führt die Auslaugung der Böden zum Zwang, immer mehr Düngemittel einzusetzen, um wenigstens den bisherigen Ertrag aufrechtzuerhalten. Viel dramatischer sind jedoch die Folgen der Überdüngung und Erosion. Versteppung und Desertifikation kennzeichnen weite Teile von ohnehin nicht üppig mit fruchtbaren Landstrichen ausgestatteten Regionen und verschärfen das Problem der gerade dort oft überdurchschnittlich wachsenden Bevölkerung. Immer mehr Menschen müssen sich immer schlechtere Böden als Ernährungsgrundlage teilen. Daraus ergeben sich fast zwangsläufig Verteilungskonflikte, die anscheinend mehr und mehr auch gewaltsam ausgetragen werden.[3]

Bereits die erste große Weltkonferenz der 1990er Jahre, der Erdgipfel in Rio, thematisierte diese Entwicklungen. Dort wurde beispielsweise vor der zunehmenden Desertifikation von Regionen etwa im tropischen Afrika gewarnt, die sich durch überdurchschnittliches Bevölkerungswachstum auszeichnen. Insofern behandelte Rio, ökonomisch gesprochen, die Angebotsseite: Hier ging es um den Schutz ökolo-

---

1 Vgl. dazu etwa Münz/Ulrich (1996) und Stiftung Entwicklung und Frieden (1999: 101-119).
2 Vgl. Worldwatch Institute (1996: 11-33).
3 Thematisiert wird dies u.a. von Bächler et al. (1996) und Homer-Dixon (1991; 1994). Kritisch dazu u.a. Levy (1995).

gischer Ressourcen, die im Rahmen einer nachhaltigen Entwicklung schonend so genutzt werden sollen, daß sie auch für die absehbare Zukunft eine erträgliche Lebensgrundlage für die ansässige Bevölkerung bieten können. Kairo widmete sich demgegenüber der Nachfrageseite: Nur unter der Voraussetzung eines deutlich gebremsten Bevölkerungswachstums, möglichst sogar einer mittelfristigen Stabilisierung der Weltbevölkerung, können Konzepte ökologisch verträglicher Entwicklung sowohl ökonomisch als auch sozial greifen.

3.2 Der Vorbereitungsprozeß

In einer Resolution des ECOSOC wurde 1989 beschlossen, 20 Jahre nach der Weltbevölkerungskonferenz von Bukarest und 10 Jahre nach der Internationalen Bevölkerungskonferenz von Mexiko-Stadt ein „internationales Bevölkerungstreffen" abzuhalten. Damit wurde eine doppelte Zielsetzung verfolgt: Zum einen sollten die Fortschritte und Hindernisse bei der Umsetzung der bisher beschlossenen Bevölkerungsprogramme der UN, vor allem des 1974 verabschiedeten Weltbevölkerungsaktionsplans (WPPA) bewertet, zum anderen aber auch angesichts des stetigen Bevölkerungswachstums notwendige Maßnahmen diskutiert werden.[4] Ort und genauen Zeitpunkt der Konferenz legte der ECOSOC 1992 fest. Zur Generalsekretärin der Konferenz wurde die Exekutivdirektorin des Bevölkerungsfonds der UN (UNFPA) Nafis Sadik bestimmt. UNFPA organisierte auch den Großteil der Konferenzvorbereitungen, in erster Linie die drei Sitzungen des Vorbereitungsausschusses.

3.2.1 PrepCom 1, New York, 4.-8. März 1991

Während der ersten Sitzung des Vorbereitungsausschusses wurden die organisatorischen Rahmenbedingungen des Vorbereitungsprozesses festgelegt und erste inhaltliche Eingrenzungen vorgenommen. Zum Vorsitzenden des Vorbereitungsauschusses wurde Fred Sai (Ghana) gewählt. Schnell setzte die Auffassung durch, daß die Interdependenz von Bevölkerungs- und Entwicklungsproblematik eine gemeinsame Behandlung dieser Problemkreise sinnvoll erscheinen ließe. Dementsprechend wurde das Themenspektrum der Konferenz, ebenso wie ihr Titel, um die Komponente „Entwicklung" erweitert. Weiterhin wurde vereinbart, sich auf folgende sechs Themenkreise zu konzentrieren:

---

4 "The Economic and Social Council [...] [d]ecides, in principle, to convene in 1994, under the auspices of the United Nations, an international meeting on population that would bring together high-level governmental authorities and population experts and be open to all States as full participants, the specialized agencies and other relevant organizations, in order to: (a) Assess the progress made and identify the obstacles encountered in carrying out the World Population Plan of Action and the recommendations for its further implementation; (b) Increase the level of awareness of population issues on the international agenda; (c) Provide guidance at the global, regional and national levels on the treatment of population issues of the highest priority for the next decade; (d) Adopt a consolidated and updated set of recommendations" (ECOSOC-Resolution 1989/91, vom 26. Juli 1989).

- Zusammenhang von Bevölkerungswachstum, Umwelt und Entwicklung
- Zusammenhang von Bevölkerungsentwicklung und der Stellung der Frau
- Allgemeine Bevölkerungspolitiken und -programme
- Spezifische Programme für Familienplanung und Gesundheitsvorsorge
- Bevölkerungswachstum und demographische Struktur
- Bevölkerungsverteilung und Migration

Bereits in dieser Phase kristallisierten sich damit die drei Schwerpunkte heraus, die den Konferenzverlauf bestimmen sollten. Dies waren erstens Ziele und Methoden von Bevölkerungspolitiken und -programmen, zweitens Status, Struktur und Schutz der Familie und drittens Fragen internationaler Migration (ENB 1991: Vol. 6, No. 39, vom 9. März 1991).[5]

3.2.2 PrepCom 2, New York, 10.-21. Mai 1993

Während dieser Tagung wurden erste Entwürfe des in Kairo selbst zu verabschiedenden Dokumentes, des Aktionsprogramms, vorgestellt und diskutiert. Diese Papiere waren von regionalen und nationalen Vorbereitungsausschüssen erstellt worden, die mit Unterstützung der UNFPA tagten. Im Rahmen der regionalen und nationalen Vorbereitungsausschüsse boten sich den bevölkerungspolitisch engagierten NGOs die erfolgversprechendsten Ansatzpunkte, ihre Vorstellungen im Entwurf des Abschlußdokumentes zu plazieren. Ihre spezifische Kompetenz machte sie zu wertvollen Informationsquellen für die Vorbereitungsausschüsse.[6] Allerdings war die intensive Beteiligung der NGOs nicht unumstritten, wie in einer weiteren ECOSOC-Resolution deutlich wird, die sich ausführlich mit der Rolle von NGOs während des Vorbereitungsprozesses der ICPD auseinandersetzt. Ihre Beteiligung wird zwar ausdrücklich gewürdigt; es werden werden aber auch klar die Grenzen ihres Engagements aufgezeigt:

> "In recognition of the intergovernmental nature of the International Conference on Population and Development, non-governmental organizations shall have

---

5 Die Ergebnisse der ersten Sitzung des Vorbereitungsausschusses wurden vom ECOSOC aufgegriffen und in Form einer Resolution festgehalten. In dieser heißt es, daß der Zusammenhang von Bevölkerung, anhaltendem wirtschaftlichem Wachstum und nachhaltiger Entwicklung das zentrale Konferenzthema darstellt. Deutlich werden die bereits in diesem frühen Stadium des Vorbereitungsprozesses aufgetretenen Spannungen durch eine ungewöhnliche Formulierung in der Präambel dieser Resolution. Dezidiert wird hier darauf verwiesen, daß Bevölkerungspolitik die souveräne Angelegenheit jedes Staates und entsprechend der jeweiligen sozialen und kulturellen Umstände zu betrachten sei:"The Economic and Social Council [...] [e]mphasiz[es] the national sovereignty of all countries in formulating, adopting and implementing their population policies, mindful of their culture, values and traditions, as well as of their social, economic and political conditions, and consistent with human rights and with the responsibilities of individuals, couples and families" (ECOSOC-Resolution 1991/93, vom 26. Juli 1991).

6 Der autonome Status der NGOs wurde auf Vorschlag des nationalen deutschen Vorbereitungsausschusses, in dem NGOs von vornherein vertreten waren, in den Entwurf des Aktionsprogramms aufgenommen, und zwar gegen den Widerstand einiger sich entwickelnder Staaten, vgl. Bohnet (1994: 52).

no negotiating role in the work of the Conference and its preparatory process" (ECOSOC-Resolution 1993/4, vom 12. Februar 1993).

Inhaltlich konnte während dieser Sitzung Einigkeit darüber erzielt werden, daß das Aktionsprogramm aus handlungsorientierten Empfehlungen bestehen sollte, die sich dem Themenkomplex Bevölkerung und Entwicklung konkret widmen. Darüber hinaus festigte sich der Konsens über die herausragende Bedeutung der Frau in Bevölkerungs- und Entwicklungsfragen, was sich vor allem in den Entwürfen der Kapitel über Ziele und Maßnahmen zur Statusverbesserung von Frauen niederschlug.

3.2.3 PrepCom 3, New York, 4.-22. April 1994

Die letzte Tagung des Vorbereitungsausschusses fand schließlich im April 1994 statt. Das Sekretariat der Konferenz hatte aus den eingegangenen Vorschlägen eine vorläufige Fassung des Aktionsprogramms erstellt, die in den drei Sitzungswochen diskutiert wurde.[7] In zwei Arbeitsgruppen wurden die alternativen Entwürfe thematisiert und im Plenum zur Abstimmung gestellt. Auf diese Weise konnte über große Teile des Dokumentes Konsens hergestellt werden. So billigte der Ausschuß die Kapitel, die sich mit der Stärkung der Rolle der Frau beschäftigen ("Empowerment of Women") und dies in erheblich deutlicherer Sprache als in den bis dato vorliegenden Entwürfen für die für 1995 vorgesehene Vierte Weltfrauenkonferenz (ENB 1994: Vol. 6, No. 30, vom 24. April 1994). Dennoch blieb in vielen Punkten Dissens bestehen, der aus den insgesamt 203 in Klammern gesetzten Formulierungen, mit denen der Entwurf des Abschlußdokumentes nach Kairo geschickt wurde, klar hervorgeht.

Besonders hervor tat sich während dieser Sitzung des Vorbereitungsausschusses die Delegation des Vatikan.[8] Immer wieder führten ihre Interventionen zu Verzögerungen und Neuaufnahmen von Debatten über einige der zentralen Konzepte des Aktionsprogramms. Insbesondere in Fragen des Zusammenhanges von Sexualität, Gesundheit und Bevölkerungsentwicklung bestand der Vatikan auf der sehr rigiden Trennung zwischen moralisch akzeptablen und inakzeptablen Methoden der Familienplanung - wobei im Prinzip nur die periodische Enthaltsamkeit als legitimes Mittel gilt. Selbst die Erwähnung von Kondomen als Präventionsmaßnahme zur Verhinderung der Ausbreitung von sexuell übertragbaren Krankheiten lehnte die vatikanische Delegation kategorisch ab, da dies ebenfalls zur Verhinderung von Schwangerschaften führen könne. Unterstützt wurde diese Position von einigen lateinamerikanischen Staaten, vor allem Argentinien, Guatemala, Malta, Venezuela, Ecuador, Honduras und Nicaragua (ENB 1994: Vol. 6, No. 30, vom 25. April 1994).

Demgegenüber vertrat die große Mehrzahl der Delegationen in der Regel weniger dogmatische Positionen. Der Konflikt zwischen einem religiös und einem säkular orientierten Lager zeigt sich vor allem in der Frage der Problematisierung

---

7   Dieser Entwurf findet sich in A/CONF.171/PC/5, vom 18. Februar 1994.
8   Von den 203 Klammern des Entwurfs gingen allein 147 sog. "holy brackets" auf Vorbehalte des Vatikan zurück, vgl. Woiwod (1996: 198).

von Abtreibungen im Abschlußdokument. Während die vom Vatikan geführte Gruppe jede Erwähnung dieses Problems vehement ablehnte, stellte der Vorsitzende des Vorbereitungsausschusses fest, daß 173 Staaten in der einen oder anderen Form Abtreibungen zuließen - in der Regel, um das Leben der Mutter zu schützen - und damit die Mehrheit der Erdbevölkerung Schwangerschaftsunterbrechungen akzeptiere. Ähnliches gelte für den Gebrauch von Kondomen. Abschließend betrachtet kamen Beobachter der PrepCom zum Schluß, daß ohne den Widerstand des Vatikans und seiner Verbündeten die Ergebnisse dieser Sitzung erheblich progressiver hätten ausfallen können - sehr zum Ärger der allermeisten Delegationen und teilnehmenden NGOs (ENB 1994: Vol. 6, No. 30, vom 25. April 1994).

Deutlich werden die inhaltlichen Differenzen an repräsentativen Stellungnahmen zu zwei der bedeutsamsten Kontroversen während dieser PrepCom. Dabei handelt es sich einmal um das Konzept der reproduktiven Rechte und zum anderen um das Problem der Familienplanung. Beide Punkte hängen wiederum eng zusammen mit der hochgradig umstrittenen Abtreibungsfrage. Zunächst hierzu die Position des Vatikan:

> "The Delegation of the Holy See would [...] like to see more clearly defined the precise content, extent and limits of the proposed concept of "reproductive rights". My Delegation appreciates the value and necessity of reproductive health as part of a person's overall well-being, both men and women. This includes a commitment to the fostering of all those physical, psychological, economic, social and cultural factors which would ensure that conception, pregnancy, birth and child nurturing are guaranteed, in optimal conditions, for women. [...] However, the Holy See cannot support any concept of "reproductive rights" which would include abortion as an appropriate means of family planning or the notion of an internationally recognized fundamental right to abortion. [...] The Holy See also finds unacceptable the Document's continual implication that family planning and contraception are synonymous terms. This is underlined by the total absence of any reference in the Draft Final Document to natural family planning. The Holy See supports the use of the natural methods for the regulation of fertility, not only for ethical reasons, but because these inexpensive methods respect the health of women and men by avoiding the possibility of dangerous side-effects and enlist the full involvement and commitment of the man" (ICPD 1994: Statement of the Holy See at PrepCom III, vom 5. April 1994).

Demgegenüber äußerte sich Finnland in Vertretung der nordischen Staaten wie folgt zu diesen Themen:

> "The Nordic Countries are of the view that population-relevant policies and programmes should be based on the concept of sexual and reproductive health and rights in its broad sense. One of the major tasks for us in ICPD is to define this new approach and translate it into action. It is necessary to address the sexual and reproductive health needs of all individuals irrespective of their marital status, including single women and men as well as adolescents. [...] In our view sexual and reproductive health is comprised inter alia of safe motherhood including the reduction of maternal deaths and the provision of safe abortion

services, child care including breastfeeding, access to quality care including good quality contraceptive services, sexual education as well as prevention of sexually transmitted diseases and their consequences" (ICPD 1994: Statement of Finland at PrepCom III, vom 5. April 1994).

Zwischen diesen Positionen bewegten sich die Diskussionen während dieser Sitzung des Vorbereitungsausschusses und lieferten damit einen Ausblick auf die Auseinandersetzungen während der ICPD selbst.

3.3 Der Weltbevölkerungsgipfel in Kairo

Die ICPD begann offiziell am Montag, den 5. September 1994. Delegationen aus 179 Staaten sowie sieben Delegationen mit Beobachterstatus waren in Kairo vertreten, insgesamt 10.757 TeilnehmerInnen registriert, die sich aus Delegationsmitgliedern, Staatenvertretern, Repräsentanten internationaler Organisationen und Medienvertretern zusammensetzten.[9] Dazu kamen noch einmal etwa 4.000 Teilnehmer am parallel tagenden NGO-Forum, die über 1.500 NGOs aus 133 Staaten repräsentierten.[10] Der Konferenz selbst gingen am Wochenende vor ihrer Eröffnung zweitägige Konsultationen voraus, in denen abschließend Fragen des Procedere und der Organisation geklärt wurden. Zu diesen gehörte vor allem die Verteilung der (Ehren-) Posten und die Verabschiedung der Tagesordnung der Konferenz. Die bedeutendste Personalentscheidung betraf die Besetzung des Postens des Vorsitzenden des Hauptausschusses, in dem die strittigen Fragen behandelt werden würden. Hierfür wurde Fred Sai nominiert, der bereits die Arbeit des Vorbereitungsausschusses geleitet hatte.

Da sich sehr früh abzeichnete, daß die Verhandlungen aufgrund der Vielzahl und der inhaltlichen Brisanz der in Klammern verbliebenen Textpassagen innerhalb des vorgesehenen Zeitplans, der nur sechs Verhandlungstage vorsah, in Zeitnot geraten würden, stimmten die Delegationen einer Verlängerung der Plenarsitzungen bis zum 12. September zu. Dadurch erhielt der Hauptausschuß die Möglichkeit, auch am Wochenende zu tagen und das Ergebnis seiner Diskussionen erst am darauffolgenden Montag dem Plenum zur Verabschiedung vorzulegen. Auf diese Weise sollte ein ausreichendes Zeitpolster zur Verfügung stehen, falls die Diskussionen an dem einen oder anderen Punkt länger als geplant dauern würden.

---

9   Ihre Anmeldung zurückgezogen hatten die Vertreter Saudi-Arabiens, des Sudan, des Libanon (diese drei ohne formale Begründung) und des Irak. Jugoslawien war ebensowenig präsent wie Somalia.
10   Die NGO-Veranstaltung bestand aus fünf Diskussionsforen zu den Themen Jugend, Frauen, Umwelt, Religion und "Pro-Life". Als durchgängig bestbesuchtes Forum erwies sich die Frauen-Plattform, die 400-500 Anwesende pro Tag anzog (ICPD 1994: ICPD-Newsletter, No. 19, September 1994).

3.3.1 Verhandlungen und Streitpunkte I: Verhandlungsverlauf

Eröffnet wurde die Plenarrunde der Konferenz durch die Generalsekretärin der Konferenz Nafik Sadir. Es folgten Ansprachen diverser Staats- und Regierungschefs sowie des UN-Generalsekretärs Boutros-Ghali. Die kontroverseste Rede hielt die norwegische Ministerpräsidentin Brundtland, die eine Verbindung herstellte zwischen der Thematik der Konferenz und den Zukunftsaussichten der Demokratie auf globaler Ebene.[11] Darüber hinaus sprach sie die oftmals schwerwiegenden Konsequenzen unsicherer Abtreibungen gezielt an, was zu Unmut bei einigen Delegationen führte. Nach ihr sprach die pakistanische Regierungschefin Bhutto als „Frau, Mutter und Muslimin" über die besonderen Probleme der Entwicklungsländer.

Organisatorisch war die Konferenz in zwei Foren unterteilt: Hauptausschuß und Plenum. Während im Hauptausschuß die eigentlichen Diskussionen über die kontroversen Inhalte des Aktionsprogramms stattfanden, diente das Plenum im wesentlichen als Auditorium für die Stellungnahmen von Vertretern einer Vielzahl von Staaten und - gouvernementaler wie nichtgouvernementaler - Organisationen.[12] Die Sitzungen des Hauptausschusses teilten sich in formelle und informelle Sitzungen. Entscheidungen über den Wortlaut des Aktionsprogramms konnten nur in formellen Sitzungen getroffen werden. Daher mußte jeder aus einer informellen Sitzung resultierende Kompromiß erst dort gebilligt werden, bevor er in das Abschlußdokument übernommen werden konnte (ENB 1994: Vol. 6, No. 38, vom 13. September 1994).

Im Gegensatz zum Vorbereitungsprozeß richtete der Hauptausschuß während der Weltbevölkerungskonferenz keine eigenständigen Arbeitsgruppen zur Verhandlung einzelner Bestandteile des Aktionsprogramms ein. Statt dessen wurden einige ad hoc-Verhandlungsgruppen gebildet, die sich mit spezifischen Streitpunkten auseinandersetzten:

- Eine Arbeitsgruppe unter der Leitung Pakistans befaßte sich mit dem Paragraphen des Aktionsprogramms, der Abtreibungen thematisiert. Weiter gehörten Iran, Ägypten, die USA, Norwegen, Indonesien, die EU, Rußland, Barbados, Südafrika, Nicaragua, Trinidad und Tobago, El Salvador, Benin und Malta dieser Gruppe an.
- Eine Arbeitsgruppe unter der Leitung Ägyptens befaßte sich mit dem Problem der Familienzusammenführung. Sie umfaßte weiterhin Algerien (als Repräsentant der G-77), die EU, Türkei, Argentinien, Kanada, Australien und die USA.
- Eine Arbeitsgruppe befaßte sich mit den besonders umstrittenen Punkten in Kapitel 7 des Entwurfs des Abschklußdokuments, zu denen vor allem die Konzepte reproduktive und sexuelle Gesundheit bzw. Rechte gehörten. Gelei-

---

11 "This conference is really about the future of democracy, how we widen and deepen its forces and scope. Unless we empower our people, educate them, care for their health, allow them to enter economic life, on an equal basis and rich in opportunity, poverty will persist, ignorance will be pandemic and people's needs will suffocate under their numbers. The items and issues of this conference are therefore not merely items and issues, but building blocks in our global democracy" (Bundesinstitut für Bevölkerungsforschung 1994: 33).

12 Die Sprecher repräsentierten 155 Staaten und Beobachter, 24 UN-Agenturen, 15 IGOs und 37 NGOs (ICPD 1994: ICPD-Newsletter, No. 19, September 1994).

tet wurde sie von Kolumbien und weiter gehörten ihr Benin, Brasilien, El Salvador, Ägypten, Deutschland (als Repräsentant der EU), der Vatikan, Indonesien, Iran, Schweden, Südafrika, die USA, Kanada, Pakistan und Polen an.
- Darüber hinaus fanden während der gesamten Konferenz Konsultationen einer nicht-nationengebundenen Arbeitsgruppe statt, der sogenannten "Friends of the Chair". Hierbei handelte es sich um eine sogenannte informell-informelle Gruppe, die sich vor allem mit den ersten beiden Kapiteln des Aktionsprogramms befaßte, also der Präambel und dem Prinzipienkapitel.

Bereits am ersten Verhandlungstag geriet der Zeitplan des Hauptausschusses unter Druck. Wie vorgesehen wurden die Kapitel 1 und 2 des Entwurfs des Aktionsprogramms diskutiert. Zu beiden reichte Algerien im Namen der G-77 Änderungsvorschläge ein, die jedoch teilweise von anderen Delegationen aus Mitgliedsstaaten der G-77 kritisiert wurden. Diese offensichtlichen Abstimmungsprobleme verzögerten den gesamten Diskussionsprozeß, so daß die Sitzung schließlich ohne Entscheidung über den endgültigen Wortlaut der Kapitel vertagt werden mußte. Dieses Muster wiederholte sich mehrmals während der folgenden Tage: Von Algerien im Namen der G-77 eingebrachte Vorschläge wurden von anderen Delegationen aus sich entwickelnden Staaten mehrfach „torpediert".

Ein zweiter Faktor, der immer wieder zu Verzögerungen führte, waren die ausführlichen Interventionen und Stellungnahmen des Vatikans, die die Geduld der anderen Delegationen oft übermäßig strapazierten (ENB 1994: Vol. 6, No. 33, vom 7. September 1994). Nach zähen Auseinandersetzungen gelang es dem Hauptausschuß deshalb buchstäblich erst in letzter Minute, dem Plenum ein abstimmungsfähiges Aktionsprogramm vorzulegen. Das Programm wurde am Dienstag, den 13. September verabschiedet. Anschließend gaben 23 Delegationen mündliche oder schriftliche Erklärungen und Vorbehalte gegen das Aktionsprogramm zu Protokoll. Dies waren Afghanistan, Ägypten, Argentinien, Brunei, Dschibuti, die Dominikanische Republik, Ecuador, El Salvador, Guatemala, Honduras, Iran, Jemen, Jordanien, Kuwait, Libyen, Malta, Nicaragua, Paraguay, Peru, die Philippinen, Syrien, der Vatikan und die Vereinigten Arabischen Emirate (VAE).

3.3.2 Verhandlungen und Streitpunkte II: Die wichtigsten Konfliktgegenstände

In diesem Abschnitt werden die wichtigsten Streitpunkte wiedergegeben, die den Verlauf der Konferenz bestimmten und an der einen oder anderen Stelle beinahe zum Scheitern der Verhandlungen geführt hätten. In Abweichung zur Auswertung der übrigen Konferenzen werden die für die weitere Analyse wichtigen protokollierten Stellungnahmen hier nicht separat aufgeführt. Die inhaltlichen Kontroversen entsprechen in diesem Fall weitgehend den protokollierten Stellungnahmen, so daß sie zur Verdeutlichung der Standpunkte in den zentralen Konflikten bereits in den folgenden Textteil eingearbeitet wurden.

Konflikte über das Prinzipienkapitel des Aktionsprogramms

Das Prinzipienkapitel, das in gewisser Weise den von einigen anderen Konferenzen verabschiedeten Deklarationen entspricht, war aus zwei Gründen umstritten. Zum einen wurde lange und intensiv um den Wortlaut der Einleitung, den sogenannten „Chapeau", zu diesem Kapitel gerungen, in der die Implementation der im Aktionsprogramm vorgesehenen Maßnahmen ausdrücklich an die Zustimmung der betroffenen Staaten geknüpft wird. In der schließlich angenommenen Fassung lautet die entscheidende Passage nun:

> "The implementation of the recommendations contained in the Programme of Action is the sovereign right of each country, consistent with national laws and development priorities, with full respect for the various religious and ethical values and cultural backgrounds of its people, and in conformity with universally recognized international human rights" (A/CONF.171/13, Kapitel II, vom 18. Oktober 1994).

Erst durch diese Formulierung wurde der Weg frei für die Beseitigung einer Vielzahl anderer Schwierigkeiten, da sich vorhandene Widersprüche zwischen nationalen Vorbehalten, die sich an abweichenden Gesetzgebungen oder religiösen bzw. kulturellen Unvereinbarkeiten festmachten und im Aktionsprogramm vorgesehenen Maßnahmen so relativieren ließen. Darunter mußte allerdings zwangsläufig die Verbindlichkeit des gesamten Aktionsprogramm leiden, da nun Forderungen nach Umsetzung der Bestimmungen von dazu nicht bereiten Staaten leicht mit dem Verweis auf dem entgegenstehende nationale Vorbehalte abgewiesen werden können.[13]

Zum anderen waren auch einzelne Prinzipien umstritten. Dies hing u.a. mit Abstimmungsschwierigkeiten innerhalb der G-77 zusammen. Immer wieder konterkarrierten einzelne Delegationen im Namen der G-77 eingebrachte Positionen durch Stellungnahmen, die sich erheblich von diesen Positionen unterschieden. Dementsprechend langwierig gestaltete sich die Diskussion dieses Kapitels, die schließlich vertagt wurde. Besonders umstritten war der im Prinzip 8 folgendermaßen umschriebene Begriff der reproduktiven Rechte:

> "All couples and individuals have the basic right to decide freely and responsibly the number and spacing of their children and to have the information, education and means to do so" (A/CONF.171/13, Kapitel II, Prinzip 8, vom 18. Oktober 1994).

Obgleich ähnliche Formulierungen in den Erklärungen der beiden vorhergehenden internationalen Bevölkerungskonferenzen in Bukarest und Mexiko unbeanstandet geblieben waren, äußerten in diesem Fall etliche Delegationen ihren Widerstand gegen die gesonderte Erwähnung von Individuen. Sie befürchteten, daß damit sexu-

---

13   Dies wird am Beispiel Maltas deutlich, das Kapitel 8, und hier insbesondere den Punkt 8.25 - der sich mit der Sicherheit von Abtreibungen in Fällen, in denen sie gesetzlich nicht untersagt ist, befaßt - nur passieren ließ, da in Kapitel 2 die Umsetzung des Aktionsprogramms relativiert wird durch den Vorrang der nationalen Gesetzgebung.

elle Aktivitäten außerhalb der ehelichen Gemeinschaft implizit gebilligt werden könnten. Dazu gehörten der Iran, El Salvador, Ägypten, die Zentralafrikanische Republik, Libyen, Jordanien und die Dominikanische Republik. Der Delegierte Irans begründete den Widerspruch in der protokollierten Stellungnahme so:

> "There are some expressions that could be interpreted as applying to sexual relations outside the framework of marriage, and this is totally unacceptable. The use of the expression "individuals and couples" and the contents of principle 8 demonstrate this point. We have reservations regarding all such references in the document" (A/CONF. 171/13, Teil V, Punkt 28, vom 18. Oktober 1994).

Inhaltlich schlossen sich etliche andere Delegationen dieser Position an. Der ägyptische Delegierte geht in seiner Stellungnahme darauf ein, daß entsprechende Formulierungen bereits in anderen Dokumenten niedergelegt sind. Erklärt wird dies mit dem Verweis auf den früher als bestehend angenommenen Konsens darüber, was mit dieser Formulierung genau gemeint sei:

> "We wish to point out that the delegation of Egypt was among those delegations that registered numerous comments on the contents of the Programme of Action with regard to the phrase "couples and individuals". While recognizing that this expression was adopted by consensus at the two previous population conferences of 1974 and 1984, our delegation called for the deletion of the word "individuals" since it has always been our understanding that all the questions dealt with by the Programme of Action in this regard relate to harmonious relations between couples united by the bond of marriage in the context of the concept of the family as the primary cell of society" (A/CONF.171/13, Teil V, Punkt 25, vom 18. Oktober 1994).

Auch der Vatikan beleuchtet diesen Punkt in seiner umfangreichen Stellungnahme. Sehr deutlich wird dabei, daß Einzelpersonen außerhalb ehelicher Gemeinschaften keine reproduktiven Rechte zukommen sollen. Vielmehr wird ihre Geltung so interpretiert, daß zwar durchaus Einzelpersonen in den Genuß dieser Rechte kommen können - aber nur, sofern sie diese innerhalb einer ehelichen Gemeinschaft geltend machen. Darüber hinaus werden individualistische Konzeptionen von Sexualität abgelehnt und dem einzigartigen Liebesverhältnis innerhalb einer Ehe gegenübergestellt:

> "With reference to the term "couples and individuals", the Holy See reserves its position with the understanding that this term is to mean married couples and the individual man and woman who constitute the couple. The document, especially in its use of this term, remains marked by an individualistic understanding of sexuality which does not give due attention to the mutual love and decision-making that characterizes the conjugal relationship" (A/CONF.171/13, Teil V, Punkt 27, vom 18. Oktober 1994).

Konflikte über die Konzepte reproduktive Rechte und reproduktive Gesundheit

Das Kapitel 7 behandelt die Themenkomplexe „reproduktive Rechte" und „reproduktive" Gesundheit. Mit reproduktiven Rechten ist das Recht gemeint, autonom über die Umstände der Fortpflanzung bestimmen zu können. Die betroffenen Menschen sollen selbst entscheiden, ob, wann und in welcher Abfolge sie wieviel Nachwuchs möchten.[14] Reproduktive Gesundheit bezieht sich dagegen auf die soziomedizinischen Bedingungen der Sexualität generell und nicht nur des eigentlichen Fortpflanzungsprozesses. Hier geht es um die Ermöglichung eines selbstbestimmten und gesunden Geschlechtslebens, zu dem u.a. auch die individuelle Entscheidung über Zeitpunkt und Umstände sexueller Betätigungen gehört.

Mithin werden in diesem Kapitel vor allem Fragen der Sexualität thematisiert. Entsprechend intensiv setzten sich die Delegationen mit diesen Konzepten auseinander, die Kernbereiche der unterschiedlichen religiös-kulturell fundierten Moralvorstellungen berühren. Kritisiert wurde vor allem, daß jede Formulierung etwaiger reproduktiver Rechte notwendigerweise Maßnahmen der Familienplanung umfasse, da dies ein Aspekt der selbstbestimmten Entscheidung über den Zeitpunkt und die Umstände von Fortpflanzungsprozessen sei. Familienplanung wiederum könne den Gebrauch von Abtreibungen einschließen. Aus diesem Grund lehnten zahlreiche katholische und islamische Delegationen den vorliegenden Textentwurf ab.[15] Auch die Verwendung der Begriffe „sexuelle Gesundheit" und „sexuelle Rechte" stieß in diesem Kontext auf Kritik, wie die folgenden Passagen verdeutlichen. So erläuterte die Delegation El Salvadors ihre Position zur Verwendung dieser Begriffe und Konzepte folgendermaßen:

"As far as reproductive rights, reproductive health and family planning are concerned, we wish to express reservations, as the other Latin American countries have done: we should never include abortion within these concepts, either as a service or as a method of regulating fertility" (A/CONF.171/13, Teil V, Punkt 9, vom 18. Oktober 1994).

Dabei drückt die Stellungnahme El Salvadors durchaus Anerkennung für das verabschiedete Aktionsprogramm aus, dem große Bedeutung für die künftige globale Entwicklung zugebilligt wird. Daß dennoch Vorbehalte geäußert werden, begründet die Delegation durch den Verweis auf die mangelnde gesellschaftliche Akzeptanz einiger Aspekte des Aktionsprogramms, wie eben die Verwendung obiger Begriffe und Konzepte:

14　Der Vorstoß einiger islamischer und katholischer Staaten (u.a. Ägypten und Domikanische Rep.), der sich gegen die Nennung von Individuen in diesem Zusammenhang richtete, wurde von dem Delegierten Zimbabwes mit dem Hinweis kommentiert, daß eine Streichung des Wortes den Individuen das Recht nähme, im Zölibat zu leben und er sich nicht vorstellen könne, daß der Vatikan dem zustimme (ENB 1994: Vol. 6, No. 36, vom 11. September 1994).

15　Wortführer waren hier die Philippinen, Malaysia, der Vatikan und Indonesien. Für die ursprüngliche Textversion optierten u.a. Südafrika, Lettland, Österreich und Zambia (vgl. ENB 1994: Vol. 6, No. 33, vom 7. September 1994 und ENB 1994: Vol. 6, No. 36, vom 10. September 1994).

> "Recognizing that aspects of the Programme of Action are tremendously positive and are of supreme importance for the future development of mankind, the family and our children, we, as leaders of nations, cannot but express the reservations we feel are appropriate. If we did not, we could not possibly face the questions from our people that are certain to be posed" (A/CONF.171/13, Teil V, Punkt 9, vom 18. Oktober 1994).

Die Delegation Bruneis bezog sich in ihrer protokollierten Stellungnahme ebenfalls auf mangelndes gesellschaftliches Verständnis für die verabschiedeten Maßnahmen. Demnach widersprächen diese Begriffe den im Islam verankerten Werten und der kulturellen Tradition des Landes:

> "According to our interpretation, one aspect of reproductive rights and reproductive health, referring specifically to paragraphs 7.3 and 7.47 and subparagraph 13.14 (c) of the Programme of Action, contradicts Islamic law and our national legislation, ethical values and cultural background. My country wishes to place on record its reservation on those paragraphs" (A/CONF.171/13, Teil V, Punkt 8, vom 18. Oktober 1994).

Den umfassendsten Widerspruch gegen das Kapitel 7 meldete Guatemala an. Anders als in den beiden obigen Beispielen wird der Dissens hier jedoch damit begründet, daß die Konferenz kein Mandat habe, neue Rechte zu schaffen:

> "Chapter VII: we enter a reservation on the whole chapter, for the General Assembly's mandate to the Conference does not extend to the creation or formulation of rights; this reservation therefore applies to all references in the document to "reproductive rights", "sexual rights", "reproductive health", "fertility regulation", "sexual health", "individuals", "sexual education and services for minors", "abortion in all its forms", "distribution of contraceptives" and "safe motherhood"" (A/CONF.171/13, Teil V, Punkt 26, vom 18. Oktober 1994).

Erst nach langwierigen Verhandlungen, die sich unter Einschaltung einer kurzfristig gebildeten Arbeitsgruppe bis zum Sonnabend, den 10. September hinzogen, konnte eine Kompromißformulierung gefunden werden, in der kein Zusammenhang mehr zwischen reproduktiven Rechten und Familienplanung auftaucht. Darüber hinaus wird betont, daß durch den Begriff reproduktive Rechte keinesfalls neue Menschenrechte präjudiziert werden sollen (Bundesinstitut für Bevölkerungsforschung 1994: 178-179). Die Auseinandersetzung über die strittigen Begriffe konnte durch den Hinweis beigelegt werden, daß sie dem von der Weltgesundheitsorganisation (WHO) formulierten Konzept reproduktiver Gesundheit entsprechen.

Ein ebenso heikler Punkt betraf die in diesem Zusammenhang im Aktionsprogramm vorgesehene besondere Berücksichtigung Heranwachsender. Auch hier wurde erst nach langen Diskussionen eine Formulierung möglich, die - geradezu in Umkehr des Tenors des ursprünglichen Textentwurfs - nicht das Recht der Jugendlichen auf Aufklärung sondern vor allem die Verantwortung und Pflichten der Eltern betont. Diese sollen ihren heranwachsenden Kindern einen die jeweiligen kulturellen und religiösen Rahmenbedingungen respektierenden Umgang mit Sexualität vermitteln.

Konflikte über Abtreibungen

Im Zentrum des Kapitels 8 stand die Debatte über Abtreibungen. An diesem Punkt machte sich sowohl der Großteil des medial vermittelten öffentlichen Interesses als auch eine Vielzahl von Interventionen der NGOs im Plenum fest, wie dem Hauptausschuß durchaus bewußt war (ENB 1994: Vol. 6, No. 33, vom 7. September 1994).[16] Die Diskussion betraf im wesentlichen zwei Punkte: Die erste Kontroverse drehte sich um die Legalität von Abtreibungen, die zweite um die Begriffe „sichere" (safe) und „unsichere" (unsafe) Abtreibungen. Mehr als 85 Delegationen vertraten ihre Ansichten in den mit diesem Thema befaßten Sitzungen des Hauptausschusses (ENB 1994: Vol. 6, No. 39, vom 14. September 1994).

Zwei Lager standen sich dabei gegenüber: Die *erste Gruppe* wollte im Grunde jeden Hinweis auf Abtreibung oder zumindest auf eine eventuelle Nichtstrafbarkeit von Abtreibungen aus dem Aktionsprogramm heraushalten. Diese Gruppe setzte sich aus Delegationen zusammen, die ihre Ablehnung gegenüber dem Konzept Abtreibung vornehmlich mit ethisch-religiösen Argumenten begründeten. Dazu zählten einerseits vorwiegend katholisch geprägte Staaten, darunter u.a. Argentinien, Ecuador, Malta, Honduras, El Salvador, Nicaragua, Guatemala und der Vatikan und andererseits vorwiegend islamisch geprägte Staaten, darunter u.a. Pakistan, Iran, Ägypten, Malaysia und Indonesien.

Nach der Verabschiedung des Aktionsprogramms erläuterten einige dieser Delegationen im Rahmen der protokollierten Stellungnahmen ihren Widerstand gegen die Kompromißformulierung zum Schwangerschaftsabbruch. So wies die maltesische Delegation darauf hin, daß Abtreibungen nach maltesischem Recht in jedem Fall strafbar seien. Weiterhin wandte die Delegation ein, daß die Formulierungen im Aktionsprogramm den Rechten des ungeborenen Lebens nicht gerecht würden. Darüber hinaus insinuiere das Aktionsprogramm, daß Abtreibungen ungefährlich sein könnten. Dies entspräche jedoch nicht der Ansicht der maltesischen Delegation, da entweder die Mutter, das ungeborene Kind oder aber beide durch eine Abtreibung gefährdet würden:[17]

> "In joining the consensus, the delegation of Malta would like to state: The termination of pregnancy through procedures of induced abortion is illegal in Malta. The delegation of Malta therefore cannot accept without reservation that part of paragraph 8.25 which provides for "circumstances in which abortion is not against the law". Furthermore the delegation of Malta reserves its position on the wording "such abortion should be safe" since it feels that this

---

16 "[I]f a conference is to be judged by media attention and the number of minutes spent discussing certain issues, the Cairo Conference could have been called the Abortion Conference" (ENB 1994: Vol 6. No. 39, vom 14. September 1994).

17 Erst der Hinweis, daß dieser Begriffsgebrauch dem der Weltgesundheitsorganisation (WHO) entspreche, ermöglichte der maltesischen Delegation, den Konsens zu billigen.

phrase could lend itself to multiple interpretations, implying among other things, that abortion can be completely free of medical and other psychological risks, while ignoring altogether the rights of the unborn" (A/CONF.171/13, Teil V, Punkt 29, vom 18. Oktober 1994).

Der Delegierte Jemens begründete seine Vorbehalte gegen die Formulierungen im Kapitel 8 des Aktionsprogramms damit, daß sie mit den religiösen Überzeugungen des von ihm repräsentierten Staates nicht vereinbar seien. Die „Sharia" enthalte genaue Bestimmungen darüber, unter welchen Umständen Schwangerschaftsabbrüche durchgeführt werden könnten. Diese unterschieden sich jedoch in wesentlichen Punkten von den Formulierungen des Aktionsprogramms. Daher könne der Jemen den erzielten Konsens nur unter Vorbehalt mittragen:

"In chapter VIII, we have some observations to make, particularly relating to paragraph 8.24. Actually, we wanted to delete the words "sexual activity". And, if we cannot delete them, then we wish to express our reservations. In paragraph 8.25, concerning "unsafe abortion", we find that the definition is unclear and is not in accordance with our religious beliefs. In Islamic Sharia there are certain clear-cut provisions on abortion and when it should be undertaken. We object to the expression "unsafe abortion". We wish to express our reservations on paragraph 8.35, relating to "responsible sexual behaviour"" (A/CONF.171/13, Teil V, Punkt 19, vom 18. Oktober 1994).

Die *zweite Gruppe* forderte dagegen nicht nur eine explizite Erwähnung von Abtreibung, sondern darüber hinaus auch Formulierungen, die die Umstände einer Abtreibung, vor allem die Vor- und Nachbereitung, umfassende und einfühlsame Beratung sowie soziomedizinisch optimale Bedingungen des Eingriffs dezidiert thematisieren sollten. Diese Gruppe umfaßte die weit überwiegende Zahl der Konferenzteilnehmer, zu ihren Wortführern zählten u.a. Norwegen, Schweden, die USA, die EU, Südafrika, Barbados, Kenia, Simbabwe, Sambia, Zypern, Bangladesh, Kanada, China, Indien, Japan und Brasilien (ENB 1994: Vol. 6, No. 39, vom 14. September 1994). Die folgende Passage erläutert stellvertretend für diese Gruppe die schwedische Position in der Abtreibungsdebatte. Deutlich wird, daß die schwedische Delegation aus der Perspektive des Schutzes der Schwangeren argumentiert, der das Recht auf so sicher wie irgend möglich durchzuführende Abtreibungen zukomme:

"The Swedish position is that we cannot idly accept the tens of millions of unsafe abortions that take place worldwide every year. They are induced by the women themselves or by backstreet butchers, resulting in deaths, sterility or morbidity for the women involved. They furthermore often jeopardize the survival of the children that the woman already has. The victims of unsafe abortions are mostly poor and uneducated women and teenage girls; affluent women generally have a safe abortion option open to them. Experience shows that abortions take place whether the national legislation permits them or not. Making abortions illegal hence does not solve the problem of unsafe abortion; on the contrary it increases maternal morbidity and deaths and removes the issue from the national statistics. In Sweden we agonized over this question for decades, but in the [19]70's came to the conclusion that the abortion option in the early stages of a pregnancy should be open to the choice of the woman when she sees no other possibility" (ICPD 1994: Statement of Sweden, vom 7. September 1994).

Eine mittlere Position nimmt die Delegation Ghanas ein, die argumentiert, daß die Durchführung von Abtreibungen aus gesundheitlichen Gründen notwendig sein könne. Keinesfalls dürften sie jedoch als Mittel der Familienplanung angesehen werden. Sollten Schwangerschaftsunterbrechungen vorgenommen werden, dann unter Berücksichtigung der bestmöglichen medizinischen Betreuung. Die genauere Spezifizierung der Umstände, unter denen Schwangerschaftsabbrüche vorgenommen werden könnten, sollte aber den jeweiligen nationalen kulturellen Werten und Normen vorbehalten bleiben:

"I cannot end this aspect without mentioning the great controversy that has arisen out of the issue of abortion. Let me say right away that in Ghana we believe, as stated by the World Health Organization, that abortion and I repeat abortion, should NOT, I repeat NOT [Herv. im Orig., LB], be used as a method of family planning. However, there are health circumstances that require the interruption of pregnancy in which case it has to be performed under the safest and soundest scientific methods. Having said this, it is up to each country within its own cultural values and norms, to decide" (ICPD 1994: Statement of Ghana, vom 7. September 1994).

Die festgefahrene Debatte im Hauptausschuß führte zur Einsetzung einer von Pakistan geleiteten Arbeitsgruppe, bestehend aus Iran, Ägypten, den USA, Norwegen, Indonesien, der EU, Rußland, Barbados, Südafrika, Nicaragua, Trinidad und Tobago, El Salvador, Benin und Malta (ENB 1994: Vol. 6, No. 34, vom 8. September 1994).[18] Dieser gelang es schließlich, eine zustimmungsfähige Textversion zu erarbeiten, in der es in der vom Bundesinstitut für Bevölkerungsforschung vorgenommenen deutschen Übersetzung heißt:

„Auf keinen Fall sollte der Schwangerschaftsabbruch als eine Familienplanungsmethode gefördert werden. [...] Über jegliche Maßnahmen oder Veränderungen in bezug auf den Schwangerschaftsabbruch innerhalb des Gesundheitssystems kann nur auf nationaler oder örtlicher Ebene entsprechend dem nationalen legislativen Prozeß entschieden werden. In Fällen, in denen Schwangerschaftsabbrüche nicht gegen die rechtlichen Bestimmungen verstoßen, sollte ein solcher Schwangerschaftsabbruch ungefährlich sein" (Bundesinstitut für Bevölkerungsforschung 1994: 203).[19]

---

18   Die Verhärtung der Standpunkte zeigte sich in einer Stellungnahme Guatemalas, in der legale Abtreibung mit „legalem Raub" und „legaler Vergewaltigung" verglichen wurde (ENB 1994: Vol. 6, No. 34, vom 8. September 1994).
19   Im englischen Original lautet die gesamte Passage wie folgt:"In no case should abortion be promoted as a method of family planning. All Governments and relevant intergovernmental and nongovernmental organizations are urged to strengthen their commitment to women's health, to deal with the health impact of unsafe abortion as a major public health concern and to reduce the recourse to abortion through expanded and improved family-planning services. Prevention of unwanted pregnancies must always be given the highest priority and every attempt should be made to

Konflikte über Familienzusammenführung

Die hier diskutierten Streitfragen betrafen vor allem die Debatte über ein mögliches Recht auf Familienzusammenführung. Unter Familienzusammenführung verstand die Konferenz den Nachzug von Familienangehörigen einer bereits migrierten Person in den von dieser jetzt bewohnten Staat. Die Streitfront verlief hier eindeutig zwischen Nord und Süd: Die in diesem Streitfall nahezu einstimmig auftretende G-77 vertrat die Position, daß die Familienzusammenführung als Menschenrecht anerkannt werden sollte und das eine möglichst weite Definition der Familie in dieses Recht einzuschließen sei. Insbesondere die Philippinen, aber auch die Türkei und Mexiko engagierten sich in dieser Frage. Kanada, die Schweiz, Australien und die USA lehnten die Forderungen nach der Einführung eines Rechtes auf Familienzusammenführung hingegen ab und wiesen daraufhin, daß zwar ihre generelle Zustimmung zum Prinzip der Familienzusammenführung außer Frage stehe, sie sich aber vorbehielten, eigene Definitionen von Familie und Familiengröße vorzunehmen (ENB 1994: Vol. 6, No. 34, vom 8. September 1994).

Im Hauptausschuß konnte der Konflikt nicht gelöst werden, so daß wiederum eine Arbeitsgruppe eingesetzt werden mußte, die unter der Leitung Ägyptens aus Algerien (für die G-77), der EU, der Türkei, Argentinien, Kanada, Australien und den USA bestand. Die von dieser Arbeitsgruppe erarbeitete und dem Hauptausschuß vorgelegte Kompromißformulierung enthielt keinen Hinweis auf ein Recht auf Familienzusammenführung. Mehr als 35 Delegationen erklärten daraufhin ihre Unzufriedenheit mit dieser Fassung, die wieder an die Arbeitsgruppe zurückverwiesen wurde. In der letztlich verabschiedeten Fassung wird zwar von der entscheidenden Bedeutung gesprochen, die der Familienzusammenführung zukommt, aber kein Recht auf eine solche formuliert:

„Die Familienzusammenführung legaler Zuwanderer ist ein wichtiger Faktor der internationalen Migration. [...] Gemäß Artikel 10 der *Konvention über die Rechte des Kindes* [Herv. im Orig., LB] und allen anderen einschlägigen allgemein anerkannten Menschenrechtsinstrumenten müssen alle Regierungen, insbesondere die der Aufnahmeländer, die entscheidende Bedeutung der Familienzusammenführung anerkennen und ihre Berücksichtigung in ihren innerstaatlichen Rechtsvorschriften fördern, um den Schutz der Einheit der Familien von legalen Migranten zu fördern. [...] Die Regierungen sind aufgefordert, durch Familienzusammenführung die Normalisierung des Familienlebens le-

---

eliminate the need for abortion. Women who have unwanted pregnancies should have ready access to reliable information and compassionate counselling. Any measures or changes related to abortion within the health system can only be determined at the national or local level according to the national legislative process. In circumstances where abortion is not against the law, such abortion should be safe. In all cases, women should have access to quality services for the management of complications arising from abortion. Post-abortion counselling, education and family-planning services should be offered promptly, which will also help to avoid repeat abortions" (A/CONF.171/13, Kap. I, Annex, Ziff. 8.25, vom 18. Oktober 1994). Im übrigen wurde diese Passage als einziger Abschnitt des Aktionsprogramms im offiziellen Bericht über die ICPD in alle sechs Amtssprachen der UN übersetzt.

galer Zuwanderer, die das Recht auf Daueraufenthalt haben, zu fördern" (Bundesinstitut für Bevölkerungsforschung 1994: 218-220).

Die Unzufriedenheit vieler G-77-Staaten mit diesen Formulierungen kommt in der Stellungnahme der philippinischen Delegation zum Ausdruck, die diese nach Verabschiedung des Aktionsprogramms zu Protokoll gab. Darin heißt es, daß nicht inhaltliche Überlegungen der Zustimmung zum Konsens über diesen Paragraphen zugrunde lägen. Vielmehr anerkenne die Delegation, daß die ICPD nicht das geeignete Forum für die Entwicklung neuer Rechte sei. Weiter wurde die Hoffnung geäußert, daß in absehbarer Zukunft eine Konferenz über Migration und Familienzusammenführung auf internationaler Ebene zustande käme:

> "The Philippine delegation would like to put on record our regret that in paragraph 10.12 of the Programme of Action the originally proposed wording, recognizing "the right to family reunification" was toned down to just recognizing "the vital importance of family reunification". In the spirit of compromise, we agreed to the revised wording based on the argument forwarded by other delegations that there have been no previous international conventions or declarations proclaiming such a right, and that this is not the appropriate conference to establish this right. For this and other worthy reasons, we wish to reiterate the recommendation made in the Main Committee, supported by many delegations and received positively by the Chairman, that an international conference on migration be convened in the near future" (A/CONF.171/13, Teil V, Punkt 16, vom 18. Oktober 1994).

Ebenso wie im Falle der reproduktiven Rechte setzte sich damit letztlich die Auffassung durch, daß die ICPD keine neuen Rechtsansprüche formulieren, sondern auf der Basis des bestehenden internationalen Rechts arbeiten solle.

Konfliktbezeichnung	*Konfliktgegenstände*	*Konfliktakteure*
Sexualität und Gesundheit	Selbstbestimmungsrecht der Frau über Umstände von Sexualität und Fortpflanzung einschließlich von Abtreibungen	„Vatikan und Gleichgesinnte"[20] vs. OECD-Staaten und G-77
Status der Abschlußdokumente	Relevanz von Souveränitätsvorbehalten für die Implementierung beschlossener Maßnahmen	„Vatikan und Gleichgesinnte" und G-77 vs. OECD-Staaten
Migrationsprozesse	Familienzusammenführung	OECD-Staaten vs. G-77

Tab. 4: Zusammenfassung der wichtigsten Konflikte während der ICPD

---

20 Diese Gruppe umfaßt die Delegationen aus vornehmlich katholisch bzw. islamisch geprägten Staaten, die - wie gesehen - in den entsprechenden Konflikten ähnliche Positionen vertraten.

3.4 Die Ergebnisse der ICPD

In der 14. Plenarsitzung der ICPD am Dienstag, dem 13. September 1994, wurde das Aktionsprogramm der Internationalen Konferenz über Bevölkerung und Entwicklung angenommen.[21] Dieses Aktionsprogramm besteht aus 16 Kapiteln, die im folgenden kurz dargestellt werden: Kapitel 1 benennt die Gründe, die zur Abhaltung der Konferenz führten. An erster Stelle steht dabei das mit Sorge betrachtete Weltbevölkerungswachstum, das als untrennbar verbunden mit den ungleichen Bedingungen der Entwicklung angesehen wird. Ausdrücklich wird auf die bereits abgehaltenen Weltkonferenzen wie UNCED und die Weltmenschenrechtskonferenz hingewiesen, darüber hinaus aber auch die Aufmerksamkeit gelenkt auf die bevorstehenden Konferenzen in Kopenhagen (Weltsozialgipfel) und Peking (Weltfrauenkonferenz). Angesprochen werden weiterhin die tiefgreifenden ökonomischen, sozialen und ökologischen Veränderungen, die in den letzten zwei Jahrzehnten stattgefunden und dazu geführt haben, daß sich „ein globaler Konsens über die Notwendigkeit einer verstärkten internationalen Zusammenarbeit in bezug auf Bevölkerungsfragen im Zusammenhang mit einer nachhaltigen Entwicklung" (Bundesinstitut für Bevölkerungsforschung 1994: 137) herausgebildet habe. Gleichzeitig wird jedoch betont, daß unterschiedliche religiöse und ethische Werte und kulturelle Rahmenbedingungen in jedem Fall zu beachten seien.

Kapitel 2 präsentiert in Form kurzer Prinzipien die wesentlichen Ergebnisse der ICPD. In der Einleitung wird ausdrücklich auf „das souveräne Recht jedes Landes im Rahmen der innerstaatlichen Rechtsvorschriften und Entwicklungsschwerpunkte, bei uneingeschränkter Achtung der unterschiedlichen sittlichen Werte und kulturellen Lebensbereiche seines Volkes" (Bundesinstitut für Bevölkerungsforschung 1994: 143) hingewiesen, daß die Umsetzung des Aktionsprogrammes regelt. Damit wird der Souveränitätsvorbehalt verdeutlicht, der im Rahmen der ICPD immer wieder eine Rolle spielte. Die 15 Prinzipien selbst umfassen sowohl allgemeine wie auch spezifische Aussagen. So werden die allgemeinen Menschenrechte und das Recht auf Entwicklung bekräftigt, die Gleichberechtigung der Geschlechter angemahnt sowie die Bedeutung des Prinzips nachhaltiger Entwicklung im Kontext bevölkerungspolitischer Maßnahmen gewürdigt. Unter den spezifische Prinzipien sind besonders zwei von Bedeutung:

- Prinzip 8 bekräftigt, daß jeder Mensch Anspruch auf den höchstmöglichen Standard an Gesundheitsfürsorge hat. Dazu zählt auch das folgendermaßen definierte Konzept der reproduktiven Gesundheit:

„Alle Paare und Einzelpersonen haben das Grundrecht, frei und eigenverantwortlich über die Anzahl und den Geburtenabstand ihrer Kinder zu entscheiden und die dafür nötigen Informationen, Aufklärung und Mittel zu haben" (Bundesinstitut für Bevölkerungsforschung 1994: 145).

---

21 Das Aktionsprogramm findet sich in deutscher Übersetzung in Bundesinstitut für Bevölkerungsforschung (1994: 131-274).

- Prinzip 9 befaßt sich mit der Familie, die als Basis der Gesellschaft definiert wird. Allerdings variieren je nach sozialem Kontext ihre Erscheinungsformen: „In den verschiedenen kulturellen, politischen und sozialen Systemen gibt es unterschiedliche Formen der Familie" (Bundesinstitut für Bevölkerungsforschung 1994: 145).

In den Kapiteln 3 bis 16 werden bevölkerungsrelevante Aspekte verschiedener Sachfragen behandelt:
- Kapitel 3 befaßt sich mit dem Zusammenhang von Bevölkerungsentwicklung, anhaltendem Wirtschaftswachstum und nachhaltiger Entwicklung. Hier wird auf die Entschließungen der UNCED verwiesen und die Bedeutung ökologisch verträglichen ökonomischen Wachstums unterstrichen.
- Kapitel 4 behandelt zum einen die Gleichberechtigung der Geschlechter, zum anderen die Gleichstellung und Stärkung der Rolle der Frau ("Empowerment of Women"). Gefordert werden verstärkte Bildungsanstrengungen für Frauen, um über eine Statusverbesserung auf die Geburtenraten einzuwirken.
- Kapitel 5 untersucht die Familie, ihre Rollen, Rechte, Zusammensetzung und Struktur. Die Unterkapitel thematisieren zum einen die Vielfalt der Familienstrukturen, also vor allem die Frage, wie und aus welchen Personen sich Familien zusammensetzen, zum anderen die sozioökonomische Basis der Familie. Zwar wird die Vielzahl möglicher (moderner) Familienstrukturen anerkannt, die entscheidende Bedeutung der traditionellen Kernfamilie in der Konstellation Vater-Mutter-Kind(er) aber explizit hinsichtlich ihrer stabilisierenden Funktion für die Gesellschaft gewürdigt.
- Kapitel 6 befaßt sich mit kohorten- und gruppenspezifischen Fertilitäts-, Sterblichkeits- und Bevölkerungswachstumsraten.
- Kapitel 7 geht im Detail auf reproduktive Rechte und reproduktive Gesundheit ein. Hier geht es um Fragen der Familienplanung, der Verhütung von durch Geschlechtsverkehr übertragbaren Krankheiten wie HIV und die sexuellen Beziehungen zwischen den Geschlechtern.
- Kapitel 8 umfaßt die Bereiche Gesundheit, Morbidität und Sterblichkeit. Ausdrücklich wird herausgestellt, daß Abtreibung keine Methode der Familienplanung sein darf. In den Fällen, in denen Abtreibung nicht gegen die gesetzlichen Bestimmungen verstößt, müsse jedoch die Sicherheit des Eingriffes gewährleistet sein.
- Die Kapitel 9 und 10 gelten Fragen der Bevölkerungsverteilung, etwa zwischen Stadt und Land, und Bevölkerungswanderungen, wobei im Kapitel 10 die Themenkomplexe Migration und Familienzusammenführung im Zentrum stehen.
- Die Kapitel 11-16 befassen sich mit den technischen, finanziellen und organisatorischen Bedingungen der Umsetzung der in den vorherigen Kapiteln behandelten Maßnahmen. Insgesamt werden für die Umsetzung der Maßnahmen des Aktionsprogramms in den Entwicklungsländern bis zum Jahr 2015 über 20

Milliarden Dollar veranschlagt.[22] Ferner wird darauf verwiesen, daß die betroffenen Staaten 2/3 der Kosten für die Maßnahmen selbst aufbringen müssen, während nur ein Drittel aus externen Quellen stammen soll. Die Forderung, daß 0,7% des BSP der Geberländer als öffentliche Entwicklungshilfe gewährt werden sollen, wird erneut bekräftigt.[23] Bezug genommen wird auch auf die sog. 20/20-Initiative, gemäß der sowohl Geber- als auch Empfängerländer je 20% der öffentlichen Entwicklungshilfe bzw. der Staatsausgaben für soziale Programme reservieren sollen. Diese Diskussion wird allerdings an den Weltsozialgipfel verwiesen.[24]

3.5 Diskussion

Der Weltbevölkerungsgipfel brachte einen der bedeutendsten Konflikte der in dieser Arbeit untersuchten Fälle vielleicht am deutlichsten zum Ausdruck. Klar grenzten sich zwei Positionen voneinander ab: Auf der einen Seite das Lager der unter Rückgriff auf traditionelle Ordnungsvorstellungen argumentierenden Delegationen, auf der anderen Seite eine Gruppe pluralistisch orientierter, säkular ausgerichteter Akteure. Dazwischen befand sich eine große Zahl Staaten, die pragmatischen Lösungsansätzen gegenüber verpflichtet sein müssen, um dem Problemdruck, der aus anhaltendem Bevölkerungswachstum resultiert, beikommen zu können. Jedoch bleibt scheinbar oft ein gewisses Unbehagen bei diesen „wider Willen" modernisierten Staaten erhalten. Dieses Unbehagen äußerte sich in der Zerklüftung der G-77, die auseinander fiel in aufstrebende Schwellenländer und die weiter zurückfallenden Ärmsten. Der relative ökonomische Erfolg allein besagt dabei allerdings nichts über die gesellschafts- bzw. bevölkerungspolitisch vertretenen Positionen: Relativ erfolgreiche Schwellenländer wie Malaysia vertraten traditionelle Positionen, während ein Land wie Ghana eher säkular argumentierte. Darüber hinaus spielten Finanzierungs-

---

22 "It has been estimated that, in the developing countries and countries with economies in transition, the implementation of programmes in the area of reproductive health, including those related to family planning, maternal health and the prevention of sexually transmitted diseases, as well as other basic actions for collecting and analysing population data, will cost: $17.0 billion in 2000, $18.5 billion in 2005, $20.5 billion in 2010 and $21.7 billion in 2015; these are cost-estimates prepared by experts, based on experience to date, of the four components referred to above" (A/CONF.171/13, Kapitel XIII, Ziff. 13.15, vom 18. Oktober 1994).
23 Im Unterschied zu den übrigen Konferenzen, die diese Forderung erhoben, legten die USA in diesem Fall keinen Vorbehalt dagegen ein.
24 "The international community should strive for the fulfilment of the agreed target of 0.7 per cent of the gross national product for overall official development assistance [...] Given the magnitude of the financial resource needs for national population and development programmes (as identified in chapter XIII), and assuming that recipient countries will be able to generate sufficient increases in domestically generated resources, the need for complementary resource flows from donor countries would be in the order of (in 1993 US dollars): $5.7 billion in 2000; $6.1 billion in 2005; $6.8 billion in 2010; and $7.2 billion in 2015. The international community takes note of the initiative to mobilize resources to give all people access to basic social services, known as the 20/20 initiative, which will be studied further in the context of the World Summit for Social Development" (A/CONF.171/13, Kapitel XIV, Ziff. 14.11, vom 18. Oktober 1994).

fragen eine relativ untergeordnete Rolle in Kairo.[25] Gleichzeitig verweist diese Einschätzung auf die Bedeutung der in Kairo aufeinander prallenden unterschiedlichen kulturellen Standpunkte.

Inhaltlich betrachtet konnte die ICPD durchaus mit einigen Erfolgen aufwarten. Gemäß allgemeiner Einschätzungen stellte etwa das Kapitel über das "Empowerment of Women" die entsprechenden Entwürfe für die Vierte Weltfrauenkonferenz, was Progressivität und Deutlichkeit angeht, klar in den Schatten. Andererseits dominierte die Diskussion bestimmter sensibler Sachverhalte, insbesondere die Debatte über Abtreibungen, die Konferenz derart, daß andere relevante Themenbereiche nicht angemessen behandelt werden konnten. Der gesamte Aspekt des Zusammenhangs von Bevölkerungswachstum mit Entwicklungsproblemen wurde kaum diskutiert, sieht man von der Frage der Familienzusammenführung ab. Ähnliches galt für den Themenkomplex Bevölkerungsentwicklung und Umweltgefährdungen, etwa in Hinblick auf mögliche gewaltförmige Auseinandersetzungen als Folge ökologischer Fehlentwicklungen. Alles in allem fielen die Urteile über die Weltbevölkerungskonferenz jedoch positiv aus. Wenn Befürchtungen von Beobachtern geäußert wurden, so meist mit Bezug darauf, ob es möglich sein würde, die Errungenschaften von Kairo auf den folgenden Weltkonferenzen zu verteidigen.

---

25 "Several participants and observers commented that this was the first Conference they could remember where issues related to financial resources and means of implementation did not dominate the discussion during the final days" (ENB 1994: Vol. 6, No. 29, vom 14. September 1994).

4. Der Weltsozialgipfel 1995 in Kopenhagen - World Summit for Social Development (WSSD)

4.1 Hintergrund

Im Zusammenhang der Weltkonferenzen der 1990er Jahre stellt der Weltsozialgipfel eine Besonderheit dar. Während die anderen Gipfel in mehr oder minder ausgeprägten Traditionslinien der Problembearbeitung im Rahmen des UN-Systems standen, konnte diese Konferenz an keine direkten Vorläufer anknüpfen. Zu recht bemerkten die Befürworter des WSSD, daß sich in Kopenhagen zum ersten Mal Delegationen auf der Ebene von Staats- und Regierungschefs mit dem Problem sozialer Entwicklung und insbesondere mit dem Problem sozialer Ungleichheit im globalen Maßstab auseinandersetzen würden.[1]

Dennoch stand der WSSD eindeutig in der inhaltlichen Kontinuität der Weltkonferenzen der 1990er Jahre, die sich größtenteils explizit mit dem Problem nachhaltiger und zukunftsfähiger Entwicklung beschäftigten: Von den Ideen der UNCED über die nachhaltige Entwicklung der natürlichen Umwelt des Menschen führt eine logische Verbindung zur Frage der nachhaltigen Entwicklung der sozialen Umwelt des Menschen (Klingebiel 1996a: 207).[2] Mithin sollte auch durch den WSSD die allgemein mit dem Ende des Ost-West-Konflikts verbundene Hoffnung auf universellen Fortschritt der internationalen Staatengemeinschaft unterstrichen werden.

Die Idee, zu diesem Zweck einen spezifischen Weltsozialgipfel abzuhalten, hing in erster Linie mit zwei Beobachtungen zusammen, die vor allem die zweite Hälfte der 1980er Jahre prägten:

- Einerseits die Vergrößerung des wirtschaftlichen und des sozialen Gefälles zwischen der entwickelten und der sich entwickelnden Welt. Entgegen den Prognosen zahlreicher Experten glich sich die weltweite Einkommensverteilung in den 1970er und 1980er Jahren nicht etwa immer mehr an, sondern driftete im Gegenteil weiter auseinander:

„1990 verfügte das reichste Fünftel der Weltbevölkerung über mehr als 80%, das ärmste Fünftel über nur 1,5% des Welteinkommens. Die Kluft zwischen den Einkommen beider Gruppen stieg von 1:20 (1960) auf 1:60 (1990)" (Klingebiel 1996a: 207).

Angesichts eines weiteren Globalisierungsschubes stand zudem zu befürchten, daß sich die Ungleichheitsrelationen weiter verschärfen würden, und zwar innerhalb von

---

[1] Vor diesem Hintergrund werden Äußerungen verständlicher, die bereits die bloße Durchführung des Weltsozialgipfels auf höchster Ebene als eigentlichen Erfolg werten (Martens 1995: 118-119).

[2] Möglicherweise deshalb war die Mobilisierung von Unterstützung für einen dezidierten Gipfel zu diesem Thema auch relativ einfach und schnell zu erreichen. Der WSSD hat von allen untersuchten Konferenzen den zeitlich kürzesten Vorlauf aufzuweisen.

Gesellschaften wie auch zwischen ihnen. Daher wurde vielfach Handlungsbedarf in der Frage der sozialen Entwicklung der Menschheit gesehen, um die „soziale Bombe" (Klingebiel 1996a: 206) eventuell doch noch entschärfen zu können.

• Andererseits schien die politische und ökonomische Entwicklung in den ausgehenden 1980er Jahren die Möglichkeit zu befördern, eine gemeinsame Position in sozialen Fragen zu erreichen. Die Ausbreitung der Demokratie und die allgemeine Durchsetzung marktförmiger Wirtschaftsweisen trugen dazu bei, intensiv geführte Debatten über den Zusammenhang von Demokratie und Wohlfahrt anzustoßen.[3] Weit verbreitet war die Hoffnung, daß beide Prozesse zur Verminderung von Armut und zur Verbesserung der sozialen Lage vor allem der Bedürftigsten beitragen würden. Gleichzeitig wurde es dadurch möglich, die globale „soziale Frage" auf die internationale Agenda zu setzen, da die Diskussion dieses Thema besonders unter den gegensätzlichen Gesellschaftskonzeptionen in Ost und West gelitten hatte.

In einer Rede vor der UN-Vollversammlung stellte der chilenische Präsident Aylwin 1990 jedoch fest, daß der Trend zur Demokratisierung der Welt wider Erwarten nicht von einem Trend zur allgemeinen Wohlstandssteigerung begleitet würde, sondern sich ganz im Gegenteil die globale soziale Differenzierung und Desintegration weiter verschärfe. Aufgegriffen und vorangetrieben wurden diese Gedanken im Rahmen der ECOSOC-Sitzungsperiode des folgenden Jahres vom chilenischen UN-Botschafter Juan Somavía, des „Vaters" des Weltsozialgipfels, der die Abhaltung eines Weltgipfels zu diesem Thema forderte.[4] Da das entsprechende Antichambrieren der chilenischen Regierung auf positive Resonanz stieß, wurde durch einen ECOSOC-Beschluß vom Mai 1991 der UN-Generalsekretär damit beauftragt, offizielle Konsultationen mit den Mitgliedsstaaten der UN über die Durchführung eines solchen Gipfels abzuhalten.

Zusätzlichen Schub erhielt die Idee durch die zehnte Gipfelkonferenz der blockfreien Staaten in Jakarta 1992. Die dort versammelten Staats- und Regierungschefs verliehen ihrer grundsätzlichen Unterstützung eines Weltgipfels über soziale Entwicklung in einer entsprechenden Erklärung Ausdruck. Die UN-Vollversammlung beschloß daraufhin in der Resolution 47/1992 vom 16. Dezember 1992 die Abhaltung eines Weltgipfels über soziale Entwicklung auf der Ebene der Staats- und Regierungschefs im Frühjahr 1995 in Kopenhagen. Damit war das Unternehmen Weltsozialgipfel erfolgreich auf den UN-Weg gebracht.

Die Resolution 47/1992 benannte verschiedene Gründe für die beabsichtigte Abhaltung des Weltsozialgipfels. Dazu zählten die Sorge über die wachsende Kluft innerhalb und zwischen Gesellschaften, die sich unter anderem in zunehmender Armut und damit einhergehender sozialer Marginalisierung ganzer Bevölkerungs-

---

3   Vgl. dazu die von Huntington (1991) diagnostizierte "Third Wave of Democracy".
4   "Placing the human being at the heart of the United Nations is a great historical task. It will not take place overnight; it will be a long and difficult process. Nevertheless it is a goal worth struggling for and facing up to the unavoidable difficulties. [...] This leads me to think that maybe we should start considering the possibility of convening a world summit for social development. A summit to place the human being and its social needs at the heart of United Nations endeavours" (Replubíca de Chile 1994: 1).

gruppen zeigte. Angesichts sich beschleunigender Globalisierungsprozesse, die weltweit zur Veränderung von Arbeits- und Sozialstrukturen beitrügen, bedürfe die internationale Staatengemeinschaft besser funktionierender Ausgleichsmechanismen, die das weitere Auseinanderdriften der Gesellschaften möglichst verhinderten. Darüber hinaus befaßte sich die UNGA in diesem Dokument auch mit den Zielen sozialer Entwicklung. Als weltweit für alle Gesellschaften, wenn auch in unterschiedlichem Ausmaß, relevante Kernziele nachhaltiger menschlicher Entwicklung wurden folgende drei Punkte aufgelistet:
- Förderung sozialer Integration,
- Bekämpfung von Armut,
- Ausweitung produktiver Beschäftigung.[5]

Zusätzlich definierte die Resolution elf Ziele, denen sich die Weltgemeinschaft durch die Abhaltung des Gipfels nähern sollte (UNGA-Resolution 47/1992, vom 16. Dezember 1992). Darunter ragten die Förderung allgemeiner sozialer Entwicklung im Sinne der UN-Charta unter explizitem Bezug auf deren Artikel 55 im Kapitel 9 „Internationale Zusammenarbeit auf wirtschaftlichem und sozialem Gebiet"[6] und die Bekräftigung der weltweit geteilten Verpflichtung, die Bedürfnisse der Menschen in den Mittelpunkt sozialer Entwicklung zu rücken, hervor.[7] Weiter wurde die kreative und innovative Behandlung des Zusammenspiels der sozialen Funktionen des Staates mit marktförmig vermittelten Reaktionen auf soziale Bedürfnisse unter Berücksichtigung des Imperativs nachhaltiger Entwicklung angemahnt. Damit war die inhaltliche Aufgabenstellung für die Delegationen während des Vorbereitungsprozesses umrissen.

4.2 Der Vorbereitungsprozeß

Nach dem Beschluß der UN-Generalversammlung, den WSSD 1995 in Kopenhagen abzuhalten, begann der eigentliche Vorbereitungsprozeß mit der Einrichtung des

---

5   "[T]he core issues affecting all societies to be adressed by the summit are: (a) The enhancement of social integration, particularly of the more disadvantaged and marginalized groups; (b) Alleviation and reduction of poverty; (c) Expansion of productive employment" (UNGA-Resolution 47/92, vom 16. Dezember 1992).

6   Dort wird im Kapitel „Wirtschaftliche und soziale Ziele" folgendes ausgeführt: „Um jenen Zustand der Stabilität und Wohlfahrt herbeizuführen, der erforderlich ist, damit zwischen den Nationen friedliche und freundschaftliche, auf der Achtung vor dem Grundsatz der Gleichberechtigung und Selbstbestimmung der Völker beruhende Beziehungen herrschen, fördern die Vereinten Nationen a) die Verbesserung des Lebensstandards, die Vollbeschäftigung und die Voraussetzungen für wirtschaftlichen und sozialen Fortschritt und Aufstieg; b) die Lösung internationaler Probleme wirtschaftlicher, sozialer, gesundheitlicher und verwandter Art sowie die internationale Zusammenarbeit auf den Gebieten der Kultur und der Erziehung; c) die allgemeine Achtung und Verwirklichung der Menschenrechte und Grundfreiheiten für alle ohne Unterschied der Rasse, des Geschlechts, der Sprache oder der Religion" (Randelzhofer 1991: 35).

7   Damit war vor allem gemeint, „das Konzept der nachhaltigen Entwicklung (sustainable development), das die Diktion des Erdgipfels von Rio bestimmte, zu einem Konzept der nachhaltigen menschlichen Entwicklung (sustainable human development) weiterzuentwickeln" (Martens 1994: 203).

Vorbereitungsausschusses. Zu dessen Vorsitzenden wurde Somavía gewählt, dem damit eine Schlüsselrolle bei der Vorbereitung des Gipfels zukam. Als ständiges Organ des Vorbereitungsausschusses wurde durch den UN-Generalsekretär innerhalb des Department of Policy Coordination for Sustainable Development (DPCSD) ein Sekretariat unter der Leitung von Untergeneralsekretär Nitin Desai (Indien) eingerichtet.

Die konstituierende Sitzung des Vorbereitungsausschusses im April 1993 in New York galt in erster Linie organisatorischen Fragen. Beschlossen wurde dort der Zeitrahmen, innerhalb dessen der Vorbereitungsprozeß stattfinden sollte und die Organisation der Arbeit des Vorbereitungsausschusses. Demnach erstreckte sich sein Mandat auf die Verhandlung und Erstellung der vorläufigen Abschlußdokumente. Zu diesem Zweck waren drei Sitzungen des Vorbereitungsausschusses für die inhaltliche Vorbereitung des WSSD vorgesehen. Daneben wurde angesichts der zahlreichen parallel laufenden Vorbereitungen verschiedener Weltkonferenzen die Abhaltung intersessioneller Sitzungen des Büros des Vorbereitungsausschusses prinzipiell zugelassen.

Weiterhin wurde die Organisation dreier Expertentreffen vereinbart, die zu den Themen „Soziale Integration", „Ausweitung produktiver Beschäftigung" und „Beseitigung von Armut" Berichte erarbeiten sollten, die den aktuellen Stand der wissenschaftlichen Diskussion zusammenfassen würden. Auf der Basis dieser und anderer, wie der noch anzufordernden nationalen und regionalen Berichte zur sozialen Entwicklung, sollten schließlich im Rahmen des dritten Treffens des Vorbereitungsausschusses die vorläufigen Abschlußdokumente verfaßt werden. Wie schon bei einigen Konferenzen zuvor wurde beschlossen, eine kurze, inhaltlich pointierte Deklaration und ein längeres, konkrete und viable Politikempfehlungen beinhaltendes Aktionsprogramm auszuarbeiten. Terminiert wurde der Gipfel selbst für Anfang März 1995.

Der weitere Verlauf des Vorbereitungsprozesses bis zur ersten Sitzung des Vorbereitungsausschusses 1994 war durch Verzögerungen gekennzeichnet, die u.a. mit den gleichzeitig stattfindenden Vorbereitungsprozessen für die Konferenzen in Kairo (ICPD), New York (NPTREC) und Peking (FWCW) zusammenhingen. Jedenfalls fand im Jahr 1993 kein Treffen des Vorbereitungsausschusses mehr statt. Stattdessen wurde auf der Sommersitzung des ECOSOC im Juli 1993 die Resolution 1993/64 verabschiedet, die auf die stockenden Vorbereitungen zum WSSD Bezug nahm. Insbesondere wurde hier die Formulierung regionaler Positionen angemahnt. Konkret genannt in diesem Zusammenhang wurde die afrikanische Staatengruppe, da Afrika von allen Kontinenten am stärksten mit den vielfältigen Problemen nachhaltiger menschlicher Entwicklung zu kämpfen habe. Zu diesem Zweck forderte der ECOSOC die jeweiligen für menschliche Entwicklung zuständigen Minister afrikanischer Staaten dazu auf, zusammen mit der Organisation für Afrikanische Einheit

(OAU) und anderen relevanten regionalen Organisationen bis zur ersten Sitzung des Vorbereitungsausschusses eine gemeinsame Plattform zu entwerfen.[8]

Das erste Expertentreffen fand zwischen dem 27. September und dem 1. Oktober 1993 in Den Haag statt. Es widmete sich dem Thema „Soziale Integration", und zwar vor allem der sozialen Integration besonders benachteiligter und marginalisierter Gruppen in verschiedenen Gesellschaften.[9] Das zweite Expertentreffen fand zwischen dem 4. und dem 8. Oktober des gleichen Jahres im schwedischen Saltsjøbaden statt. Thema dieses Treffens war die Definition des Begriffs produktive Beschäftigung und im Anschluß daran die Frage, mit welchen Methoden das Ziel der Ausweitung dieser Form der Beschäftigung am Besten zu erreichen sei.[10]

Angesichts der zeitlichen Schwierigkeiten bei der Vorbereitung des WSSD nahm sich die Generalversammlung der UN erneut des Gipfels an. In der Resolution 48/100 wurde der UN-Generalsekretär im Dezember 1993 aufgefordert, die Vorbereitungen für die erste Sitzung des Vorbereitungsausschusses zu beschleunigen und nötigenfalls zusätzlich eine parallel tagende Arbeitsgruppe zu installieren.[11] Dazu kam es jedoch nicht, da der Vorbereitungsprozeß nun endlich Fahrt aufnahm: Inzwischen hatte das Sekretariat des Vorbereitungsausschusses auf der Basis vorliegender Berichte, Resolutionen, Empfehlungen und Erklärungen damit begonnen, einen ersten Entwurf der Abschlußdokumente zusammenzustellen. Dieser Entwurf wurde als „Arbeitspapier Nr. 1" dem Plenum des Vorbereitungsausschusses auf dessen schließlich am 31. Januar 1994 stattfindender erster Sitzung vorgelegt.[12]

4.2.1 PrepCom 1, New York, 31. Januar bis 11. Februar 1994

Die Debatte während der ersten Sitzung des Vorbereitungsausschusses konzentrierte sich voll und ganz auf dieses Arbeitspapier. Inhaltlich kreiste die Diskussion dabei um die bereits in der Initiativresolution der UNGA benannten Themen:
- Die Förderung sozialer Integration: Darunter verstand PrepCom 1 zum einen die Identifizierung gesellschaftlicher Gruppen, deren soziale Integration in besonderer Weise zu fördern sei und zum anderen die Mittel, mit denen dieses Ziel erreicht werden könnte. Zu den explizit genannten Gruppen zählten sozial benachteiligte Gruppen aller Art, darunter ethnische Gemeinschaften, Migranten, Flüchtlinge, indigene Völker, Frauen, Kinder und Jugendliche, Alte sowie Behinderte. Als Mittel ihrer nachhaltigen Integration wurden vor allem institutionelle Vorkehrungen wie die garantierte Gleichbehandlung durch staatliche Organe wie Polizei und Gerichts-

---

8   Die "African common position on human and social development in Africa" findet sich in A/CONF.166/PC/10, vom 31. Januar 1994.
9   Der Abschlußbericht dieses Treffens findet sich in A/CONF.166/PC/8, vom 1. November 1993.
10 Der Abschlußbericht dieses Treffens findet sich in A/CONF.166/PC/9, vom 1. November 1993.
11 Vgl. UNGA-Resolution 48/100, vom 20. Dezember 1993.
12 Working Paper No. 1:"Elements for possible inclusion in the draft declaration and plan of action", vom 28. Januar 1994.

barkeit gefordert. Aber auch die Förderung der sozialen Anerkennung funktionierender Familienstrukturen bildete ein Element dieser Maßnahmen.[13]

- Die Bekämpfung der Armut: Einig war sich PrepCom 1 darin, daß die vielfältigen Erscheinungsformen von Armut und Ungleichheit innerhalb und zwischen Gesellschaften eine eindimimensionale Definition unmöglich mache.[14] Darüber hinaus forderte die Abschlußerklärung dazu auf, nicht nur die Symptome, sondern die Ursachen der Armut zu beseitigen. Zu diesem Zweck sollten die Abschlußdokumente u.a. den Zusammenhang zwischen der Durchführung von Strukturanpassungsprogrammen internationaler Organisationen wie der Weltbank und zunehmender Armut in den Zielstaaten sowie die Frage eines allgemeinen Schuldenerlasses, insbesondere zugunsten der am stärksten verschuldeten Entwicklungsländer adressieren. Weiter würde die Öffnung nationaler Märkte und der beschleunigte weltweite Abbau von Handelsschranken thematisiert werden.

- Die Ausweitung produktiver Beschäftigung: Die Definition des Begriffs produktive Beschäftigung durch die Expertenkommission wurde dahingehend kritisiert, daß sie suggeriere, die Ausweitung produktiver Beschäftigung führe automatisch zum Rückgang der Armut.[15] Angesichts der auf den Arbeitsmarkt drängenden geburtenstarken Kohorten und der zunehmenden Berufstätigkeit von Frauen sei dieser Zusammenhang aber nicht zwingend. Statt produktiver Beschäftigung wie oben definiert müsse daher nach wie vor das Ziel der Vollbeschäftigung anvisiert werden. Weiterhin wurden verschiedene Methoden zur Realisierung dieser Ziele debattiert, die in die Abschlußdokumente eingehen sollten.

---

13 Eine Minimaldefinition dessen, was der WSSD unter sozialer Integration verstand, läßt sich dem Bericht des Expertentreffens zu diesem Thema entnehmen. Hier heißt es im Rahmen einer umfassenden Reflektion des Begriffes:"Social integration in the contemporary world has to be on the basis of equality in at least some sense of the term. Minimally, there has to be equality of opportunity between individuals without regard to race, caste, ethnicity or gender. But formal equality of opportunity does not guarantee equality of outcome. Therefore, in addition to equality of opportunity it may be necessary, when considering levels of living, to think of minimum standards below which no one is allowed to fall" (A/CONF.166/PC/8, Ziff. 21, vom 1. November 1993).

14 "The group noted that the world contained a vast range of wealth and poverty. In considering poverty and inequality, it is useful to consider various levels at which it can be examined and addressed. Thus, attention can be focused on differences between countries, between regions and between economic, ethnic, racial, cultural and religious groups within countries, as well as between individuals of a particular group. [...] The group noted that the traditional measurement of poverty based on household income posed certain problems. [...] An alternative approach to assessing poverty and inequality is to use direct measures of individual well-being, such as longevity, mortality, literacy and education. [...] The group noted that poverty takes many forms at both the international and national levels, and programmes for reducing poverty generally focus on particular groups of poor people. [...] There is therefore a need to develop and evaluate new approaches to targeting poverty-reduction programmes on the poorest members of society and to develop approaches that reach as many poor people as possible while avoiding diversion of resources to the non-poor" (A/CONF.166/PC/17, Ziff. 7,8,9,11, vom 5. August 1994).

15 Das Expertentreffen hatte den Begriff folgendermaßen definiert:"In economic terms, employment is productive when it adds at least as much to social product as the income for which the worker is willing to work and when that income exceeds the level of absolute poverty. [...] So full and productive employment is the most effective method of combating poverty" (A/CONF.166/PC/9, Ziff. 6, vom 1. November 1993).

Insgesamt wurde diese PrepCom als produktives und erfolgreiches Arbeitstreffen bewertet, das erhebliche Fortschritte bei der Ausarbeitung der in Kopenhagen zu verabschiedenden Abschlußdokumente gebracht habe. Ernsthafte inhaltliche Differenzen traten nicht zutage, vielmehr lobten Beobachter den überraschend kooperativen Geist der Diskussion (ENB 1994: Vol. 10, No. 11, vom 14. Februar 1994). Dem Sekretariat des WSSD kam nun die Aufgabe zu, einen vollständigen vorläufigen Entwurf der Abschlußdokumente auszuformulieren und dem Vorbereitungsausschuß zuzuleiten. Dieser Entwurf sollte als Basis der Diskussion während der zweiten Sitzung des Vorbereitungsausschusses dienen.

4.2.2 PrepCom 2, New York, 22. August bis 2. September 1994

Während des zweiten Treffen des Vorbereitungsausschusses konnte auf den Bericht des dritten Expertentreffens zurückgegriffen werden, das inzwischen zum Thema „Bekämpfung der Armut" in Lusaka getagt hatte.[16] Vorgesehen war die Diskussion der Entwürfe der Abschlußdokumente, mit dem Ziel, ihrer endgültigen Formulierung ein gutes Stück näher zu kommen. Es kam aber anders: Statt konkrete inhaltliche Auseinandersetzungen über einzelne Bestandteile der Abschlußdokumente zu führen, stritten die Delegationen über die generelle Zielsetzung des Gipfels. Die Delegierten mußten sich zurück in die Phase des Agendasettings begeben, anstatt sich an die eigentlich anstehende Politikformulierung zu machen. Dieser Rückschritt hatte vor allem damit zu tun, daß es dem Sekretariat des Vorbereitungsausschusses nicht gelungen war, auf der Basis des sehr breiten Themenkataloges von PrepCom 1 konzise und verhandelbare Entwürfe der Abschlußdokumente zu erstellen. Knapp 250 Interventionen allein während der Verhandlung der vorliegenden Entwürfe der Abschlußdokumente verdeutlichten das Unbehagen der Delegationen mit den vorliegenden Entwürfen (ENB 1994: Vol. 10, No. 22, vom 05. September 1994).

Die Gründe für dieses Unbehagen lassen sich im wesentlichen auf die Schwammigkeit der vorliegenden Textentwürfe zurückführen. Eine Vielzahl von Delegationen bemängelte, daß, da die Abschlußdokumente versuchten, alles zu umfassen, sie letztlich keine politischen Aussagen beinhalten würden. Ferner fehlten klare Zeit- und Finanzierungsvorgaben ebenso wie deutliche Aussagen über die notwendigen Implementationsprozesse.[17] In der zweiten Woche der Sitzung kam die PrepCom schließlich doch voran: Eine spezielle Arbeitsgruppe unter Vorsitz Somavías legte einen Entwurf der Deklaration vor, der allgemein sehr wohlwollend aufgenommen wurde:

> "The initial reaction of delegates to this document was positive, although many thought it should be shortened. NGOs were seen smiling in the corridors

---

16 Der Abschlußbericht dieses Treffens findet sich in A/CONF.166/PC/17, vom 5. August 1994.
17 Mit einem Wort: Die Entwürfe enthielten zu viel Rhetorik und zu wenig Substanz - angesichts der in dieser Hinsicht geradezu notorischen UN-Dokumente eine bemerkenswerte Feststellung.

while reading 'this dream document.'" (ENB 1994: Vol. 10, No. 20, vom 31. August 1994).

Zum ersten Mal tauchten dort die Verpflichtungen auf, die später den Kern der Deklaration von Kopenhagen bilden sollten. Darüber hinaus vereinbarte der Vorbereitungsausschuß ein Zusatztreffen (Intersessional Meeting), das im Rahmen der UN-Vollversammlung im Oktober 1994 stattfinden sollte.

Während dieses Zusatztreffens wurde immer deutlicher, daß die Verhandlungen über die Deklaration entscheidend für den Erfolg des gesamten Vorbereitungsprozesses werden würden. Nur wenn hier eine Einigung erzielt würde, ließen sich die Konflikte über das viel umfangreichere Aktionsprogramm beilegen. Immer mehr konzentrierte sich das Wohl und Wehe des gesamten Gipfels also auf die Auseinandersetzungen in Somavías Arbeitsgruppe. Und in der Tat konnte diese substantiellen Fortschritt vermelden: Der Konsens über die Elemente, die die Deklaration beinhalten sollte, erweiterte sich zusehends. Um ihren gegenüber den üblichen Absichtserklärungen verbindlicheren Status als ernsthaft anzustrebende politische Ziele zu verdeutlichen, wurden sie in der für die UN-Weltkonferenzen innovativen Form der Verpflichtungen (Commitments) zusammengefaßt - obgleich auch von ihnen keinerlei rechtliche Bindungswirkung ausgehen sollte (A/CONF.166/PC/L.18, vom 31. August 1994).

4.2.3 PrepCom 3, New York, 16.-28. Januar 1995

Nachdem über den Inhalt der Deklaration im wesentlichen Einigung erzielt werden konnte, arbeitete das Sekretariat des Vorbereitungsausschusses in den folgenden Monaten einen neuen Entwurf der Abschlußdokumente aus, der auf der dritten Sitzung des Vorbereitungsausschusses im Januar 1995, also unmittelbar vor dem eigentlichen Gipfel im März verhandelt wurde. Während dieser Sitzung nahmen die Abschlußdokumente endgültig Gestalt an: In den zwei Sitzungswochen gelang es den erneut in New York versammelten Delegierten, über ca. 95% der Texte Einverständnis zu erzielen. Auf Anregung der G-77 und Chinas wurden die Deklaration und das Aktionsprogramm weiterhin unabhängig voneinander verhandelt. Zu den neun ursprünglichen Verpflichtungen, die während des intersessionellen Zusatztreffens vereinbart worden waren, kam auf Vorschlag der G-77 und Chinas eine zehnte, die sich mit Erziehung, Ausbildung und Kultur befassen sollte. Die genaue Formulierung dieser neuen Verpflichtung wurde aus verfahrenstechnischen Gründen jedoch dem eigentlichen Gipfel in Kopenhagen überlassen.

Weiterhin legte PrepCom 3 den endgültigen Ablaufplan des WSSD fest. Dieser sollte aus drei Teilen bestehen: Wie bei den Weltkonferenzen allgemein üblich einer Plenumsveranstaltung, in der Regierungsdelegationen, internationale Organisationen und Nichtregierungsorganisationen Statements zur sozialen Entwicklung der Welt abgeben, einem Hauptausschuß, in dem Regierungsdelegationen die Verhandlungen über den endgültigen Wortlaut der Abschlußdokumente führen sollten und dem eigentlichen Gipfel der Staats- und Regierungschefs, der für den 11. und 12. März vorgesehen war. Da bereits mehr als 90 Staats- und Regierungschefs ihre Teilnahme fest zugesagt hatten, galt der symbolische Erfolg des Gipfels in jedem Fall als gesichert (ENB 1995: Vol. 10, No. 36, vom 28. Februar 1995).

4.2.4 Konflikte während des Vorbereitungsprozesses

Die andauernden Konflikte während der Vorbereitung des Weltsozialgipfels lassen sich unterteilen in Auseinandersetzungen über die „Deklaration von Kopenhagen" und das eigentliche Aktionsprogramm des WSSD.[18] In der *Deklaration* blieben folgende Punkte umstritten, also geklammert:

- Schuldenerlaß - Hier konnte über einen Paragraphen keine Übereinstimmung erzielt werden, der sich für eine umfassende Lösung des Schuldenproblems der Entwicklungsländer ausspricht. Die in Klammern gesetzten Formulierungsvarianten betrafen praktisch jedes einzelne Wort:

"The World Summit for Social Development [...] calls for a [realistic], [effective], [equitable, development-oriented, durable] [and sustainable] solution [on all types of debt], through cancellation [or reduction] of bilateral debt" (ENB 1995: Vol. 10, No. 36, vom 31. Januar 1995).

- Öffentliche Entwicklungshilfe (ODA) - Hier ging es im wesentlichen um die im Kontext der Weltkonferenzen immer wieder diskutierte Frage, wie verbindlich welcher Anteil des Staatshaushalts entwickelter Länder als öffentliche Entwicklungshilfe an die Entwicklungsländer geleistet werden soll.
- Sozial- und Arbeitsstandards - Vor allem die EU befürwortete die Aufnahme von Sozial- und Arbeitsstandards gemäß den Richtlinien der Internationalen Arbeitsorganisation (ILO) in die Abschlußdokumente. Diese in Konventionen niedergelegten Standards betreffen etwa das Verbot von Kinderarbeit oder die Vereinigungsfreiheit von Arbeitnehmenden. Einige Entwicklungsländer wie Indien und China fürchteten, durch die Aufnahme entsprechender Bestimmungen in die Kopenhagener Deklaration diese Standards implizit anzuerkennen, obgleich sie die entsprechenden ILO-Konventionen gar nicht ratifiziert haben.
- Transitionsökonomien - Dieser Streitpunkt betraf die Frage, ob Staaten, deren politisches, soziales und wirtschaftliches System eine grundlegende Transformation durchläuft, eine besondere Gruppe mit speziellen Problemen darstellen, oder ob sie zur allgemeinen Gruppe der Entwicklungsländer zu rechnen sind. Vor allem die ehemals staatssozialistischen Länder des Ostblocks wie Rußland und Ungarn forderten die Anerkennung der besonderen Probleme der Transitionsökonomien durch einen eigenen Paragraphen in der Deklaration, während

---

18 Da die Deklaration eine äußerst komprimierte Fassung des Aktionsprogramms darstellt, tauchen viele Konflikte dort ebenfalls auf, ohne erneut gesondert erwähnt zu werden.

die G-77 und China einen Paragraphen, der alle von sozialen Entkopplungsprozessen betroffenen Staaten aufzählt, für ausreichend hielten.

Die Diskussionen über das *Aktionsprogramm* lassen sich in zwei Gruppen einteilen:
* Zum einen die Wiederaufnahme von Auseinandersetzungen über bereits verabschiedete Forderungen bzw. Konzepte. Hierbei handelt es sich um Streitpunkte wie etwa die Formulierung des Konzepts reproduktiver Gesundheit oder der Erscheinungsformen der Familie, die bereits während der Weltbevölkerungskonferenz im Jahr zuvor heiß umstritten gewesen waren. In den meisten dieser Fälle gelang es, die Diskussionen unter Verweis auf die entsprechenden Präzedenzfälle zu beenden bzw. auf den Gipfel selbst zu vertagen. Allerdings stieß umgekehrt jeder Versuch, über bereits verabschiedete Formulierungen hinausgehende Vorstellungen in die Abschlußdokumente einzuarbeiten, auf heftigsten Widerstand. Die Diskussion über sogenannte "agreed language" sollte zwei Monate später zu den langwierigsten Konflikten während des Gipfels gehören.
* Zum anderen Auseinandersetzungen über spezifische Inhalte des Weltsozialgipfels. Hier ist vor allem der Streit über die sogenannte 20/20-Initiative zu nennen.[19] Obgleich Industriestaaten und Entwicklungsländer dieser Initiative gleichermaßen kritisch gegenüberstanden, wurden entsprechende Formulierungen in den Entwurf der Abschlußdokumente aufgenommen. Weitere in diesem Kontext erwähnenswerte Streitpunkte betrafen Vorschläge zur Einrichtung eines Internationalen Entwicklungsfonds bzw. die Einführung globaler Steuern zur Begrenzung spekulativer Kapitalbewegungen (beispielsweise die sogenannte Tobin-Tax). In beiden Fällen konnte keine Einigung erzielt werden, so daß die entsprechenden Passagen geklammert blieben.

4.3 Der Weltsozialgipfel in Kopenhagen

Der WSSD begann am 6. März 1995 mit der Eröffnungsrede des UN-Generalsekretärs Boutros-Ghali. Er forderte die Gipfelteilnehmer dazu auf, in Kopenhagen klarzumachen, daß die internationale Staatengemeinschaft sich entschieden dafür einsetze, soziale Ungerechtigkeit, Exklusion und Armut zu beseitigen.[20] Anschliessend wählten die Delegationen den dänischen Ministerpräsidenten Rasmussen zum Präsidenten der Konferenz. In seiner Eröffnungsansprache betonte er zum einen,

---

19 Die 20/20-Initiative sollte ursprünglich dazu dienen, in einem bestimmten Zeitraum (gedacht war an die Dekade von 1995 bis 2005) die primären menschlichen Grundbedürfnisse in den an der Initiative teilnehmenden Entwicklungsländern zu befriedigen. Zu diesem Zweck sollen jeweils 20% der öffentlichen Entwicklungshilfe und 20% seiner Staatsausgaben für soziale Zwecke eingesetzt werden, vgl. Gsänger (1995).
20 Daneben verdeutlichte Boutros-Ghali auch die von den UN gesehene Kontinuität der Weltkonferenzen:"At Rio we debated the relationship between the human being and the environment. At Vienna we looked at the human being as the bearer of rights. The human person as a collective being was the theme of the Cairo Population Conference. And once more, the human person - this time through the rights and status of women - will bring us together next September, at Beijing" (A/CONF.166/9, Annex II: Opening Statements, vom 19. April 1995).

daß die Sicherheit der Menschen die Sicherheit der Staaten als bedeutendsten Punkt der internationalen Agenda abgelöst hätte und zum anderen, daß die wahre Bedeutung des WSSD erst im Folgeprozeß deutlich werden würde.

Anschließend begannen die Regierungsdelegationen ihre Stellungnahmen im Plenum vorzutragen, während sich das eigentliche Verhandlungsorgan, der Hauptausschuß, der Klärung der verbliebenen Streitpunkte zuwandte. Um die Verhandlungen zu entzerren, setzte der zum Vorsitzenden des Hauptauschusses gewählte Somavía spezielle Verhandlungsgruppen ein:

- Eine Arbeitsgruppe befaßte sich mit der Formulierung der zusätzlichen Verpflichtung, die gemäß den Beschlüssen von PrepCom 3 mit in die Deklaration aufgenommen werden sollte. Inhalt dieser Verpflichtung sollte die besondere Betonung der Bedeutung von Erziehung und Ausbildung im Kontext nachhaltiger menschlicher Entwicklung sein.
- Eine Kontaktgruppe befaßte sich mit der Frage finanzieller Ressourcen.
- Eine weitere Kontaktgruppe diskutierte zum einen den Status und die Zusammensetzung der Familie und zum anderen die offenen Punkte des Entwurfs des Aktionsprogramms in den Kapiteln 2 (Beseitigung der Armut), 3 (Ausweitung produktiver Beschäftigung) und 4 (Soziale Integration).
- Schließlich berief Somavía eine beratende Gruppe zu Rechtsfragen. Diese Gruppe hatte in erster Linie die Aufgabe, die Abschlußdokumente auf ihre Kompatibilität mit bereits verabschiedeten Dokumenten hin zu überprüfen, insbesondere da, wo es um die Formulierung und Festschreibung von Rechten ging.[21]

Der Hauptausschuß selbst befaßte sich mit den geklammerten Passagen im Deklarationsentwurf und den Kapiteln 1 ("An Enabling Environment for Social Development") und 5 ("Implementation and Follow-up") des Entwurfs des Aktionsprogramms. Im Verlauf der Verhandlungen sollten sich die verschiedenen Arbeitsgruppen als sehr hilfreich erweisen, da es durch ihr paralleles Arbeiten möglich wurde, alle Streitpunkte angemessen zu behandeln und wechselseitige Blockaden zu verhindern.

4.3.1 Verhandlungen und Streitpunkte I: Verhandlungsverlauf

Laut Aussage Somavías war es PrepCom 3 gelungen, etwa 90% des Textes der Abschlußdokumente konsensuell zu beschließen (ENB 1995: Vol. 10, No. 36, 28. Februar 1995). Bei insgesamt ca. 90 Seiten Text bedeutete dies noch knapp 10 Seiten Verhandlungsmasse, die in einer Woche allseits konsensfähig zu machen waren. Der Hauptausschuß erledigte diese Arbeit konzentriert und effizient: Nach nur vier

---

21 Angesichts der raschen Abfolge der Weltkonferenzen in der ersten Hälfte der 1990er Jahre gewann diese Überprüfung zunehmend an Bedeutung, um Inkonsistenzen der „UN-Sprache" zu vermeiden.

Verhandlungstagen waren von den 120 geklammerten Passagen, mit denen die Textentwürfe nach Kopenhagen verschifft worden waren, nicht mehr als 10 strittige Punkte übrig geblieben (ENB 1995: Vol. 10, No. 41, vom 9. März 1995).

Für die *Deklaration* bedeutete dies, daß sie bis auf eine einzige Streitfrage „sauber" war. Die aus dem Vorbereitungsprozeß übrig gebliebenen Kontroversen über Schuldenerlaß, Sozial- und Arbeitsstandards und Transitionsökonomien ließen sich rasch beilegen. Dagegen gelang es dem Hauptausschuß zunächst nicht, sich über Formulierungen betreffend die Höhe öffentlicher Entwicklungshilfe zu einigen.

• In der Frage des Schuldenerlasses gelang der Kontaktgruppe eine Kompromißformulierung, die nach allgemeiner Einschätzung über die in UN-Dokumenten zu diesem Thema sonst übliche Rhetorik hinausging. In der Verpflichtung, die sich mit der besonderen Situation Afrikas und der wenigsten entwickelten Länder befaßt, sagt die internationale Staatengemeinschaft zu, daß sie die vom Schuldenproblem betroffenen Staaten in besonderem Maß und vor allem effektiver als bisher unterstützen will.[22]

• In der Frage der Verankerung von ILO-Standards in der Deklaration gelang der Kompromiß auf der Grundlage einer Formulierung, die den Regierungen empfiehlt, den entsprechenden ILO-Konventionen zwar „Respekt" entgegenzubringen, sie aber nicht explizit zu ihrer Einhaltung verpflichtet.[23] Dieses „Lieblingsprojekt der EU" konnte gegen den Widerstand asiatischer Schwellenländer, darunter Indonesien, Malaysia, Indien und China, umgesetzt werden (Ludermann 1995: 62).

• Relativ einfach konnte in der Frage einer gesonderten Erwähnung der speziellen Probleme von Transitionsökonomien Einigung erzielt werden. Die Deklaration erwähnt nun in den Paragraphen 17-19 nacheinander a) die Entwicklungsländer generell, b) Afrika und die am wenigsten entwickelten Länder, c) friedens- und demokratiekonsolidierende Länder, d) die Transformationsländer und e) "[o]ther countries that are undergoing fundamental political, economic and social transformation" und stellte damit offenbar alle Bedürfnisse zufrieden (A/CONF.166/9, Kap. 1, Annex 1, Deklaration §19, vom 19. April 1995).

---

22 Zu den in diesem Zusammenhang angesprochenen Mitteln und Zielen gehören "effective, development-oriented and durable solutions to external debt problems, through the immediate implementation of the terms of debt forgiveness agreed upon in the Paris Club in December 1994, which encompass debt reduction, including cancellation or other debt-relief measures; invite the international financial institutions to examine innovative approaches to assist low-income countries with a high proportion of multilateral debt, with a view to alleviating their debt burdens; and develop techniques of debt conversion applied to social development programmes and projects in conformity with Summit priorities" (A/CONF.166/9, Kap. 1, Annex 1, Commitment 7(c), vom 19. April 1995). Als Besonderheit wird hierbei u.a. gewertet, daß die Deklaration nicht bloß die übliche Forderung nach einem generellen Schuldenerlaß enthält, sondern darüber hinaus andere schuldenerleichternde Maßnahmen erwähnt - freilich ohne diese allzu genau zu spezifizieren (SOC/COP/MC/3, vom 10. März 1995).

23 Der betreffende Paragraph lautet:"Pursue the goal of ensuring quality jobs, and safeguard the basic rights and interests of workers and to this end, freely promote respect for relevant International Labour Organization conventions, including those on the prohibition of forced and child labour, the freedom of association, the right to organize and bargain collectively, and the principle of non-discrimination" (A/CONF.166/9, Kap. 1, Annex 1, Commitment 3(i), vom 19. April 1995).

- Die - im Rahmen der Verhandlungen bei den in dieser Arbeit untersuchten Weltkonferenzen üblicherweise zu beobachtende - Auseinandersetzung über die von den Industriestaaten zu leistende öffentliche Entwicklungshilfe wurde in Kopenhagen zusätzlich dadurch kompliziert, daß von seiten der Entwicklungsländer unter explizitem Bezug auf die Weltmenschenrechtskonferenz ein kollektives Recht auf Entwicklung eingefordert wurde.[24] Aus diesem Recht wurde ein Anspruch auf Entwicklungshilfe abgeleitet, der die Industriestaaten zu besonders hartnäckigem Verhandeln in allen Formulierungen betreffend deren Verbindlichkeit animierte (Klingebiel 1996a: 211-212). Daher gelang die Kompromißfindung in diesem Punkt zunächst nicht.

Bezogen auf das *Aktionsprogramm* verblieb als wesentlicher Streitpunkt die 20/20-Initiative, die zunehmend zur „Manövriermasse" im Kontext anderer Konflikte wurde. Im Rahmen einer Art Gesamtpaket hatte die G-77 zu Konferenzbeginn überraschend ihre Unterstützung für diese Initiative angekündigt, sofern im Gegenzug bestimmte Forderungen etwa nach einem generellen Schuldenerlaß für Entwicklungsländer und der Einrichtung eines Entwicklungsfonds im UN-System erfüllt würden. Obwohl ein nicht unbeträchtlicher Teil der Industriestaaten die 20/20-Initiative als solche begrüßte, stellte sich bei den Verhandlungen schnell heraus, daß die Forderungen der Entwicklungsländer von den meisten Industriestaaten nicht unterstützt wurden. Der geforderte umfassende Schuldenerlaß war vor allem für die USA inakzeptabel, während die deutsche Delegation die Einrichtung eines Entwicklungsfonds mit der Begründung, „damit würde nur ein zusätzliches Gremium geschaffen, um dieselbe Menge Geld zu verteilen" (Ludermann 1965: 60) ablehnte.[25]

Angesichts dieses Widerstands zerfiel die Gruppe der Befürworter der 20/20-Initiative innerhalb der G-77. Nun sprach sich u.a. die indische Delegation gegen die Initiative aus, da Indien zum einen ohnehin einen entsprechenden Anteil des Staatshaushalts in die soziale Sicherung investiere und zum anderen die mit der Festschreibung in den Abschlußdokumenten verbundene Konditionierung der Verwendung von Entwicklungshilfe ablehne. Unterstützung fand diese Position auch bei einigen Industriestaaten wie Frankreich, Schweden, Finnland und Großbritannien, die darauf hinwiesen, daß eine eindeutige Definition sozialer Ausgaben im Sinne der Initiative ohnehin nicht möglich und damit ihr Scheitern vorprogrammiert sei (Gsänger 1995: 67; Ludermann 1995: 60-61). Die entsprechenden Formulierungen

---

24 Im Abschlußdokument der Weltmenschenrechtskonferenz wird allerdings nur vom individuellen Recht auf Entwicklung gesprochen (s. das Kapitel über die WCHR).
25 Die Idee, einen Entwicklungsfonds einzurichten, der sich u.a. aus einer Finanztransaktionssteuer (etwa der Tobin-Tax) finanzieren sollte, stammte ursprünglich aus dem UN-System selbst (Ludermann 1995: 58; Martens 1994: 204-205). Ihrer Streichung aus den Abschlußdokumenten des WSSD wurde erst zugestimmt, nachdem in den Bericht über den Gipfel ein Passus aufgenommen wurde, der die Thematisierung dieses Fonds im Rahmen der ECOSOC-Tagung 1995 anmahnte (A/CONF.166/9, Kapitel IV, Ziff. 14, vom 19. April 1995).

im Aktionsprogramm lassen jedoch freiwillige Vereinbarungen zwischen Gebern und Empfängern von Entwicklungshilfe durchaus zu.[26]

Weitere nennenswerte Kontroversen über den Inhalt des Aktionsprogramms betrafen vor allem Auseinandersetzungen, die während der Verhandlungen in Kopenhagen wieder aufgegriffen wurden. Stellvertretend dafür sei folgende Debatte genannt: Mit Blick auf das Kapitel 2 des Aktionsprogramms, das sich der Beseitigung der Armut widmet, gab es eine Kontroverse über den Begriff reproduktive Gesundheit, die zurückverwies auf die entsprechenden Debatten während der ICPD. Saudi-Arabien, das nicht an der ICPD teilgenommen hatte, forderte einen besonderen Hinweis auf kulturelle Werte und religiöse Überzeugungen im Paragraphen 37(d), der den Zugang sozial Schwacher zu "primary health-care services consistent with the Programme of Action of the International Conference on Population and Development" thematisiert (A/CONF.166/9, Kap. 1, Annex 2, §37(d), vom 19. April 1995). Unterstützt wurde Saudi-Arabien dabei von den Vereinigten Arabischen Emiraten und dem Sudan. Mit dem Argument, alte Diskussionen nicht neu eröffnen zu wollen und dem Verweis darauf, daß an anderer Stelle der Abschlußdokumente kulturelle und religiöse Vorbehalte angesprochen würden, sprachen sich die USA, Norwegen, Malta, Iran, der Vatikan und Ägypten gegen einen solchen speziellen Hinweis an dieser Stelle aus - eine in dieser Konstellation wohl einmalige Koalition (ENB 1995: Vol 10, No. 41, vom 9. März 1995).

4.3.2 Verhandlungen und Streitpunkte II: Die wichtigsten Konfliktgegenstände

Obwohl, wie dargestellt, in den meisten Streitfragen relativ rasch Einigung erzielt werden konnte, blieben nach wie vor einige Konflikte bis unmittelbar vor Verhandlungsende ungelöst. Erst in der Nacht vom 9. auf den 10. März 1995 gelang es den Delegationen, auch für diese Punkte Kompromißformulierungen zu finden, die eine einmütige Verabschiedung der Abschlußdokumente im Hauptausschuß möglich machten (ENB 1995: Vol. 10, No. 42, vom 11. März 1995). Als einer Kompromißfindung am wenigsten zugänglich erwiesen sich folgende Punkte in den Abschlußdokumenten:
- Im Kapitel 1 des Aktionsprogramms waren die Paragraphen 11(h), 17 und 17(a) umstritten. In §11(h) wurde generell die Erhöhung öffentlicher Entwicklungshilfe gefordert und speziell die bereits mehrfach im UN-System angemahnte Zielvorgabe eines Transfers von 0,7% des BSP als öffentliche Entwicklungshilfe der Industriestaaten an die Entwicklungsländer wiederholt. Hiergegen wandten sich -

---

26   Dazu heißt es nun im Aktionsprogramm:"Implementation of the Declaration and the Programme of Action in developing countries, in particular in Africa and the least developed countries, will need additional financial resources and more effective development cooperation and assistance. This will require: [...] Agreeing on a mutual commitment between interested developed and developing country partners to allocate, on average, 20 per cent of ODA and 20 per cent of the national budget, respectively, to basic social programmes" (A/CONF.166/9, Kap. 1, Annex 2, §88(c), vom 19. April 1995).

wie in vergleichbaren Fällen - vor allem die USA, die die erwähnte Zielvorgabe nicht akzeptieren.[27] Die umstrittenen Punkte in den §§17 und 17(a) betrafen eine Formulierung, nach der internationale Unterstützungsmaßnahmen nationaler Entwicklungsprojekte im Einklang mit völkerrechtlichen Prinzipien, insbesondere dem der Souveränität, zu stehen hätten (SOC/COP/MC/3, vom 10. März 1995). Die G-77 und China wandten sich entschieden gegen jede Formulierung, die im Kontext der (oder gar als Voraussetzung für die) Gewährung internationaler Unterstützung als Aufweichung der nationalen Souveränität interpretiert werden könnte. Mithin setzte sich hier die bereits von der WCHR bekannte Debatte über die Konditionierung internationaler Hilfsmaßnahmen fort.

• Im Kapitel 5 des Aktionsprogramms betraf der Streit den §90(f), in dem die Gläubigerländer dazu aufgefordert werden, die Last der Schuldnerländer zu vermindern und sie dabei zu unterstützen, anhaltendes ökonomisches Wachstum und gleichzeitig nachhaltige Entwicklung zu erreichen.[28] Hier wandten sich die USA gegen die Formulierung, aus der zwar die Gleichrangigkeit der Ziele, nicht aber ihre Interdependenz zu erkennen sei. Statt dessen forderten sie die eindeutige Bindung des ökonomischen Wachstums an das Prinzip nachhaltige Entwicklung (Ludermann 1995: 65). Dagegen erhoben die G-77 und China Einwände, die jede Form von Konditionierung der ökonomischen Entwicklung kategorisch mit dem Argument ablehnten, daß wirtschaftliches Wachstum der Nachhaltigkeit in vielen Fällen vorgeordnet sei und daher auch ohne die permanente Berücksichtigung ökologischer Gesichtspunkte möglich sein müsse.

• In der Verpflichtung 10(d) der Deklaration stand die Formulierung zur Debatte, wonach von unilateralen Strafmaßnahmen abzusehen sei, sofern diese die ökonomische und soziale Entwicklung eines Landes beeinträchtigten. Diese Formulierung wurde insbesondere von Kuba verteidigt, daß genau diesen Vorwurf gegen die von den USA über das Regime Fídel Castros verhängten Handelssanktionen erhebt. Diese Position wurde von der G-77 und China unterstützt, erwartungsgemäß von den USA jedoch abgelehnt.

4.3.3 Verhandlungen und Streitpunkte III: Protokollierte Stellungnahmen

Wie bei sämtlichen in dieser Arbeit analysierten Konferenzen gelang es zwar, die strittigen Passagen so zu formulieren, daß alle Staaten den Abschlußdokumenten zustimmen konnten. Jedoch nahmen die nicht mit den Formulierungen einverstandenen Delegationen wie üblich die Möglichkeit wahr, ihre Vorbehalte und Stellungnahmen zu Protokoll zu geben. Im Fall des Weltsozialgipfels waren dies Argentinien, Aserbaidschan, Costa Rica, Guatemala, Irak, Katar, Libyen, Malta, Oman, Saudi

---

27 Gleiches galt für jede Erwähnung des 0,7%-Zieles in den Abschlußdokumenten des WSSD, also auch in der entsprechenden Verpflichtung der Kopenhagener Deklaration.
28 Im Original lautet die Formulierung "sustained economic growth and sustainable development" (A/CONF.166/9, Kap. 1, Annex 2, §90(f), vom 19. April 1995).

Arabien, die USA, der Vatikan und die Vereinigten Arabischen Emirate (A/CONF.166/9, Kapitel V, vom 19. April 1995).
- Argentinien, Guatemala, Malta und der Vatikan äußerten Vorbehalte gegen die Übernahme von Termini aus dem Abschlußprogramm der ICPD. Dazu zählten Begriffe bzw. Konzepte wie reproduktive Gesundheit, Familienplanung, Formen der Familie und Gesundheitserziehung. Die Delegationen wiederholten ihre von der ICPD bekannten Argumente gegen die Verwendung dieser Begriffe, insbesondere die Verweise auf die Ablehnung von Abtreibungen als Mittel der Familienplanung und mögliche Variationen von Familienformen jenseits der ehelichen Verbindung von Mann und Frau, aus der Kinder entstehen.
- Aserbaidschan äußerte einen Vorbehalt dagegen, daß in Bezug auf die Situation von Völkern unter Fremdherrschaft die Formulierungen der Abschlußdokumente von Kopenhagen nicht exakt denjenigen der Abschlußdokumente der Weltmenschenrechtskonferenz entsprächen.
- Costa Ricas Vorbehalt bezog sich auf Formulierungen in den Abschlußdokumenten, die sich mit militärischen Ausgaben befaßten. Hier forderte die Delegation Aussagen, aus denen deutlicher hervorgehen sollte, daß Mittel für militärische Ausgaben in jedem Fall besser in die soziale Entwicklung der Bevölkerung investiert werden sollten und daß Konflikte in jedem Fall durch Verhandlungen, Dialog und das Streben nach einem Konsens zu lösen seien.
- Der Irak beklagte, daß die Frage des "brain drain" nicht ausreichend behandelt würde und legte diesbezüglich einen Vorbehalt ein, ebenso wie in der Frage der Auswirkung ökonomischer Sanktionen für die soziale Entwicklung von ohnehin wenig entwickelten Staaten.
- Libyen, Oman, Katar, Saudi-Arabien und die Vereinigten Arabischen Emirate machten die Umsetzung der Beschlüsse der Abschlußdokumente von ihrer Übereinstimmung mit nationalem Recht und islamischer Tradition abhängig.
- Die USA bezogen sich in ihrer umfangreichen Stellungnahme auf zahlreiche Punkte in den Abschlußdokumenten. Grundsätzlich bemerkten die USA, daß es sich prinzipiell um Empfehlungen handle, wie Staaten soziale Entwicklung befördern könnten und sollten. Die wichtigsten spezifischen Interpretationen bezogen sich auf die Formulierung "equal remuneration for men and women for work of equal value" im §54(b) des Aktionsprogramms, die von den USA so interpretiert wird, daß damit das Prinzip gleiche Bezahlung für gleiche Arbeit gemeint ist und auf die primäre Verantwortung der Regierungen für soziale Entwicklung, womit eine Umwelt gemeint ist, in der alle Menschenrechte und fundamentalen Freiheiten gefördert und gesichert werden, so daß alle Menschen ihr volles Potential entfalten könnten. Gegen die Festlegung der Höhe öffentlicher Entwicklungshilfe legten die USA aufgrund von "domestic funding constraints" einen Vorbehalt ein.

Aus diesen Vorbehalten wird deutlich, daß die eigentlichen Inhalte des Weltsozialgipfels, namentlich die Förderung sozialer Integration, die Bekämpfung der Armut und die Ausweitung produktiver Beschäftigung, relativ unumstritten waren. Die genannten Vorbehalte richten sich zum großen Teil gegen Konzepte, die ursprünglich in ganz anderen Kontexten zur Debatte standen. So spielt der gesamte Themenkomplex Bevölkerungsentwicklung auch im Zusammenhang mit nachhaltiger menschlicher Entwicklung eine große Rolle, war eigentlich aber auf der ICPD im Jahr zuvor verhandelt worden. Die Vorbehalte Argentiniens, Guatemalas, Katars, Libyens, Maltas, Omans, Saudi-Arabiens, des Vatikans und der Vereinigten Arabischen Emirate fallen in diese Kategorie. Es bildete sich hier also erneut die bereits bekannte Koalition aus einigen überwiegend katholisch und islamisch geprägten Staaten. Der Vorbehalt der USA gegen die Festschreibung eines offiziellen ODA-Zieles griff wiederum die von der UNCED bekannte Position der US-Regierung auf.

Das eigentlich für den WSSD zentrale Problem nachhaltiger menschlicher Entwicklung wurde nur in den Stellungnahmen Costa Ricas und des Irak gezielt angesprochen. Dabei verwies Costa Rica auf die Kontroverse über die sogenannte Friedensdividende, also die infolge des Endes des Ost-West-Konflikts eingesparten Mittel in den Rüstungsetats, die gemäß den Forderungen vieler Akteure in soziale Entwicklung investiert werden sollten. Die irakische Stellungnahme thematisiert die Debatte über die Abwerbung qualifizierter Arbeitskräfte aus den Entwicklungsländern durch Unternehmen, die im entwickelten Teil der Welt produzieren. Um solche entwicklungsrelevanten Vorgänge zu regeln, wurde im Vorfeld des Gipfels u.a. von etlichen NGOs eine „Weltsozialcharta" vorgeschlagen, die aber aufgrund allgemeiner Zurückhaltung der staatlichen Delegationen bezüglich Regulierungsfragen auf globaler Ebene von keiner Seite ernsthaft verfolgt wurde.[29]

Konfliktbezeichnung	*Konfliktgegenstände*	*Konfliktakteure*
Finanzierungsfragen	Öffentliche Entwicklungshilfe, Schuldenerlaß	OECD-Staaten (v.a. USA) vs. G-77
Regulierungsfragen	Wirtschafts- und Sozialstandards, 20/20-Initiative, Tobin-Steuer	OECD-Staaten (v.a. EU) vs. G-77 (v.a. Schwellenländer)
Wiederaufgenommene Debatten	Stellung der Frau und der Familie	Vatikan und Gleichgesinnte vs. OECD-Staaten und G-77

Tab. 5: Zusammenfassung der wichtigsten Konflikte während des WSSD

---

29 Zahlreiche NGOs stimmten inhaltlich diesen Positionen und auch der damit verbundenen Kritik an der Schwerpunktsetzung der Debatten während des WSSD zu, vgl. Gsänger (1995: 63) und Klingebiel (1996a: 211).

4.4 Die Ergebnisse des WSSD

Zwei Abschlußdokumente wurden am 12. März 1995 feierlich von den 118 nach Kopenhagen angereisten Staats- und Regierungschefs unterzeichnet. Dies waren:
1. Die „Kopenhagener Deklaration", die eine Kurzfassung des Aktionsprogramms darstellt und darüber hinaus 10 sogenannte Verpflichtungen enthält.
2. Das Aktionsprogramm des Weltsozialgipfels, das in fünf Kapiteln mit 100 Paragraphen die in der Deklaration genannten Bereiche sozialer Entwicklung genauer analysiert.

Die Kopenhagener Deklaration

Die „Kopenhagener Deklaration über soziale Entwicklung" (im folgenden abgekürzt als Dekl.) besteht aus einer Präambel und drei Teilen. In der Präambel wird explizit betont, daß sich in Kopenhagen zum ersten Mal Staats- und Regierungschefs dezidiert mit den Problemen sozialer Entwicklung und allgemeiner Wohlfahrt befaßt hätten (Dekl. §1). Als wichtigste Herausforderungen werden in diesem Kontext Armut, Arbeitslosigkeit und soziale Ausgrenzung genannt (Dekl. §2).

Im Teil A wird die aktuelle globale Situation mit Blick auf soziale Wohlfahrt und Entwicklung beleuchtet. Verwiesen wird zunächst auf die sich weltweit vergrößernde Kluft zwischen Arm und Reich (Dekl. §13). Anschließend werden Globalisierungsprozesse erörtert, die neue Chancen nachhaltigen ökonomischen Wachstums eröffneten, gleichzeitig aber auch die Krisenerscheinungen Armut, Arbeitslosigkeit und soziale Ausgrenzung weiter verschärften (Dekl. §14). Diese werden einerseits - normativ - als Beleidigung der menschlichen Würde gesehen und andererseits - analytisch - als effizienzmindernde Behinderungen der ökonomischen Entwicklung interpretiert (Dekl. §23).

Unter welchen Rahmenbedingungen dies geschehen soll, wird im Teil B ("Principles and Goals") erörtert. Dabei wird besonders darauf abgehoben, daß bei allen aufgeführten Maßnahmen die Beachtung religiöser, ethnischer und kultureller Vielfalt zu berücksichtigen sei (Dekl. §25). Weiterhin sei die Verbesserung der sozialen Situation nicht allein durch staatliches Handeln zu erreichen, sondern bedürfe der Einbeziehung von Akteuren auf allen relevanten politischen Ebenen, von der internationalen Staatengemeinschaft bis hin zu regionalen und lokalen Gruppen. Explizit wird in diesem Zusammenhang auf die wachsende Bedeutung zivilgesellschaftlicher Akteure wie NGOs verwiesen (Dekl. §27).

Der Teil C umfaßt zehn Verpflichtungen ("Commitments"), auf die sich die Gipfelteilnehmer als Maßstäbe ihrer Politik zur Beförderung sozialer Entwicklung einigten.[30] Demnach verpflichten sich die Unterzeichnerstaaten dazu,

---

30 Vgl. hierzu Klingebiel (1996a: 210) und Ludermann (1995: 60).

1. ein Umfeld zu schaffen, das alle Menschen in die Lage versetzt, soziale Entwicklung zu erreichen;
2. das Ziel der weltweiten Beseitigung der Armut energisch zu verfolgen;
3. das Ziel der vollständigen Beschäftigung zu verfolgen, um allen Männern und Frauen ein sicheres und nachhaltiges Auskommen durch die Ausübung einer frei gewählten produktiven Beschäftigung zu ermöglichen;
4. soziale Integration durch den Aufbau stabiler, sicherer und gerechter Gesellschaften zu fördern;
5. die uneingeschränkte Achtung der Menschenwürde zu fördern und die Gleichberechtigung und Gleichbehandlung von Männern und Frauen schnellstmöglich herbeizuführen;
6. die Ziele des allgemeinen und gerechten Zugangs zu einer guten Bildung, des höchsten erreichbaren körperlichen und geistigen Gesundheitszustands und des Zugangs aller Menschen zur gesundheitlichen Grundversorgung zu fördern;
7. die wirtschaftliche und soziale Entwicklung Afrikas und der am wenigsten entwickelten Länder zu beschleunigen;
8. sicherzustellen, daß bei der Vereinbarung von Strukturanpassungsprogrammen auf die Einbeziehung von Zielen sozialer Entwicklung geachtet wird;
9. die für soziale Entwicklung aufgewendeten Mittel zu erhöhen und/oder effizienter einzusetzen;
10. die Zusammenarbeit auf allen politischen Ebenen im Dienste der sozialen Entwicklung zu verbessern.

Das Aktionsprogramm des WSSD

Das Aktionsprogramm (im folgenden abgekürzt als AP-WSSD) besteht insgesamt aus fünf Teilen. Die drei zentralen Kapitel setzen sich mit den inhaltlichen Gipfelschwerpunkten Bekämpfung der Armut, Reduzierung der Arbeitslosigkeit und Förderung sozialer Integration auseinander. Vorangestellt ist diesen Kapiteln eine Einleitung, die sich mit der Frage möglichst günstiger Rahmenbedingungen für soziale Entwicklung beschäftigt. Der Schlußteil widmet sich den Bedingungen der Implementation und dem notwendigen Folgeprozeß. Die einzelnen Kapitel des Aktionsprogramms gliedern sich jeweils in einen ersten Teil, in dem die Handlungsgrundlagen und die Handlungsziele ausgeführt werden und einen zweiten Teil, der konkrete Handlungsempfehlungen enthält.

Zu den wichtigsten Punkten der Einleitung zählt der Verweis darauf, daß marktförmige Regelungen mitunter kollektiv nicht wünschenswerte Ergebnisse erzielen und es daher öffentlicher Politiken bedürfe, die Marktversagen korrigieren und national wie international nachhaltiges und anhaltendes Wachstum förderten. Daneben wird die Bedeutung demokratischer Institutionen für gelungene soziale Entwicklung thematisiert. Als Bestandteile einer entsprechenden sozialen Umwelt werden folgende Elemente aufgezählt: Demokratische Institutionen, Respekt für alle Menschenrechte und fundamentale Freiheiten, ökonomische Chancengleichheit, Rechtsstaatlichkeit, die Förderung des Respekts für kulturelle Differenz und Minderheitenrechte sowie die aktive Einbeziehung der Zivilgesellschaft (AP-WSSD §7).

Das zweite Kapitel ("Eradication of Poverty") behandelt das Problem der Armut, die vor allem als Mangelerscheinung begriffen wird, angefangen mit dem Mangel an Nahrungsmitteln bis zu mangelnden politischen Partizipationsmöglichkeiten (AP-WSSD §19). Dementsprechend wird Armut auch nicht als auf Entwicklungsländer beschränktes Problem betrachtet. Vielmehr seien verschiedene Formen der Armut in jeder Gesellschaft nachweisbar, so daß Armut eine Herausforderung der gesamten internationalen Staatengemeinschaft darstelle (AP-WSSD §26d). Armutsbekämpfung müsse sowohl staatliches Handeln „von oben" wie auch die aktive Partizipation gerade der von Armut in besonderem Maße betroffenen gesellschaftlichen Akteure umfassen. Besondere Aufmerksamkeit solle dabei benachteiligten Gruppen wie materiell Bedürftigen, Frauen, Jungen, Alten und Behinderten gelten.

Das dritte Kapitel ("Expansion of Productive Employment and Reduction of Unemployment") nennt die Herstellung von Vollbeschäftigung, womit angemessen entlohnte Vollzeitarbeit gemeint ist, als wichtiges Ziel politischen Handelns (AP-WSSD §42). Ausgehend von der Feststellung, daß unbezahlte Arbeit in vielfacher Hinsicht zur gesellschaftlichen Integration und Reproduktion beitrage, wird ihre Sichtbarmachung durch Ausweis in amtlichen Statistiken gefordert (AP-WSSD §46). Zu den genannten Maßnahmen mit dem Ziel der Herstellung von Vollbeschäftigung zählen u.a. entsprechende politische Schwerpunktsetzungen in den Bereichen Ausbildung, Weiterbildung und Arbeitsmarktpolitik. Abschließend wird in diesem Kapitel ein erweitertes Verständnis der Begriffe Arbeit und Beschäftigung angemahnt, das den wichtigen Beitrag unbezahlter, vor allem von Frauen geleisteter Arbeit zur sozialen Wohlfahrt anerkennt.

Im vierten Kapitel ("Social Integration") geht es um die Integration der Gesellschaft, worunter folgendes verstanden wird:"The aim of social integration is to create "a society for all", in which every individual, each with rights and responsibilities, has an active role to play" (AP-WSSD §66). Dementsprechende Maßnahmen umfassen u.a. die Etablierung responsiver Regierungen, die die volle Beteiligung aller Mitglieder der Gesellschaft am politischen Prozeß fördern sollen, die Bekämpfung diskriminierender sozialer, ökonomischer und politischer Praktiken und die Förderung von Toleranz und Respekt für den Wert der Differenz. Darüber hinaus benennt dieses Kapitel die Bekämpfung von Gewalt und Kriminalität, vor allem von Drogenkriminalität, als vorrangige Aufgabe sozialer Integration. Schließlich wird die Familie als die Grundeinheit der Gesellschaft definiert, die speziellen Schutz und Unterstützung erhalten soll.

Das fünfte Kapitel ("Implementation and Follow-up") widmet sich der Umsetzung der in den vorhergehenden Kapiteln formulierten Maßnahmen. Dabei wird explizit die Einbeziehung der zivilgesellschaftlicher Akteure gefordert. Um die Programme finanzieren zu können, sollen u.a. die Ausgaben für militärische Zwecke gesenkt und gleichzeitig die Ausgaben für soziale Zwecke erhöht werden - sofern die nationale Sicherheit dies erlaube (AP-WSSD §87b). Weiterhin werden interessierte Geber- und Empfängerländer aufgefordert, jeweils 20% der öffentlichen Entwicklungshilfe bzw. 20% des nationalen Budgets in Programme zu investieren, die der sozialen Grundsicherung dienen (AP-WSSD §88c). Auch die Verschuldungsproblematik wird hier angesprochen und an die Schuldner appelliert, zumindest den am wenigsten entwickelten Staaten substantielle Schuldenreduzierungen zu gewähren (AP-WSSD §90). Darüber hinaus sollen die Strukturanpassungsprogramme internationaler Finanzinstitutionen wie der Weltbank oder des Internationalen Währungsfonds künftig stärker soziale Belange berücksichtigen und gerade die für die sozial Schwächsten vorgesehenen Ausgaben vor Kürzungen geschützt werden. Strukturanpassungsprogramme bedürften demnach permanenter Evaluation unter Gesichtspunkten wie Gender-Sensitivität oder Linderung von Armut (AP-WSSD §91).

4.5 Diskussion

In den Vorbehalten gegen die Abschlußdokumente tauchen sehr viele Positionen und Argumente auf, die bereits aus anderen Zusammenhängen, vor allem der WCHR und der ICPD bekannt sind. Am häufigsten wird auf religiöse Vorbehalte verwiesen, die der Umsetzung der beschlossenen Maßnahmen entgegenstünden. Dies trifft auf eine Anzahl katholisch bzw. islamisch geprägter Staaten zu, die ankündigen, die Interpretation der Konzepte, die im Aktionsprogramm auftauchen, vorbehaltlich ihrer Übereinstimmung mit religiösen Dogmen vornehmen zu wollen. Im Rahmen der Verhandlungen wurde darüber hinaus mehrfach versucht, Diskussionen über bereits auf vorherigen Konferenzen verabschiedete Sprachregelungen neu zu entfachen. Gerade bei den hierfür typischen Problemen, also Rechte der Frauen, Sexualität, Geburtenkontrolle, Abtreibung, aber auch der Definition der Familie, artikulierte sich Widerstand gegen die Beschlüsse früherer Konferenzen.

Es gelang jedoch nicht, diese Beschlüsse umzustoßen. In diesem Zusammenhang wurde oft argumentiert, daß die Wiedereröffnung der Debatte über bereits verabschiedete Sprachregelungen dazu führen könne, das Prinzip der bindenden Wirkung von Absprachen auszuhebeln. Gerade in der ökonomisch, kulturell, politisch und sozial hochgradig differenzierten internationalen Staatengemeinschaft, die im UN-System den einzigen Fokus habe, sei dies jedoch nicht nur nicht wünschenswert, sondern geradezu fatal.

Daß es nicht gelang, eine Debatte über sogenannte "agreed language" neu zu initiieren, kann als positives Signal gewertet werden. Schließlich bot der WSSD genügend Anknüpfungspunkte für interessierte Parteien, im Sinne der Androhung von Junktims Debatten über den eigentlichen Schwerpunkt des Gipfels, nämlich Fragen der sozialen Entwicklung, zu blockieren. Manche Beobachter, unter ihnen auch Juan Somavía, der „spiritus rector" des WSSD, sahen gerade darin ermutigende Zeichen für die substantielle Weiterentwicklung internationaler Politik, könnte dies doch bedeuten, daß Weltkonferenzen nicht nur reine Deklarationsveranstaltungen sind. Unterstellte man dies, müßte man davon ausgehen, daß die Delegationen einzig und allein im Eigeninteresse - quasi autistisch - miteinander streiten. Vieles deutet jedoch darauf hin, daß sich auch in Auseinandersetzungen über substantiell umstrittene Werte nach und nach stabile Kompromißformeln herausbilden können.

Betrachtet man die inhaltlichen Ergebnisse des Weltsozialgipfels unabhängig von den o.a. Auseinandersetzungen, dann fällt auf, wie weit der Konsens in vielen Sachfragen ging. Allerdings bezog sich dieser Konsens in der Regel auf Zielzustände, während die zu deren Erreichung nötigen Maßnahmen weniger eindeutig bestimmt wurden. Dennoch gab es substantielle Fortschritte, wenn auch inkrementalistischer Natur. So stellen z.B. die Formulierungen über die notwendige Stärkung von Alleinerziehenden einen Fortschritt dar (AP-WSSD §39h). Obwohl die Komposition der Familie einen typischen Streitpunkt bildet, bei dem sich die Anhänger der klassischen Familienstruktur, bestehend aus Vater, Mutter und Kindern, und die Befürworter offenerer Familienkonzeptionen bei verschiedenen Konferenzen, die dieses thematisieren, regelmäßig gegenüberstanden, gelang es, diese Formulierungen im Aktionsprogramm unterzubringen, ohne daß spezifische Vorbehalte dagegen geäußert wurden. Dieses Beispiel zeigt, daß pragmatische Kooperation in Einzelfragen auch dann möglich zu sein scheint, wenn soziale Wertvorstellungen betroffen sind.

5. Der Kernwaffengipfel 1995 in New York - Nonproliferation Treaty Review and Extension Conference (NPTREC)

5.1 Hintergrund

5.1.1 Der Vertrag über die Nichtverbreitung von Kernwaffen

Der Nichtverbreitungsvertrag (NVV) ist wohl das bedeutendste multilaterale Rüstungskontrollregime nach dem Zweiten Weltkrieg.[1] Ausgehandelt wurde er in den 1960er Jahren, um die damals befürchtete umfassende Proliferation von Kernwaffen zu unterbinden. Der Vertrag unterscheidet zwei Gruppen von Vertragsparteien:
- Die *Kernwaffenstaaten*: Als Kernwaffenstaaten gelten alle Staaten, die vor dem 1. Januar 1967 Kernwaffen hergestellt und gezündet haben. Das sind die fünf ständigen Mitglieder des UN-Sicherheitsrates, die USA, die Sowjetunion bzw. in der Nachfolge Rußland, Großbritannien, Frankreich und China. Die Kernwaffenstaaten werden im NVV-Kontext als P5-Staaten bezeichnet.[2]
- Die *Nichtkernwaffenstaaten*: Als Nichtkernwaffenstaaten bzw. nichtnukleare Vertragsparteien gelten entsprechend alle Staaten, die die Qualifikationen für einen Kernwaffenstaat nicht erfüllen.

Das wichtigste Ziel des Vertrages besteht darin, die Verbreitung von Kernwaffen über den Kreis der Kernwaffenstaaten hinaus zu verhindern. Die Bestimmungen des Vertrages sehen demgemäß vor, daß die Kernwaffenstaaten weder unmittelbar noch mittelbar Kernwaffen an andere Staaten weitergeben oder diesen bei der Entwicklung von Kernwaffen in irgendeiner Form beistehen (Art. I). Die nichtnuklearen Vertragsparteien sind dazu verpflichtet, weder unmittelbar noch mittelbar nach dem Besitz von Kernwaffen zu streben oder zu versuchen, Kernwaffen eigenständig bzw. mit Hilfe anderer herzustellen (Art. II).

Neben der Verhinderung der Proliferation von Kernwaffen hat der NVV aber noch zwei andere Zielsetzungen: Zum einen sieht der Vertrag vor, daß Verhandlungen zwischen den P5-Staaten mit dem Ziel der Abrüstung ihrer Kernwaffenarsenale bis zu deren völligen Elimination stattfinden sollen (Art. VI). Der Vertrag kann mithin nicht zur Institutionalisierung der Teilung der Vertragsparteien in nukleare Habenichtse und Besitzende herangezogen werden, sondern setzt als Endziel eine kernwaffenfreie Welt. In diesem Zusammenhang werden im Vertragstext u.a. die schnelle Beendigung des nuklearen Wettrüstens und die Einstellung von Kernwaffentests gefordert.

---

1 Vgl. u.a. Cirincione (1995a), Foran (1996), Gardner (1994) und Krause (1994).
2 Im Zusammenhang der NPTREC kam darüber hinaus die Bezeichnung P4-Staaten auf für die USA, Großbritannien, Frankreich und Rußland.

Zum anderen soll die Zusammenarbeit zwischen den P5-Staaten und den nichtnuklearen Vertragsparteien auf dem Gebiet der friedlichen Nutzung der Kernenergie besonders gefördert werden (Art. IV). So sollen letztere von kerntechnischen Fortschritten, die durch militärische Forschung erzielt werden, ebenso wie die P5-Staaten profitieren. Der Verzicht auf Kernwaffen berührt in keiner Weise das unveräußerliche Recht der nichtnuklearen Vertragsparteien, Kernenergie für friedliche Zwecke einzusetzen.[3] In gewisser Weise kann der NVV als Handel zwischen den kernwaffenbesitzenden und nichtkernwaffenbesitzenden Staaten interpretiert werden: Letztere verzichten auf die Entwicklung und den Erwerb von Kernwaffen und profitieren dafür von der nuklearen Forschung ersterer (Gardner 1994: 42). Allerdings ist die zivile von der militärischen Nutzung der Kernenergie nicht zuverlässig zu trennen, da beim Betrieb von Kernkraftwerken zwangsläufig spaltbares Material anfällt, das für militärische Verwendung geeignet ist.

Im Rahmen der Bestimmungen des NVV kommt der bereits 1957 gegründeten Internationalen Atomenergiebehörde IAEO die Aufgabe zu, etwaige Zweckentfremdungen nuklearen Materials zu beobachten und aufzudecken (Art. III). Alle nichtnuklearen Vertragsparteien sind dazu verpflichtet, mit der IAEO Abkommen zu treffen, die dieser Organisation die Kontrolle der nuklearen Einrichtungen der Nichtkernwaffenstaaten ermöglichen. Dies geschieht durch sogenannte Sicherungsmaßnahmen (safeguards), die hauptsächlich in Form von Kontrollinspektionen der nuklearen Anlagen stattfinden, bei denen u.a. Ist- und Sollbestand sensibler, etwa spaltbarer Materialien verglichen werden. Gemäß den Vertragsbestimmungen ist allen Vertragsparteien die Weitergabe von nuklear nutzbaren Einrichtungen an Nichtkernwaffenstaaten nur dann gestattet, wenn diese Sicherungsmaßnahmen unterliegen. Die IAEO übernimmt somit die Funktion der Überwachung der Bestimmungen des NVV. Mithin kann der NVV in der Frage der Unterbindung der Proliferation nur so wirksam sein, wie dies die Sicherungsmaßnahmen der IAEO sind (Kokoski 1995: 146-177).

Während die kontinuierliche Überwachung der Vertragswirksamkeit der IAEO obliegt, findet eine periodische Überprüfung und Evaluation des NVV durch die Abhaltung von Überprüfungskonferenzen im Fünfjahresrhythmus statt. Darüber hinaus sollte 25 Jahre nach dem Inkrafttreten des NVV eine Konferenz abgehalten werden, die über die Verlängerung des Vertrages befindet. Zur Auswahl standen dabei drei Optionen:
1. eine unbefristete Verlängerung des Vertrages,
2. eine befristete Verlängerung um eine bestimmte Periode,
3. eine befristete Verlängerung um mehrere bestimmte Perioden.[4]

---

3 So sieht der Vertrag vor, daß „die möglichen Vorteile aus jeglicher friedlichen Anwendung von Kernsprengungen Nichtkernwaffenstaaten, die Vertragspartei sind, auf der Grundlage der Gleichbehandlung zugänglich gemacht werden" sollen (Art. V). Ein Anreiz für Nichtkernwaffenstaaten zum Vertragsbeitritt besteht in positiven Diskriminierungsmaßnahmen dieser Art.
4 Der deutsche Wortlaut des entsprechenden Artikels X, 2 lautet folgendermaßen: „Fünfundzwanzig Jahre nach Inkrafttreten des Vertrages wird eine Konferenz einberufen, die beschließen soll, ob der Vertrag auf unbegrenzte Zeit in Kraft bleibt oder um eine oder mehrere bestimmte Frist

Die NPTREC hatte somit zwei Zielsetzungen: Zum einen diente sie der Überprüfung der Wirksamkeit des NVV, wobei sowohl die Vertragstreue der Kernwaffenstaaten wie der nichtnuklearen Vertragsparteien untersucht werden sollte. Zum anderen stand die Entscheidung über die Modalitäten der Verlängerung des Vertrages an. Vor dem Hintergrund der vergangenen vier Überprüfungskonferenzen, von denen zwei ohne die Verabschiedung eines Abschlußdokumentes geendet hatten, war davon auszugehen, daß insbesondere die mit dem Zustand des bestehenden Regimes unzufriedenen Staaten die Konferenz nutzen würden, ihre Kritik in die Verlängerungsentscheidung einfließen zu lassen.[5]

5.1.2 Die weltpolitische Situation nach dem Ost-West-Konflikt

Neben der Entscheidung über die Vertragsverlängerung beruhte die Bedeutung der NPTREC auch auf den veränderten weltpolitischen Bedingungen, denen sich das Nonproliferationsregime in den 1990er Jahren ausgesetzt sah. Zu nennen sind in diesem Zusammenhang mindestens drei Entwicklungen:
(1) Das Ende des Ost-West-Konflikts - Mit der Auflösung von Warschauer Pakt und Sowjetunion begann in der Geschichte der Nonproliferation eine „fünfte Phase" (Foran 1996: 175). Erstmals bestimmten nicht mehr die bipolaren Konfliktstrukturen des Ost-West-Gegensatzes die globale sicherheitspolitische Agenda. Damit trat die Verhinderung eines nuklearen Schlagabtausches zwischen den großen Allianzen in den Hintergrund und machte einem Folgeproblem Platz: Wie soll mit der nuklearen Hinterlassenschaft der Sowjetunion umgegangen werden? Sowjetische Kernwaffen waren nicht nur auf dem Boden der Russischen Föderation stationiert, sondern in fast allen Teilrepubliken der UdSSR. Dieses Problem erwies sich als vergleichsweise einfach verregelbar, da die ehemals sowjetischen Kernwaffen nach und nach auf russisches Territorium verbracht werden konnten. Folgenreicher gestaltete sich der Abbau des nuklearindustriellen Komplexes der Sowjetunion. Hier entstand plötzlich ein erhebliches Risikopotential, daß von der möglichen Abwanderung arbeitslos gewordener Kernwaffenspezialisten über das Verschwinden nuklearer Sprengköpfe bis zu Versuchen interessierter Parteien, spaltbares Material aufzukaufen, reichte. Wie mit diesen Risiken umgegangen werden soll, beschäftigt seither einen Großteil der Diskussion über Proliferationsszenarien (Miller 1994; Konovalov/Sutiagin 1994).
(2) Das Auftauchen international isolierter Proliferationskandidaten - In den 1990er Jahren offenbarten die Fälle Irak und Nordkorea, daß die Arbeit der IAEO zu einem wesentlichen Teil auf der vollständigen Kooperation der nichtnuklearen Vertragsparteien beruht. Ist diese nicht gewährleistet, können die Sicherungsmaß-

---

oder Fristen verlängert wird. Dieser Beschluß bedarf der Mehrheit der Vertragsparteien" (Bundesgesetzblatt 1974, Teil II, Nr. 32, S. 792).
5 Vgl. dazu Müller et al. (1994), die vor allem die gescheiterte, d.h. ohne eine Abschlußerklärung beendete vierte Überprüfungskonferenz behandeln.

nahmen umgangen und zivile nukleare Einrichtungen militärisch genutzt werden. Die zweite folgenreiche Entwicklung vor der NPTREC war daher die Entdeckung des überraschend weit fortgeschrittenen Nuklearprogramms des Irak nach dem Zweiten Golfkrieg. Obwohl der Irak dem umfassenden Sicherungsmaßnahmenprogramm der IAEO unterlag, gelang es ihm dennoch, genügend spaltbares Material abzuzweigen, um in absehbarer Zeit mindestens eine Kernwaffe zu entwickeln. Dieses Beispiel zeigt, daß es einer entschlossenen Regierung durchaus möglich ist, die notwendigen Ressourcen für den Bau einer Kernwaffe auch dann zu beschaffen, wenn sie Mitglied des NVV ist und ihre nuklearen Anlagen damit der Kontrolle der IAEO unterliegen. An diese Entdeckung schloß sich eine intensive Debatte über die Wirksamkeit und die Verbesserungsmöglichkeiten der Sicherungsmaßnahmen der IAEO an (Kokoski 1995: 97-145). Bemängelt wurde vor allem, daß die Organisation zu sehr auf die vertrauensvolle Zusammenarbeit mit den zu kontrollierenden Staaten angewiesen sei. Als Folge dieser Debatte wurde die Kompetenz der IAEO erweitert, nichtangekündigte Sonderinspektionen durchzuführen.[6]

(3) Enttäuschte Erwartungen - Die dritte Entwicklung betraf die wachsende Unzufriedenheit etlicher nichtnuklearer Vertragsparteien mit der Kooperationsbereitschaft der Exporteure von Kerntechnologie im Bereich der friedlichen Nutzung der Kernenergie. Obwohl dies ein essentieller Bestandteil des NVV ist, klagten vor allem einige relativ weit entwickelte Schwellenländer über die immer rigider werdende Kontrollpraxis der Exporteure, die sich in mehr oder minder informellen Gruppen zusammengeschlossen haben, um den Handel mit Uran und nuklearen Anlagen zu organisieren. Dazu gehören das Zangger-Komitee, der Londoner Club der Lieferanten von Kerntechnik oder das Raketenkontrollregime (Kubbig/Müller 1993). Bemängelt wurde vor allem, daß die kerntechnisch fortgeschrittenen Staaten entgegen den Bestimmungen des NVV nicht bereit seien, die Forschungsergebnisse mit Interessenten aus Entwicklungsländern zu teilen. Damit würde ein wesentlicher Anreiz, dem NVV beizutreten, vermindert und gleichzeitig der Vorsprung der Industriestaaten bei der Entwicklung der zivilen Kerntechnik nicht nur aufrechterhalten, sondern noch ausgebaut.

Die Exportnationen rechtfertigten ihre vorsichtige Exportpolitik mit dem nach wie vor bestehenden Proliferationsrisiko. Bereits die Detonation eines indischen Kernsprengkörpers 1974 hatte demonstriert, daß ursprünglich zivil ausgerichtete kerntechnische Kooperation militärisch genutzt werden kann: Das Material für den

---

6   Einen weiteren Schub erhielt die Debatte über die Sicherungsmaßnahmen der IAEO 1993 durch die Weigerung Nordkoreas, einige Anlagen inspizieren zu lassen, in denen nichtdeklariertes spaltbares Material vermutet wurde. Die darauf folgenden langwierigen Verhandlungen zwischen Nordkorea und den USA demonstrierten erneut die Abhängigkeit der IAEO von der Kooperationswilligkeit der kontrollierten Staaten. Der IAEO stehen keine Mittel zur Verfügung, um selbständig Kontrollen durchführen zu können. Sie ist auf die Unterstützung anderer Staaten angewiesen, die sie durch die Veröffentlichung von Lageberichten zu mobilisieren sucht (Kokoski 1995: 222-236). Erst 1997 wurde ein neues Protokoll zum Katalog der Sicherungsmaßnahmen hinzugefügt, das die Kompetenzen der IAEO erweitert. Dabei wurde vor allem ihre Fähigkeit gestärkt, nichtdeklarierte nukleare Aktivitäten der nichtnuklearen Vertragsparteien zu kontrollieren (U.S. Information & Texts, EUR 513, vom 16. Mai 1997).

getesteten indischen Kernsprengkörper stammte aus den Rückständen eines von Kanada in den 1950er Jahren gelieferten Versuchsreaktors. Obwohl Indien nicht Mitglied im NVV ist, offenbarte der Kernversuch, daß der Vertrag, der die Weitergabe von Kernwaffen an alle Staaten untersagt, allein offenbar nicht ausreicht, Proliferation zu verhindern. Neben Indien gelten mittlerweile auch Israel und Pakistan, die beide ebenfalls nicht dem NVV angehören, als de facto-Kernwaffenstaaten. Als Reaktion auf diese Entwicklung vereinbarten die kerntechnisch führenden Nationen daher in den späten 1970er und frühen 1980erJahren mehrere bi- und multilaterale Abkommen, die dazu dienen, potentiell verdächtigen Staaten den Zugang zur Kerntechnik soweit wie möglich zu erschweren (Gardner 1994: 42-47).[7]

5.2. Der Vorbereitungsprozeß

Im Unterschied zu den übrigen Konferenzen erfolgten die Verhandlungen über die Verlängerung des Nichtverbreitungsvertrages nicht im Rahmen eines UN-Mandats. Vielmehr verhandelten die Vertragsparteien qua Mitgliedschaft im NVV miteinander. Dennoch glich die Durchführung der NPTREC in den Grundzügen der Routine einer von den UN ausgerichteten Weltkonferenz. So fanden zwischen Mai 1993 und Januar 1995 im Rahmen der permanent bei den UN tagenden "Conference on Disarmament" (CDA) vier Sitzungen zur Vorbereitung der NPTREC statt. Die Vertragsparteien waren entsprechend der bisherigen NVV-Praxis in drei Staatengruppen organisiert: Der westlichen, der östlichen und der Gruppe der Blockfreien (Nonaligned Movement; NAM). Diese auf den Konfliktformationen des Ost-West-Konflikts basierende Einteilung wurde im Verlauf des Vorbereitungsprozesses zusehends obsolet. Die östliche Staatengruppe trat kaum in Erscheinung, sondern schloß sich der Position der westlichen Gruppe an und arbeitete in neuen, informellen Zusammenhängen wie der sogenannten „Mason-Gruppe" mit (Müller 1995: 4).

Neben den inhaltlichen Differenzen, die eingehend im Rahmen der Konferenzanalyse behandelt werden, standen drei eher prozedurale Konflikte im Mittelpunkt der Auseinandersetzungen während der vorbereitenden Sitzungen (Johnson 1994; 1995). Dabei ging es um die Gewichtung der beiden Aufträge der Konferenz, einerseits die Überprüfung der Vertragswirksamkeit, andererseits die Entscheidung über die Vertragsverlängerung. Vor allem die Blockfreien wollten den Schwerpunkt eindeutig auf die Überprüfung legen. Die P5-Staaten sahen die bedeutendste Aufgabe der Konferenz hingegen in der Entscheidung über die Verlängerung des Vertrages.

Ein Papier, das Indonesien im Namen der NAM auf der dritten PrepCom-Sitzung im September 1994 vorlegte, verdeutlichte die inhaltliche Position der Blockfreien (Scheffran/Kalinowski 1995: 20-21). Darin wurden verschiedene aus

---

7   Verschiedene Strategien des Umgangs mit Proliferationskandidaten erörtert u.a. Karl (1996).

Sicht der Blockfreien für den Erfolg der NPTREC wichtige Punkte angesprochen (Johnson 1995: 54):
- ein umfassendes, von den Kernwaffenstaaten durchzuführendes nukleares Abrüstungsprogramm mit dem Ziel der Abschaffung aller Kernwaffen,
- die Anerkennung und Respektierung bestehender kernwaffenfreier Zonen seitens der Kernwaffenstaaten sowie die Unterstützung von Initiativen zur Einrichtung weiterer, vor allem im Nahen Osten und in Afrika,
- der Abschluß eines Umfassenden Teststoppvertrages, der Testexplosionen nuklearer Waffen verbietet, möglichst noch vor der NPTREC,
- völkerrechtlich bindende Zusicherungen des Nichteinsatzes von Kernwaffen seitens der Kernwaffenstaaten gegen nichtnukleare Vertragsparteien,
- das Verbot der Produktion spaltbaren Materials zur Kernwaffenproduktion,
- freier Zugang der nichtnuklearen Vertragsparteien zu friedlichen Zwecken dienender Nukleartechnologie.

Damit zusammenhängend betraf ein zweiter Streitpunkt die Festlegung der Reihenfolge, in der die Aufträge der Konferenz behandelt werden sollten. Die westliche Gruppe vertrat die Ansicht, daß die Verlängerungsentscheidung möglichst früh fallen sollte, idealerweise schon vor dem Überprüfungsverfahren. So sollte vermieden werden, daß eine eventuell unbefriedigende Bestandsaufnahme die Verlängerungsentscheidung beeinflussen würde. Demgegenüber plädierte die Mehrzahl der NAM für das Vorziehen des Überprüfungsprozesses. Damit sollte eine fundierte Entscheidung der Vertragsparteien über die Vertragsverlängerung gesichert werden.

Ein dritter Konflikt entstand über den Entscheidungsmodus der Verlängerung. Im Hinblick auf die während des Vorbereitungsprozesses deutlich zu Tage tretende Option einer nichtkonsensuellen Entscheidung kam dieser Regel erhebliche Bedeutung zu. Umstritten war vor allem, ob eine eventuelle Abstimmung offen oder geheim erfolgen sollte. Eine Position argumentierte, daß eine offene Abstimmung notwendig sei, da die Weltöffentlichkeit Anspruch auf Informationen über Abstimmungsverhalten habe. Die andere Position vertrat hingegen die Ansicht, daß nur eine geheime Abstimmung Staaten davor schützen könne, Vergeltungsmaßnahmen bei mißliebigem Stimmverhalten ausgesetzt zu sein.

Die drei Streitpunkte wurden wie folgt bearbeitet: Die Fragen der Gewichtung und der Reihenfolge wurden miteinander verknüpft und so entschieden, daß der Überprüfungsprozeß vor der Verlängerungsentscheidung stattfinden sollte. Die Verlängerungsentscheidung sollte jedoch wiederum getroffen werden, bevor die Abschlußberichte der drei mit dem Überprüfungsprozeß beauftragten Hauptausschüsse vorlägen. Das Problem des Abstimmungsmodus erwies sich als die langwierigste Frage, die auch auf der abschließenden Sitzung nicht geklärt werden konnte und daher zur endgültigen Entscheidung an die Konferenz selbst verwiesen wurde. Mit dieser Einschränkung konnte die Konferenztagesordnung auf der letzten Sitzung des Vorbereitungsausschusses Mitte Januar 1995 angenommen werden.

Die während der PrepCom-Sitzungen zutage getretenen inhaltlichen wie prozeduralen Differenzen erschwerten verläßliche Prognosen über den Ausgang der

NPTREC ganz erheblich. Insbesondere bestand hinsichtlich der Verlängerungsentscheidung große Unsicherheit. Welche der im Art. X, 2 vorgesehenen Optionen letztlich gewählt werden würde, schien äußerst unklar. Allerdings stimmten die meisten Kommentatoren darin überein, daß wohl keine konsensuelle Entscheidung zu erwarten sei (Krause 1995; Schilling 1995). Zu tief schienen die Gräben gerade zwischen den führenden NAM-Staaten und den P4-Staaten samt Verbündeten zu sein. Nach einer Bewertung der NGO "US Campaign for the NPT" sah die Stimmungslage unter den 175 Vertragsparteien vor Konferenzbeginn so aus: 81 Staaten hatten sich für die unbefristete Verlängerung ausgesprochen, 22 dagegen und 72 Staaten hatten noch keine klare Präferenz zu erkennen gegeben (Johnson 1995: 48-52). Damit bestand keine absolute Mehrheit für die unbefristete Verlängerung und noch viel weniger zeichnete sich ein Konsens über eine der anderen Verlängerungsoptionen ab.

5.3 Der Kernwaffengipfel in New York

Die NPTREC wurde am 17. April mit Reden des UN-Generalsekretärs, des US-Außenministers und des Generaldirektors der IAEO eröffnet. Als Konferenzpräsident bestätigt wurde war der Botschafter Sri Lankas bei den Vereinten Nationen, Jayantha Dhanapala, der bereits den Vorbereitungsprozeß geleitet hatte. Über den Konferenzverlauf wurde folgende Regelung getroffen: Zunächst sollte eine gut einwöchige Generaldebatte stattfinden, um den Delegationen die Möglichkeit zu geben, ihre Position hinsichtlich der Verlängerungsfrage zu begründen. Teilweise parallel dazu sollten drei Hauptausschüsse tagen, die mit der Überprüfung der Vertragswirksamkeit beauftragt waren. Die drei Hauptausschüsse sollten folgende Aspekte behandeln:
- Abrüstungsfragen und Sicherheitsgarantien
- Verifikation, Exportkontrollen und kernwaffenfreie Zonen
- Friedliche Zusammenarbeit bei der Nutzung der Kernenergie

Die Abgabe der Vorschläge für die Entscheidung über die Verlängerung war für den 5. Mai vorgesehen, die Entscheidung selbst für die darauffolgende Woche. Schließlich sollte die Konferenz am 12. Mai gemäß dem üblichen UN-Prozedere mit der Verabschiedung einer Abschlußerklärung enden.

5.3.1 Verhandlungen und Streitpunkte I: Verhandlungsverlauf

Die Generaldebatte dauerte bis zum 25. April. Insgesamt kamen hier 116 Delegationen zu Wort (NPN 1995: No. 25, Update 9, vom 27. April 1995). Im Mittelpunkt der meisten Beiträge standen die unterschiedlichen Positionen der Delegationen zur Verlängerungsfrage. Diese rückte somit - wie nach den Diskussionen während des Vorbereitungsprozesses auch nicht anders zu erwarten - ins Zentrum der öffentlichen Wahrnehmung der Konferenz, wobei andere Differenzen zwischen den Vertragsparteien zunächst ausgeblendet schienen. Daneben wurden in der Generaldebatte aber auch die anderen Streitpunkte angesprochen, die den weiteren Verlauf der Konferenz prägen sollten.

Den nach vielen Einschätzungen bedeutendsten Beitrag zur Generaldebatte lieferte Südafrika, dessen Vertreter "in principle" (NPN 1995: No. 25, Update 4, vom 20. April 1995) die unbefristete Verlängerung befürwortete. Südafrika verknüpfte diese Entscheidung jedoch mit dezidierten Vorschlägen für eine Stärkung des Überprüfungsmechanismus sowie praktisch handhabbaren Schritten im Abrüstungsprozeß (NPT/CONF.1995/SR.4, vom 21. April 1995). Diese sehr detaillierten Vorstellungen wurden im weiteren Verlauf der Konferenz immer wieder als Referenzpunkte benannt, die Verhandlungen über eine konsensuelle Entscheidung über die unbefristete Verlängerung möglich machten.[8]

Am Ende der Generaldebatte ergab sich folgendes Stimmungsbild: Etwa 50 Staaten hatten sich mehr oder minder deutlich für eine unbefristete Verlängerung ausgesprochen. Darunter waren die P4-Staaten sowie die meisten Mitglieder der westlichen wie der östlichen Staatengruppe. Gegen die unbefristete Verlängerung hatten etwa 15 Delegationen argumentiert, darunter einige wichtige NAM-Staaten. Diese favorisierten zumeist eine Abfolge mehrerer befristeter Verlängerungen. Damit schien sich eine Mehrheitsmeinung zugunsten der unbefristeten Verlängerung abzuzeichnen. Allerdings gab der Rest der Beiträge, ebenfalls um die 50, keine eindeutige Präferenz in die eine oder andere Richtung zu erkennen (Müller 1995: 4; NPN 1995: No. 25, Update 9, vom 27. April 1995). In diesem Zusammenhang muß vor allem die Erklärung Chinas genannt werden, das sich für eine „sanfte" Verlängerung aussprach und damit entweder eine unbefristete Verlängerung oder aber eine Abfolge mindestens 25jähriger Verlängerungsperioden meinte. Von den P5-Staaten hob China am nachdrücklichsten das von den nichtnuklearen Vertragsparteien immer wieder angemahnte Ziel der vollständigen Eliminierung von Kernwaffen als Endziel des Abrüstungsprozesses hervor.

Einige der unentschiedenen Beiträge in der Generaldebatte verknüpften die Frage der Verlängerung explizit mit den Ergebnissen des Überprüfungsprozesses, der parallel zur Generaldebatte in den drei Hauptausschüssen erfolgte. Mithin konzentrierte sich die Aufmerksamkeit in den folgenden Tagen auf die Arbeit der Ausschüsse, die am 19. und 20. April begann. Insbesondere die Arbeit des Hauptausschusses I, der sich mit Abrüstungsfragen beschäftigte, kam schnell ins Stocken, da völlig konträre Meinungen über den Stand und die Perspektiven der nuklearen Abrüstungsbemühungen der vergangenen 25 Jahre artikuliert wurden. So vertraten die P4-Staaten und ihre Verbündeten die Ansicht, daß die Rüstungskontroll- und Abrü-

---

8   Ein Konferenzbeobachter sah die Rolle der südafrikanischen Delegation so:"They [gemeint ist die südafrikanische Delegation, LB] found themselves in the position of a kid who had done the homework in the class and nobody else had. [...] They ended up with the only practical solution out there, and it attracted a great deal of attention both from the United States and from the non-aligned. It became the axis around which this conference revolved" (Cirincione 1995b: 3).

stungsabkommen der späten 1980er und frühen 1990er Jahre die Bilanz insgesamt positiv erscheinen ließen. Das nukleare Wettrüsten sei beendet worden, es hätte keine Proliferation stattgefunden, und die Aussichten auf eine kernwaffenfreie Welt seien so günstig wie noch nie. Dagegen vertraten einige NAM-Staaten die Ansicht, daß die Kernwaffenstaaten ihren vertragsgemäßen Verpflichtungen zur Abrüstung nur unzureichend nachgekommen seien. Die Gesamtzahl nuklearer Sprengköpfe liege 1995 höher als 1970, entgegen den ausdrücklichen Bestimmungen des NVV seien Kernwaffen weitergegeben worden und nach wie vor lägen keine befriedigenden multilateralen Garantien über den Verzicht auf Kernwaffeneinsatz gegenüber den nichtnuklearen Vertragsparteien vor.

Am 5. Mai wurden drei Verlängerungsvorschläge von den Delegationen Mexikos, Kanadas und Indonesiens vorgestellt. Diese zirkulierten teilweise schon seit Beginn der Konferenz, wie im Fall des kanadischen Entwurfes, so daß es interessierten Delegationen möglich war, als sogenannter Ko-Sponsor eines Vorschlags aufzutreten. Allerdings gaben etliche Staaten nach wie vor keine klare Präferenz zu erkennen, wie ihre Entscheidung letztlich aussehen würde. Zu den wichtigsten dieser Staaten zählten u.a. China, Südafrika, Ägypten und Algerien.

• Der Vorschlag Mexikos sah eine unbefristete Verlängerung vor, die durch verschiedene Bedingungen konditioniert war. Darunter waren vor allem die Forderung nach Abschluß eines Umfassenden Teststoppvertrages bis 1996, die Intensivierung der Verhandlungen über die Unterbindung der Produktion von spaltbarem Material und die Abgabe multilateral bindender internationaler Sicherheitsgarantien seitens der P5-Staaten zugunsten der nichtnuklearen Vertragsparteien zu nennen (NPT/CONF.1995/L.1/Rev.1, vom 5. Mai 1995). Der mexikanische Resolutionsentwurf wurde allerdings von keiner weiteren Delegation unterstützt.

• Der zweite, von Kanada eingebrachte Resolutionsentwurf sprach sich schlicht für eine unbefristete und unkonditionierte Verlängerung aus (NPT/CONF.1995/L.2, vom 5. Mai 1995). Dieser Vorschlag wurde ursprünglich von 103 Delegationen unterstützt, zu denen später noch acht weitere stiessen, so daß sich schließlich 111 Staaten für die unbefristete und unkonditionierte Verlängerung aussprachen. Damit war klar, daß die große Mehrheit der Vertragsparteien für die unbefristete Verlängerung optierte.

• Ein dritter Resolutionsentwurf, von Indonesien eingebracht und von zunächst 10, später 13 Delegationen unterstützt, sah eine Abfolge mehrerer auf jeweils 25 Jahre befristeter Verlängerungsfristen vor.[9] Am Ende jeder Periode sollte eine Konferenz eine Bestandsaufnahme vornehmen und auf dieser Basis gegebenenfalls die erneute Verlängerung beschließen (NPT/CONF.1995/L.3, vom 5. Mai 1995).

Auf der Basis der mehrheitsfähigen kanadischen Resolution begannen in der letzten Konferenzwoche intensive Konsultationen, die unter der Leitung von Dhanapala von den wichtigsten Delegationen geführt wurden. Darunter waren neben

---

9   Im einzelnen waren dies Ghana, Iran, Jordanien, Malaysia, Mali, Myanmar, Nigeria, Nordkorea, Papua-Neuguinea, Tansania, Thailand, Zambia und Zimbabwe.

den P5-Staaten einige Vertreter der westlichen Staatengruppe (Australien, Deutschland, Japan, Kanada und Schweden), der östlichen Staatengruppe (Polen und Ungarn) sowie der NAM-Staaten (Ägypten, Algerien, Indonesien, Iran, Malaysia, Mexiko, Südafrika und Venezuela).[10] Dhanapala ging es darum, Kampfabstimmungen zu vermeiden und möglichst einen Konsens zu erzielen. Zwar wäre der Ausgang einer Abstimmung absehbar gewesen, nämlich zugunsten der unbefristeten Verlängerung; neben den bereits im Vorbereitungsprozeß artikulierten Bedenken hinsichtlich einer nichtkonsensuellen Entscheidung spielten jedoch zwei weitere Aspekte im Kontext der NPTREC eine Rolle: Zum einen war nach wie vor unklar, gemäß welchen Modalitäten abgestimmt werden würde und zum zweiten befürchteten selbst einige Anhänger der unbefristeten Verlängerung einen vollständigen „Durchmarsch" der P4-Staaten. Daher blieben sowohl der mexikanische als auch der indonesische Vorschlag verhandlungsrelevante Papiere (Müller 1995: 6-7; NPN 1995: No. 25, Update 17, vom 9. Mai 1995).

Den Durchbruch zu einer konsensuellen Lösung ermöglichte schließlich die Verbindung des Resolutionsentwurfs Kanadas über die unbefristete und unkonditionierte Verlängerung mit den in der Generaldebatte vorgestellten und seither fortlaufend diskutierten südafrikanischen Vorschlägen zur Stärkung des Überprüfungsprozesses. Daneben wurden Prinzipien und Ziele des nuklearen Abrüstungsprozesses näher bestimmt. Beide Aspekte wurden jedoch nicht unmittelbar mit in die Resolution über die Vertragsverlängerung aufgenommen, sondern separat in eigene Entschließungen gefaßt. Auf diese Weise gelang es, drei Resolutionsentwürfe zu erarbeiten, die von der gesamten Arbeitsgruppe getragen wurden. Sie sollten am 10. Mai verabschiedet werden.[11]

Kurz vor der entscheidenden Sitzung intervenierten einige arabische Staaten, die ihre Zustimmung zum Konsens von der Verabschiedung einer weiteren Resolution abhängig machten.[12] Dieser Entwurf forderte Israel explizit zum NVV-Beitritt auf und die Einrichtung einer Zone frei von Massenvernichtungswaffen im Nahen Osten (NPT/CONF.1995/L.7, vom 10. Mai 1995). Vor allem die USA erhoben jedoch Einspruch gegen die namentliche Erwähnung Israels. Erneut mußte die Entscheidung über die Verlängerung um 24 Stunden verschoben werden, um den Delegationen Gelegenheit zu geben, einen allseits zufriedenstellenden Entwurf einer Nahostresolution auszuhandeln (NPN 1995: No. 25, Update 19, vom 11. Mai 1995). Somit lagen am Vormittag des 11. Mai vier Resolutionsentwürfe vor:
1. Resolution über die Stärkung des Überprüfungsprozesses (NPT/CONF.1995/L.4, vom 10. Mai 1995)

---

10 Vgl. NPN 1995: No. 25, Update 15, vom 5. Mai 1995.
11 Die Wahrscheinlichkeit, einen Konsens erzielen zu können, vergrößerte sich durch die Entscheidung der nordkoreanischen Delegation vom 9. Mai, nicht an den beschlußfassenden Sitzungen teilzunehmen (NPT/CONF.1995/30, vom 9. Mai 1995). Müller (1995: 9) führt diese Entscheidung auf den Einfluß der chinesischen Delegation zurück.
12 Im einzelnen waren dies Ägypten, Algerien, Bahrain, Irak, Jemen, Jordanien, Katar, Kuwait, Libyen, Marokko, Mauretanien, Saudi Arabien, Sudan und Tunesien.

2. Resolution über Prinzipien und Ziele nuklearer Nichtverbreitung und Abrüstung (NPT/CONF.1995/L.5, vom 10. Mai 1995)
3. Resolution über die unbefristete Verlängerung des Nichtverbreitungsvertrages (NPT/CONF.1995/L.6, vom 10. Mai 1995)
4. Nahost-Resolution (NPT/CONF.1995/L.8, vom 10. Mai 1995)

Dhanapala erklärte alle vier Resolutionen kurz nach 12 Uhr des 11. Mai für von der Konferenz angenommen.[13] Damit war der NVV unbefristet verlängert (NPN 1995: No. 25, Update 20, vom 12. Mai 1995). Erheblich schwieriger gestalteten sich die Auseinandersetzungen über ein Abschlußdokument, die aus den Berichten der drei Hauptausschüsse und den Resolutionen bestehen sollte. Vor allem der Bericht des ersten Hauptausschusses über den Stand des nuklearen Abrüstungsprozesses blieb umstritten.[14] Nach wie vor standen sich die Positionen der drei westlichen Kernwaffenstaaten USA, Großbritannien und Frankreich, die ein weitgehend positives Fazit der nuklearen Abrüstung seit Inkrafttreten des NVV zogen, und einiger erheblich kritischerer NAM-Staaten, namentlich Nigeria, Indonesien, Malaysia und Iran, diametral gegenüber.[15] Es wurden sogar Gerüchte kolportiert, daß letztere keine Abschlußerklärung über die Überprüfung des NVV wünschten (NPN 1995: No. 25, Update 21, vom 14. Mai 1995; Simpson 1995: 247-249). Hier war keine Einigung mehr möglich, so daß Dhanapala die teilweise unfertigen Berichte kurzerhand zu Bestandteilen des Abschlußdokumentes erklärte.[16] Trotz dieses Mißklanges erklärte Dhanapala die NPTREC kurz nach Mitternacht des 13. Mai für geschlossen.

---

13 Dhanapala nutzte dabei eine Methode, die mitunter in UN-Verhandlungen angewandt wird, wenn ein Konsens nicht vollständig zu erzielen, eine Abstimmung aber aufgrund der eindeutigen Mehrheitsverhältnisse nicht nötig ist (Epstein 1995: 28). Er ließ sich zunächst von den Delegierten bevollmächtigen, mit der Annahme der Resolutionsentwürfe fortzufahren und erklärte diese unmittelbar darauf nacheinander im Namen der Delegierten für angenommen. Darauf hin brach spontaner Beifall unter den Delegierten aus, die eine konsensuelle Entscheidung kaum noch für möglich gehalten hatten (Dembinski 1995: 91).
14 Zum Teil können diese andauernden Differenzen wohl auf die konfrontative Leitung des ersten Hauptausschusses zurückgeführt werden. Mit voller Absicht habe demnach der nigerianische Ausschußvorsitzende, unterstützt von interessierten Delegationen, eine Konsensbildung verhindert (Müller 1995: 4-5).
15 Insbesondere die Position der iranischen Delegation hatte sich verhärtet, nachdem die USA am 30. April ein Handelsembargo gegen Iran verhängt hatten. Das Embargo wurde mit erheblichen Zweifeln an der ausschließlich zivilen Ausrichtung der nuklearen Programme Irans begründet (Dembinski 1995: 96; NPN 1995: No. 25, Update 16, vom 8. Mai 1995).
16 Der kanadische Delegierte relativierte das Fehlen einer Abschlußerklärung so: "While it is significant that we were unsuccessful in achieving a final declaration, in retrospect, two of the past review conferences also failed to reach a final document. The lack of a review declaration at this Conference can be attributed to some extent to the 'bruised feelings' [Herv. im Orig.,LB] of some of the participants, to the fact that the Conference in a sense ran out of steam and energy by the end, and to a lack of willingnes to complete the review. Although this is infortunate, we need to keep in mind that permanence of the NPT was gained" (Welsh 1995: 5).

5.3.2 Verhandlungen und Streitpunkte II: Die wichtigsten Konfliktgegenstände

Die wesentlichen Auseinandersetzungen während der NPTREC lassen sich folgendermaßen unterscheiden: Einerseits ging es - vor allem in der ersten Phase der Konferenz - um die genauen Modalitäten der Vertragsverlängerung. Im Mittelpunkt stand hier die Frage der Befristung und Konditionierung der Verlängerung. Andererseits stand - in der zweiten Konferenzphase - die Überprüfung der Umsetzung der Vertragsbestimmungen seit Inkrafttreten des Vertrages im Zentrum oft kontroverser Auseinandersetzungen in den drei Hauptausschüssen.[17]

Vertragsverlängerung: Unbefristete oder befristete Verlängerung

Die bedeutendste Kontroverse enstand über den Modus der Verlängerung des Vertrages. Die *Befürworter einer unbefristeten Verlängerung* argumentierten mit dem Hinweis auf die entscheidende Schwächung des Vertrages, falls dieser nicht unbefristet verlängert würde. Unsicherheit über die Zukunft des Vertrages und damit des Nichtverbreitungsregimes sei Gift für seine Wirksamkeit. Eine Befristung der Laufzeit des Vertrages käme damit letztlich einer sofortigen Aufhebung gleich. Das Ziel der Nichtverbreitung von Kernwaffen würde durch die befristete Verlängerung unwiderruflich untergraben. Die USA begründeten diese Position in der Generaldebatte folgendermaßen:

> "Rather than indefinite extension, some argued that the best way to ensure that the nuclear-weapon States moved towards disarmament was to subject it [den NVV, LB] to periodic live-or-die votes, or by extending it with conditions. Yet there were serious flaws in that argument. [...] In practical effect, rolling periods of review could have the same consequences as an immediate decision to terminate the Treaty. Making the Treaty subject to periodic risk would encourage States which aspired to nuclear weapons to hold their options in reserve, rather than to accept the permanence of their obligations under the Treaty" (NPT/CONF.1995/SR.4, vom 21. April 1995).

Darüber hinaus setze nur die unbefristete Verlängerung des Vertrages die kernwaffenfähigen Nichtmitglieder fortgesetztem Legitimationsdruck aus, während eine befristete Verlängerung als Ermutigung zum Nichtbeitritt interpretiert werden könne. Gerade die an universaler Mitgliedschaft des Vertrages interessierten Delegationen sollten mithin für die unbefristete Verlängerung optieren. Deutlich wird dies in den folgenden britischen Ausführungen:

---

17 In die folgenden Ausführungen über die Konfliktgegenstände der NPTREC sind die protokollierten Stellungnahmen bereits eingearbeitet.

"The indefinite and unconditional extension of the Treaty was the right decision because it would reduce the risk of nuclear proliferation with its destabilizing consequences, reinforce the momentum towards nuclear disarmament, provide the continuing framework essential to international cooperation in the peaceful uses of nuclear energy, and send a clear signal to those few countries which had not yet acceded to the Treaty that the international community expected them to do so" (NPT/CONF.1995/SR.3, vom 26. April 1995).

Zusammengefaßt ging es dieser Position also um die Glaubwürdigkeit und die Attraktivität des Vertrages. Vertreten wurde sie von Beginn an sehr massiv von den P4-Staaten sowie der westlichen und der östlichen Staatengruppe. China ließ als einziger Kernwaffenstaat seine Präferenz zunächst offen, bekannte sich später jedoch ebenfalls zu dieser Position, als im Konferenzverlauf klar wurde, daß sie von der weit überwiegenden Zahl der Konferenzteilnehmer geteilt wurde. Dies galt selbst für die Mehrzahl der NAM-Staaten unter der Wortführung von Südafrika.

Die *Befürworter einer befristeten Verlängerung* des Vertrages argumentierten dagegen mit dem Hinweis, daß nur die Befristung den P5-Staaten hinreichenden Anreiz zu einem vertragskonformen Verhalten beginnend mit der endgültigen Einstellung des nuklearen Wettrüstens über eine intensivierte Zusammenarbeit zwischen den Vertragsparteien bei der friedlichen Nutzung der Kernenergie bis hin zum vollständigen Abbau der Kernwaffenarsenale biete. Umgekehrt würde eine unbefristete Verlängerung den P5-Staaten jeden Anreiz nehmen, ihren vertraglichen Verpflichtungen nachzukommen. Darüber hinaus hätten die nichtnuklearen Vertragsparteien nach einer unbefristeten Verlängerung kein Mittel mehr in der Hand, um gegebenenfalls Druck auf die Kernwaffenstaaten ausüben zu können. Die Zweiteilung der Staatenwelt in nukleare Habenichtse und Besitzende würde verewigt, was den Gleichheitsgrundsätzen internationaler Politik widerspräche. Diese Argumente werden im venezolanischen Beitrag deutlich:

"[T]he greatest care must be taken with the elements on which the decision to extend the Treaty would be based. According to his delegation, those elements were: first, the decision must strengthen the Treaty and facilitate the attainment of its objectives; secondly, it must be the result of a consensus, since if adopted by a small majority or without the support of major and representative countries of the third world, the Treaty, like the non-proliferation system as a whole, would be unavoidably weakened; thirdly, it must be faithful to the spirit and letter of article X, paragraph 2, which stipulated as a prerequisite for extension the fulfilment of the obligations assumed by all the States parties; fourthly, it must maintain the verification machinery consisting of review conferences every five years; fifthly, it must ensure the maintenance of transfers of technology for peaceful purposes provided for in article IV; and, lastly, it must preserve the link between the renewal of the Treaty and the fulfilment of the obligations assumed by the nuclear Powers. The States parties must be able to call the Treaty into question; otherwise, its discriminatory character would be further accentuated" (NPT/CONF.1995/SR.5, vom 26. April 1995).

Die Ausführungen Ägyptens kritisieren ebenfalls die durch den NVV institutionalisierte Ungleichheit gerade nach dem Ende des Ost-West-Konflikts:

> "However, the most serious criticism levelled at the Treaty was the continuing disparity between the commitments of its parties. Such disparity was inconsistent with the new concept in international relations which called for justice, equality and collective security in a climate devoid of nuclear weapons" (NPT/CONF.1995/SR.6, vom 24. April 1995).

Knapp, aber sehr pointiert kommentiert der malaysische Delegierte in der auf die Entscheidung folgenden Aussprache:

> "In reality, indefinite extension provides a *carte blanche* [Herv. im Orig., LB] to the nuclear-weapon States and does not serve as an incentive towards universality. Indefinite extension justifies nuclear weapons and might be interpreted as legalizing nuclear-weapon States for eternity. Indefinite extension fundamentally weakens all efforts towards the elimination of nuclear weapons" (NPT/CONF.1995/PV.17, vom 11. Mai 1995).

Vertragsverlängerung: Konditionierung der Verlängerungsentscheidung

Die *Befürworter einer konditionierten Verlängerung* begründeten ihre Haltung mit der Notwendigkeit, alle Vertragsparteien - vor allem die P5-Staaten - permanent zu einem überprüfbaren vertragsgemäßen Verhalten motivieren zu müssen. So äußerte die malaysische Delegation in der auf die Annahme der Resolutionen folgenden Aussprache:

> "We and other like-minded countries had introduced, for inclusion in the draft final declaration and in the decision to principles and objectives, language that would firmly commit the nuclear-weapon States to taking specific nuclear disarmament measures. Regrettably, our efforts met with strong and determined resistance from the nuclear-weapon States and their supporters. Seemingly confident of numbers, the nuclear-weapon States rebuffed the publicly-shared need and desire for setting specific and time-bound objectives regarding such issues as the comprehensive test-ban treaty (CTBT), fissile material cut-off, elimination of nuclear weapons and effective review mechanism" (NPT/CONF.1995/PV.17, vom 11. Mai 1995).

Eine zweite mehrfach erhobene Konditionierungsforderung machte sich an der Universalität des Vertrages fest. Hier ging es zum einen um die Frage, wie deutlich die (kernwaffenfähigen) Nichtmitglieder zum Beitritt aufgefordert werden sollten, zum andern darum, wie die Attraktivität des Vertrages angesichts der nuklearen Kapazitäten von Nichtmitgliedern aufrechterhalten werden könne. Darüber hinaus ergab sich eine Debatte über die Ausdehnung bzw. Einrichtung von kernwaffenfreien Zonen, insbesondere im Nahen Osten. Dabei spielten vor allem die nuklearen

Einrichtungen Israels eine Rolle, die zum überwiegenden Teil nicht von der IAEO kontrolliert werden. Neben der militärischen Seite betrachten die Nachbarstaaten auch die möglichen umweltschädlichen Auswirkungen dieser Anlagen mit Argwohn. Vor allem arabische Staaten drängten darauf, daß eine unbefristete Verlängerung an die universale Geltung des Vertrages gebunden sein müsse, womit insbesondere die Forderung nach dem Beitritt Israels zum NVV gemeint war. Am deutlichsten äußerte sich der syrische Delegierte hierzu:[18]

> "This conference provided a unique historic opportunity not heeded by Israel to accede to the Treaty and to participate with the other States of the region in transforming the Middle East into a region free of nuclear weapons and all weapons of mass destruction. The Syrian Arab Republic cannot therefore agree to the extension of the Treaty unless Israel accedes to the Treaty and agrees to subject its nuclear installations to the safeguards and inspection system of the International Atomic Energy Agency" (NPT/CONF.1995/PV.17, vom 11. Mai 1995).

Ähnlich die Delegation des Libanon:

> "Lebanon proclaims its reservation regarding the decision on the extension of the NPT as long as Israel does not accede to the NPT and does not allow the appropriate international inspection of its nuclear facilities." (NPT/CONF.1995/PV.18, vom 11. Mai 1995).

Die *Befürworter der unkonditionierten Verlängerung* befürchteten eine Art „Geiselnahme" des Vertrages durch die Verbindung der Verlängerungsentscheidung mit expliziten Bedingungen. Falls eine Konditionierung beschlossen würde, sei völlig unklar, was passiere, wenn die Konditionen nicht eingehalten würden. Niemand könne sagen, ob der Vertrag dann trotzdem weiterhin gelte oder eventuell gar unmittelbar außer Kraft gesetzt sei. Die mit einer solchen Situation verbundene Unsicherheit könne bestimmte Akteure dazu motivieren, entsprechende Vorkehrungen zu treffen. Ebenso wie die Befristung würde daher eine Konditionierung der Verlängerung der Glaubwürdigkeit des Vertrages und damit notwendigerweise seiner Bindungskraft schaden. Der südafrikanische Außenminister sprach diesen Punkt in der Generaldebatte an:

> "The termination of the Treaty, whether by placing conditions on its future existence or extending it only for a fixed period, was not an acceptable option. The linkage of the Treaty to certain conditions raised the question, *inter alia* [Herv. im Orig., LB], of what would happen if the conditions were not met" (NPT/CONF.1995/SR.4, vom 21. April 1995).

---

18 Syrien forderte in diesem Zusammenhang eine Suspendierung der Konferenz, bis die universelle Geltung des NVV hergestellt wäre, also auch Israel beigetreten sei. Anfänglich unterstützte Ägypten diese Position (NPN 1995: No. 25, Update 12, vom 2. Mai 1995).

Der stellvertretende Direktor der Abrüstungsbehörde der USA (ACDA) kritisierte vor allem die mexikanische Position, die ein Junktim zwischen der Entscheidung über die Verlängerung und der Etablierung eines Fahrplans für nukleare Abrüstung herstellte:

> "We really do not believe that it is prudent to try to develop a process of timetable disarmament because we do not think that creating expectations that might not be met is really advantageous to anybody and in fact can cause a loss of confidence. Disarmament on demand is not really feasible" (Welsh 1995: 17).

Diese Position wurde von den P4-Staaten und der Mehrzahl der übrigen Staaten geteilt. Allerdings wäre eine Abstimmung über die Konditionierung der Verlängerung vermutlich nicht so deutlich ausgefallen wie eine Abstimmung über die unbegrenzte Dauer des Vertrages. So äußerten selbst einige Mitglieder der westlichen Staatengruppe in nichtöffentlichen Gesprächen Bedenken gegen eine völlig unkonditionierte Verlängerungsentscheidung (NPN 1995: No. 25, Update 8, vom 25. April 1995). Deutlich wird dies auch in einigen Kommentaren zur Verlängerungsentscheidung, hier dem der kanadischen Delegation:

> "We now have a programme of action toward the eventual complete elimination of nuclear weapons. We are to pursue it systematically, progressively. We will have a complete test ban by next year. We will soon be hard at work to cut off fissile material production for weapons. And we will have stronger safeguards - eventually for all States Parties, treated equally. We will have new hope for legally binding security assurances, more transparency in export controls, wider peaceful uses, and, if our best efforts are good enough, human and financial ressources for the IAEA to do its growing, vital work" (NPT/CONF.1995/PV.17, vom 11. Mai 1995).

Überprüfung der Wirksamkeit der Vertragsbestimmungen: Abrüstung

Der zweite große Themenkomplex der NPTREC betraf die Überprüfung der Wirksamkeit des NVV. Hier ging es darum, zu bewerten, inwieweit die Vertragsparteien die Bestimmungen des Vertrages eingehalten haben. Die Bedeutung dieses Prozesses erschließt sich nicht zuletzt daraus, daß zwei der vier vorherigen Überprüfungskonferenzen nicht in der Lage waren, einvernehmliche Abschlußerklärungen vorzulegen, was zum großen Teil auf Differenzen in der Bewertung des vertragskonformen Verhaltens der Mitgliedstaaten zurückzuführen war.

Ein Schwerpunkt der Diskussion betraf die vertraglichen Verpflichtung der P5-Staaten zur nuklearen Abrüstung. Dazu gehören die Beendigung des nuklearen Wettrüstens, die Nichtweitergabe militärisch nutzbarer nuklearer Kapazitäten, der Abschluß eines Teststoppabkommens sowie als ultimatives Ziel die universale Abschaffung der Kernwaffen. Hier standen sich zwei Positionen gegenüber: Die eine

Seite, vertreten durch die USA, Rußland, Großbritannien und Frankreich unterstützt von einigen Mitgliedern der östlichen wie der westlichen Staatengruppe, sah große Fortschritte in Richtung der Annäherung an die Vertragsziele. So betrage im Fall Großbritanniens die Sprengkraft der einsatzfähigen Kernwaffen nur noch knapp 60% der Sprengkraft von 1970. Verwiesen wurde auch auf die seit 1987 abgeschlossenen Abrüstungsverträge zwischen den USA und der Sowjetunion bzw. ihren Nachfolgestaaten und die weit gediehenen Verhandlungen über den Umfassenden Teststoppvertrag. Das Ziel der ultimativen Elimination der Kernwaffen wurde von den USA und Rußland ebenso wie von China ausdrücklich angesprochen, so z.B. vom russischen Außenminister Kozyrev:

"The Russian Federation was committed to the final goal of the complete elimination of nuclear weapons. It proposed that all the nuclear-weapon States should proceed towards that goal, taking into account the specific nature of their nuclear potential, and possibly with a certain asymmetry of commitments" (NPT/CONF.1995/SR.11, vom 26. April 1995).

Zur gleichen Frage der chinesische Delegierte:

"The prevention of nuclear-weapon proliferation is not an end in itself but an intermediate step towards the ultimative objective of the complete prohibition and thorough destruction of nuclear weapons" (NPT/CONF.1995/PV.17, vom 11. Mai 1995).

Dagegen führten etliche Blockfreie (u.a. Indonesien, Malaysia, Mexiko, Nigeria, Iran) an, daß die Gesamtzahl der Kernwaffen höher liege als 1970, also von nuklearer Abrüstung keine Rede sein könne. Nach wie vor sei kein Teststoppabkommen in Kraft und das in der Präambel zum NVV artikulierte Ziel, nämlich die universelle Abschaffung der Kernwaffen, rücke seiner Realisierung ebensowenig näher. Im Hauptausschuß 1, der sich vor allem mit Fragen der nuklearen Abrüstung beschäftigte, wurden massive Vorwürfe von einigen Blockfreien wiederholt, die in den letzten 25 Jahren immer wieder erhoben worden waren. So hätten die westlichen Kernwaffenstaaten im Rahmen von Militärbündnissen wie der NATO die Kontrolle über Kernwaffen an nichtnukleare Vertragsparteien weitergegeben und darüber hinaus sogar militärisch nutzbare nukleare Anlagen an Nichtvertragsparteien wie Israel geliefert (NPN 1995: No. 25, Update 9, vom 27. April 1995). Der Vertreter Libyens drückt dies in der Aussprache so aus:

"In fact, some nuclear-weapon States have helped the Israelis to build up their nuclear arsenal. These States are exerting extraordinary pressure on many countries of the region, in an attempt to force them to accept a *fait accompli* [Herv. im Orig., LB] and agree to peace under the threat of Israeli nuclear arms. We would like the whole world to know that this situation is not acceptable to the Libyan Arab Jamahiriya" (NPT/CONF.1995/PV.18, vom 11. Mai 1995).

Die sehr skeptische Position einiger NAM-Staaten wurde, wenngleich moderater in der Form, auch von einigen Mitgliedern der westlichen Staatengruppe unterstützt. So forderten etwa Schweden und die Schweiz energischere Schritte in Richtung nukleare Abrüstung. Auch Österreich, Australien und Neuseeland vertraten die Ansicht, daß die Abrüstungsbemühungen nicht weit genug gegangen seien. Die Erwartungen dieser Staatengruppe an signifikante Fortschritte im Prozeß der nuklearen Abrüstung faßt der australische Beitrag in der Aussprache zusammen:

> "Australia has never accepted that an indefinitely extended NPT would in some way legitimize the status of the nuclear-weapon States for ever. That would be not only unacceptable but simply wrong. It does not reflect what article VI of the Treaty states. With the Treaty extended indefinitely, the obligation on all States, but particularly the nuclear-Weapon States, to pursue nuclear disarmament has now become one from which there is no escape. Thus it is not only our hope but our expectation that the Principles and Objectives adopted by this Conference will consolidate progress to date, promote accelerated progress in disarmament negotiations currently under way, and result in additional early steps, in particular a permanent end to nuclear testing by 1996" (NPT/CONF.1995/PV.19, vom 13. Mai 1995).

Überprüfung der Wirksamkeit der Vertragsbestimmungen: Friedliche Nutzung

In diesem Konflikt ging es vor allem um die Bewertung der Frage, ob die P5-Staaten ihren vertraglichen Verpflichtungen zur Zusammenarbeit mit nichtnuklearen Vertragsparteien auf dem Sektor der friedlichen Anwendung der Kernenergie in ausreichendem Maße nachgekommen seien. Bemängelt wurde von Seiten einiger Delegationen, daß die Verhängung rigider Exportkontrollen dem Geist des Vertrages widerspräche, der eine weitgehende Kooperation auf dem Gebiet der zivilen Nutzung der Kernenergie vorsehe. Auf der Nachfrageseite äußerte insbesondere der Iran immer wieder Kritik an den vor allem von westlichen Anbietern eingerichteten multilateralen Exportkontrollregimen:

> "The failure of nuclear supplier countries to provide complying States parties with material for peaceful purposes was yet another area of non-implementation of commitments. [...] For States parties which had faithfully fulfilled their obligations, any discriminatory approach or imposition of restrictive control regimes was totally unjustifiable. Efforts to regulate the transfer of nuclear technology must be transparent and must take place only within the framework of the Treaty" (NPT/CONF.1995/PV.17, vom 11. Mai 1995).

Auch China wandte sich gegen zu weit gehende Restriktionen beim Export nuklearer Anlagen. So bemängelte der chinesische Vertreter die Anwendung doppelter Standards in der Exportpraxis einiger Staaten, die darauf ziele, die legitimen und vertraglich anerkannten Interessen aller Vertragsparteien an uneingeschränktem Zugang zur zivilen Komponente der Kerntechnik zu diskreditieren:

> "At the same time, we believe that the prevention of nuclear-weapon proliferation should facilitate, rather than impede, the peaceful uses of nuclear energy and should contribute to safeguarding the legitimate rights and interests of the developing countries in the peaceful uses of nuclear energy. In preventing nuclear-weapon proliferation and utilizing nuclear energy for peaceful purposes, it was inadmissable to apply double standards" (NPT/CONF.1995/PV.17, vom 11. Mai 1995).

Dagegen argumentierten andere Delegationen, daß die doppelte Nutzbarkeit vieler nuklearer Komponenten sowohl für zivile wie für militärische Zwecke es zwingend erforderlich mache, im Exportfall von einer rein zivilen Nutzung dieser Komponenten ausgehen zu können. Dabei seien einige Bedingungen unerläßlich: So müßten die interessierten Staaten die volle Bandbreite der Sicherungsmaßnahmen der IAEO uneingeschränkt anwenden und gleichzeitig überzeugend zu erkennen geben, daß sie sich tatsächlich ausschließlich für die zivile Nutzung der Kernenergie interessierten. Diese Bedingungen würden jedoch nicht immer uneingeschränkt von den Interessenten erfüllt. Bei einigen Staaten bestünden Bedenken hinsichtlich des friedlichen Charakters des Kernenergieprogramms. Genannt wurden in diesem Zusammenhang immer wieder Nordkorea, Iran und Irak. So verweigere Nordkorea die vollständige Anwendung sämtlicher Sicherungsmaßnahmen der IAEO, während das politische Verhalten des Iran Zweifel daran wecke, daß es dem Regime tatsächlich nur um die zivile Nutzung der Kernenergie gehe. Die Aufdeckung des geheimen Kernwaffenentwicklungsprogramms des Irak schließlich könne geradezu als paradigmatischer Fall der Begründung von Exportkontrollen dienen.

Diese Position wurde vor allem von den USA, Großbritannien, Frankreich und der westlichen Staatengruppe vertreten. Der britische Außenminister bemerkte in der Generaldebatte dazu:

> "Some were concerned about export controls. However, the fact that certain items were subjected to controls did not mean that their export was prohibited. The controls in question affected only countries such as Iran, about whose ultimate intentions there were widespread doubts. [...] [T]he scale of Iraq's clandestine nuclear-weapons programme had been a salutory shock for all. The Democratic People's Republic of Korea had presented a problem and many were anxious about Iran" (NPT/CONF.1995/SR.3, vom 26. April 1995).

Darüber hinaus wies die US-Delegation darauf hin, daß an der friedlichen Nutzung der Kernenergie interessierte Staaten auch in der Lage sein müßten, die damit verbundenen Lasten zu tragen. Im einzelnen wurde dabei eine gesunde ökonomische Grundlage angesprochen, die den Staat in die Lage versetze, die erheblichen ökonomischen Kosten der kommerziellen Anwendung der Kernenergie zu tragen. Aber auch die technischen Voraussetzungen für die Beherrschung der Kernenergie müßten vorliegen, wozu auch Vorkehrungen gehörten, die die militärische Verwendung des nuklearen Materials sicher ausschlössen (NPN 1995: No. 25, Update 12, vom 2. Mai 1995).

Konfliktbezeichnung	Konfliktgegenstände	Konfliktakteure
Verlängerung des NVV	Unbefristete Verlängerung vs. befristete Verlängerung	P4-Staaten, EU und Verbündete vs. Mexiko-Indonesien-Gruppe
Konditionierung der Verlängerung	Unkonditionierte Verlängerung vs. konditionierte Verlängerung	P4-Staaten vs. China und Mexiko-Indonesien-Gruppe
Bewertung der Abrüstungsbemühungen	Erfolg vs. Mißerfolg	P5-Staaten vs. NAM (v.a. Schwellenländer)
Kooperation bei der friedlichen Nutzung der Kernenergie	Verschärfung vs. Lockerung des Exportkontrollregimes	OECD-Staaten vs. China, Rußland und NAM (v.a. Schwellenländer)

Tab. 6: Zusammenfassung der wichtigsten Konflikte während der NPTREC

5.4 Die Ergebnisse der NPTREC

Die Darstellung der Ergebnisse der NPTREC kann recht kurz ausfallen, da hier im Gegensatz zu den anderen in dieser Untersuchung betrachteten Konferenzen keine voluminösen Abschlußdokumente bzw. Abschlußberichte erstellt wurden. Dies hing zum einen mit dem Charakter dieser Konferenz zusammen, die im Gegensatz etwa zum WSSD nicht als Startpunkt eines auf globaler Ebene neu beginnenden Politikprozesses dienen sollte. Vielmehr war die Tagesordnung der NPTREC von vornherein sehr viel enger auf bestimmte Ziele fokussiert, die in erster Linie in der Überprüfung des existierenden NVV bestanden. Dadurch entfiel die Notwendigkeit, sich zunächst einmal über die Verhandlungsgegenstände zu verständigen.

Zum anderen fallen die Ergebnisse der NPTREC aber auch deswegen vergleichsweise knapp aus, weil kein einvernehmlicher Abschlußbericht verabschiedet werden konnte. Wie bereits bei der Darstellung des Konferenzverlaufs ausgeführt, konnten sich die verschiedenen Konfliktlager in mehreren Arbeitsgruppen nicht auf eine gemeinsame Bewertung der von ihnen zu prüfenden Sachverhalte einigen. Insbesondere wird dies in der Frage der Bewertung der Abrüstungsbemühungen der Kernwaffenstaaten deutlich. Daher verzichteten die Delegierten angesichts der unüberwindbar erscheinenden Differenzen schließlich auf die Verabschiedung eines gemeinsamen Abschlußberichtes.

Verabschiedet wurden von der NPTREC schließlich vier kurze, nichtsdestotrotz aber bedeutsame Dokumente:

- Im ersten Beschluß, betitelt "Strengthening the Review Process for the Treaty", wird festgelegt, daß auch nach der NPTREC weiterhin alle fünf Jahre Überprüfungskonferenzen stattfinden sollen:

> "The States party to the Treaty participating in the Conference decided [...] that Review Conferences should continue to be held every five years. [...] They [die Überprüfungskonferenzen, LB] should evaluate the results of the period they are reviewing [...] and identify the areas in which, and the means through which, further progress should be sought in the future" (NPT/CONF.1995/L.4, vom 10. Mai 1995).

- Im zweiten Beschluß, betitelt "Principles and Objectives for Nuclear Non-Proliferation and Disarmament", werden die wichtigsten Ziele des NVV bestätigt und bekräftigt. Dazu zählen die universelle Geltung des Vertrages, die Aufrechterhaltung des Prinzips Nonproliferation, fortgesetzte nukleare Abrüstung, die Einrichtung kernwaffenfreier Zonen, die Abgabe von Sicherheitsgarantien der Kernwaffenstaaten gegenüber nichtnuklearen Vertragsparteien, die Stärkung von Sicherheitsmaßnahmen der IAEO und die Förderung der friedlichen Nutzung der Kernenergie im Rahmen der Vertragsbestimmungen. Explizit wird das Ende des Kalten Krieges als abrüstungsförderlicher Faktor gewürdigt:

> "Nuclear Disarmament is substantially facilitated by the easing of international tension and the strengthening of trust between States which have prevailed following the end of the cold war" (NPT/CONF.1995/L.5, vom 10. Mai 1995).

- Im dritten Beschluß, betitelt "Extension of the Treaty on the Non-Proliferation of Nuclear Weapons", wird schließlich die Entscheidung über die Verlängerung des Vertrages kurz und bündig mitgeteilt:

> "The Conference of the Parties to the Treaty on the Non-Proliferation of Nuclear Weapons [...] [d]ecides that, as a majority exists among States party to the Treaty for its indefinite extension [...] the Treaty shall continue in force indefinitely" (NPT/CONF.1995/L.6, vom 10. Mai 1995).

- Darüber hinaus verabschiedete die NPTREC eine "Resolution on the Middle East" (NPT/CONF.1995/L.8, vom 10. Mai 1995), in der zum einen Sorge ausgedrückt wird über die Existenz von Nukleareinrichtungen in dieser Region, die nicht den Sicherheitsmaßnahmen der IAEO unterliegen und zum anderen alle Staaten der Region aufgefordert werden, dem Nichtverbreitungsvertrag beizutreten. Weiterhin wird in dieser Resolution die Einrichtung einer regionalen nuklearwaffenfreien Zone angeregt.

5.5 Diskussion

Bis 1990 standen die Überprüfungskonferenzen des Nichtverbreitungsvertrages ganz überwiegend im Zeichen von Debatten zwischen Industriestaaten und Entwicklungsländern im Rahmen der Konfliktformation Nord-Süd. Diese Konferenzen wurden von Anschuldigungen der Blockfreien geprägt, die den westlichen Kernwaffenstaaten und ihren Verbündeten permanenten Vertragsbruch vorwarfen. Unterstützt wurden die Positionen der Blockfreien in der Regel von der Sowjetunion und ihren Verbündeten (Müller et al. 1994). Demgegenüber zeichneten sich bei der NPTREC anders gelagerte Konfliktakteurskonstellationen ab: Eine Vielzahl sachbezogener Konflikte prägte ihren Verlauf. Unterscheidet man zwischen den vier Konfliktgegenständen Verlängerung, Konditionierung, Abrüstung und friedliche Nutzung der Kernenergie, stehen sich jeweils leicht unterschiedliche Konfliktakteurskonstellationen gegenüber:

- In der Verlängerungsfrage entschied letztlich die Uneinigkeit der Blockfreien zugunsten der von den Kernwaffenstaaten gewünschten Option, die allerdings von der überwältigenden Mehrheit der Vertragsparteien geteilt wurde.
- Die Konditionierungsfrage wies hingegen eine andere Konstellation auf: Einerseits bezogen diverse arabische Staaten Position insbesondere gegen die USA und deren enge Verbündete, die als Protektoren der Interessen Israels wahrgenommen wurden, andererseits zeigte sich jedoch auch eine - vorsichtige - Konfrontation zwischen den westlichen Kernwaffenstaaten und anderen Industrienationen.
- Deutlich wird dies in der eng mit der Debatte über Verlängerung und Konditionierung verbundenen Bewertung der Abrüstungsfortschritte. Hier zeigte sich ebenfalls eine interessante Aufsplitterung - neben den von diversen Überprüfungskonferenzen bekannten Argumenten einiger mehr oder minder „radikaler" Blockfreier, die für die umgehende Vernichtung aller Kernwaffen plädierten, fand sich eine heterogene Gruppe aus Industriestaaten und Blockfreien, die auf moderate, aber nachhaltige Abrüstungsschritte zielten. Allerdings unterschied sich die Kritik der westlichen Staaten sowohl im Duktus als auch im Gehalt deutlich von der der Blockfreien. Im Gegensatz zu den umfassenden Abrüstungsforderungen letzterer war sie geprägt von vorsichtigen, schrittweise vorgehenden Bemühungen, die darauf abzielten, nach und nach die Kernwaffenarsenale auf ein Niveau herunterzufahren, das offensive Einsatzmöglichkeiten ausschließt. Auf dieser Basis sollte dann über die endgültige Abschaffung der Kernwaffen verhandelt werden.[19] Beide Staatengruppen bezogen jedoch Stellung gegen die Kernwaffenstaaten, die, wie etwa die USA und Rußland, die Abrüstungsabkommen der späten 1980er und frühen 1990er Jahre als ausreichenden Beleg ihres Willens zur nuklearen Abrüstung werteten oder, wie Großbritannien, von eigenen Abrüstungsbemühungen solange nichts wissen

---

19 Im übrigen schien dieses inkrementalistische Vorgehen bei den P5-Staaten eher Resonanz zu erzielen (Simpson 1995).

wollten, bis die Sprengkopfarsenale der Supermächte "were counted in hundreds rather than the current thousands" (NPT/CONF.1995/SR.3, vom 26. April 1995).
• Die Frage der friedliche Nutzung der Kernergie schließlich zeigte wieder eine andere Konfliktakteurskonstellation. Hier vertraten die westlichen Staaten eine restriktive Position, während ihnen von einigen Blockfreien - insbesondere dem Iran - Intransparenz der Kontrollbestimmungen und vertragswidriges Verhalten vorgeworfen wurden. Vor allem der Umstand, daß die Kerntechnik exportierenden Staaten neben den im NVV vorgesehen Sicherungsmaßnahmen weitere Kontrollmechanismen eingerichtet hätten, stieß auf Ablehnung. China schloß sich dieser Position an und verwies auf die Anwendung doppelter Standards etwa im Umgang mit Israel und mit dem Iran. Hier spaltete der Konflikt also auch die Kernwaffenstaaten.

Besonders auffällig bei der NPTREC war die Unfähigkeit der Entwicklungsländer, eine gemeinsame Position gegenüber den Kernwaffenstaaten einzunehmen. Maßgeblich dafür dürften vier Faktoren gewesen sein:

(1) Zunächst der Umstand, daß die NPTREC vier Wochen lang dauerte. Dies hatte zur Folge, daß Delegationen gerade aus ressourcenschwachen Staaten erst zur Konferenz reisten, als es um die Verlängerungsentscheidung ging. Dadurch erklärt sich, daß zwar über 170 Delegationen während der letzten Konferenzwoche anwesend waren, aber nur 116 während der Generaldebatte die Gelegenheit nutzten, ihren Standpunkt darzulegen. Unter diesen Delegationen dürften etliche gewesen sein, die etwaige nukleare Ambitionen relativ mächtigerer Nachbarstaaten im Fall der befristeten Vertragsverlängerung befürchteten und dementsprechend die unbefristete Verlängerung des zwar ungleichen, aber vertrauten status quo bevorzugten (Cirincione 1995b; Dembinski 1995: 99). Der iranische Delegierte Moradi führte als weiteren Grund für die Uneinigkeit der NAM-Position unterschiedliche nationale Interessen bzw. nukleare Indifferenz gerade der kleineren Staaten an:

> "[E]ach member of the NAM has its own national interests, and for many of them, especially the small countries who are not willing or do not have the economic base to develop nuclear energy for peaceful purposes, the NPT is a secondary issue" (Welsh 1995: 12).

(2) Auf dem Außenministertreffen der Blockfreien Ende April 1995, also während der NPTREC, in Bandung gelang es nicht, eine einvernehmliche Position zur Frage der Verlängerung festzuklopfen. Hier standen sich die Auffassungen Südafrikas und Indonesiens gegenüber, die sich in den verschiedenen Resolutionsentwürfen widerspiegeln. Aus der Sicht einiger Blockfreier war die Unfähigkeit, in Bandung eine Übereinkunft über eine gemeinsame Position hinsichtlich der Verlängerung zu erzielen, maßgeblich am Scheitern der Versuche schuld, die unbefristete Verlängerung zu verhindern. So äußerte sich der damalige venezolanische Delegationsleiter Taylhardat folgendermaßen:

> "The result of Bandung was a prelude of what was going to happen here, because in Bandung sovereign countries that were being subject to pressure ob-

structed a consensus around the 25-year rolling extension. If that happened there in a forum of the non-aligned, one could foresee what would happen here" (Welsh 1995: 8).[20]

(3) Ein dritter, eng mit dem zweiten zusammenhängender Grund ist wohl darin zu sehen, daß die zu Beginn der Konferenz geäußerten südafrikanischen Vorschläge zur Stärkung des Überprüfungs- und des Abrüstungsprozesses vielen Delegationen als eine brauchbare Grundlage erschienen, auf der über eine unbefristete Verlängerung verhandelt werden könne. Dazu trug nicht zuletzt das Prestige Südafrikas bei, das zum einen mit dem Bonus der vergleichsweise friedlichen Überwindung des Apartheidregimes antrat und zum zweiten darauf verweisen konnte, als erster Staat die politisch motivierte Entscheidung zur selbständigen Produktion von Kernwaffen revidiert und das bestehende Arsenal demontiert zu haben.[21] Im Lager der Blockfreien wurden allerdings auch kritische Stimmen laut, die Südafrika unterstellten, die einheitliche Position des NAM auf Druck der westlichen Staaten verlassen und damit erst die Entscheidung zugunsten der unbefristeten Verlängerung ermöglicht zu haben. Dem widerspricht ein südafrikanischer Delegierte, der erläutert, wie die nationale Entscheidung zugunsten der unbefristeten Verlängerung zustandekam:

"[W]e held a high-level internal meeting to analyze the extension options - who were the proponents of each one, what each one would mean for South Africa, for other countries, and for the Treaty itself - and the accomplishments of the Treaty. [...] We saw that our own security, as well as regional and international security, were being guaranteed by the NPT, not by nuclear weapons, and that we felt more secure through disarmament. [...] Thus, we concluded that the NPT was in South Africa's national security interests, and that the best way to retain the Treaty would be by supporting indefinite extension in principle" (Welsh 1995: 2-3).

(4) Schließlich muß noch der zunehmende Druck genannt werden, dem einzelne Delegationen ausgesetzt waren, die ursprünglich die befristete Option unterstützten. So trat der venezolanische Delegationsleiter Taylhardat zurück, nachdem seine Regierung, offensichtlich auf Intervention der USA, ihre ursprüngliche Position, die eine Verlängerung des NVV zu gleichen Konditionen vorsah, revidiert hatte und plötzlich für eine unbefristete Verlängerung optierte. Gleichzeitig nahm der Druck der Befürworter einer unbefristeten Verlängerung auf einzelne Delegationen zu, so daß der von Indonesien eingebrachte Resolutionsentwurf, der eine fortlaufende befristete Verlängerung vorsah, schließlich von nur 13 Delegationen unterstützt wurde. Der mexikanische Botschafter Marín Bosch drückt dies so aus:

---

20 In diesem Zusammenhang sieht Taylhardat gar das Ende der NAM als Bewegung gekommen:"The non-aligned died at Bandung because one of the few issues where there was some cohesion of the non-aligned was in disarmament and nonproliferation. This does not exist anymore, so it means the death ot the non-aligned" (Welsh 1995: 9).
21 Zum südafrikanischen Kernwaffenprogramm vgl. Albright (1994).

"There are many ways to skin a cat. If you say for example, "the Treaty's indefinite extension is important because it means that we will forever be commited to nuclear disarmament," that sounds o.k. But if you say, "the Treaty is important because without the Treaty's indefinite extension, we do not know if we are going to be able to live up to our commitments under Article IV," which is the cooperation in the nuclear field, that is another way of skinning the cat. You can link it or not link it, but quite obviously this has an impact on a number of countries who have bilateral relations with the United States and who depend on U.S. technology for medical nuclear research and a number of things" (Welsh 1995: 7).

6. Die Weltfrauenkonferenz 1995 in Peking - Fourth World Conference on Women (FWCW)

6.1 Hintergrund

Die FWCW stand im Kontext einer Reihe von UN-Konferenzen über Frauen, deren erste 1975 in Mexiko stattfand. Anläßlich dieser Ersten Weltfrauenkonferenz rief die UN-Generalversammlung die sogenannte „Frauendekade" aus. Der Konferenzzyklus wurde 1980 in Kopenhagen und 1985 in Nairobi fortgesetzt. Im Rahmen der Evaluation der Frauendekade wurden dort die „Zukunftsstrategien von Nairobi zur Förderung der Frau bis zum Jahr 2000" verabschiedet, die auf die vollständige Gleichberechtigung von Frauen zielten. Diese Strategien berücksichtigten in besonderem Maße den Zusammenhang von Gleichheit zwischen den Geschlechtern, Entwicklung und Frieden. Im Rahmen der Umsetzung der Zukunftsstrategien war die Abhaltung einer weiteren Weltfrauenkonferenz in den 1990er Jahren vorgesehen, die die Aufmerksamkeit der Weltöffentlichkeit auf die Fortschritte und Defizite bei ihrer Implementation lenken sollte.

Die FWCW wurde von vornherein in den Kontext der UN-Konferenzen der 1990er Jahre eingeordnet. Nachdem u.a. die Themen Umweltpolitik, Entwicklungspolitik und Menschenrechtspolitik behandelt worden waren, sollte die Frauenpolitik den Abschluß der Reihe großer Konferenzen nach dem Ende des Ost-West-Konflikts im Übergang zum 21. Jahrhundert bilden. Darüber hinaus sollte so ein weiterer Schwerpunkt der Arbeit des UN-Systems der globalen Öffentlichkeit näher gebracht werden.

Besonders dringlich erschien eine Frauenkonferenz auch vor dem Hintergrund der sich in der zweiten Hälfte der 1980er Jahre abzeichnenden Verschlechterung der ökonomischen und sozialen Situation von Frauen gerade in der Dritten Welt. Unter Aufsicht der Weltbank durchgeführte Strukturanpassungsmaßnahmen, die der Anpassung der nationalen Ökonomien vieler Entwicklungsländer an Weltmarktstandards dienen sollten, hatten insbesondere für den weiblichen Teil der Bevölkerung oft negative Konsequenzen. Die ökonomische und soziale Entwicklung verlief mitunter so auffällig zuungunsten der Frauen, daß geradezu von einer „Feminisierung der Armut" gesprochen wurde (Klingebiel 1996b; Stiftung Entwicklung und Frieden 1999: 121-139).

In der ersten Hälfte der 1990er Jahre bestätigten verschiedene Berichte von UN-Organisationen wie dem UNDP dieses alarmierende Bild. Neben der verschlechterten ökonomischen Situation von Frauen in vielen Entwicklungsländern wurde hier ebenso die leicht verbesserte, mitunter aber auch stagnierende oder gar rückläufige politische und soziale Stellung von Frauen in den Industrieländern dokumentiert. Die Konferenz in Peking sollte der Aufarbeitung dieser Defizite und der Ausarbeitung zusätzlicher Ziele und Maßnahmen zur gezielten Förderung der gleichberechtigten Teilhabe von Frauen in allen gesellschaftlichen Sektoren dienen.

6.2 Der Vorbereitungsprozeß

Der Beschluß, die FWCW 1995 abzuhalten, wurde 1990 im Rahmen der Sommersitzungsperiode des ECOSOC gefaßt.[1] In der entsprechenden Resolution erinnerte der ECOSOC an die Verabschiedung der „Zukunftsstrategien von Nairobi" fünf Jahre zuvor und begründete den Entschluß, eine möglichst hochrangig besetzte Konferenz auf globaler Ebene einzuberufen, in nüchterner Offenheit:

> "[W]ithout a major international event on which to focus national attention on the implementation of the Nairobi Forward-looking Strategies, the review and appraisal to take place in 1995 will not be given sufficient priority" (ECOSOC Resolution 1990/12, vom 24. Mai 1990).

Weiterhin stellte die Initiativ-Resolution die nach wie vor bestehende Relevanz der „Zukunftsstrategien von Nairobi" heraus, insbesondere hinsichtlich des dort breit thematisierten Zusammenhangs von Gleichheit, Entwicklung und Frieden und forderte ihre vollständige Umsetzung bis zum Jahr 2000. Mit der Durchführung der Konferenzvorbereitungen wurde die Frauenrechtskommission CSW betraut, deren jährliche Sitzungen zu Vorbereitungssitzungen der FWCW erklärt wurden. In diesem Rahmen sollten die Entwürfe der Abschlußdokumente erarbeitet und diskutiert werden. Die Organisation der inhaltlichen Vorbereitung unterschied sich somit von der Vorbereitung der anderen Konferenzen, da kein spezielles Gremium eingerichtet, sondern ein bestehendes UN-Organ mit den Vorbereitungen betraut wurde.[2]

Während der Sitzungsperiode 1991 legte die CSW den endgültigen Titel der Konferenz fest. In Anlehnung an die Konferenz von Nairobi erhielt die FWCW den offiziellen Titel "Fourth World Conference on Women: Action for Equality, Development and Peace". Zur Generalsekretärin der Konferenz wurde Gertrude Mongella (Tansania) bestimmt, während die Vorsitzende der CSW, Patricia Licuanan (Philippinen), zur Vorsitzenden des Hauptausschusses gewählt wurde (ENB 1995: Vol. 14, No. 8, vom 10. April 1995). 1992 akzeptierte die CSW das Angebot Chinas, die FWCW in Peking auszurichten.[3] Darüber hinaus wurde das Sekretariat der FWCW

---

[1] ECOSOC-Resolution 1990/12, vom 24. Mai 1990.
[2] Dieses ungewöhnliche Vorgehen hatte einerseits finanzielle und andererseits organisatorische Gründe: Angesichts der Vielzahl der Weltkonferenzen in der ersten Hälfte der 1990er Jahre legte die UN-Vollversammlung immer größeren Wert auf höchstmögliche Sparsamkeit bei ihrer Durchführung. Deutlich wird dies daran, daß der Raum, den entsprechende Appelle in den jeweiligen UNGA-Resolutionen einnehmen, immer größer wird. Darüber hinaus waren gerade die Vertretungen kleinerer Staaten bei den UN mit der Vielzahl der Vorbereitungskomitees schlicht überfordert. Parallel zum Vorbereitungsprozeß der FWCW mußten beispielsweise auch die ICPD und der WSSD geplant werden - und das zusätzlich zu den üblichen Aufgaben der nationalen Missionen bei den UN.
[3] Diese Entscheidung war umstritten, da China nicht unbedingt als der geeignetste Gastgeber für eine Konferenz erschien, die sich an prominenter Stelle mit Menschenrechten befassen würde. Bekanntermaßen hatte die chinesische Regierung erst knapp drei Jahre zuvor die Demokratiebewegung auf dem Tiananmen-Platz zusammenschießen lassen. Darauf hin bot sich Österreich als alternativer Konferenzgastgeber an. Letztlich setzte sich jedoch die Logik des regionalen Proporzes innerhalb des UN-Systems gegen die Menschenrechtsbedenken vieler Delegationen durch. In

aufgefordert, einen ersten Entwurf der Abschlußdokumente von Peking für die Sitzung der CSW 1993 vorzubereiten.

6.2.1 PrepCom 1, 17.-26. März 1993, Wien

PrepCom 1 legte in Grundzügen die inhaltlichen Schwerpunkte der FWCW-Abschlußdokumente fest. Dort wurde beschlossen, daß in Peking eine Aktionsplattform mit folgenden Merkmalen verabschiedet werden sollte:

> "[T]he Platform for Action should be concise and accessible and should accelerate, through concerted and intensive action in the coming years, the implementation of the Nairobi Forward-looking Strategies for the Advancement of Women in critical areas so that equality becomes a reality by the twenty-first century" (E/CN.6/1993/18, vom 28. Mai 1993).

Weiterhin setzte sich die CSW mit der Struktur der Aktionsplattform auseinander. Zu ihren Hauptbestandteilen sollten demnach die Verdeutlichung der Bedingungen zählen, die die weltweite systematische Diskriminierung von Frauen verursachen. Dazu zählten gemäß der Aufstellung der CSW vor allem die ungleichen Zugangschancen von Frauen zu praktisch allen Bereichen des öffentlichen Lebens, angefangen von der Ausübung politischer Macht über die Besetzung von Entscheidungspositionen in der Wirtschaft bis zu Bildungs- und Gesundheitseinrichtungen. Zwar müsse Ungleichheit differenziert nach verschiedenen Gesellschaften betrachtet werden, generell sei jedoch eine klare Diskriminierung von Frauen zu beobachten.[4]

Darüber hinaus benannte die CSW Maßnahmen zur Verbesserung der Situation von Frauen. Diese Maßnahmen wurden in fünf Gruppen von Handlungszielen zusammengefaßt, zu denen im Rahmen der Aktionsplattform jeweils noch nähere Ausführungsbestimmungen erarbeitet werden sollten. Im einzelnen sollten die Maßnahmen darauf zielen,

- die volle Partizipation von Frauen auf allen gesellschaftlichen Entscheidungsebenen zu fördern;
- Faktoren auszuschalten, die weibliche Armut aufrechterhalten bzw. verstärken;
- den gleichen Zugang von Frauen zu Bildungs- und Gesundheitseinrichtungen sowie zum Arbeitsmarkt zu sichern;
- jede Form von Gewalt gegen (die Menschenrechte von) Frauen abzubauen;

---

einer Resolution zum Vorbereitungsprozeß der FWCW fordert die UNGA die CSW dazu auf, bei der Entscheidung über die Vergabe der Konferenz die Weltregionen zu bevorzugen, die bisher keine Weltfrauenkonferenz ausgerichtet hatten. Dadurch wurden die Chancen Österreichs beträchtlich geschmälert, denn 1980 hatte in Kopenhagen bereits eine Weltfrauenkonferenz in Europa stattgefunden. Darüber hinaus war Asien in den 1990er Jahren noch nicht Gastgeber einer großen internationalen Konferenz gewesen, während Österreich bereits den Zuschlag für die Weltmenschenrechtskonferenz erhalten hatte.

4   Die folgenden Ausführungen und Punkte finden sich im Bericht der CSW über die 37. Sitzungsperiode (E/CN.6/1993/18, vom 28. Mai 1993).

- die wechselseitige Verantwortung von Frauen und Männern zur Realisierung gleicher Lebenschancen zu verdeutlichen.

Weiterhin setzte sich die CSW dafür ein, daß neben den verschiedenen Akteuren des UN-Systems auch nationale und gesellschaftliche Akteure in den Vorbereitungsprozeß eingebunden werden sollten. Bereits 1992 wurden die Regierungen aufgefordert, nationale Berichte über die Situation der Frauen in den jeweiligen Staaten zu erstellen. Diese sollten vor allem den Stand der Umsetzung der „Zukunftsstrategien von Nairobi" berücksichtigen. Ausdrücklich wurden die Regierungsvertreter dazu aufgefordert, NGOs zur Abfassung der Berichte hinzuziehen.[5] Neben diesen nationalen Vorbereitungsausschüssen dienten fünf regionale Vorbereitungstreffen der Entwicklung und Abstimmung von Positionen, die von den "Economic Commissions" für Europa (ECE), Lateinamerika und Karibik (ECLAC), Asien und Pazifik (ECAP), Afrika (ECA) sowie Westasien (ESCWA) organisiert wurden. Des weiteren befaßten sich eigens berufene Expertengruppen mit Themengebieten von besonderer Relevanz.[6]

6.2.2 PrepCom 2, 7.-18. März 1994, New York

Auf der Grundlage dieser Expertenberichte sowie der nationalen und regionalen Abschlußberichte stellte das Sekretariat der FWCW einen Entwurf der Aktionsplattform zusammen, der 1994 von der CSW, die als PrepCom 2 fungierte, diskutiert wurde. Hier wurde überdies die Verzahnung der FWCW mit den übrigen Weltkonferenzen der UN angemahnt, da sich frauenpolitische Fragestellungen durch die Agenden aller Konferenzen zögen. In der entsprechenden Resolution der CSW hieß es dazu:

> "Since women's issues cut across all the areas covered by those conferences, preparations for the Fourth World Conference on Women will utilize the results of the conferences. At the same time, the Conference secretariat is collaborating closely with those preparing the other conferences and events to make sure that they reflect a strong articulation and representation of women's issues" (E/CN.6/1994/9, vom 7. Februar 1994).

Während dieser PrepCom begann Australien intensiv dafür zu werben, die FWCW zu einer Konferenz der Verpflichtungen ("Conference of Commitments") aufzu-

---

5 Allerdings folgten längst nicht alle Regierungen dieser Empfehlung. So wurde die Bundesregierung dafür kritisiert, daß sie das von ihr selbst eingesetzte nationale Vorbereitungskomitee, in dem eine Vielzahl NGOs vertreten war, bei der Fertigstellung des Berichtes nicht berücksichtigte. Nach Auffassung vieler Beobachter spiegelte der an die PrepCom gesandte Bericht daher nur die Position der Bundesregierung wider (Klingebiel 1996b: 219).

6 Die Expertentagungen befaßten sich mit den Themen "Gender, Education and Training", "Equality in Economic Decision Making", "Gender and the Agenda for Peace" und "Institutional and Financial Arrangements for the Implementation of the FWCWs Platform for Action".

werten. Damit war gemeint, daß die Delegationen in ihren nationalen Beiträgen zur Konferenz auf die jeweilige spezifische Situation der Frauen abgestimmte Verpflichtungen benennen sollten. Dadurch sollten konkrete, implementationsfähige Maßnahmen mit hohem politischem Bindungscharaker gegenüber der Weltöffentlichkeit dokumentiert werden. Ähnlich wie im Vorbereitungsprozeß des Weltsozialgipfels unterstützten zahlreiche NGOs diese Initiative.

6.2.3 PrepCom 3, 15. März bis 7. April 1995, New York

Während des abschließenden Treffen zur Vorbereitung der FWCW debattierte der Hauptausschuß des Vorbereitungskomitees über drei Wochen lang Struktur und vor allem Inhalte der Aktionsplattform. Viele Delegationen, die an diesem Treffen teilnahmen, flogen direkt vom Weltsozialgipfel in Kopenhagen ein. Sie erwarteten, die Verhandlungen auf der Basis eines etwa zwanzigseitigen Papiers des Sekretariats der FWCW führen zu können. Statt dessen hatte dieses eine über achtzigseitige Vorlage zusammengestellt. Aus diesem Grund und da sich die inhaltlichen Positionen in einigen Fragen nach wie vor deutlich unterschieden, mußte die Sitzungsperiode der CSW schließlich um drei Tage verlängert werden.

Zwei Kontroversen beherrschten den Verlauf dieser entscheidenden Sitzung:
- Eine kleine Gruppe von Staatenvertretern brachte beharrlich Einwände gegen die Verwendung von Sprachregelungen vor, die aus den Abschlußdokumenten anderer Konferenzen übernommen werden sollten. Zu ihren Wortführern zählten u.a. der Vatikan, China und Iran. Die Einwände dieser Gruppe betrafen vor allem Formulierungen aus den Abschlußdokumenten der WCHR und der ICPD, aber auch des gerade beendeten WSSD. Dabei ging es um beispielsweise um das Verhältnis von Frauen- zu Menschenrechten, das Ausmaß der eigenständigen Verfügung von Frauen über ihren Körper und die Rolle von Religion und traditionellen Werten im Rahmen des Ansatzes "Empowerment of Women".
- Gleichfalls umstritten war die Verwendung des Begriffes "gender" in den Abschlußdokumenten. Hiergegen erhoben u.a. der Vatikan, Honduras und Guatemala Einspruch. Sie forderten die Klammerung des Begriffes im gesamten Dokument. Hintergrund dieser Einwände waren Befürchtungen, daß "gender" als Synonym für die Ablösung der Geschlechterrollen von biologischen Bestimmungskriterien verstanden werden könnte und somit unerwünschte und unnötige Ambivalenzen sowohl in sexueller wie auch sozialer Hinsicht beförderte. Diese Forderung verursachte ein gewisses Befremden bei anderen Delegationen, die darauf hinwiesen, daß "gender" seit Jahren unbeanstandet in UN-Dokumenten verwendet würde. Schließlich einigten sich die Delegationen auf Initiative des australischen UN-Botschafters darauf, eine Kontaktgruppe einzusetzen, die bis zum Beginn der FWCW ein gemeinsames Verständnis von "gender" im Kontext der Aktionsplattform erarbeiten sollte. Im Gegenzug konnten die Klammern um den Begriff im

Entwurf der Aktionsplattform entfernt werden (ENB 1995: Vol. 14, No. 8, vom 10. April 1995).

Ein weiterer, vordergründig eher formaler Streitpunkt betraf die Zulassung von NGOs zu dieser Sitzung der CSW wie auch zur bevorstehenden FWCW. Hier standen sich zwei Positionen gegenüber: Eine Gruppe von Staatenvertretern plädierte für höchstmögliche Transparenz und forderte „weiche" Zulassungskriterien, während das andere Konfliktlager ausschließlich bereits beim UN-System akkreditierte NGOs zulassen wollte. Die EU und die USA, unterstützt vom NGO-Forum für die FWCW, zeigten sich darüber besorgt, daß einige Delegationen, vor allem potentiell dem Gastgeberland der FWCW gegenüber kritisch eingestellte Gruppen etwa aus Taiwan und Tibet, im Zulassungsverfahren nicht berücksichtigt worden seien. Das Sekretariat der FWCW wies in diesem Zusammenhang darauf hin, daß über 1.700 Anmeldungen von NGOs allein für diese CSW-Sitzung berücksichtigt worden waren (ENB 1995: Vol. 14, No. 1, vom 18. März 1995).

Neben der Aktionsplattform verhandelte die CSW über ein weiteres in Peking zu verabschiedendes Dokument. Die sogenannte „Deklaration von Peking" war auf Initiative der G-77 und Chinas zustande gekommen. Beeinflußt vom Erfolg entsprechender Deklarationen wie der „Wiener Erklärung über die Menschenrechte" hatten sich die Delegationen auf ein zusätzliches Dokument geeinigt, das in kurzer und knapper Form die wesentlichen Inhalte der Aktionsplattform zusammenfassen sollte. Da der Vorschlag erst unmittelbar vor PrepCom 3 in den Verhandlungsprozeß eingebracht worden war, konnte nur grundsätzlich Einigkeit darüber erzielt werden, daß eine Erklärung verabschiedet werden sollte, nicht aber über ihren Inhalt. Die Diskussion darüber wurde auf die FWCW vertagt (ENB 1995: Vol. 14, No. 5, vom 3. April 1995).

Obwohl der letzten Sitzungswoche der CSW drei weitere Verhandlungstage angehängt wurden, verblieben schließlich noch ca. 40% des Entwurfs der Aktionsplattform in Klammern. Somit blieben große Teile der Aktionsplattform umstritten, obgleich die Verhandlungen über die Deklaration von Peking noch gar nicht begonnen hatten. Daher befürwortete der ECOSOC nach Erhalt des Berichts über das letzte Vorbereitungstreffen die Zwischenschaltung einer Runde informeller Konsultationen vor Beginn der eigentlichen Konferenz. Diese informellen Konsultationen fanden zwischen dem 31. Juli und 4. August 1995 in New York statt. Dort bearbeiteten zwei Arbeitsgruppen gezielt besonders strittige Punkte: Zum einen Konflikte über Fragen, die mit der Umsetzung der Aktionsplattform in makroökonomischer und institutioneller Hinsicht sowie der dazu nötigen Ressourcenausstattung zusammenhingen, zum anderen Konflikte über die Bewertung von Frauen- und Menschenrechten hinsichtlich von Aspekten der Gleichheit bzw. Diversität der Geschlechter. Auf diese Weise gelang zwar eine Reduzierung des geklammerten Textes der Abschlußdokumente um ein weiteres Drittel, genug Stoff für Debatten während der FWCW blieb jedoch erhalten (ENB 1995: Vol. 14, No. 10, vom 4. September 1995).

6.3 Die Vierte Weltfrauenkonferenz in Peking

Die FWCW wurde am Montag, dem 4. September 1995, offiziell in Peking eröffnet. Strukturell folgte die FWCW den Vorbildern der vorherigen Weltkonferenzen. Die wesentlichen Gremien waren einerseits das Plenum und andererseits der Hauptausschuß, in dem über den endgültigen Wortlaut der Abschlußdokumente verhandelt werden sollte. Im Plenum sollten dagegen wie gehabt die Stellungnahmen der Konferenzteilnehmer vorgetragen und die Abschlußdokumente angenommen werden. Zur Vorsitzenden des Hauptausschusses wurde Patricia Licuanan gewählt, die die gleiche Position bereits während des Vorbereitungsprozesses bekleidet hatte. Weiterhin wurden zwei Arbeitsgruppen des Hauptausschusses eingerichtet.

Wie in Paragraph 293 des Entwurfs der Aktionsplattform angemahnt, griffen zahlreiche Reden der Staatenvertreter im Plenum die von Australien in den FWCW-Prozeß eingebrachten Verpflichtungen auf. Diese reichten von finanziellen über rechtliche bis zu institutionellen Maßnahmen zugunsten der Verbesserung der gesellschaftlichen Stellung der Frau. Gemäß dem Empowerment-Ansatz standen dabei vor allem sozial- und bildungspolitische Maßnahmen im Mittelpunkt. Im Gegensatz zum Weltsozialgipfel wurden die Verpflichtungen jedoch nicht in die offiziellen Abschlußdokumente aufgenommen, da einige Delegationen befürchteten, daß dies vom eigentlichen Inhalt der Dokumente ablenken könne (ENB 1995: Vol. 14, No. 18, vom 13. September).[7]

6.3.1 Verhandlungen und Streitpunkte I: Verhandlungsverlauf

Im Hauptausschuß wurden zunächst die Berichte der informellen Konsultationen besprochen, die zwischen der letzten Sitzung des Vorbereitungsausschusses und Konferenzbeginn stattgefunden hatten. Dies betraf zum einen den Bericht der mit der Definition des Begriffes "gender" befaßten Arbeitsgruppe und zum anderen den Bericht der Arbeitsgruppe, die an den Abschlußdokumenten der FWCW gearbeitet hatte. Letzterer war es gelungen, den Umfang der geklammerten Passagen in den Abschlußdokumenten um etwa ein Drittel zu reduzieren. Beide Berichte wurden vom Hauptausschuß gebilligt (ENB 1995: Vol. 14, No. 12, vom 6. September 1995). Die weitere Arbeit an den verbliebenen geklammerten Passagen in den Entwürfen der Abschlußdokumente wurde an die beiden Arbeitsgruppen delegiert.[8]

---

[7] Einige NGOs untersuchten, welche dezidierten Verpflichtungen in den Plenarreden erwähnt wurden und stellten diese separat zusammen. Neben den offiziellen Dokumenten, also der Deklaration und der Aktionsplattform, stellt die Sammlung der nationalen Verpflichtungen gerade für die gesellschaftlichen Akteure ein wichtiges Instrument für die heimische Lobbyarbeit dar (ENB 1995: Vol. 14, No. 21, vom 18. September 1995).

[8] Zu den formal eingerichteten Verhandlungsgruppen kam in der zweiten Konferenzwoche eine weitere unter der persönlichen Leitung Licuanans, die sich mit den besonders schwer vermittelbaren Konflikten auseinandersetzte. Diese hochrangig besetzte ad hoc-Gruppe befaßte sich am

Zunächst befaßte sich die *Arbeitsgruppe 1* mit dem Abschnitt über Gesundheit im vierten Kapitel des Entwurfs der Abschlußdokumente. In diesem Abschnitt fanden sich einige der umstrittensten Passagen während des Vorbereitungsprozesses, darunter vor allem die Paragraphen über den Zusammenhang von Sexualität und Gesundheit aus weiblicher Perspektive. Die bedeutendste Kontroverse betraf eine Formulierung in §94, die das Recht von Frauen auf Kontrolle über ihre Fruchtbarkeit stipulierte. Der Vatikan, Argentinien, Ecuador und andere sprachen sich für die Ersetzung des Begriffs „Recht" durch „Fähigkeit" oder aber für die generelle Streichung der geklammerten Passagen aus. Surinam, Zaire, die USA, Israel und andere unterstützten dagegen die ursprüngliche Formulierung. Schließlich wurde der Text an eine speziell für diesen Streitpunkt eingerichtete Kontaktgruppe weitergeleitet (ENB 1995: Vol. 14, No. 12, vom 6. September 1995).

Nachdem der Abschnitt über Gesundheit delegiert worden war, konnten die übrigen Kapitel, die Arbeitsgruppe 1 verhandelte, vergleichsweise einfach entklammert werden - bis auf den Abschnitt über das weibliche Kind, der Formulierungen über das Erbrecht enthielt. So erklärte Ägypten, daß Länder islamischen Glaubens der im Entwurf vorgesehenen Formulierung, nach denen Mädchen gleich ("equal") erbberechtigt sein sollten, aus religiösen Gründen nicht zustimmen könnten. Demgegenüber stellte Norwegen fest, daß für nicht-islamische Länder eine Formulierung, die statt dessen, wie von den islamisch orientierten Staaten vorgeschlagen, die gleichartige ("equitable") Erbberechtigung vorsähe, inakzeptabel sei. Da ein Kompromiß wenig wahrscheinlich schien, verständigte sich die Arbeitsgruppe darauf, den ursprünglichen Text beizubehalten und empfahl den interessierten Delegationen, nach dessen Verabschiedung Vorbehalte dagegen anzumelden (ENB 1995: Vol. 14, No. 17, vom 12. September 1995). Auf der Grundlage dieser Vereinbarung gelang es der Arbeitsgruppe 1, am letzten offiziellen Verhandlungstag vollständig entklammerte Textentwürfe an den Hauptausschuß weiterzuleiten.

Die intensivste Debatte in *Arbeitsgruppe 2* betraf die Diskussion über die Ausgestaltung der „Deklaration von Peking". Bereits während der ersten Sitzung der Arbeitsgruppe deutete sich dies an, so daß für die weitere Verhandlung der Deklaration eine spezifische Kontaktgruppe eingesetzt wurde (ENB 1995: Vol. 14, No. 14, vom 8. September 1995). Inhaltlich beherrschte die Debatte über den Status von Frauenrechten die Sitzungen. Umstritten waren einerseits Formulierungen, die die Gleichsetzung von Frauen- und Menschenrechten enthielten, andererseits Formulierungen über die Universalität der Menschenrechte generell.[9] Insoweit griffen die Diskussionen die Debatte über den Status der Menschenrechte wieder auf, die ausführlich während der Vorbereitung und Durchführung der WCHR geführt worden

---

letzten Verhandlungstag, dem 14. September, mit der hochgradig umstrittenen Frage der sexuellen Rechte der Frau (ENB 1995: Vol. 14, No. 21, vom 18. September 1995).

9 So debattierten die Delegationen u.a. darüber, ob die Formulierung "women's rights are human rights" für sich stehen solle oder durch "and human rights are women's rights" zu ergänzen sei. Schließlich wurde der Nachsatz gestrichen und auf entsprechende Formulierungen in den Abschlußdokumenten der Wiener Menschenrechtskonferenz verwiesen (ENB 1995: Vol. 14, No. 16, vom 11. September 1995).

war. Dabei ähnelten sich nicht nur die Konfliktgegenstände, sondern auch die Konfliktakteurskonstellationen: Wieder plädierten die meisten Industriestaaten für universale politische Menschenrechte, während etliche Entwicklungsländer die Realisierung der Menschenrechte mit dem Vorliegen bestimmter ökonomischer Bedingungen verknüpften. Darüber hinaus meldeten einige Delegationen Zweifel an der „geschlechtsblinden" Konzeption der Menschenrechte an und forderten die Berücksichtigung geschlechtsspezifischer Kontexte.

6.3.2 Verhandlungen und Streitpunkte II: Die wichtigsten Konfliktgegenstände

Konflikte über die Deklaration von Peking

Da der Vorschlag, im Rahmen der Weltfrauenkonferenz eine Deklaration zu verabschieden, erst sehr spät im Vorbereitungsprozeß geäußert wurde, konnten die Delegationen auf kein bereits während des Vorbereitungsprozesses verhandeltes Dokument zurückgreifen. Vielmehr begannen die Verhandlungen auf der Basis eines erst zu Beginn der FWCW von der G-77 und China vorgelegten Entwurfs. Der mit den Verhandlungen betrauten Kontaktgruppe gelang es jedoch nicht, dem Hauptausschuß einen einheitlichen Text zu präsentieren. Die kurzfristig gebildete „Hochrangige Verhandlungsgruppe" mußte sich daher mit vier Paragraphen auseinandersetzen, die nicht entklammert werden konnten. Diese beinhalteten folgende Streitpunkte:
- In §23 ging es um den vollen Genuß der Menschenrechte. Dabei stand zur Debatte, ob neben den allgemeinen Menschenrechten auch die sexuellen und reproduktiven Rechte der Frau erwähnt werden sollten.
- In §30 ging es um den gleichberechtigten Zugang zu Bildungs- und Gesundheitseinrichtungen. Hier bestand Dissens darüber, ob die Aufklärung von Frauen über sexuelle und gesundheitliche Fragen spezifisch erwähnt und gefördert werden sollte.
- Darüber hinaus ging es um die spezielle Förderung des Zugangs von Frauen zu ökonomischen (§35) und finanziellen (§36) Ressourcen. In diesen beiden Paragraphen war in erster Linie die Bandbreite der aufgelisteten Ressourcen umstritten.

Innerhalb eines Tages gelang es der Verhandlungsgruppe, die genannten Streitpunkte zu beseitigen, was im wesentlichen auf die parallel stattfindenden Verhandlungen über die Aktionsplattform zurückzuführen war. Da diese erfolgreich beendet werden konnten, ließen sich die darauf Bezug nehmenden Textteile in der Deklaration entsprechend formulieren:

- In §23 wird ohne explizite Erwähnung von sexuellen und reproduktiven Rechten gefordert, daß der volle Genuß aller Menschenrechte und fundamentalen Freiheiten durch Frauen und Mädchen sicherzustellen ist.[10]
- In §30 wird die Verbesserung des Zuganges von Frauen zu Bildung und Aufklärung gefordert.[11]
- In den Paragraphen 35 und 36 wird der Zugang von Frauen zu einem umfangreichen Spektrum von Ressourcen gefordert.[12]

So konnte am 15. September 1995 eine entklammerte Deklaration dem Plenum der Weltfrauenkonferenz zur Verabschiedung zugeleitet werden.

Konflikte über die Aktionsplattform der FWCW

Die Auseinandersetzungen über die Aktionsplattform der Weltfrauenkonferenz waren vor allem vom „Souveränitätsvorbehalt" geprägt. Wie bereits während vorhergehender Weltkonferenzen argumentierten viele Staaten, daß die getroffenen Vereinbarungen nur in Übereinstimmung mit nationalen religiösen, kulturellen oder sozialen Rahmenbedingungen implementiert werden könnten und sollten, plädierten also für eine differenzierte Implementationslogik. Dies verdeutlichten insbesondere die Auseinandersetzungen über den ursprünglich von der iranischen Delegation vorgeschlagenen §9 der Aktionsplattform, der eine kulturelle begründete Relativierung des Verpflichtungscharakters der Abschlußdokumente enthielt. Unterstützt von einigen anderen Delegationen, vor allem aus islamisch geprägten Staaten, plädierte Iran wiederholt dafür, entsprechende Fußnoten überall dort in den Abschlußdokumenten zu plazieren, wo Differenzen zwischen verschiedenen kulturellen Vorstellungen identifiziert würden.

Dieser Vorschlag hätte in den Augen anderer Delegationen, vor allem aus säkular orientierten Staaten, die Verbindlichkeit der Beschlüsse jedoch nachhaltig geschwächt. Da sämtliche Verhandlungen über diese Frage scheiterten, entschied die Vorsitzende der Verhandlungsgruppe schließlich autoritativ, daß in den Abschlußdokumenten keine weiteren Fußnoten auf den Aspekt kultureller Vorbehalte verweisen sollten, diese aber ausführlich in einem eigenen Paragraphen zu würdigen seien (ENB 1995: Vol. 14, No. 21, vom 18. September 1995). Die entsprechende

---

10 "Ensure the full enjoyment by women and the girl child of all human rights and fundamental freedoms and take effective action against violations of these rights and freedoms" (A/CONF.177/20, Kapitel 1, Annex 1, §23, vom 17. Oktober 1995).
11 "Ensure equal access to and equal treatment of women and men in education and health care and enhance women's sexual and reproductive health as well as education" (A/CONF.177/20, Kapitel 1, Annex 1, §30, vom 17. Oktober 1995).
12 So heißt es beispielsweise im Paragraphen 35:"Ensure women's equal access to economic resources, including land, credit, science and technology, vocational training, information, communication and markets, as a means to further the advancement and empowerment of women and girls, including through the enhancement of their capacities to enjoy the benefits of equal access to these resources, inter alia, by means of international cooperation" (A/CONF.177/20, Kapitel 1, Annex 1, §35, vom 17. Oktober 1995).

Passage in der Aktionsplattform, die beiden Positionen gerecht werden soll, lautet nun:

> "The full realization of all human rights and fundamental freedoms of all women is essential for the empowerment of women. While the significance of national and regional particularities and various historical, cultural and religious backgrounds must be borne in mind, it is the duty of States, regardless of their political, economic and cultural systems, to promote and protect all human rights and fundamental freedoms. [...] The implementation of this Platform, including through national laws and the formulation of strategies, policies, programmes and development priorities, is the sovereign responsibility of each State, in conformity with all human rights and fundamental freedoms, and the significance of and full respect for various religious and ethical values, cultural backgrounds and philosophical convictions of individuals and their communities should contribute to the full enjoyment by women of their human rights in order to achieve equality, development and peace" (A/CONF.177/20, Kapitel 1, Annex 2, §9, vom 17. Oktober 1995).

Möglich wurde dieser Kompromiß durch den Verzicht auf die Erwähnung eines gerade von den Befürwortern der differenzierten Implementationlogik heftig bekämpften Konzepts. So verschwand der in den Entwürfen der Abschlußdokumente noch an einigen Stellen auftauchende Begriff „sexuelle Orientierung" aus den schließlich angenommenen Dokumenten (Klingebiel 1995: 220). Auch dies war das Ergebnis einer autoritativen Entscheidung der Vorsitzenden der Verhandlungsgruppe. Zuvor hatten sich u.a. Kanada, Neuseeland und Südafrika für die explizite Erwähnung eines Diskriminierungsverbots aufgrund sexueller Orientierung ausgesprochen. Ziel war es, dadurch auch nicht-heterosexuell orientierte Frauen zu schützen. Dagegen argumentierten u.a. Ägypten und der Iran, die darauf hinwiesen, daß dies zum einen gegen die in ihren Gesellschaften tief verwurzelten religiösen und kulturellen Werte verstoße und es zum anderen keinen Präzedenzfall für die Verwendung dieses Begriffes in internationalen Verhandlungen gäbe. Diesem zweiten Argument schloß sich die Vorsitzende bei der Begründung ihrer Ablehnung an (ENB 1995: Vol. 14, No. 21, vom 18. September 1995).

6.3.3 Verhandlungen und Streitpunkte III: Protokollierte Stellungnahmen

Eine der Besonderheiten der Weltfrauenkonferenz war die Vielzahl der Stellungnahmen, die nach Verabschiedung der Abschlußdokumente zu Protokoll gegeben wurden. Über 60 Delegationen nutzten diese Option in Peking. Ähnlich wie beim WSSD in Kopenhagen waren auch diesmal einige darunter, die keine Kritik übten, sondern ihre explizite Unterstützung für die verabschiedeten Dokumente verkündeten. Zu dieser Gruppe zählten Bolivien, El Salvador, Indien, Kambodscha, Kamerun, Kolumbien, Madagaskar, Panama, Südafrika und Tansania (ENB 1995: Vol. 14, No. 21, vom 18. September 1995). In den übrigen protokollierten Stellungnahmen tauchte hingegen immer wieder Kritik an einigen bestimmten Themenkreisen auf. Diese Schwerpunkte werden im folgenden genauer betrachtet.

Sexuelle (Menschen-) Rechte der Frau

Die Kontroversen über den Inhalt der Aktionsplattform waren im wesentlichen bestimmt durch die Wiederaufnahme von Debatten, die bereits frühere Weltkonferenzen bestimmt hatten. Vor allem zwei Aspekte dieser Debatten dominierten die Weltfrauenkonferenz, zum einen die Auseinandersetzung über die Menschenrechte von Frauen, zum anderen die Auseinandersetzung über den Komplex Sexualität und Gesundheit von Frauen. Beide Elemente verbinden sich im §96 der Aktionsplattform der FWCW. Dieser Paragraph definiert die Kontrolle über Sexualität als Bestandteil der weiblichen Menschenrechte:

> "The human rights of women include their right to have control over and decide freely and responsibly on matters related to their sexuality, including sexual and reproductive health, free of coercion, discrimination and violence. Equal relationships between women and men in matters of sexual relations and reproduction, including full respect for the integrity of the person, require mutual respect, consent and shared responsibility for sexual behaviour and its consequences" (A/CONF.177/20, Kap. 1, Annex II, §96, vom 17. Oktober 1995).

Wie schon in Bezug auf ähnliche Passagen des Aktionsprogramm der ICPD meldeten etliche Delegationen gegen diesen Paragraphen Vorbehalte an, da dieser so interpretiert werden könne, daß sexuelle Kontakte außerhalb der ehelichen Verbindung von Frau und Mann gebilligt würden. Diese Interpretation sei jedoch nicht akzeptabel. Die pointierteste Position vertrat einmal mehr der Vatikan:

> "Furthermore, the Holy See cannot accept ambigous terminology concerning unqualified control over sexuality and fertility, particularly as it could be interpreted as a social endorsement of abortion or homosexuality. [...] This ambigous term could be understood as endorsing sexual relationships outside heterosexual marriage" (A/CONF.177/20, Kap. 5, Ziff. 11, vom 17. Oktober 1995).

Aber auch Malaysia hielt sich mit Kritik an den entsprechenden Formulierungen der Aktionsplattform nicht zurück:

> "[W]e wish to state that the adoption of paragraph 96 does not signify endorsement by the Government of Malaysia of sexual promiscuity, any form of sexual perversion or sexual behaviour that is synonymous with homosexuality or lesbianism" (A/CONF.177/20, Kap. 5, Ziff. 20, vom 17. Oktober 1995).

Der hier deutlich werdende Vorbehalt wurde in der Regel mit abweichenden nationalen religiösen Vorstellungen begründet, mitunter kamen noch kulturelle und soziale Einwände dazu. Insgesamt drückten folgende acht Delegationen ihr Mißfallen über diesen und den darauf unmittelbar bezugnehmenden §232(f) aus: Iran, Irak, Kuweit, Libyen, Malaysia, Mauretanien, Tunesien und der Vatikan.

Die Besonderheit gerade dieses Streitpunktes besteht nun darin, daß zwei andere Delegationen die entsprechenden Paragraphen ebenfalls kritisierten, jedoch mit völlig anderer Akzentuierung. Nach Ansicht der USA und Südafrikas hätten die Formulierungen in den Abschlußdokumenten so aussehen sollen, daß explizit auch jenen Individuen und Gruppen das Recht auf sexuelle Selbstbestimmung zukomme, gegen die sich die obigen Bedenken richteten. Dazu zählten in erster Linie nichtheterosexuelle Menschen, aber auch ledige Individuen. Beide Delegationen erachteten ihre Vorbehalte gegen zu enge Interpretationen der verabschiedeten Formulierung als wichtig genug, um sie offiziell in den Konferenzbericht aufnehmen zu lassen. In diesem Sinne bemerkte die südafrikanische Delegation:

> "The South African delegation interprets paragraph 96 [...] to include the right to be free from coercion, discrimination and violence based on sexual orientation. The South African delegation wants to make it very clear that it does not want to be associated with any form of discrimination" (A/CONF.177/20, Kap. 5, Ziff. 28, vom 17. Oktober 1995).

Auch die USA formulierten einen Einwand gegen zu restriktive Interpretationen des entsprechenden Paragraphen:

> "The United States understands and accepts that paragraph 96 [...] emphasizes the importance of freedom from coercion, discrimination, and violence in relations between men and women" (A/CONF.177/20, Kap. 5, Ziff. 30, vom 17. Oktober 1995).

Familie und Ehe

Der zweite umstrittene Themenkreis bezog sich auf das bereits bei der ICPD in Kairo umstrittene Verhältnis von Familie, Ehe und sexuellen Beziehungen. Verschiedene Delegationen wiesen immer wieder darauf hin, daß es nur eine legitime Form der Familie gebe, die aus Mann, Frau und Kindern bestehe. Kurz und bündig formuliert es die argentinische Delegation:

> "The concept of family as used in the Conference documents is understood to mean the union of a man and a woman, who produce, nourish and educate their children" (A/CONF.177/20, Kap. 5, Ziff. 5, vom 17. Oktober 1995).

Mitunter wurde der Familienbegriff explizit an die eheliche Verbindung geknüpft und die Ehe zum Fundament der Gesellschaft erhoben, wie hier von Ägypten:

> "The Egyptian delegation would like to register the fact that its understanding of the texts included in the Platform for Action of the FWCW that refer to sexual and reproductive relations rests on the basis that these relations are within the framework of a marital bond and that the family is understood to be the basic unit of society" (A/CONF.177/20, Kap. 5, Ziff. 8, vom 17. Oktober 1995).

Besonders oft stellten islamische Staaten heraus, daß Sexualität ausschließlich im Rahmen ehelicher Verbindungen zulässig sei. In der Regel bezogen sich die geäußerten Vorbehalte auf den Zusammenhang von Ehe, Familie und Sexualität in den oben erwähnten Paragraphen 96 bzw. 232(f). Einige Delegationen stellten in ihren Stellungnahmen zusätzlich eine Verbindung zwischen dem Themenkomplex Ehe und Familie sowie den dezidiert frauenbezogenen sexuellen und reproduktiven Rechten her. Dies trifft neben Ägypten auch für Iran, Libyen und Malaysia zu, die reproduktive Rechte wie die Selbstbestimmung über die weibliche Sexualität an das Vorliegen ehelicher Verbindungen knüpften. Die malaysische Delegation gab in diesem Zusammenhang zu Protokoll:

> "[W]e are of the conviction that reproductive rights should be applicable only to married couples formed of the union between a man and a woman" (A/CONF.177/20, Kap. 5, Ziff. 20, vom 17. Oktober 1995).

Abtreibung

Ebenso wie bei der ICPD spielte auch bei der FWCW die Abtreibungsdiskussion eine zentrale Rolle. Dabei ging es vor allem um die Frage, ob Abtreibungen in den Abschlußdokumenten überhaupt erwähnt werden sollten. Schließlich setzte sich genau wie bei der Weltbevölkerungskonferenz die Auffassung durch, daß Abtreibung ein tendenziell alle Frauen betreffender Vorgang sei. Wohlweislich versuchten die Delegationen jedoch nicht, diesbezüglich eine neue Sprachregelung zu finden, sondern übernahmen schlicht die Formulierungen aus dem Aktionsprogramm der ICPD:

> "In the light of paragraph 8.25 of the Programme of Action of the International Conference on Population and Development, which states [...][13] consider reviewing laws containing punitive measures against women who have undergone illegal abortions" (A/CONF.177/20, Kapitel 1, Annex 2, vom 17. Oktober 1995).

Gegen diesen Text legten ähnlich wie in Kairo auch in Peking zahlreiche Delegationen Vorbehalte ein, die die gleichen Argumente gegen die Erwähnung von Abtrei-

---

13 Vgl. zum genauen Wortlaut den entsprechenden Paragraphen des Aktionsprogramms der ICPD in Kapitel 3.3.2.

bungen anführten. Dazu zählten Ägypten, Argentinien, Bahrain, Brunei, Dominikanische Republik, Ecuador, Guatemala, Honduras, Jemen, Kuwait, Libanon, Libyen, Malaysia, Malta, Marokko, Mauretanien, Nicaragua, Oman, Peru, Sudan, die VAE, Vatikan und Venezuela (ENB 1995: Vol. 14, No. 21, vom 18. Oktober 1995).

Erbrecht

Fast der einzige spezifische Streitpunkt der FWCW betraf einen speziellen Aspekt der Frauenrechte. Im Kapitel 4 der Aktionsplattform werden u.a. Maßnahmen zur Beendigung der Diskriminierung von weiblichen Kindern thematisiert. Ein Paragraph befaßt sich dabei mit der Erbnachfolge des weiblichen Kindes. In ihm wird gefordert, Ungerechtigkeiten und Hindernisse in Hinblick auf das weibliche Kind zu beseitigen und die geschlechtsunabhängige gleichberechtigte Erbfolge sicherzustellen:

> "Eliminate the injustice and obstacles in relation to inheritance faced by the girl child so that all children may enjoy their rights without discrimination, by, inter alia, enacting, as appropriate, and enforcing legislation that guarantees equal right to succession and ensures equal right to inherit, regardless of the sex of the child" (A/CONF.177/20, Kap. I, Annex II, Kap. IV. C., §274(d), vom 17. Oktober 1995).

Gegen diese Formulierung erhoben etliche Delegationen auf der Basis religiös begründeter Argumente Einwände. Dazu zählten Ägypten, Irak, Iran, Libyen, Marokko, Mauretanien und Tunesien. In der Regel begründeten diese Staaten ihre Ablehnung des Paragraphen nicht näher, sondern äußerten schlicht religiöse Vorbehalte gegenüber die in ihm enthaltenen Forderungen. Einige Delegationen verwiesen darauf, daß das islamische Erbrecht die Erbberechtigung weiblicher Hinterbliebener prinzipiell anerkenne. Typisch hierfür war beispielsweise die folgende Formulierung des Irak:

> "The delegation of Iraq accepts the text of paragraph 274(d) on the basis of its understanding that this does not conflict with the Islamic Shariah" (A/CONF.177/20, Kap. V., Ziff. 15, vom 17. Oktober 1995).

Die iranische Delegation lieferte in ihrem Vorbehalt die umfassendste Begründung einer abweichenden Position, die sehr deutlich ihr Grundverständnis in Bezug auf die Debatte über gleiche ("equal") und gleichwertige ("equitable") Rechte verdeutlichte:

> "With respect to the issue of inheritance, the Islamic Republic of Iran interprets the references in the Platform for Action to this matter in accordance with the principles of the economic system of Islam. The concept of equality in our interpretation takes into account the fact that although women are equal

in their human rights and dignity with men, their different roles and responsibilities underline the need for an equitable system of rights, where the particular priorities and requirements of the woman in her multiple roles are accounted for" (A/CONF.177/20, Kap. V., Ziff. 14, vom 17. Oktober 1995).

Konfliktbezeichnung	Konfliktgegenstände	Konfliktakteure
Sexualität, Gesundheit und Gesellschaft	Abtreibung, Familienformen und -strukturen	„Vatikan und Gleichgesinnte"[14] vs. OECD-Staaten und G-77
Frauen- bzw. Menschenrechte	Geschlechtsneutrale Erbberechtigung; Nichtdiskriminierung aufgrund sexueller Orientierung, Begriff "gender"	Islamische Staaten vs. OECD-Staaten und G-77; „Vatikan und Gleichgesinnte" vs. OECD-Staaten und G-77
Status der Abschlußdokumente	Relevanz von Souveränitätsvorbehalten	„Vatikan und Gleichgesinnte" und G-77 vs. OECD-Staaten

Tab. 7: Zusammenfassung der wichtigsten Konflikte während der FWCW

6.4 Die Ergebnisse der FWCW

Die FWCW verabschiedete in Peking zwei Dokumente, zum einen die „Deklaration von Peking", zum anderen die Aktionsplattform der Weltfrauenkonferenz. Wie bereits bei einigen der untersuchten Konferenzen, etwa der WCHR oder des WSSD, stellt die Deklaration eine kurze, prägnante Zusammenfassung der Kernaussagen der Aktionsplattform dar. Die Aktionsplattform, in den anderen Fällen Aktionsprogramm genannt, bietet hingegen eine umfassende, breit angelegte Darstellung der gesamten Konferenzthematik.

Die Deklaration von Peking

Die Deklaration umfaßt 38 Paragraphen (im folgenden FWCW-Dekl.). Der Schwerpunkt dieser Paragraphen liegt auf drei Themenkreisen:
1. Die Bestätigung der Menschenrechte der Frau
2. Das Konzept des "Empowerment of Women"
3. Die Überwindung der Diskriminierung von Mädchen und Frauen
In der Einleitung zur Deklaration wird ausgeführt, daß die Überwindung von Ungleichheit zwischen Mann und Frau nach wie vor ein bedeutendes Thema interna-

---

14 Diese Gruppe umfaßt wie bei der ICPD die Delegationen aus vornehmlich katholisch bzw. islamisch geprägten Staaten, die in den entsprechenden Konflikten ähnliche Positionen vertraten.

tionaler Politik bleibe. Zwar seien in den vergangenen Dekaden einige Fortschritte erzielt worden, diese reichten jedoch nicht aus, da nach wie vor strukturelle Barrieren wie etwa Armut und Diskriminierung die vollständige Gleichheit der Geschlechter behinderten. Daher müssten auch künftig Strategien zur Förderung von Frauen entwickelt und umgesetzt werden. Im einzelnen zählt die Deklaration dann u.a. folgende Punkte auf, die diesem Ziel dienen sollen:

> "We are convinced that 1) Women's empowerment and their full participation on the basis of equality in all spheres of society, including participation in the decision-making process and access to power, are fundamental for the achievement of equality, development and peace, 2) Women's rights are human rights, 3) The explicit recognition and reaffirmation of the right of all women to control all aspects of their health, in particular their own fertility, is basic to their empowerment" (FWCW-Dekl. §§13, 14, 17).

Weiter heißt es:

> "We are determined to 1) Ensure the full enjoyment by women and the girl child of all human rights and fundamental freedoms and take effective action against violations of these rights and freedoms, 2) Take all necessary measures to eliminate all forms of discrimination against women and the girl child and remove all obstacles to gender equality and the advancement and empowerment of women, 3) Prevent and eliminate all forms of violence against women and girls, 4) Promote and protect all human rights of women and girls" (FWCW-Dekl. §§23, 24, 29, 31).

Nachdem damit die Grundpositionen der FWCW umrissen sind, widmet sich die Aktionsplattorm der Ausformulierung dieser Ziele.

Die Aktionsplattform der FWCW

Die Aktionsplattform (FWCW-AP) besteht aus 6 Kapiteln. Gleich im ersten Paragraphen wird kurz und knapp Sinn und Zweck der Aktionsplattform erläutert:"The Platform for Action is an agenda for women's empowerment" (FWCW-AP §1). Im folgenden wird begründet, was damit gemeint ist:

> "This means that the principle of shared power and responsibility should be established between women and men at home, in the workplace and in the wider national and international communities. Equality between women and men is a matter of human rights and a condition for social justice and is also a necessary and fundamental prerequisite for equality, development and peace" (FWCW-AP §1).

Das folgende Kapitel, "Global Framework" genannt, widmet sich den frauenpolitischen Rahmenbedingungen am Ende des 20. Jahrhunderts. Dabei wird zunächst

Bezug genommen auf die zurückliegenden Weltkonferenzen, die sich mit frauenpolitischen Themen befaßten, und die Umsetzung der dort beschlossenen Maßnahmen angemahnt. Hauptsächlich werden in diesem Kapitel aber verschiedene Hintergrundbedingungen angesprochen, die künftig bei der Formulierung frauenpolitischer Strategien beachtet werden müßten. Dazu zählen u.a. das Ende des Ost-West-Konflikts, die weltweite Demokratisierungsbewegung, die zunehmende Bedeutung gesellschaftlicher Akteure auf der lokalen, nationalen und internationalen Ebene, wachsende Umweltdegradation gerade in ökonomisch benachteiligten Regionen sowie die „Kommunikationsrevolution" und die damit zusammenhängende gesteigerte Bedeutung globaler Medien. Festgestellt wird, daß diese Entwicklungen einerseits das Projekt des "Empowerment of Women" erleichterten, auf der anderen Seite aber auch zu neuen Problemen bei der Durchsetzung weiterer Fortschritte führten.[15]

Von zentraler Bedeutung für die FWCW ist das Kapitel "Strategic Objectives and Actions", in dem konkrete Maßnahmen benannt werden, die dem Ansatz des "Empowerment of Women" zum Durchbruch verhelfen sollen. Eine Beschreibung dessen, was dieses Kapitel leisten soll, findet sich gleich zu Beginn:

> "In each critical area of concern, the problem is diagnosed and strategic objectives are proposed with concrete actions to be taken by various actors in order to achieve those objectives. The strategic objectives are derived from the critical areas of concern and specific actions to be taken to achieve them cut across the boundaries of equality, development and peace [...] and reflect their interdependence. The objectives and actions are interlinked, of high priority and mutually reinforcing. The Platform for Action is intended to improve the situation of all women, without exception, who often face similar barriers, while special attention should be given to groups that are the most disadvantaged" (FWCW-AP §45).

Nach dieser Einleitung folgen insgesamt 12 Teile, die sich verschiedenen strategischen Zielen widmen. Wie üblich wird dabei zunächst die Ausgangssituation betrachtet, dann werden Ziele formuliert und anschließend die zu ergreifenden Maßnahmen geschildert, die von Regierungen, internationalen Organisationen und gesellschaftlichen Akteuren umzusetzen seien. Im folgenden werden die wichtigsten Aspekte der verschiedenen Teile kurz vorgestellt:

---

15   Bemerkenswert in diesem Kapitel sind die Aussagen über die Rolle von Religion und Spiritualität im Zusammenhang mit Gedankenfreiheit, wird hier doch die Möglichkeit des Glaubenswandels bzw. der Konversion als Menschenrecht festgeschrieben:"Religion, spirituality and belief play a central role in the lives of millions of women and men, in the way they live and in the aspirations they have for the future. The right to freedom of thought, conscience and religion is inalienable and must be universally enjoyed. This right includes the freedom to have or to adopt the religion or belief of their choice either individually or in community with others, in public or in private, and to manifest their religion or belief in worship, observance, practice and teaching. In order to realize equality, development and peace, there is a need to respect these rights and freedoms fully" (FWCW-AP §24).

- Im Kapitel "Women and Poverty" wird zunächst festgestellt, daß Armut weiterhin das bedeutsamste Hindernis jeder Form von Entwicklung darstelle. Darüber hinaus wird ausgeführt, daß gerade Frauen in Entwicklungsländern traditionell überdurchschnittlich von Armut bedroht seien und das sich die Ungleichheitsrelationen in der zurückliegenden Dekade, also seit der Weltfrauenkonferenz von Nairobi, weiter zu ihren Ungunsten verschoben hätten.
- Im Kapitel "Education and Training of Women" wird das Recht auf Ausbildung als Menschenrecht definiert, das Frauen nach wie vor zum Teil vorenthalten werde. Bei Ausbildungsprozessen sei demnach die Beachtung gender-spezifischer Lehrformen und -inhalte zu beachten, um traditionelle Rollenbilder zu überwinden. Weiterhin wird hier die Funktion der Massenmedien gerade für die Erziehung und Ausbildung von Frauen betont.
- Im Kapitel "Women and Health" geht es u.a. um bereits während vorhergehender Konferenzen umstrittene Begriffe wie „sexuelle" und „reproduktive" Rechte bzw. Gesundheit. Die schließlich verabschiedeten Formulierungen gehörten zu den umstrittensten der FWCW. Weiterhin waren auch die hier anzutreffenden Ausführungen über Abtreibungen hochgradig kontrovers. Darüber hinaus wurde in diesem Teil aber auch die systematische, oft mit fatalen Folgen verbundene Diskriminierung von weiblichen gegenüber männlichen Säuglingen thematisiert.
- Im Kapitel "Violence against Women" wird vor allem Gewalt gegen Frauen im Kontext bewaffneter Konflikte, etwa in der Ausprägung systematischer Vergewaltigungen, aber auch Gewalt gegen Frauen innerhalb von Familien und in der Ehe besonders hervorgehoben. Der Gewaltbegriff bleibt jedoch nicht auf physische Handlungen beschränkt, sondern wird beispielsweise auch auf diffamierende Sprechakte ausgedehnt, die bereits als Gewalt gedeutet werden.[16]
- Im Kapitel "Women and Armed Conflict" wird u.a. darauf aufmerksam gemacht, daß weltweit 80% der kriegsbedingten Flüchtlinge Frauen sind. Daraus wird die besondere Betroffenheit von Frauen im Fall kriegerischer Konflikte abgeleitet, die durch ihre schwache soziale Stellung in vielen Gesellschaften noch verstärkt würde.
- Im Kapitel "Women and the Economy" wird beklagt, daß, obgleich die Bedeutung von Frauen in der Ökonomie zugenommen hätte, sie nach wie vor weitgehend von der Beteiligung insbesondere an der makroökonomischen Rahmensetzung ausgeschlossen blieben. Dies sei ein wesentliches Merkmal der systematischen Schlechterstellung von Frauen in allen Gesellschaften, das es zu überwinden gelte:

> "There are considerable differences in women's and men's access to and opportunities to exert power over economic structures in their societies. In most

---

16 Unter Gewalt gegen Frauen wird in der Aktionsplattform folgendes verstanden:"The term "violence against women" means any act of gender-based violence that results in, or is likely to result in, physical, sexual or psychological harm or suffering to women, including threats of such acts, coercion or arbitrary deprivation of liberty, whether occurring in public or private life" (FWCW-AP §113).

parts of the world, women are virtually absent from or are poorly represented in economic decision-making, including the formulation of financial, monetary, commercial and other economic policies, as well as tax systems and rules governing pay. Since it is often within the framework of such policies that individual men and women make their decisions, inter alia, on how to divide their time between remunerated and unremunerated work, the actual development of these economic structures and policies has a direct impact on women's and men's access to economic resources, their economic power and consequently the extent of equality between them at the individual and family levels as well as in society as a whole" (FWCW-AP §150).

- Im Kapitel "Women in Power and Decision-making" wird, ausgehend von der Beobachtung, daß gesellschaftliche Machtstrukturen in vielen Bereichen die gleichwertige Beteiligung von Frauen an der sozialen Entscheidungsfindung behindern, gefordert, den Anteil von Frauen an solchen Entscheidungsprozessen systematisch zu erhöhen. Damit sollten nicht nur Forderungen nach Gerechtigkeit und Demokratisierung aufgegriffen werden, sondern vor allem auch weibliche Sichtweisen in Entscheidungsprozesse mit einbezogen werden.
- Im Kapitel "Institutional Mechanisms for the Advancement of Women" wird zwar begrüßt, daß in vielen Staaten bereits institutionelle Mechanismen zur Frauenförderung bestünden, gleichzeitig aber beklagt, daß diese oftmals keine realen Regelsetzungskompetenzen hätten.
- Im Kapitel "Human Rights of Women" wird besonders auf die Verantwortung von Regierungen bei der Realisierung der (weiblichen) Menschenrechte abgehoben. Unterstützt würden sie dabei von sozialen Akteuren, vor allem NGOs, die für die Verbreitung des Menschenrechtsgedankens in allen Gesellschaften sorgten. In diesem Zusammenhang wird die bedeutende Rolle der Medien gewürdigt. Kategorisch heißt es:

"The Platform for Action reaffirms that all human rights - civil, cultural, economic, political and social, including the right to development - are universal, indivisible, interdependent and interrelated, as expressed in the Vienna Declaration and Programme of Action adopted by the World Conference on Human Rights. The Conference reaffirmed that the human rights of women and the girl child are an inalienable, integral and indivisible part of universal human rights" (FWCW-AP §213).

- Die besondere Verantwortung von Medien wird auch im Kapitel "Women and the Media" gewürdigt. Ausgehend von der Bedeutung, die Medien in der globalisierten Informationsgesellschaft gewonnen hätten, wird kritisiert, daß dieser Bedeutungsgewinn nicht von einer grundlegenden Änderung des medial verbreiteten Frauenbildes begleitet worden sei. Daher fordert die Aktionsplattform die Vergrößerung des weiblichen Einflusses in den Medien beispielsweise durch die Erhöhung des Anteils von Frauen in den entsprechenden Entscheidungspositionen.

- Im Mittelpunkt des Kapitels "Women and the Environment" steht die bedeutende Rolle, die Frauen im Prozeß nachhaltiger Entwicklung einnehmen. Einerseits beträfe die zunehmende Umweltdegradation Frauen in besonderem Ausmaß, da sie meist für die Subsistenzsicherung der Familien zuständig und damit auf stabile Ökosysteme angewiesen seien. Andererseits könnten Frauen aus eben diesen Gründen den entscheidenden Umschwung zugunsten nachhaltiger Entwicklungsprozesse einleiten, sofern sie stärker als bisher an den entsprechenden Entscheidungsprozessen beteiligt würden. In jedem Falle gilt: "Sustainable development will be an elusive goal unless women's contribution to environmental management is recognized and supported" (FWCW-AP §251).

- Das Kapitel "The Girl Child" widmet sich dem weiblichen Kind, das in vielerlei Hinsicht deutlich unterprivilegiert gegenüber dem männlichen Nachwuchs aufwachse, wie an folgenden Ausführungen deutlich wird:

"[I]n many countries available indicators show that the girl child is discriminated against from the earliest stages of life, through her childhood and into adulthood. In some areas of the world, men outnumber women by 5 in every 100. The reasons for the discrepancy include, among other things, harmful attitudes and practices, such as female genital mutilation, son preference - which results in female infanticide and prenatal sex selection - early marriage, including child marriage, violence against women, sexual exploitation, sexual abuse, discrimination against girls in food allocation and other practices related to health and well-being. As a result, fewer girls than boys survive into adulthood" (FWCW-AP §259).

- In den beiden abschließenden Kapiteln der Aktionsplattform werden einerseits die institutionellen Bedingungen der Umsetzung der Ziele der FWCW thematisiert, andererseits die Finanzierung der in der Aktionsplattform vorgesehenen Maßnahmen angesprochen. Abgesehen von der für UN-Konferenzen geradezu notorischen Formulierung, gemäß der die entwickelten Staaten danach streben sollten, das vereinbarte Ziel von 0,7% des BSP für öffentliche Entwicklungshilfe bereitzustellen (FWCW-AP §353), finden sich hier im Gegensatz zu den übrigen Konferenzen keine näheren Angaben über Höhe oder Quellen des notwendigen Finanzbedarfs.[17]

6.5 Diskussion

Die überwiegende Zahl der Vorbehalte gegen das Aktionsprogramm bezog sich auf die Kapitel, in denen Fragen der weiblichen Sexualität thematisiert werden.[18] Insbe-

---

17 Die USA wiederholten an dieser Stelle ihren bekannten Vorbehalt gegen die Festlegung der Höhe zu leistender Entwicklungshilfe.
18 Auf der Grundlage der Konferenzdokumente kann relativ wenig über etwaige Konflikte über Fragen der gesellschaftlichen Machtverteilung zwischen Männern und Frauen ausgesagt werden. Allerdings scheint der Schluß von Einschränkungen der Rolle von Frauen im öffentlichen Leben,

sondere die Entkopplung von Sexualität und Fortpflanzung, die sich z.B. in Maßnahmen der Familienplanung zeigt, stieß auf Protest. Vieles spricht dafür, daß die Entkopplung von Sexualität und Fortpflanzung eine vergleichsweise moderne Idee ist, die sich erst gegen Widerstände vor allem von religiösen Vertretern entwickeln und durchsetzen konnte. Die Fragen der Sexualität, Fortpflanzung und Familienordnung erscheinen in allen Kulturkreisen als originär verknüpft mit religiösen Vorstellungen und bilden ein zentrales Moment der Identitätsbildung. Im Kern handelte es sich bei den wichtigsten Auseinandersetzungen während der Weltfrauenkonferenz also um Konflikte über kulturelle Sachverhalte. Es kann daher nicht überraschen, wenn Vertreter unterschiedlicher Kulturkreise diese Fragen verschieden bewerteten.

Es entsteht allerdings eine so nicht zu erwartende Konstellation, wenn man sich die Staaten vergegenwärtigt, die besonders nachdrücklich gegen die Beschlüsse der Aktionsplattform opponierten. Einerseits handelte es sich dabei um einige islamische Staaten, die sich auf Vorschriften des islamischen Rechts beriefen, um ihren Dissens zu begründen. Fast der gesamte arabische Teil der islamischen Welt(en) äußerte mehr oder minder deutliche Vorbehalte zumindest gegen Teile der in Peking ausgehandelten Kompromisse. Andererseits stießen die aus der Debatte während der ICPD bekannten und mutmaßlich vom Vatikan inspirierten katholischen Staaten zu der islamischen Gruppe.

Falls sich also ein übergeordneter Konflikt aus der Analyse des Verhandlungsprozesses der FWCW ableiten läßt, scheint er - ähnlich wie in Kairo - am ehesten zwischen säkularen Pragmatikern und religiösen Dogmatikern zu bestehen:[19]

> „Der alte Nord-Süd-Konflikt [...] war weniger entscheidend für den Konferenzverlauf als der offen ausgetragene Konflikt zwischen den säkularisierten und den religiös-traditionell bestimmten Delegationen. Islamisch und katholisch bestimmte Länder stellten die Gleichberechtigung der Geschlechter offen in Frage, beklagten die Familienfeindlichkeit der emanzipierten Frau und beschrieben die Gefahren, die vom Feminismus ausgingen" (Klingebiel 1995: 223).

Auf der anderen Seite belegt die Weltfrauenkonferenz erneut die Fähigkeit der Staaten, über kulturelle Differenzen hinweg miteinander zu kooperieren. Wieder wurde die Diskussion nicht abgebrochen, sondern vielmehr bis zu einem allseitig akzeptablen Ergebnis weiterverhandelt. Daß dieses Ergebnis Kritik bei vielen Beobachtern hervorrufen würde, war geradezu unvermeidlich angesichts der unterschiedlichen Ausgangslagen der Delegationen, die in Peking aufeinander trafen.[20]

---

	wie sie gerade im Kontext religiöser Dogmen oft zu beobachten ist, auf ihre generelle soziale Subordination nicht allzu gewagt, vgl. Juergensmeyer (1993; 2001: 195-207); Klingebiel (1995).
19	Vgl. zu dieser Konfliktakteurskonstellation u.a. Juergensmeyer (1993); Marty/Appleby (1996) und Riesebrodt (1996). Im übrigen weisen einige Indizien darauf hin, daß es zwischen der ICPD und der FWCW zu einer gewissen Ausweitung und Verhärtung der Konfliktpositionen kam.
20	Vgl. dazu u.a. Klingebiel (1995) und Ruf (1996).

C. Kapitel III: Auswertung der empirischen Befunde

1. Einleitung

Der Schwerpunkt dieses Kapitels liegt einerseits auf der zusammenfassenden Darstellung der Befunde der einzelnen Fallstudien und andererseits auf der systematischen Interpretation des ausgewerteten empirischen Materials. Inhaltlich orientiert sich die Synopse an der Ausgangsfragestellung der Untersuchung nach der möglichen Emergenz von Konfliktlinien in der internationalen Politik nach dem Ost-West-Konflikt.[1]

Um Konfliktlinien überhaupt bestimmen zu können, müssen zum einen die relevanten *fallspezifischen Konfliktakteure* und zum anderen die relevanten *fallspezifischen Konfliktgegenstände* ermittelt werden. Da dies ausführlich bereits in den Fallstudien geschehen ist, sind für den Zweck dieses Kapitels kurze Zusammenfassungen der wichtigsten Ergebnisse ausreichend. Auf dieser Grundlage können dann die *fallübergreifenden Zusammenhänge* sowohl bei den Konfliktakteuren als auch bei den Konfliktgegenständen analysiert werden. Sofern dabei fallübergreifende symmetrische Arrangements beider Kategorien sichtbar werden, könnte sich die Vermutung bestätigen, daß auch nach dem Ost-West-Konflikt signifikante Konfliktlinien in der internationalen Politik bestehen.

Die Struktur des Auswertungskapitels gliedert sich wie folgt:

(1) In einem ersten Auswertungsschritt werden auf der Basis der Auswertung von Konferenzdokumenten *fallspezifische* Konfliktakteurskonstellationen und Konfliktgegenstände ermittelt und auf fallübergreifende Zusammenhänge hin überprüft.[2]

(2) In einem zweiten Auswertungsschritt werden auf der Basis der Analyse der Konferenzprozesse die *fallübergreifenden* Konfliktakteure und Konfliktgegenstände ermittelt.

---

1 Wie im ersten Kapitel der Studie bereits ausgeführt, muß eine Konfliktlinie im Rahmen dieser Untersuchung folgende Mindestanforderungen erfüllen:
   • Mindestens zwei Konfliktlager müssen sich über Zeit relativ stabil gegenüberstehen.
   • Die zwischen den Konfliktlagern bestehenden Konflikte müssen verschiedene Problemfelder internationaler Politik tangieren.
   • Das Handeln der Akteure muß durch die Zugehörigkeit zu einem Konfliktlager und damit durch das Bestehen der Konfliktlinie beeinflußt werden.

2 Unter einer Konfliktakteurskonstellation wird im Rahmen dieser Arbeit ein relativ stabiles Arrangement von Konfliktakteuren verstanden. Dieses Arrangement umfaßt mindestens zwei Konfliktlager, die sich über mindestens einen Konfliktgegenstand auseinandersetzen. Eine Konfliktakteurskonstellation ist somit eine notwendige, aber noch keine hinreichende Bedingung für das Vorliegen einer Konfliktlinie.

(3) In einem dritten Auswertungsschritt werden die fallspezifischen Konfliktgegenstände zu drei *fallübergreifenden Konfliktbereichen* zusammengefaßt. Zusammen mit den fallübergreifenden Konfliktakteurskonstellationen lassen sich so die prägenden Konfliktlinien internationaler Politik nach dem Ost-West-Konflikt nachzeichnen.

2. Erster Schritt: Auswertung der konfliktakteursorientierten Analyse der Konferenzdokumente

Zunächst werden die Ergebnisse des ersten Auswertungsschritts gegliedert nach *Konfliktakteurskonstellationen* präsentiert. Das zugrunde liegende empirische Material besteht aus den in den Abschlußberichten der Konferenzen dokumentierten Äußerungen der Konferenzteilnehmer, die im Anschluß an die Verabschiedung der Abschlußdokumente jeder Konferenz Gelegenheit hatten, Stellungnahmen abzugeben. Folgende Fragen sollen auf dieser Basis beantwortet werden:
- Welches sind die wichtigsten fallspezifischen Konfliktakteure?
- Wie sehen die fallspezifischen Konfliktakteurskonstellationen aus?

Bei der Analyse von Stellungnahmen der Delegationen muß beachtet werden, daß nicht jede protokollierte Stellungnahme eine abweichende Position gegenüber dem jeweiligen in den Abschlußdokumenten festgehaltenen Konferenzergebnis darstellt. Oft handelt es sich vielmehr um Danksagungen an das Gastgeberland oder die Organisatoren der Konferenz. Interessant ist die Kategorie der protokollierten Stellungnahme dennoch, da sie erste Schlüsse bezogen auf das allgemeine Konferenzgeschehen erlaubt, etwa darauf, ob bestimmte Staaten regionale Repräsentativität für sich reklamieren. Sie reicht jedoch nicht aus, um die wichtigsten Konfliktakteure sicher bestimmen zu können. Daher wurde die Kategorie des signifikanten Vorbehalts auf der Basis der inhaltlichen Analyse der protokollierten Stellungnahmen gebildet.[3] Erst mit Hilfe dieser zusätzlichen Kategorie lassen sich die zentralen fallspezifischen Konfliktakteure und Konfliktakteurskonstellationen schlüssig nachzeichnen.

---

3 Operationalisiert wird die Kategorie mithilfe verschiedener Indikatoren, wobei der Nachweis eines Indikators ausreicht, um eine protokollierte Stellungnahme als signifikanten Vorbehalt zu werten:
- Die Verwendung bestimmter Signalwörter, vor allem des Begriffs „Vorbehalt" durch die stellungnehmenden Delegationen.
- Die Verdeutlichung des abweichenden Standpunktes in klarer und eindeutiger Form, sofern die entsprechende Delegation bereits während des gesamten Konferenzprozesses ihren Widerspruch signalisierte.

	Teilnehmende Delegationen[4]	Anzahl protokollierter Stellungnahmen	Signifikante Vorbehalte
UNCED	177	7	3
WCHR	170	26	3
ICPD	178	23	18
WSSD	186	13	11
NPTREC	176	24	7
FWCW	189	30	20
Gesamt		123	62

Tab. 8: Teilnehmerzahlen, protokollierte Stellungnahmen und signifikante Vorbehalte bei den sechs untersuchten Weltkonferenzen

Bei der Betrachtung dieser Daten fällt zweierlei auf: Zum einen ist die Anzahl der protokollierten Stellungnahmen gemessen an der Gesamtzahl der teilnehmenden Delegationen vergleichsweise niedrig, zum anderen besteht erhebliche Varianz im Verhältnis der protokollierten Stellungnahmen zu den signifikanten Vorbehalten bei den verschiedenen Konferenzen. Die Anzahl der protokollierten Stellungnahmen schwankt zwischen ca. 4% (UNCED 1992) und ca. 15% (ICPD 1994 bzw. FWCW 1995) bezogen auf die Gesamtzahl der Teilnehmenden. Von diesen Stellungnahmen sind wiederum nur zwischen 1,7% (UNCED 1992) und gut 10% (ICPD 1994 bzw. FWCW 1995) als signifikante Vorbehalte zu werten.

Angesichts der heterogenen Zusammensetzung der Konferenzen, die Delegationen mit hochgradig verschiedenen Machtressourcen, Interessenpositionen und Wertvorstellungen umfaßten, erscheinen diese Zahlen erstaunlich niedrig. Nicht mehr als maximal 10% der auf den Konferenzen vertretenen Delegationen meldeten formalen Widerspruch gegen die Ergebnisse an - angesichts der von manchen Konferenzbeobachtern diagnostizierten tiefen Zerklüftung der internationalen Staatengemeinschaft ein eher nüchterner Befund (Brand 1993; Hamm/Fues 2000; Messner/Nuscheler 1996).

Weiterhin bestehen zwischen den verschiedenen Konferenzen erhebliche Unterschiede bezogen auf den inhaltlichen Gehalt der Stellungnahmen. Während beispielsweise bei der Weltmenschenrechtskonferenz nur 3 von 26 protokollierten Stellungnahmen tatsächlich als signifikante Vorbehalte zu werten sind, fallen bei der FWCW 11 von 13 protokollierten Stellungnahmen in diese Kategorie. Die Intensität

---

4 Die Anzahl der Teilnehmer bezieht sich allein auf Staaten, die durch offizielle Delegationen auf den jeweiligen Konferenzen vertreten waren. Nicht berücksichtigt werden hier Internationale Organisationen, Nichtregierungsorganisationen und sonstige Teilnehmer (siehe dazu die einzelnen Fallstudien). Eingeschlossen in diese Zahl ist die Delegation Palästinas, die an jeder Konferenz als Beobachter teilnahm. Nicht berücksichtigt wurden dagegen zwei Delegationen, die in den Berichten einiger Konferenzen als Teilnehmer aufgelistet sind. Dies gilt für die Cookinseln, die an der UNCED 1992, der ICPD 1994, dem WSSD 1995 und der FWCW 1995 teilnahmen und Niue, das an der ICPD 1994, dem WSSD 1995 und der FWCW 1995 teilnahm. Beides sind neuseeländische Inselterritorien, deren völkerrechtlicher Status nicht mit dem der übrigen Teilnehmer vergleichbar ist.

des Widerspruches unterscheidet sich also signifikant von Konferenz zu Konferenz. Dies gilt sowohl in absoluten Zahlen wie auch im relativen Verhältnis der beiden Kategorien zueinander.[5]

2.1 Konfliktakteursorientierte Analyse der protokollierten Stellungnahmen

Insgesamt wurden 123 Stellungnahmen in die offiziellen Berichte aller sechs Konferenzen aufgenommen. Diese Stellungnahmen wurden von 67 Delegationen zu Protokoll gegeben. Mithin ließen einige Delegationen mehrfach Stellungnahmen protokollieren. Da jede einzelne Stellungnahme bereits potentiellen Widerspruch und damit das eventuelle Vorliegen eines Konfliktes signalisiert, erhöht das mehrfache Auftauchen einer Delegation in dieser Kategorie die Wahrscheinlichkeit, es hier mit einem wichtigen Konfliktakteur zu tun zu haben. Jedoch ist dabei zu beachten, daß die protokollierten Stellungnahmen nicht unbedingt tatsächlichen Widerspruch anzeigen, sondern auch schlichte Grußbotschaften und Danksagungen enthalten können. Daher wird hier davon ausgegangen, daß erst das mindestens dreimalige Auftauchen in der Kategorie protokollierte Stellungnahmen, also mindestens bei der Hälfte der möglichen Konferenzteilnahmen, die Wahrscheinlichkeit ernsthaften Widerspruchs erhöht.

Unter den Delegationen, die Stellungnahmen protokollieren ließen, befinden sich 15, die mindestens dreimal in den entsprechenden Kapiteln der Konferenzberichte auftauchen. Berücksichtigt werden muß hierbei jedoch auch die Anzahl der Konferenzteilnahmen, denn nicht jede Delegation nahm an jeder Konferenz teil. Daher ist die folgende Tabelle geordnet nach dem Verhältnis von Konferenzteilnahmen zu protokollierten Stellungnahmen.

Argentinien (6/5)	Irak (5/4)	Saudi-Arabien (4/3)	Ägypten (6/4)
Libyen (6/4)	Philippinen (6/4)	USA (6/4)	Vatikan (6/4)
Costa Rica (6/3)	Frankreich (6/3)	Guatemala (6/3)	Indonesien (6/3)
Iran (6/3)	Kuwait (6/3)	Malta (6/3)	

Tab. 9: Konferenzteilnahmen im Verhältnis zu protokollierten Stellungnahmen

Ein wichtiges Organisationsprinzip der Vereinten Nationen besteht in der geographischen Zuordnung der Mitgliedsstaaten zu regionalen Staatengruppen. Daher ließe sich erwarten, daß eine repräsentative Verteilung der Staaten, die Stellungnahmen protokollieren ließen, regionale Ausgewogenheit aufweisen müsse. Unter geographischen Gesichtspunkten betrachtet fällt demgegenüber in dieser Tabelle auf, daß

---

5   Die Bedeutung dieser Unterschiede kann jedoch nur über eine Inhaltsanalyse der jeweiligen Konfliktgegenstände genauer bestimmt werden, die erst im Rahmen der Analyse der Konferenzprozesse während des zweiten Auswertungsschritts erfolgt.

weder China noch ein Vertreter der Gruppe der ehemaligen staatssozialistischen Transformationsländer vertreten sind. Ansonsten sind alle Staatengruppen durch mindestens einen Vertreter repräsentiert. Darüber hinaus sind wichtige internationale Organisationen wie die EU (durch Frankreich), die Bewegung der Blockfreien (durch Indonesien, das während des Untersuchungszeitraums den Vorsitz innehatte) und die G-77 (ebenfalls durch Indonesien) in Vertretung der Entwicklungsländer präsent.

Die spezifische Zusammensetzung der Gruppe potentieller Konfliktakteure überrascht jedoch: Daß sich die USA als in mancher Hinsicht mächtigste Nation der Welt hier finden, erstaunt deutlich weniger als etwa die Präsenz Maltas oder des Vatikan. Auch daß einige Außenseiter internationaler Politik wie Libyen, Irak und Iran die Chance zur Darstellung ihrer mutmaßlich abweichenden Positionen nutzen, war vielleicht zu erwarten, aber warum verfolgen dann Kuba oder Nordkorea nicht die gleiche Strategie? Darüber hinaus zeigt sich hier, daß einige Staaten die Möglichkeit der Protokollierung von Stellungnahmen erheblich stärker nutzen als andere, möglicherweise um einen Führungsanspruch in regionaler oder politikfeldspezifischer Absicht deutlich zu machen. Diesen Fragen widmet sich der nächste Teil, in dem die Stellungnahmen gewichtet nach ihrem Widerspruchsgehalt untersucht werden.

2.2 Konfliktakteursorientierte Analyse der signifikanten Vorbehalte

Die Gesamtzahl der für die Identifizierung der Konfliktakteure zentralen signifikanten Vorbehalte beträgt 62, die von 39 Delegationen geäußert wurden. Einen Überblick über diese Delegationen bietet folgende Tabelle:

Afghanistan	Ägypten	Argentinien	Aserbaidschan	Brunei
Costa Rica	Dom. Republik	Dschibuti	Ecuador	El Salvador
Estland	Guatemala	Honduras	Indonesien	Irak
Iran	Israel	Jemen	Katar	Kuwait
Lettland	Libanon	Libyen	Litauen	Malaysia
Malta	Marokko	Mauretanien	Nicaragua	Nigeria
Paraguay	Peru	Saudi-Arabien	Syrien	Tunesien
USA	Vatikan	Venezuela	VAE	

Tab. 10: Signifikante Vorbehalte äußernde Delegationen

Bei diesen Staaten kann davon ausgegangen werden, daß sie zu den wichtigsten Konfliktakteuren zählen: Die Abgabe eines signifikanten Vorbehalts gegen einen in meist langwierigen und zähen Verhandlungsprozessen erzielten Konsens der internationalen Staatengemeinschaft exponiert den widersprechenden Staat deutlich gegenüber nationalen, transnationalen und internationalen Akteuren. Daher wird ein

solcher Vorbehalt in der Regel nicht leichtfertig zu Protokoll gegeben. Vielmehr signalisiert dieser Vorgang das Vorliegen eines ernsthaften Konflikts zwischen dem Dissens anmeldenden Staat und der internationalen Staatengemeinschaft. Die Intensität eines solchen Konfliktes wird u.a. durch die Anzahl der abgegebenen signifikanten Vorbehalte angezeigt. Dies gilt in zweierlei Hinsicht:
- Einerseits bezogen auf die Ebene der *Konfliktakteure*, da davon ausgegangen werden kann, daß Staaten desto eher eine konfliktgeneigte Disposition gegenüber der internationalen Staatengemeinschaft haben, je öfter sie ihren Dissens durch die Abgabe eines signifikanten Vorbehalts signalisieren.
- Andererseits bezogen auf die Ebene der *Konfliktgegenstände*, deren Konfliktgehalt um so höher sein dürfte, je öfter sich signifikante Vorbehalte auf sie beziehen.

Somit kann die Intensität des Widerspruchs genutzt werden, um die zentralen Konfliktakteure zu ermitteln. Ein Indikator dafür ist die Anzahl der abgegebenen signifikanten Vorbehalte. Ähnlich wie bei den protokollierten Stellungnahmen scheint es sinnvoll zu sein, die Delegationen zu identifizieren, die mehrfach signifikante Vorbehalte äußerten. Dabei ist zu beachten, daß aufgrund der höheren Signalwirkung eines Dissens anzeigenden signifikanten Vorbehalts das Signifikanzniveau in diesem Fall niedriger anzusetzen ist als bei den protokollierten Stellungnahmen. Zu den zentralen Konfliktakteuren zählen daher alle Staaten, deren Delegationen unabhängig von der Anzahl der Konferenzteilnahmen mindestens zwei signifikante Vorbehalte abgaben. Dieses Kriterium trifft auf folgende 15 Delegationen zu:

Libyen (6/4)	USA (6/4)	Saudi-Arabien (4/2)[6]	Argentinien (6/3)
Guatemala (6/3)	Malta (6/3)	Vatikan (6/3)	Dom. Rep. (5/2)
Irak (5/2)	VAE (5/2)	Ägypten (6/2)	Iran (6/2)
Kuwait (6/2)	Malaysia (6/2)	Peru (6/2)	

Tab. 11: Konferenzteilnahmen im Verhältnis zu signifikanten Vorbehalten

Damit sind die zentralen Konfliktakteure gemessen an geäußertem Widerspruch in Form signifikanter Vorbehalte identifiziert. Wiederum fallen einige sogenannte Außenseiter internationaler Politik wie Iran, Irak und Libyen, aber auch die USA als einzig verbliebene Supermacht in dieser Zusammenstellung auf. Für sich allein betrachtet sagt die Tabelle allerdings nichts über die fallspezifischen oder gar fallübergreifenden Konfliktakteurskonstellationen aus, da sie die relative Positionierung der Konfliktakteure zueinander nicht zeigt. Möglicherweise bestehen zwischen den obigen Delegationen sehr viel größere Positionsdifferenzen als zwischen ihnen und

---

6 Mathematisch betrachtet besteht zwischen Saudi-Arabien und Argentinien et al. kein Unterschied bezogen auf das Verhältnis von Konferenzteilnahmen zu signifikanten Vorbehalten. Da jedoch bereits die Nichtteilnahme an einer Konferenz als - wenn auch schwacher - Indikator für einen möglichen Konflikt gewertet werden kann, steht in dieser Tabelle Saudi-Arabien vor Argentinien.

der internationalen Staatengemeinschaft. Die reine Quantifizierung des Dissenses in Form der signifikanten Vorbehalte führt also zu einem wenig aussagekräftigen Ergebnis, demzufolge die Ablehnung des Konsenses der internationalen Staatengemeinschaft am stärksten - und zwar gleichermaßen stark - in Libyen und den USA ausgeprägt ist. Bereits ein flüchtiger Blick in die Fallstudien zeigt aber, daß in vielen Fällen die inhaltlichen Positionen gerade zwischen den USA und Libyen weit auseinander liegen.

Um den zentralen Konfliktakteurskonstellationen auf die Spur zu kommen, werden im folgenden die Konferenzinhalte - und damit die Konfliktgegenstände selbst - in die Analyse mit einbezogen. Zunächst kann dies ganz einfach durch die Zuordnung der signifikanten Vorbehalte zu den einzelnen Konferenzen geschehen, die verschiedene Themen und damit unterschiedliche Konfliktgegenstände behandelten. Die folgende Tabelle stellt die konferenzbezogene Verteilung der protokollierten Stellungnahmen und signifikanten Vorbehalte derjenigen Delegationen dar, die mindestens zwei signifikante Vorbehalte äußerten:

	UNCED	WCHR	ICPD	WSSD	NPTREC	FWCW
Ägypten	x	o	+	x	o	+
Argentinien	+	+	o	o	x	o
Dom. Rep.	-	x	o	x	x	o
Guatemala	x	x	o	o	x	o
Irak	x	+	-	+	o	o
Iran	x	x	o	x	+	o
Kuwait	o	x	+	x	x	o
Libyen	x	x	o	o	o	o
Malaysia	x	x	x	x	o	o
Malta	x	x	o	o	x	o
Peru	x	x	o	x	x	o
Saudi-Arabien	o	+	-	o	x	-
USA	o	o	x	o	x	o
Vatikan	x	+	o	o	x	o
VAE	x	x	o	o	-	x

Tab. 12: Verteilung der signifikanten Vorbehalte auf die einzelnen Konferenzen[7]

Bezogen auf die Konfliktakteure und die von ihnen geäußerten signifikanten Vorbehalte sind folgende Muster erkennbar: Argentinien, Guatemala, Malta und Vatikan stimmen hinsichtlich der Verteilung der von ihnen erhobenen signifikanten Vorbehalte vollständig überein. Weiterhin besteht Übereinstimmung zwischen den Staa-

---

7   Tabellenlegende: - keine Konferenzteilnahme, x Konferenzteilnahme, + protokollierte Stellungnahme, o signifikanter Vorbehalt.

tenpaaren Dominikanische Republik und Peru sowie Irak und Malaysia. Alle übrigen Delegationen weisen demgegenüber individuelle Profile auf. In einer Hinsicht gleichen sich jedoch die Konfliktpositionen: Die Mehrzahl der Vorbehalte konzentriert sich auf drei Konferenzen, die Weltbevölkerungskonferenz, den Weltsozialgipfel und die Weltfrauenkonferenz. Somit ließe sich der Schluß ziehen, daß Konfliktgegenstände, die auf diesen Konferenzen verhandelt wurden, besonders kontrovers waren. Diese Vermutung wird durch die Analyse der Konferenzprozesse bestätigt. Allein Ägypten, Kuwait, Saudi-Arabien und die USA entsprechen nicht diesem Muster, wobei sich die USA am deutlichsten von den übrigen Konfliktakteuren unterscheiden.[8]

Die Ergebnisse der bisher vorgenommenen Interpretation sind jedoch noch zu mehrdeutig, um Konfliktakteurskonstellationen schlüssig bestimmen zu können. Nach wie vor bleibt unklar, wie die Konfliktakteure sich zueinander verhalten bzw. wie die Konfliktakteurskonstellationen aussehen. Sehr viel weiter hilft die bloße akteursbezogene Analyse auf der Ebene der Konferenzdokumente nicht, wenn man an der Konstellation von Konfliktakteuren nach dem Ost-West-Konflikt interessiert ist. Im nächsten Auswertungsschritt wird daher die inhaltliche Dimension der untersuchten Fälle betrachtet. Erst mit Hilfe der Untersuchung der fallspezifischen Konfliktgegenstände werden die Antagonismen zwischen den Konfliktakteuren sichtbar, so daß sich möglicherweise bestehende fallübergreifende Zusammenhänge erkennen lassen.

3. Auswertung der konfliktgegenstandsorientierten Analyse der Konferenzdokumente

Bei der akteursbezogenen Analyse der Konferenzdokumente wurden zwar bestimmte Konfliktakteurskonstellationen sichtbar, die aber für sich betrachtet noch kein angemessenes Bild der bei der Bearbeitung der einzelnen Fallstudien ermittelten fallspezifischen *Konfliktkonfigurationen* wiedergeben.[9] Vielmehr bedarf die akteursorientierte Dokumentenanalyse der inhaltlichen Anreicherung, um gehaltvollere Aussagen über Konfliktkonfigurationen oder gar fallübergreifende Konfliktlinien zu rechtfertigen. Zu diesem Zweck werden die in den Konferenzdokumenten geäußerten signifikanten Vorbehalte nun auf konkret benannte fallspezifische Konfliktgegenstände hin untersucht. So kann verdeutlicht werden, welche Konfliktlinien zwischen den Akteuren auf internationaler Ebene tatsächlich bestehen und wo sie verlaufen. Da die einzelnen Konferenzen in den jeweiligen Fallstudien ausführlich thematisiert wurden, soll an dieser Stelle jeweils eine knappe Zusammenfassung ausreichen.

---

8   Siehe hierzu ausführlich die einzelnen Fallstudien in Kap. 4.
9   Als Konfliktkonfiguration wird hier ein fallspezifisches Arrangement von Konfliktakteuren und Konfliktgegenständen bezeichnet.

3.1 Spezifische Konfliktgegenstände bei der UNCED 1992

Insgesamt werden im Bericht der UNCED sieben Stellungnahmen protokolliert, von denen jedoch nur drei als signifikante Vorbehalte zu werten sind. Diese Vorbehalte stammen von den Delegationen Kuwaits, Saudi-Arabiens und der USA. Kuwait und Saudi-Arabien bringen fast identische Positionen vor, weshalb sie hier zusammen dargestellt werden.

- Kuwait und Saudi-Arabien: Der wichtigste Punkt, der von beiden Delegationen in ihren signifikanten Vorbehalten vorgebracht wird, bezieht sich auf die ihrer Meinung nach einseitige Diskriminierung von Öl als Energieträger in den Abschlußdokumenten der UNCED. Weiter kritisieren sie unisono, daß in den Abschlußdokumenten nicht klar genug betont würde, daß nur sichere und umweltgerechte Technologien im Energiesektor zum Einsatz kommen sollten.
- USA: Die umfangreiche Stellungnahme der USA gibt ihre Interpretation verschiedener Paragraphen der Abschlußdokumente wieder. Als Vorbehalt kann jedoch nur eine Anmerkung gewertet werden, die sich auf Formulierungen in den Abschlußdokumenten bezieht, in denen die Höhe öffentlicher Entwicklungshilfe thematisiert wird. Gemäß eines Beschlusses der UNGA sollen Industriestaaten mindestens 0,7% ihres jeweiligen BSP als öffentliche Entwicklungshilfe leisten. Die USA bekräftigen, daß sie dieses Ziel nie anerkannt hätten und sich daher nicht an die in den Abschlußdokumenten der UNCED wiederholte Aufforderung, dieses Ziel schnellstmöglich zu erreichen, gebunden sehen.

3.2 Spezifische Konfliktgegenstände bei der WCHR 1993

Im Bericht der Weltmenschenrechtskonferenz wird die Diskrepanz zwischen protokollierten Stellungnahmen einerseits und signifikanten Vorbehalten andererseits besonders deutlich. Zwar gaben 26 Delegationen Stellungnahmen zu Protokoll, von diesen sind aber nur drei als signifikante Vorbehalte zu werten. In den übrigen Stellungnahmen danken die Delegationen zumeist der gastgebenden Nation und den Konferenzorganisatoren oder verleihen ihrer Befriedigung darüber Ausdruck, daß es entgegen zahlreicher Befürchtungen gelungen ist, in Wien relativ konsensuell über Menschenrechte zu beraten. Drei Stellungnahmen enthalten jedoch signifikante Vorbehalte.

- Ägypten: Die ägyptische Delegation formuliert Vorbehalte gegen die in den Wiener Abschlußdokumenten vorgesehene Einsetzung eines Hochkommissars für Menschenrechte. Ihr Argument stützt sich darauf, daß solche Angelegenheiten durch die UN-Generalversammlung entschieden werden sollten.
- Israel: Israel formuliert einen Vorbehalt dagegen, daß einige Passagen in den Abschlußberichten so interpretiert werden könnten, daß Besatzungsregime Menschenrechtsverletzungen per se darstellten.

- USA: Die USA teilen und bekräftigen den Vorbehalt Israels gegen die Interpretation von Besatzungsregimen als Menschenrechtsverletzung per se. Darüber hinaus formulieren sie zusätzlich einen Vorbehalt dagegen, daß die Wiener Abschlußdokumente nicht eindeutig zugunsten der Pressefreiheit Stellung beziehen.

3.3 Spezifische Konfliktgegenstände bei der ICPD 1994

Zum Bericht der Weltbevölkerungskonferenz gaben insgesamt 23 Delegationen Stellungnahmen ab. Von diesen enthalten 18 signifikante Vorbehalte. Diese Vorbehalte lassen sich in zwei thematisch zusammenhängende Gruppen zusammenfassen, da sie sich auf die gleichen Passagen der Abschlußdokumente beziehen. In Kairo werden erstmals die religiös begründeten Positionen deutlich, die bei den folgenden Konferenzen eine zentrale Rolle spielen sollten.
- Afghanistan, Brunei, Dschibuti, Jemen, Iran, Libyen und VAE: Diese ihrem Selbstverständnis nach islamischen Staaten dokumentieren ihren Widerspruch gegen einige der während des Konferenzprozesses verhandelten Konzepte und Formulierungen. Dies betrifft in erster Linie folgende umstrittene Inhalte: Reproduktive Gesundheit, reproduktive Rechte, Formen der Familie, Methoden der Familienplanung, Empfängnisverhütung und Zulässigkeit von Abtreibungen.[10] In ihren Vorbehalten kündigen die Staaten an, daß sie die Anwendung dieser Konzepte von deren Übereinstimmung mit der jeweiligen nationalen Interpretation der Shariah, des islamischen Rechtssystems, abhängig machen.[11]
- Argentinien, Dominikanische Republik, Ecuador, El Salvador, Guatemala, Honduras, Malta, Nicaragua, Paraguay, Peru und Vatikan: Bezogen auf die umstrittenen Inhalte (vor allem reproduktive Gesundheit, reproduktive Rechte, Formen der Familie, Methoden der Familienplanung, Empfängnisverhütung und Abtreibungen) stimmen diese Staaten mit der obigen Gruppe weitgehend überein. Auch die religiös begründete Argumentationslogik ist die gleiche, nur daß in dieser Gruppe katholische Werte zur Begründung des Widerspruchs herangezogen werden.

3.4 Spezifische Konfliktgegenstände beim WSSD 1995

Zu den Abschlußdokumenten des Weltsozialgipfels in Kopenhagen gaben 13 Delegationen Stellungnahmen ab, also deutlich weniger als bei der Weltbevölkerungskonferenz im Jahr zuvor. Von diesen 13 Stellungnahmen enthalten jedoch 11 signifikante Vorbehalte, so daß die Differenz zwischen beiden Kategorien so gering wie

---

10 Diese Begriffe werden in den Fallstudien ausführlich thematisiert.
11 In diesem Kontext berufen sich einige weitere Delegationen auf die Shariah. Die Stellungnahmen Ägyptens, Jordaniens, Kuwaits und Syriens - wie auch ihr Verhalten während der Konferenz - fallen jedoch deutlich moderater aus, weshalb sie trotz der inhaltlichen Übereinstimmung nicht zu den signifikanten Vorbehalten gerechnet wurden.

bei keiner anderen Konferenz ausfällt. Im wesentlichen richtet sich der Widerspruch gegen die Übernahme von Formulierungen und Konzepten aus den Abschlußdokumenten der ICPD. Die originären Inhalte des Weltsozialgipfels riefen hingegen deutlich weniger Dissens hervor.

- Argentinien, Guatemala, Malta und Vatikan: Diese Staaten wiederholen ihre aus Kairo bekannten Vorbehalte gegen Konzepte und Formulierungen wie reproduktive Gesundheit, reproduktive Rechte, Formen der Familie, Methoden der Familienplanung, Empfängnisverhütung und Abtreibungen. Auch die argumentative Begründung mit der sozialen Dominanz katholischer Werte ist identisch.
- Aserbaidschan: Die aserbaidschanische Delegation äußert einen spezifischen Vorbehalt gegen die Formulierungen im Aktionsprogramm hinsichtlich der Situation von Völkern unter fremder Besatzung, die von den entsprechenden Formulierungen in den Abschlußdokumenten der Weltmenschenrechtskonferenz abweichen.
- Costa Rica: Die costaricanische Delegation äußert einen spezifischen Vorbehalt gegen einen Paragraphen des Aktionsprogramms, in dem legitime nationale Verteidigungsbedürfnisse anerkannt und Investitionen in Verteidigungsausgaben legitimiert werden. Stattdessen betont sie die Notwendigkeit, alle nationalen Anstrengungen auf die soziale Entwicklung der Bevölkerung zu fokussieren.
- Katar, Libyen, Saudi-Arabien und VAE: Diese Staaten wiederholen ihre von der ICPD bekannten Vorbehalte gegen Konzepte und Formulierungen wie reproduktive Gesundheit, reproduktive Rechte, Formen der Familie, Methoden der Familienplanung, Empfängnisverhütung und Abtreibungen. Auch die Begründung durch den Verweis auf den Vorrang der nationalen Interpretation der Shariah fällt gleich aus.[12]
- USA: Die USA erneuern ihren Vorbehalt gegen die Festlegung der Höhe öffentlicher Entwicklungshilfe.

3.5 Spezifische Konfliktgegenstände bei der NPTREC 1995

Im Kontext der Konferenz über die Überprüfung und Verlängerung des Nichtverbreitungsvertrages gaben insgesamt 24 Delegationen Stellungnahmen zu Protokoll, von denen sieben als signifikante Vorbehalte gewertet wurden.[13] Diese befassen sich

---

12 Auch in diesem Fall macht eine Delegation, die Omans, die Anwendung der Bestimmungen der Abschlußdokumente von ihrer Übereinstimmung mit dem Islam abhängig. Jedoch ist die entsprechende Stellungnahme wesentlich moderater formuliert, so daß sie - auch vor dem Hintergrund der Positionierung der omanischen Delegation während des gesamten Konferenzprozesses - nicht als signifikanter Vorbehalt gewertet wird.
13 In keinem anderen Fall war es so schwierig, die Stellungnahmen auf ihren Widerspruchsgehalt hin auszuwerten. Mitunter mußte die Entscheidung eher intuitiv denn analytisch getroffen werden, da sich das empirische Material nur in wenigen Nuancen voneinander unterscheidet. Allerdings entspricht die vorgenommene Wertung den Einschätzungen anderer Beobachter dieser Konferenz.

mit zwei Konfliktgegenständen, zum einen der nicht-universalen Geltung und zum anderen der unkonditionierten Verlängerung des NVV.

- Ägypten, Irak, Libanon, Libyen und Syrien: Wie schon während des gesamten Konferenzprozesses wenden sich diese Staaten gegen die unbefristete Verlängerung des Vertrages, solange die universelle Mitgliedschaft nicht gesichert ist. Diese Position richtet sich explizit gegen Israel, dem unterstellt wird, als einzige Nation im Nahen Osten Kernwaffen zu besitzen.[14]
- Malaysia und Nigeria: Beide Delegationen äußern entschiedenen Widerspruch gegen die unkonditioniert erfolgte unbefristete Verlängerung des Nichtverbreitungsvertrages. Insbesondere wird der Umstand kritisiert, daß keine konkreten Verpflichtungen über die Abrüstung der nuklearen Waffenarsenale der Kernwaffenstaaten vereinbart wurden. Darüber hinaus beklagen sie die Art und Weise des Zustandekommens der Entscheidung und bemängeln ihren Inhalt, da die unkonditionierte Verlängerung des Nichtverbreitungsvertrages die Spaltung der internationalen Gemeinschaft in Kernwaffenstaaten und nukleare Habenichtse für alle Zeiten festschreibe. Diese ad infinitum perpetuierte Diskriminierung sei jedoch inakzeptabel.[15]

3.6 Spezifische Konfliktgegenstände bei der FWCW 1995

Die abschließend untersuchte Weltfrauenkonferenz war nicht nur gemessen an der Zahl der teilnehmenden Delegationen die größte Konferenz, sondern auch bezogen auf die Zahl der hier interessierenden Äußerungen: Allein 30 Delegationen ließen ihre Stellungnahmen protokollieren, von denen 20 als signifikante Vorbehalte gewertet wurden. In der Mehrzahl handelt es sich dabei um Wiederholungen bereits geäußerten Widerspruchs. Dieser macht sich vor allem an den bereits vom Weltbevölkerungsgipfel und Weltsozialgipfel bekannten religiös besetzten Konfliktgegenständen fest.

- Argentinien, Dominikanische Republik, Guatemala, Malta, Peru, Vatikan und Venezuela: Diese Delegationen wiederholen die aus Kairo und Kopenhagen bekannten Vorbehalte gegen Konzepte und Formulierungen wie reproduktive Gesundheit, reproduktive Rechte, Formen der Familie, Methoden der Familienplanung, Empfängnisverhütung und Abtreibungen. Auch die argumentative Begründung mit der sozialen Dominanz katholischer Werte in diesen Staaten entspricht den vorherigen Fällen.[16]
- Estland, Lettland und Litauen: Von den drei baltischen Republiken wird ein spezifischer Vorbehalt gegen die Subsumierung der ehemals staatssozialistischen

---

14 Allgemeiner und moderater wird Kritik an der nicht universellen Gültigkeit des NVV auch von Jordanien und Iran geäußert.
15 Allgemeiner und moderater wird Kritik an der nicht konditionierten Vertragsverlängerung auch von Indonesien, Iran und Tansania geäußert.
16 Moderatere Stellungnahmen ähnlichen Inhalts geben Honduras und Paraguay ab.

Transitionsökonomien unter die Kategorie Entwicklungsländer in der Aktionsplattform geäußert.
- Irak, Iran, Kuwait, Libyen, Malaysia, Marokko, Mauretanien und Tunesien: Diese Delegationen wiederholen die aus Kairo und Kopenhagen bekannten Vorbehalte gegen Konzepte und Formulierungen wie reproduktive Gesundheit, reproduktive Rechte, Formen der Familie, Methoden der Familienplanung, Empfängnisverhütung und Abtreibungen. Auch die Begründung durch den Verweis auf den Vorrang der nationalen Interpretation der Shariah fällt gleich aus.[17]
- USA: Die USA wiederholen ihren Vorbehalt gegen die Festlegung der Höhe von Entwicklungshilfe.

	Spezifische Konfliktgegenstände der Konferenzen
UNCED	Einseitige Diskriminierung von Energieträgern
	Festlegung der Höhe von Entwicklungshilfe durch die UN
WCHR	Einrichtung des Amtes des Hochkommissars für Menschenrechte
	Besatzungsregime als Menschenrechtsverletzung per se
	Ungenügender Schutz der Pressefreiheit
ICPD	Zulässigkeit von Abtreibungen
	Variabilität von Familienformen
	Reproduktive und sexuelle Rechte von Frauen
WSSD	„Kairo-Inhalte"[18]
	Nichtübereinstimmung der Passagen über Besatzungsregime
	Verwendung öffentlicher Mitteln für Militärausgaben
	Festlegung der Höhe von Entwicklungshilfe durch die UN
NPTREC	Forderung nach universeller Geltung des NVV
	Bedingungslose Verlängerung des Nichtverbreitungsvertrages
FWCW	„Kairo-Inhalte"
	Status der Transformationsländer
	Festlegung der Höhe von Entwicklungshilfe durch die UN

Tab. 13: Spezifische Konfliktgegenstände der Weltkonferenzen

---

17 Eine moderatere Stellungnahme ähnlichen Inhalts gibt Ägypten ab.
18 Unter dem Begriff „Kairo-Inhalte" werden bestimmte typische Vorbehalte zusammengefaßt, die erstmals während der Weltbevölkerungskonferenz in Kairo artikuliert wurden. Dazu zählen typische Vorbehalte, die sich auf Konfliktgegenstände wie reproduktive Rechte und Gesundheit, Variabilität von Familienformen, Methoden der Familienplanung, Empfängnisverhütung sowie die Zulässigkeit von Abtreibungen beziehen.

4. Zweiter Schritt: Zusammenfassende Analyse der Konferenzprozesse

Wie gesehen, reicht die bloße Betrachtung der protokollierten Stellungnahmen und signifikanten Vorbehalte nicht aus, wenn man die jeweiligen fallspezifischen Konfliktkonfigurationen untersuchen will. Zwar lassen sich so einige wichtige Akteure und Konflikte erschließen, dabei werden jedoch andere Auseinandersetzungen übersehen, die - auf den gesamten Konferenzprozeß bezogen - ähnlich schwerwiegende Kontroversen verursachten. Daß diese Konflikte im Verlauf der Konferenzprozesse verregelt werden konnten, ohne offenen Widerspruch in Form von signifikanten Vorbehalten hervorzurufen, bedeutet nicht in jedem Fall, daß sie weniger bedeutsam gewesen wären. Oft trifft sogar das genaue Gegenteil zu: Da diese Konflikte von wichtigen Konfliktakteuren als bedeutsam eingeschätzt wurden, verwandten diese erheblich größere Anstrengungen darauf, sie erfolgreich zu bearbeiten.[19] Wiederholt gelang die Kompromißfindung tatsächlich erst in letzter Minute.[20]

In einer Analyse, die sich allein auf die signifikanten Vorbehalte konzentriert, tauchen solche Konflikte allerdings nicht auf. Ihre tatsächliche Relevanz erschließt sich nur der genauen Analyse der *Konferenzprozesse*. Im folgenden Auswertungsschritt werden daher die Konferenzprozesse daraufhin untersucht, ob und welche Konfliktakteure und Konfliktgegenstände, die nicht durch die Analyse der signifikanten Vorbehalten ermittelt werden konnten, den Verlauf der Konferenzen entscheidend mitbestimmten. Dies kann zum Beispiel der Fall sein, wenn einige der konferenzprägenden Konflikte letztendlich so vermittelt werden konnten, daß keine Delegation mehr die Notwendigkeit sah, einen signifikanten Vorbehalt gegen den erreichten Konsens einzulegen. Weiterhin kann es aber auch das Resultat strategischer Überlegungen bestimmter Konfliktakteure sein, die keinen offiziellen und damit öffentlich sichtbaren Vorbehalt äußern wollten.[21] Mithin können durch die Analyse der Konferenzprozesse zusätzliche wichtige Konfliktakteure und Konfliktgegenstände entdeckt werden, die bei ausschließlicher Konzentration auf die Konferenzdokumente möglicherweise verborgen blieben.

---

19 Im übrigen verweist umgekehrt nicht jeder signifikante Vorbehalt auf einen tatsächlich signifikanten Konflikt im Sinne eines konferenzprägenden Ereignisses. Das Recht, im Anschluß an die Verabschiedung der Abschlußdokumente einer Konferenz eine interpretierende oder abweichende Stellungnahme abzugeben, steht gemäß etablierten UN-Verfahren allen teilnehmenden Delegationen zu. Diese Möglichkeit wird von einigen Delegationen genutzt, um auf sehr spezifische Forderungen aufmerksam zu machen. Beispielsweise haben die signifikanten Vorbehalte Aserbaidschans und Costa Ricas zu den Abschlußdokumenten des WSSD nicht die gleiche Bedeutung wie etwa die Vorbehalte der islamischen bzw. katholischen Staaten zur gleichen Konferenz. Vielmehr verdeutlichen diese Stellungnahmen spezifische Interessenlagen beider Staaten, die aber für das Konferenzgeschehen insgesamt relativ wenig Relevanz hatten. Entsprechende signifikante Vorbehalte brauchen also bei der weiteren Analyse, die fallübergreifenden Zusammenhängen von Konfliktakteuren und Konfliktgegenständen nachspürt, nicht weiter berücksichtigt werden.
20 Vgl. etwa die eindrucksvolle Schilderung der letzten Stunden des UNCED-Verhandlungsprozesses in Koh (1994: 168-169).
21 Strategische Überlegungen dieser Art legte etwa die ägyptische Delegation bei der Weltmenschenrechtskonferenz offen, vgl. die entsprechende Fallstudie.

Ein weiteres Argument gegen die ausschließliche Betrachtung der signifikanten Vorbehalte besteht darin, daß diese sich in der Regel auf sehr spezielle Passagen in den meist umfangreichen Abschlußdokumenten der Konferenzen beziehen. Zwar ist es richtig, daß der Großteil der Konflikte solche Passagen zum Gegenstand hatte, die dahinter stehenden tiefgreifenden Kontroversen lassen sich jedoch erheblich besser verstehen, wenn die Argumentationen der Konfliktakteure über den gesamten Konferenzprozeß hinweg verfolgt werden. Neben den in den signifikanten Vorbehalten deutlich gewordenen spezifischen Konfliktgegenständen erschließt die Analyse der Konferenzprozesse somit die allgemeineren Konflikte, in die die Auseinandersetzungen über spezifische Konfliktgegenstände eingebettet sind. Damit wird die Gefahr eines reduktionistischen, unterkomplexen Kurzschlusses verringert.

Im Unterschied zur Analyse der signifikanten Vorbehalte, die sich auf eine Quellenanalyse stützt, werden in diesem Teil nicht nur Wortprotokolle berücksichtigt, sondern auch die konferenzbegleitende Berichterstattung und Kommentierung. Im folgenden werden die wichtigsten Resultate dieser Form der Konferenzanalyse bezogen auf zusätzliche Konfliktakteure und -gegenstände in kurzer Form dargestellt.[22] Beantwortet werden sollen dadurch folgende Fragen:
- Welches sind die wichtigsten fallspezifischen Konfliktgegenstände?
- Wie ordnen sich die Konfliktakteure den Konfliktgegenständen zu?
- Wie sehen dementsprechend die fallspezifischen Konfliktkonfigurationen aus?

4.1 Allgemeine Konfliktgegenstände bei der UNCED 1992

Konfliktgegenstand „Globale Entwicklungsmodelle"

Wie ein roter Faden zog sich die Kontroverse über Modelle der künftigen globalen wirtschafts- und umweltpolitischen Entwicklung durch sämtliche Diskussionen während der UNCED (Simonis 1993: 31-33; Stahl 1993: 44-53). Dabei standen sich im wesentlichen zwei Auffassungen gegenüber. Einerseits vertrat eine Akteursgruppe die Position, daß angesichts der gravierenden globalen Umweltprobleme nur noch nachhaltige Entwicklungsstrategien befolgt werden sollten.[23] Dies impliziere die weitgehende Berücksichtigung von Umweltschutzbelangen und damit u.a. den Verzicht auf gewinnmaximierende Strategien der Ausbeutung ökonomisch nutzbarer Ressourcen. Dieses Konfliktlager umfaßte die EU, die meisten der sonstigen Industriestaaten und einige Entwicklungsländer, vor allem die AOSIS-Staaten.[24]

Andererseits beharrten diverse Staaten auf dem Recht, souverän über Strategien der wirtschaftlichen Entwicklung entscheiden und daher auch die auf ihrem Ter-

---

22 Die ausführlichen Analysen und Nachweise finden sich in den einzelnen Fallstudien.
23 Das Konzept der nachhaltigen Entwicklung wird in der Fallstudie über die UNCED diskutiert.
24 Die USA nahmen in dieser Debatte eine deutlich zurückhaltendere Position als die EU ein.

ritorium befindlichen Ressourcen nach eigenem Gutdünken ausbeuten zu können. Zu den Wortführern dieser Gruppe zählten vor allem asiatische Entwicklungs- bzw. Schwellenländer wie China, Malaysia, Indien und Indonesien. In abgeschwächter Form unterstützte Pakistan in Vertretung der G-77 ebenfalls diese Auffassung. Dies hinderte etliche Mitgliedsstaaten der G-77 allerdings nicht daran, für nachhaltige Entwicklungsstrategien und somit gegen die Position der eigenen Interessensvertretung Stellung zu beziehen. Dazu zählten die z.b. AOSIS-Staaten, aber auch einige lateinamerikanische Schwellenländer wie Argentinien und Brasilien. Mithin waren die Entwicklungsländer in dieser Debatte uneins über das beste Entwicklungsmodell (Avalle 1994: 145-146; Nachtigäller 1992: 6-8).

Konfliktgegenstand „Definition und Schutz globaler Gemeinschaftsgüter"

Diese Kontroverse betraf drei meist zusammenhängend diskutierte Fragen: Was sind globale Gemeinschaftsgüter, wie können sie geschützt werden und welche völkerrechtlichen Eingriffe rechtfertigt die Schutzabsicht?[25] Eine grundsätzliche Debatte betraf die Frage, welche Ressourcen als global schutzwürdige Gemeinschaftsgüter anzusehen seien. In diesem Zusammenhang wurde in Rio konkret über die Atmosphäre, Wälder und Biodiversität verhandelt (French 1992: 8-22). Besonders deutlich werden die zentralen Kontroversen an der Debatte über Wälder: Neben der Frage, ob Wälder generell als schutzwürdige globale Gemeinschaftsgüter zu betrachten seien, wurde die Frage diskutiert, welche Wälder gegebenenfalls überhaupt als globales Gemeinschaftsgut anzusehen sind (Nachtigäller 1992: 14-16; Stahl 1993: 53-55). Dabei standen sich die Auffassung, daß nur die tropischen Regenwälder eine solche Ressource darstellten und die Auffassung, daß alle Wälder als schutzwürdig anzusehen seien, gegenüber. Letztere Position vertraten die waldreichen Schwellenländern wie Brasilien, Malaysia und Indonesien, erstere vor allem die USA und Kanada.

Weiterhin wurde über die besten Maßnahmen zum Schutz globaler Gemeinschaftsgüter diskutiert. Paradigmatisch hierfür steht die Debatte über den Schutz der Atmosphäre bzw. des Klimas: Insbesondere die USA und die EU debattierten darüber, ob konkrete Verpflichtungen zur Reduzierung von Treibhausgasemmissionen in die Abschlußdokumente aufgenommen werden sollten. Die EU gemeinsam mit

---

25   Das Konzept der globalen Gemeinschaftsgüter wird ausführlich in den einzelnen konzeptionellen und empirischen Beiträgen in Kaul et al. (1999b) behandelt. Dort werden sie wie folgt beschrieben:"Global public goods must meet two criteria. The first is that their benefits have strong qualities of publicness - that is, they are marked by nonrivalry in consumption and nonexcludability. These features place them in the general category of public goods. The second criterion is that their benefits are quasi universal in terms of countries (covering more than one group of countries), people (accruing to several, preferably all, population groups), and generations (extending to both current and future generations without foreclosing development options for future generations)" (Kaul et al. 1999a: 2-3). Insbesondere das zweite Kriterium zeigt die Nähe zwischen den Konzepten nachhaltige Entwicklung und globale Gemeinschaftsgüter auf.

den AOSIS-Staaten befürwortete dies, während die USA, unterstützt durch die erdölexportierenden arabischen Staaten, sich nicht auf verbindliche Reduktionsquoten einlassen wollten. Allenfalls freiwillige Vereinbarungen zwischen gesellschaftlichen Akteuren kamen für dieses Konfliktlager in Frage (Boehmer-Christiansen 1994: 182-184; Nachtigäller 1992: 11-13; Simonis 1993: 22-24).[26]

Schließlich weisen einige der diskutierten Maßnahmen zum Schutz globaler Gemeinschaftsgüter Spezifika auf, die sie mit anderen Normen der internationalen Staatengemeinschaft kollidieren lassen (Beyerlin 1994: 139-142). Soll beispielsweise der nachhaltige Schutz der Artenvielfalt erreicht werden, bedeutet dies möglicherweise Eingriffe in die nationale Rechtsetzungskompetenz von artenreichen Staaten, sofern diese nicht freiwillig kooperieren. Dies würde das für die internationale Staatengemeinschaft konstitutive Prinzip Souveränität in Frage stellen. Etliche Entwicklungsländer, allen voran die potentiell betroffenen Staaten wie Brasilien, Indonesien und Malaysia, aber auch Indien, brachten dieses Argument gegen internationale Maßnahmen zum Schutz globaler Gemeinschaftsgüter vor. Sie beharrten auf dem Recht, souverän über die Nutzung ihrer Ressourcen verfügen zu können. Demgegenüber unterstützte vor allem die EU die Position, daß im Rahmen internationaler Institutionen über die Nutzung globaler Gemeinschaftsgüter entschieden werden solle.

4.2 Allgemeine Konfliktgegenstände bei der WCHR 1993

Konfliktgegenstand „Universalität der Menschenrechte"

Die Kontroverse über Geltung und Universalität der Menschenrechte zog bereits im Vorfeld der WCHR die größte Aufmerksamkeit auf sich (Kunig/Uerpmann 1994: 37-39; Wolfrum 1993: 681-684). Aber auch im Verlauf des gesamten Konferenzprozesses gab es immer wieder hitzige Auseinandersetzungen über die Frage, ob die Menschenrechte unter allen Umständen universell gültig sein sollen oder ob das Maß ihrer Gültigkeit beeinflußt, wenn nicht determiniert wird durch den spezifischen kulturellen, sozialen und ökonomischen Kontext.

Vor allem Delegationen ostasiatischer Staaten, allen voran China, Singapur, Birma und Malaysia, aber auch die einiger arabischer Staaten wie Jemen und Syrien, sprachen sich zumindest für die Beachtung des jeweils spezifischen Kontext bei der Bewertung der Umsetzung der Menschenrechte aus. Entschieden dagegen wandten

---

26   Die Debatte wurde zusätzlich erschwert durch die Komplexität der verhandelten Gemeinschaftsgüter. So sprachen sich sowohl Saudi-Arabien als auch Kuwait in ihren protokollierten Stellungnahmen dafür aus, den Schutz der Wälder zu verbessern, da diese natürliche Senken für Treibhausgase bilden. Nur so könne der verstärkte Einsatz der Kernenergie als Kompensation der dann zur Reduzierung der Treibhausgasemmissionen nötigen Einschränkungen bei der Verbrennung fossiler Energieträger vermieden werden.

sich die USA und die EU. Unterstützt wurden sie dabei von den übrigen Industriestaaten, vor allem von Japan, darüber hinaus aber auch von Rußland und einigen lateinamerikanischen Delegationen.

Konfliktgegenstand „Ökonomische Entwicklung und Durchsetzung der Menschenrechte"

Dieser Konfliktgegenstand beinhaltete verschiedene Aspekte. Zum einen gab es intensive Debatten darüber, ob die Durchsetzung der Menschenrechte eine eher förderliche oder hinderliche Bedingung für ökonomischen Erfolg ist. Ähnlich der Argumentation über die Universalität der Menschenrechte vertraten einige Delegationen, wiederum die aus dieser Debatte bekannten ostasiatischen Staaten, die Auffassung, daß für unterentwickelte Gesellschaften wirtschaftliche Entwicklung größere Bedeutung als die Beachtung der Menschenrechte habe. Das Recht auf Entwicklung sei das grundlegende Menschenrecht, alle anderen Menschenrechte demgegenüber nachgeordnet (Bungarten 1994: 75-76; Kühn 1993: 72-73). Dem entgegneten vor allem die Industriestaaten, daß die Beachtung der Menschenrechte geradezu die Voraussetzung für nachhaltige wirtschaftliche Entwicklung sei.

Zum anderen betraf dieser Konfliktgegenstand die Debatte über die Konditionierung von Entwicklungshilfe (Klingebiel 1993; Nuscheler 1995: 207-208). Gemeint ist mit Konditionierung die Frage, ob die Beachtung der Menschenrechte in den Empfängerländern ein Kriterium für die Vergabe von öffentlicher Entwicklungshilfe sein soll. Die Implikationen dieser Debatte reichen allerdings vom Abschluß von Handelsvereinbarungen bis zur Frage nach der Statthaftigkeit bzw. Gebotenheit von humanitären Interventionen im Fall krasser Menschenrechtsverletzungen. Vorgetragen wurde dieser Gedanke vor allem von der EU und den USA. Ablehnten den Gedanken der Konditionierung in erster Linie afrikanische und asiatische Entwicklungsländer wie China, Burma und Sudan mit dem Argument, dies stelle eine unzulässige Einmischung in innere Angelegenheiten und damit eine Verletzung ihrer Souveränität dar.

4.3 Allgemeine Konfliktgegenstände bei der ICPD 1994

Konfliktgegenstand „Migration und Familienzusammenführung"

Diese Debatte betraf im Kern einen spezifischen Aspekt internationaler Migration. Umstritten war zum einen die Frage, ob es ein Menschenrecht auf Familienzusammenführung gibt und zum anderen, welcher Personenkreis eine Familie ausmacht

(Höhn 1995: 22-24; Rosen 1994: 79).[27] Die Streitfront verlief in diesem Fall eindeutig zwischen Industriestaaten und Entwicklungsländern: Die potentiellen Aufnahmeländer, allen voran Kanada, die Schweiz, Österreich und die USA, wiesen darauf hin, daß ihre generelle Zustimmung zur Familienzusammenführung zwar außer Frage stehe, sie sich aber vorbehielten, eigene Definitionen von Familie und Familiengröße vorzunehmen. Dagegen vertraten die potentiellen Entsendeländer, vertreten insbesondere durch die Philippinen im Namen der G-77, die Position, daß die Familienzusammenführung als allgemeines Menschenrecht anerkannt werden sollte und dieses Recht umfassend auszulegen sei.

Konfliktgegenstand „Souveränitätsvorbehalt"

Bei diesem Streitpunkt ging es um die Frage, in welchem Ausmaß die in Kairo verabschiedeten Abschlußdokumente nationale Souveränitätsvorbehalte aufgreifen sollten. Prinzipiell taucht dieser Konfliktgegenstand zwar auf jeder untersuchten Konferenz auf, während der ICPD wurde er jedoch besonders konfrontativ verhandelt. Kern des Konflikts ist dabei nicht die notwendige Zustimmung der betroffenen Regierungen zur tatsächlichen Implementation der in den Abschlußdokumenten beschlossenen Maßnahmen. Diese Bedingung wird allgemein akzeptiert, da es sich bei den verabschiedeten Abschlußdokumenten meist nicht um völkerrechtlich verbindliche Regelungen handelt (Messner/Nuscheler 1996: 164-166). Umstritten ist jedoch, wie deutlich auf diesen Zusammenhang hingewiesen wird.

In der Regel vertreten die Delegationen, die den Ergebnissen der Konferenz am wenigsten zustimmen, in dieser Frage die restriktivste Position. So auch im Fall der Weltbevölkerungskonferenz: Insbesondere die Staaten, die gegen die Inhalte der Abschlußdokumente signifikante Vorbehalte angemeldet hatten, beharrten auf der ausdrücklichen Erwähnung des Souveränitätsvorbehalts bereits in der Präambel zum Abschlußdokument der ICPD. Begründet wurde dies mit den teilweise tiefen Eingriffen der beschlossenen Maßnahmen in manche Glaubens- und Ordnungssysteme, die ausdrückliche Hinweise auf die Beachtung der jeweiligen „kulturellen Dimension" (Rosen 1994: 75-76) notwendig mache. Diese Akteursgruppe bestand aus einigen islamisch und einigen katholisch geprägten Staaten. Dazu zählten u.a. Ägypten, Argentinien, Guatemala, Iran, Jemen, Libyen, Malta und der Vatikan. Demgegenüber vertraten die Industriestaaten und die Mehrzahl der Entwicklungsländer die Position, daß der Vorrang nationaler Souveränität gemäß dem üblichen Sprachgebrauch der Weltkonferenzen formuliert werden sollte. Dies hätte bedeutet, einen entsprechenden Passus an den Beginn des Abschlußdokumentes zu stellen, ihn jedoch nicht in die Präambel aufzunehmen.

---

27 Dies verweist im übrigen auf den spezifischen Konfliktgegenstand Formen der Familie.

4.4 Allgemeine Konfliktgegenstände beim WSSD 1995

Konfliktgegenstand „Entwicklungshilfe und Entschuldung"

Zu den in Kopenhagen umstrittenen Finanzierungsfragen zählten einerseits Auseinandersetzungen über die Höhe der öffentlichen Entwicklungshilfe und andererseits Auseinandersetzungen über Maßnahmen zur Entschuldung der Entwicklungsländer (Klingebiel 1996a: 211-212; Ludermann 1995: 60-62). Im Rahmen der Debatte über die Höhe öffentlicher Entwicklungshilfe wiederholten die USA ihren bereits während der UNCED geäußerten signifikanten Vorbehalt gegen die verbindliche Festlegung der Höhe öffentlicher Entwicklungshilfe, die gemäß den Beschlüssen der UNGA von den Industrieländern an die Entwicklungsländer geleistet werden soll. Demgegenüber bestanden die Entwicklungsländer darauf, dieses Ziel separat und explizit in die Abschlußdokumente aufzunehmen. In der Frage des Schuldenerlasses forderten die Entwicklungsländer eine weitgehende, umfassende und schnelle Streichung von Auslandsschulden, während die Industriestaaten zwar neue Maßnahmen zur Reduzierung der Schulden befürworteten, aber nicht bereit waren, über einen generellen Erlaß zu verhandeln.

Konfliktgegenstand „Sozial- und Umweltstandards"

Dieser Konflikt umfaßte zwei umstrittene Punkte. Der erste betraf die sogenannte 20/20-Initiative, die vorsieht, daß jeweils 20% der öffentlichen Entwicklungshilfe des Geberlandes und 20% der Staatsausgaben des Empfängerlandes für sozialpolitische Maßnahmen ausgegeben werden sollen (Adam 1995; Gsänger 1995). Obgleich diese Initiative zu Konferenzbeginn sowohl von der EU wie auch von der G-77 befürwortet wurde, lehnten die meisten Entwicklungsländer sie als unangebrachte Konditionierung ab. Dem schlossen sich später auch einige potentielle Geberländer wie Schweden und Großbritannien an. Der zweite Punkt betraf die Aufnahme von Standards der Internationalen Arbeitsorganisiation (ILO), insbesondere im Umwelt- und Sozialbereich, in die Abschlußdokumente. Verweise auf einschlägige Konventionen, die u.a. das Verbot der Kinderarbeit und das Recht auf Vereinigungsfreiheit von Arbeitnehmenden benennen, wurden vor allem der EU befürwortet, von vielen Entwicklungsländern wie China, Indien und Malaysia jedoch mit dem Argument abgelehnt, dies sei ein Versuch, diese Standards auch den Staaten aufzuzwingen, die die entsprechenden Konventionen nicht ratifiziert hätten (Ludermann 1995: 62-63).

4.5 Allgemeine Konfliktgegenstände bei der NPTREC 1995

Konfliktgegenstand „Nukleare Abrüstung"

In diesem Konflikt bestanden unterschiedliche Ansichten darüber, ob die kernwaffenbesitzenden Vertragsparteien ihren aus den Vertragsbestimmungen resultierenden Abrüstungsverpflichtungen in ausreichendem Maße nachgekommen seien (Epstein 1995; Simpson 1995: 248-250). Dies wurde von den Kernwaffenstaaten Frankreich, Großbritannien, Rußland und USA ausdrücklich bejaht. Sie verwiesen darauf, daß die Anzahl der Kernwaffen seit dem Ende des Ost-West-Konflikts signifikant abgenommen hätte. Etliche Delegationen, allen voran Indonesien, Malaysia, Mexiko, Nigeria und Venezuela, widersprachen dieser optimistischen Einschätzung. Diese Gruppe von Konfliktakteuren verglich den aktuellen Stand der Kernwaffenarsenale mit dem Stand bei Inkrafttreten des Vertrages im Jahr 1970. Darüber hinaus kritisierten sie die Unwilligkeit der Kernwaffenstaaten, detaillierte und überprüfbare Abrüstungspläne vorzulegen. Diese Kritik wurde auch von einigen Industriestaaten geteilt: Australien, Neuseeland, Österreich, Schweden und die Schweiz forderten ebenfalls energischere Schritte in Richtung der nuklearen Abrüstung.

Konfliktgegenstand „Friedliche Nutzung der Kernenergie"

Ein weiterer bedeutender Konflikt bestand über die Frage, ob die kernwaffenbesitzenden Vertragsparteien ihrer Verpflichtung zur intensiven Kooperation mit den nichtkernwaffenbesitzenden Vertragsparteien bei der friedlichen Nutzung der Kernenergie in ausreichendem Maße nachgekommen seien (Dembinski 1995; Müller 1995). Gemäß den Vertragsbestimmungen sind die Kernwaffenstaaten dazu verpflichtet, die aus der Erforschung der Kernenergie in militärischen Zusammenhängen resultierenden, aber auch friedlich nutzbaren Forschungsergebnisse den nichtnuklearen Vertragsparteien umgehend und umfassend zugänglich zu machen. Sowohl Kernwaffenstaaten, insbesondere China und - zurückhaltender - Rußland, als auch Nichtkernwaffenstaaten, vor allem Iran, Libyen und Nordkorea, beklagten die restriktive Praxis der bestehenden Kernwaffenkontrollregime. Die übrigen Kernwaffenstaaten wiesen diese Kritik zurück. Unterstützt wurden sie dabei von praktisch allen Industriestaaten. Aber auch einige Schwellen- und Entwicklungsländer wie Argentinien und Südafrika, die selbst zu den Exporteuren von Kerntechnologie zählen, teilten diese Position.

4.6 Allgemeine Konfliktgegenstände bei der FWCW 1995

Konfliktgegenstand „Gleichberechtigung"

Zentraler Konfliktgegenstand in dieser Debatte war die Frage, ob Frauen die gleichen Rechte und Pflichten wie Männer haben, oder ob ihnen aufgrund ihrer spezifischen Andersartigkeit spezifische Rechte und Pflichten zukommen, die denen der Männer entsprechen, ohne die gleichen zu sein (Klingebiel 1996b). Damit wurden einerseits Debatten der Weltmenschenrechtskonferenz wieder aufgenommen, die bereits festgestellt hatte, daß Frauenrechte Menschenrechte sind, und andererseits Debatten etwa über die gleiche oder gleichartige Erbberechtigung von Frauen eröffnet. Gegenüber standen sich in diesem Konflikt die von der Weltbevölkerungskonferenz bekannten Akteurskonstellationen: Auf der einen Seite eine Gruppe islamisch geprägter Staaten, die in erster Linie von Ägypten, Iran, Jemen und Libyen repräsentiert wurde und gemeinsam mit einigen katholisch geprägten Staaten, allen voran Argentinien, Guatemala, Malta und der Vatikan, die spezifische Andersartigkeit von Frauen betonten. Demgegenüber vertraten insbesondere die Industriestaaten die Position der unbedingten Gleichberechtigung. Vorreiter hierbei waren etwa Norwegen und Schweden.

Konfliktgegenstand „Sexuelle Orientierung"

Dieser Konflikt gehört ebenfalls in den Kontext der bereits während der Weltbevölkerungskonferenz artikulierten Konflikte über die Ausgestaltung sozialer Ordnung, betont aber einen besonderen Aspekt. In Erweiterung der sexuellen Selbstbestimmung der Frau forderten einige Delegationen die explizite Erwähnung eines Rechtes auf Nichtdiskriminierung aufgrund sexueller Orientierung in den Abschlußdokumenten. Diese Forderung rief anhaltende Diskussionen hervor. Zu den Delegationen, die sie unterstützten, gehörten die skandinavischen Staaten, die USA, Israel und Südafrika. Dagegen verwahrte sich die Gruppe der islamisch bzw. katholisch geprägten Staaten um Ägypten und Iran einerseits, Argentinien und den Vatikan andererseits, entschieden gegen derartige Vorschläge (Klingebiel 1995: 15-16; Lietsch 1995). Diese Kontroverse spiegelte sich im übrigen auch in einigen signifikanten Vorbehalten zur FWCW.

Die Fallstudien zusammenfassend sind damit zusätzlich zu den spezifischen die wichtigsten allgemeinen Konfliktgegenstände herausgearbeitet worden, die während der Konferenzprozesse auftraten. Tabellarisch lassen sie sich so darstellen:

	Allgemeine Konfliktgegenstände der Konferenzen
UNCED	Globale Entwicklungsmodelle
	Definition und Schutz globaler Gemeinschaftsgüter
WCHR	Universalität der Menschenrechte
	Ökonomische Entwicklung und Durchsetzung der Menschenrechte
ICPD	Migration und Familienzusammenführung
	Souveränitätsvorbehalt
WSSD	Entwicklungshilfe und Entschuldung
	Sozial- und Umweltstandards
NPTREC	Nukleare Abrüstung
	Friedliche Nutzung der Kernenergie
FWCW	Gleichberechtigung
	Sexuelle Orientierung

Tab. 14: Allgemeine Konfliktgegenstände der Weltkonferenzen

4.7 Allgemeine Konfliktakteure der Konferenzprozesse

Mit Hilfe der genauen Prozeßanalyse der einzelnen Konferenzen können auch diejenigen Konfliktakteure bestimmt werden, die im Verlauf mehrerer Konferenzprozesse große Bedeutung hatten, ohne über die Kategorie „signifikanter Vorbehalt" identifizierbar zu sein. In der Darstellung der wichtigsten allgemeinen Konfliktgegenstände während der Konferenzprozesse wurden die jeweils relevanten Konfliktakteure bereits benannt. Hier sollen diese nun zusätzlich fallübergreifend untersucht werden. Wiederum gilt, daß Staaten bei mehr als einer Konferenz als relevanter Konfliktakteur engagiert sein müssen, um fallübergreifende Bedeutung zu haben. Die Relevanz macht sich an dem Einfluß fest, der auf den Verlauf und die Ergebnisse der Konferenzen ausgeübt wurde.[28]

---

28 Diese Einflußnahme kann beispielsweise dann unterstellt werden, wenn bestimmte Delegationen mehrfach in Verhandlungsgruppen berufen werden, die besonders umstrittene Konfliktgegenstände behandeln (Kaufmann 1996: 64-67). Damit soll jedoch nicht behauptet werden, daß diese Staaten die wichtigsten Konfliktakteure bei jeder einzelnen Konferenz waren. Vielmehr engagierten sich etliche Delegationen besonders für spezifische Konferenzen, so etwa die chilenische Delegation im Rahmen des Weltsozialgipfels oder die mexikanische Delegation im Rahmen der Verhandlungen über die Verlängerung des Nichtverbreitungsvertrages. In diesen Fällen hatten diese Delegationen größeren Einfluß auf den Verlauf und die Ergebnisse der Verhandlungsprozesse als einige der oben genannten allgemeinen Konfliktakteure. Aufgrund ihres nur punktuel-

Analysiert man die Konferenzprozesse daraufhin, tauchen folgende bedeutende Konfliktakteure zusätzlich auf: China, die EU, Indien und Indonesien.
- *China* ist sicherlich der wichtigste Konfliktakteur, der bei der Analyse der Konferenzprozesse in den Blick kommt. Bei praktisch allen Konferenzen nahm die chinesische Delegation Einfluß auf den Konferenzverlauf. In einigen Fällen prägte sie die Verhandlungsergebnisse durch Teilnahme an den Kernverhandlungsgruppen entscheidend mit. Insbesondere gilt dies für die WCHR, den WSSD, die NPTREC und die FWCW. Obgleich die chinesischen Interessen in etlichen Fällen unberücksichtigt blieben, gaben die jeweiligen chinesischen Delegationen in keinem Fall signifikante Vorbehalte zu Protokoll.[29]
- Die *Delegation der EU* nimmt unter den Staatenvertretungen eine Sonderstellung ein: Als einzige regionale Wirtschaftsorganisation, so die offizielle Bezeichnung, nahm sie an allen Weltkonferenzen teil. Die EU-Delegation vertrat die Mitgliedsstaaten in den meisten Konflikten gegenüber den antagonistischen Konfliktakteuren. Allerdings nahmen die bedeutenderen Mitgliedstaaten wie Deutschland, Frankreich und Großbritannien zu besonders brisanten Konflikten meist zusätzlich Stellung. Dennoch hat auch die EU-Delegation aufgrund der Ubiquität ihres Engagements als bedeutender allgemeiner Konfliktakteur zu gelten.
- *Indien* spielte zwar nicht bei allen Konferenzen eine bedeutende Rolle, exponierte sich aber eindeutig, wenn die indische Delegation in einem Konflikt Stellung bezogen hatte. Vor allem galt dies für Konfliktgegenstände, die mit Umwelt- und Entwicklungsfragen zusammenhingen. Dementsprechend präsent und prominent war die indische Delegation auf den Konferenzen in Rio und Kopenhagen.
- Während des Untersuchungszeitraums hatte *Indonesien* den Vorsitz der Bewegung der Blockfreien inne. Dies trug sicherlich dazu bei, daß die indonesische Delegation als wichtiger Repräsentant der Entwicklungsländer fallübergreifend in die einflußreichsten Verhandlungsprozesse eingebunden war. Unabhängig davon exponierte sich die indonesische Delegation insbesondere bei Konflikten, die thematisch mit den Problemen Umwelt/Entwicklung und Menschenrechten zusammenhingen.

Darüber hinaus fallen bei der Analyse der Konferenzprozesse einige Delegationen auf, die weniger als Konfliktakteur anzusehen sind, da sie zumeist keine exponierte Position zugunsten des einen oder anderen Konfliktlagers bezogen, sondern eher zu vermitteln suchten. Daher könnte in diesen Fällen der Begriff *Verhandlungsakteur* gewählt werden. Im Sinne der Definition von Konfliktakteur als Akteur, der signifikanten Einfluß auf den Verlauf und die Ergebnisse von Konferenzprozessen nimmt, wird jedoch die eingeführte Bezeichnung beibehalten, um zusätzliche Unübersichtlichkeit durch die Einführung einer neuen Kategorie zu vermeiden. Zu dieser Gruppe von Konfliktakteuren gehörten in erster Linie Kanada, Norwegen/Schweden und Südafrika.

---

29   len Engagements werden sie jedoch für die weitere Analyse nicht berücksichtigt, zumal sie in den Fallstudien als spezifische Konfliktakteure erfaßt sind. Dies weist wiederum auf die Bedeutung der Analyse der Konferenzprozesse zur Ermittlung der zentralen Konfliktakteure hin.

- Die *kanadische Delegation* tauchte als wichtiger Konfliktakteur bei fast allen Konferenzen auf. In der Regel vertrat sie allerdings relativ gemäßigte Positionen und versuchte, zwischen den Extrempositionen zu vermitteln. Insbesondere galt dies für die Konferenzen in Rio, Wien und New York. Thematisch ließen sich dabei keine ausgeprägten Schwerpunkte ausmachen.

- *Norwegen* und *Schweden* können hier zusammen dargestellt werden, da sich diese Delegationen bei verschiedenen Konferenzen in den Verhandlungsgruppen abwechselten. Dementsprechend eng war die Abstimmung der Konfliktpositionen zwischen beiden Staaten. Dezidiert Stellung bezogen die Delegationen insbesondere bei Fragen, die mit dem Themenkomplex Menschenrechte zu tun hatten. Aber auch bei Umwelt- und Entwicklungsfragen spielten sie eine bedeutende Rolle.

- *Südafrika* wiederum stellt in anderer Hinsicht eine Besonderheit dar: Zwischen 1992 und 1995 gewannen die südafrikanischen Delegationen in dem Maße an Bedeutung und Einfluß, in dem sich die innenpolitische Transformation in Südafrika als unumkehrbar erwies. Nach dem Regierungswechsel und der Übernahme des Präsidentenamtes durch Nelson Mandela 1994 nahm Südafrika schließlich immer öfter eine bedeutende Position an der Schnittstelle zwischen Industriestaaten und Entwicklungsländern ein. Thematisch äußert sich die Delegation vor allem zu Menschenrechts-, Entwicklungs- und Sicherheitsfragen.

5. Dritter Schritt: Konfliktbereiche und Konfliktlinien internationaler Politik nach dem Ost-West-Konflikt

Auf Basis der ersten beiden Auswertungsschritte ist es nun möglich, die Ebene der fallspezifischen Konfliktkonfigurationen zu verlassen und auf die Ebene der *fallübergreifenden Konfliktlinien* zu wechseln, die allgemeinere Aussagen über internationale Politik nach dem Ost-West-Konflikt erlaubt, so daß die Konfliktlinien des postbipolaren Zeitalters klarer werden. Faßt man die ermittelten spezifischen und allgemeinen Konfliktakteure und Konfliktgegenstände zusammen, lassen sich drei *Konfliktbereiche* identifizieren, die fallübergreifende Konfigurationen von Konfliktakteuren und Konfliktgegenständen aufweisen:
- Konfliktbereich *Entwicklungsmodelle*
- Konfliktbereich *Modelle gesellschaftlicher Ordnung*
- Konfliktbereich *Modelle internationaler Ordnung*

Diese Konfliktbereiche sind aus dem beobachteten Handeln der untersuchten Akteure abgeleitet: Behandeln (oder besser: verhandeln) diese bestimmte Konfliktgegenstände deutlich öfter im Kontext anderer bestimmter Konfliktgegenstände, wird davon ausgegangen, daß in den Augen der Akteure ein Sinn- und Handlungszusammenhang zwischen diesen Konflikten besteht.[30] Die Grundlage für die Ausar-

---

30 Praktisch bedeutet dies beispielsweise, daß der spezifische Konfliktgegenstand „Formen der Familie" deutlich öfter im Kontext des allgemeinen Konfliktgegenstandes „Universalität der

beitung der Konfliktbereiche bildet die Auswertung des untersuchten Materials anhand folgender Fragen:
- Gibt es Zusammenhänge zwischen den fallspezifischen Konfliktgegenständen und wie sehen diese aus?
- Gibt es Zusammenhänge zwischen der je spezifischen Konfiguration von Konfliktakteuren und -gegenständen und wie sehen diese aus?
- Gibt es dementsprechend Konfliktlinien und wie sehen diese aus?

Vorangestellt gestellt werden sollen einige grundsätzliche Bemerkungen über das Verhältnis der aus dem vorliegenden empirischen Material gewonnenen Konfliktbereiche und einigen anderen Ordnungsversuchen internationaler Politik im Rahmen der politikwissenschaftlichen Teildisziplin Internationale Beziehungen. Dabei geht es insbesondere um die Abgrenzung des Konfliktbereichsbegriffs von anderen geläufigen Typologien, um Gemeinsamkeiten und Unterschiede zu verdeutlichen.

5.1 Problemfelder, Sachbereiche und Konfliktbereiche

Vielfach wurden in den Internationalen Beziehungen Versuche unternommen, Konflikte anhand des Vergleichs ihrer strukturellen Regelmäßigkeit zu systematisieren.[31] Ein wichtiger Systematisierungsansatz stützt sich auf die Beobachtung, daß die Akteure internationaler Politik manche Konflikte gemeinsam mit anderen Konflikten be- bzw. verhandeln. Diese Konflikte können nach bestimmten Merkmalen geordnet, analytisch in Gruppen zusammengefaßt und gegen andere Konflikte abgegrenzt werden. Aus solchen Bemühungen resultieren Konflikttypologien, die beispielsweise Aussagen über die wahrscheinliche Austragungsform eines zu einem bestimmten Typus gehörenden Konfliktes ermöglichen.

Geordnet werden können diese Gruppen aber auch anhand der jeweils beteiligten Konfliktakteure oder nach Konfliktgegenständen. Bezüglich von Konfliktgegenständen wird etwa zwischen Problemfeldern und Sachbereichen unterschieden: Ein Sachbereich internationaler Politik umfaßt mehrere Problemfelder, die wiederum verschiedene Einzelprobleme (hier: Konfliktgegenstände) beinhalten. Ein Problemfeld umfaßt somit "all jene Situationen problematischer Handlungsinterdependenz, die von Seiten der beteiligten Akteure, den staatlichen Handlungsträgern, als eng miteinander verknüpft aufgefaßt werden" (Rittberger/Zangl 1995: 152). Da nach diesem Systematisierungsansatz sowohl Sachbereiche als auch Problemfelder erst durch das Handeln der Akteure internationaler Politik konstituiert werden, dieses Handeln aber über Zeit variiert, ist es nicht möglich, beide Kategorien völlig trennscharf zu konzipieren.

Menschenrechte" verhandelt wird als etwa im Kontext des allgemeinen Konfliktgegenstandes „Friedliche Nutzung der Kernenergie".

31 Sinn und Unsinn der Versuche, Konflikte und Handlungen in der internationalen Politik zu ordnen und daraus auf Akteurs- bzw. Handlungsdispositionen zu schließen, untersucht Walter (1995).

Die aus der Auswertung des empirischen Materials dieser Arbeit abgeleitete Einteilung in drei Konfliktbereiche erinnert an eine der gebräuchlichsten Sachbereichs-Typologien in den Internationalen Beziehungen. Czempiel (1981: 198) identifiziert drei Sachbereiche internationaler Politik, denen einzelne Problemfelder zugeordnet werden:[32]

- Sachbereich Sicherheit: Hierunter fallen alle Problemfelder, "die die physische Existenz von Staaten tangieren" (Rittberger/Zangl 1995: 152).
- Sachbereich Wohlfahrt: Hierunter fallen alle Problemfelder, "die sich auf die Entfaltung materieller Lebenschancen der Menschen in unterschiedlichen Staaten beziehen" (Ebd.: 152).
- Sachbereich Herrschaft: Hierunter fallen alle Problemfelder, die "mit den Freiheits- und Partizipationschancen für den einzelnen Menschen in verschiedenen Staaten zu tun haben" (Ebd.: 152).

Inhaltlich decken sich beide Typologien weitgehend: Der Sachbereich Sicherheit entspricht, was konkrete Problemfelder bzw. einzelne Konflikte angeht, im wesentlichen dem Konfliktbereich Modelle internationaler Ordnung, der Sachbereich Wohlfahrt findet seine Entsprechung im Konfliktbereich Entwicklungsmodelle, während die Themen des Sachbereichs Herrschaft in der hier benutzten Typologie im Konfliktbereich Modelle gesellschaftlicher Ordnung verhandelt werden.

Die Zuordnung eines Konfliktes zu einem Konfliktbereich soll jedoch keine Prognose hinsichtlich der Austragungsform des Konfliktes im Sinne von eher konfrontativem bzw. kooperativem Konfliktaustrag ermöglichen, wie dies mit Blick auf Sachbereiche versucht wurde.[33] Vielmehr dienen die Konfliktbereiche im Rahmen dieser Untersuchung in erster Linie als *heuristisches Mittel*, um die Ortung von Konfliktlinien zu erleichtern. In den hier entfalteten Konfliktbereichen stehen sich Konfliktakteure gegenüber, die konkurrierende Modelle bzw. Entwürfe bezogen auf spezifische inhaltlich fokussierte Themen vertreten. Diese konkurrierenden Modelle und Entwürfe gehen von verschiedenen Handlungsvoraussetzungen aus, streben verschiedene Ziele an und befürworten verschiedene Mittel zur Realisierung dieser Ziele.

5.2 Konfliktbereiche und Konfliktgegenstände

Wie ordnen sich die im Verlauf der Untersuchung ermittelten Konfliktgegenstände den Konfliktbereichen zu? Einen Überblick darüber bietet folgende Tabelle, in der die beiden Kategorien spezifische und allgemeine Konfliktgegenstände der Über-

---

32 Eine andere gebräuchliche Typologie unterscheidet nach Problemfeldtypen, die sich auf acht verschiedene Politikfelder beziehen: Verteidigung, Wirtschaft, Information/Kommunikation, Umwelt, Menschenrechte, Grenzen, Einflußsphären, Diplomatie. Demgegenüber weist die Czempiel'sche Typologie jedoch die größere „Eleganz" auf (Zürn et al. 1990: 154-156).
33 Vgl. dazu Czempiel (1981) und Zürn et al. (1990).

sichtlichkeit halber zusammengefaßt und teilweise reformuliert als typische Konfliktgegenstände dargestellt werden:

Typische Konfliktgegenstände	*Konfliktbereich*
Wirtschaftspolitische Strategien: • Nachhaltige Entwicklung vs. ökonomisches Wachstum • Staatliche vs. private Regelungen Umweltschutzmaßnahmen: • Definition und Schutz globaler Gemeinschaftsgüter	Entwicklungsmodelle
Menschenrechte: • Gleichberechtigung • Geschlechtsspezifische Menschenrechte Herrschaft: • Säkulare vs. religiöse Herrschaftsbegründungen • Gesellschaftsordnung und ökonomischer Erfolg	Modelle gesellschaftlicher Ordnung
Bedingungen staatlicher Souveränität: • Legitimität von Konditionierung und Sanktionen • Status von Nichtregierungsorganisationen Frieden/Sicherheit: • Nukleare Abrüstung • Friedensbewahrende bzw. -schaffende Maßnahmen	Modelle internationaler Ordnung

Tab. 15: Konfliktgegenstände und Konfliktbereiche

Die Zuordnung der Konfliktgegenstände zu den Konfliktbereichen stellt einen ersten *fallübergreifenden Systematisierungsversuch* der in dieser Arbeit untersuchten Konflikte dar. Allerdings wird dabei deutlich, daß die Zuordnungen nicht unbedingt in jedem Fall eindeutig und nachvollziehbar sind. Zum Teil ist dieses Problem auf die beobachteten Akteure selbst zurückzuführen, deren Handlungsweisen nicht immer wissenschaftlichen Konsistenzkriterien genügen. Vielmehr hängt gerade in der Verhandlungsgeschichte zwischenstaatlicher Beziehungen sehr viel von Pfadabhängigkeiten ab (Kaufmann 1996: 1-4).

Dennoch ist es natürlich wünschenswert, ein klares Kriterium an der Hand zu haben, nach dem sich Konfliktgegenstände den Konfliktbereichen klar zuordnen lassen. In der Tat läßt sich auf der Basis der empirischen Aufarbeitung der Weltkonferenzen ein solches inhaltlich bestimmtes Kriterium angeben: Für jeden Konfliktbereich besteht eine *zentrale Positionsdifferenz* zwischen den einander gegenüberstehenden Akteuren. Diese zentralen Positionsdifferenzen beschreiben genau den Kern der Konflikte, die im Rahmen der in der vorliegenden Arbeit untersuchten Empirie in den einzelnen Konfliktbereichen beobachtet werden. Sie markieren damit gleichzeitig die zentralen Debatten internationaler Politik nach dem Ende des Ost-West-Konflikts:

Konfliktbereich	Zentrale Positionsdifferenz
Entwicklungsmodelle	Nachhaltige vs. nachholende Entwicklung
Modelle gesellschaftlicher Ordnung	Religiöses vs. säkulares Gesellschaftsbild
Modelle internationaler Ordnung	Geteilte vs. absolute Souveränität

Tab. 16: Zentrale Positionsdifferenzen in den Konfliktbereichen

Im folgenden soll nun die für jeden Konfliktbereich charakteristische Konfliktlinie, also die je besondere Konfiguration von Konfliktakteuren und Konfliktgegenständen, herausgearbeitet werden. Zunächst werden die für jeden Konfliktbereich charakteristischen Konfliktgegenstände auf der Grundlage der Unterscheidung zwischen *Ziel- und Mittelkonflikten* bestimmt.[34] Daran anschließend können die jeweiligen Konfliktakteure und Konfliktakteurskonstellationen identifiziert werden, die sich in den zentralen Zielkonflikten gegenüberstehen. Auf dieser Grundlage wird abschließend gemäß den konfliktbereichsspezifischen zentralen Positionsdifferenzen die für jeden Konfliktbereich typische Konfliktlinie modelliert.

5.3 Konfliktakteurskonstellationen im Konfliktbereich „Entwicklungsmodelle"

Zwei scheinbar prinzipiell unvereinbare Entwicklungsziele stehen sich in diesem Zielkonflikt gegenüber. Einerseits geht es dabei um den Vorrang der Bewahrung der Lebengrundlagen der Menschheit, notfalls auch durch Verzicht auf ökonomisch sinnvolle Entwicklungsstrategien und statt dessen die Implementierung umfassender Umweltschutzmaßnahmen. Ausgedrückt wird dieses Entwicklungsziel in der Formel von der nachhaltigen Entwicklung. Andererseits wird der Vorrang ökonomischen Wachstums behauptet, dem notfalls ökologisch notwendige Schutzmaßnahmen untergeordnet werden. Ausgedrückt wird dieses Entwicklungsziel in der Formel von der nachholenden Entwicklung.

Für nachhaltige Entwicklung engagieren sich die meisten Industriestaaten. Unter diesen drängt die EU am stärksten auf konkret umsetzbare zwischenstaatliche Verpflichtungen zum Schutz der Umwelt, insbesondere des Schutzes globaler Gemeinschaftsgüter. Die skandinavischen Staaten, Japan und die übrigen außereuropäischen Industriestaaten unterstützen diese Position. Auch die USA befürworten verstärkte Umweltschutzmaßnahmen, akzentuieren diese Forderung jedoch anders, da sie stärker auf uni- bzw. bilateral vereinbarte Absprachen setzen, die zwischen privaten Akteuren getroffen werden sollen. Eine dritte Gruppe unter den Befürwortern weitgehender Umweltschutzmaßnahmen bilden einige Entwicklungsländer, die

---

34 Zielkonflikte zeichnen sich dadurch aus, daß zwischen den Konfliktakteuren unvereinbare Positionsdifferenzen über Handlungsziele bestehen. Mittelkonflikte hingegen sind dadurch gekennzeichnet, daß das Handlungsziel zwischen den Konfliktakteuren prinzipiell unstrittig ist, dafür aber Positionsdifferenzen über die Mittel oder Strategien bestehen, mit denen dieses Ziel erreicht werden soll (Zürn et al. 1990: 157, FN 12).

ganz konkret von den Folgen anthropogen verursachter Umweltveränderungen betroffen sind. Dazu zählen in erster Linie die vom Klimawandel in ihrer physischen Existenz bedrohten Meeresanrainer, die sich als AOSIS-Staaten zusammengeschlossen haben.

Die Gegenposition im Sinne nachholender Entwicklung vertreten viele Entwicklungsländer, am aktivsten eine Anzahl Schwellenländer. Dazu zählen etwa China, Indien, Indonesien und Malaysia. Diese Gruppe argumentiert zum einen, daß das Recht auf ökonomische Entwicklung einen höheren Wert besitze als die Verpflichtung zur Bewahrung der Umwelt. Zum anderen befürwortet sie die rasche ökonomische Entwicklung als beste Umweltschutzmaßnahme. Deutlich wird dies etwa bei den Verhandlungen zur Waldkonvention, die aus diesem Grunde ein völkerrechtlich unverbindliches Dokument bleibt und das Recht der Staaten bestätigt, die auf ihrem Territorium befindlichen Ressourcen auszubeuten. Unterstützt wird diese Gruppe von den meisten lateinamerikanischen, afrikanischen und asiatischen Entwicklungsländern, sofern diese nicht zu den AOSIS-Staaten zählen.

Damit läßt sich in den Konflikten über Entwicklungsmodelle, die während der UN-Weltkonferenzen zu beobachten waren, eine zentrale Konfliktakteurskonstellation identifizieren. Repräsentiert durch die Konfliktlager OECD bzw. G-77 plus China spiegeln sich in dieser Konfliktakteurskonstellation tiefgreifende Differenzen zwischen ökonomisch entwickelten und sich entwickelnden Ländern über die Frage künftiger globaler Entwicklungsziele und -strategien.[35] Da diese Konstellation sich über mehrere Einzelkonflikte hinweg nachweisen läßt und die Konfliktlager vergleichsweise geschlossen bleiben, kann die für diesen Konfliktbereich charakteristische Konfliktlinie als die zwischen Industrie- und Entwicklungsländern bestimmt werden. Damit setzt sich in diesem Konfliktbereich der bereits während des Ost-West-Konfliktes bedeutsame Nord-Süd-Konflikt fort.

5.4 Konfliktakteurskonstellationen im Konfliktbereich „Modelle gesellschaftlicher Ordnung"

In diesem Konfliktbereich stehen sich verschiedene Auffassungen über die gute Ordnung der Gesellschaft gegenüber. Die Konfliktlager gliedern sich wie folgt: Auf der einen Seite stehen Staaten, die eine an traditional-religiösen Werten orientierte Gesellschaftstruktur unterstützen, auf der anderen Seite hingegen Staaten, die modern-säkulare Modelle gesellschaftlicher Ordnung befürworten. Die Gruppe der „Traditionalisten" argumentiert, daß nur die Bewahrung traditioneller Werte die

---

35 Ein Konfliktlager umfaßt die Staaten die in einem Konflikt ähnliche Positionen vertreten. Aus der gleichen Positionierung in einem Konflikt kann jedoch nicht unmittelbar auf Interessenidentität oder gar Kooperation geschlossen werden (Zangl 1999: 118). Allerdings deutet die gleiche Positionierung in einer Vielzahl verschiedener Konflikte auf tendenziell kooperationsförderliche Interessenähnlichkeiten hin. In diesem Fall werden die beiden Konfliktlager relativ genau durch zwei internationale Institutionen abgedeckt: Die OECD auf der Seite der Industriestaaten und die G-77 auf der Seite der Entwicklungsländer.

Gesellschaften dazu befähigt, ihren Zusammenhalt zu wahren. Vor diesem Hintergrund wird auf angeblich anomische Zustände in modernen Industriestaaten hingewiesen und die dort diagnostizierte soziale Desintegration als Ergebnis eines Werteverlustes etwa in Form eines übersteigerten Individualismus begriffen. Den Ursprung haben die angeführten Werte meist in religiösen Vorstellungen, zum Teil aber auch schlicht in der überlieferten sozialen Praxis. Diese Positionen werden einerseits von einer Koalition vertreten, die aus katholisch geprägten Staaten wie Argentinien, Guatemala und Malta - diese unter der spirituellen Leitung des Vatikan - und islamischen Staaten wie Iran, Libyen und Saudi-Arabien besteht. Andererseits unterstützen einige asiatische Staaten wie China, Indonesien, Malaysia und Singapur diese Auffassung unter Verweis auf die gemeinschaftsförderlichen Aspekte der sogenannten asiatischen Werte.

Die Gruppe der „Modernisten" betrachtet die soziale Ordnung von Gesellschaften hingegen in erster Linie unter dem Aspekt der Effizienz. Sie halten eine säkulare demokratische Ordnung für geeigneter, um mit den Herausforderungen moderner Gesellschaften umzugehen. Ausgehend von deren erprobter Problemlösungsfähigkeit werden daher Demokratie, Pluralismus und religiöse Toleranz zu Kerntugenden erfolgreicher Gesellschaften erklärt. Neben dieser pragmatischen Variante, die vor allem von der EU vertreten wird, findet sich eine eher programmatische Position, die eine säkulare Gesellschaftsordnung in ihrer westlich-demokratischen Ausprägung für prinzipiell überlegen hält. Letzteres wird vor allem von den USA, aber auch von skandinavischen Staaten wie Norwegen und Schweden propagiert.

Die auf globaler Ebene zahlenmäßig größte Staatengruppe nimmt gegenüber diesen Konflikten eine bestenfalls ambivalent zu nennende Position ein. Einerseits werden demokratische Tugenden verbal vertreten, andererseits daraus resultierende Anforderungen an gesellschaftliche Partizipation und Pluralismus jedoch sehr zurückhaltend beurteilt. Anerkannt wird jedoch die Problemlösungsfähigkeit moderner Politikmodelle. Dementsprechend wird die Unterstützung der entwickelten Staaten bei der Bearbeitung sozialer Probleme nachgefragt, wie etwa bei der Steuerung des Bevölkerungswachstums. Da die traditionellen Regulierungsversuche oftmals keine befriedigenden Lösungen mehr bereitstellen können, akzeptiert diese Staatengruppe moderne Lösungsansätze - wenn auch mitunter gegen die eigene Überzeugung von einer normativ guten sozialen Ordnung. Vor allem ärmere Entwicklungsländer, insbesondere aus Schwarzafrika, aber auch aus Südasien und Lateinamerika befinden sich in dieser Gruppe.

Der Konfliktbereich Modelle gesellschaftlicher Ordnung zeichnet sich somit durch eine zentrale Konfliktakteurskonstellation aus: Gegenüber stehen sich zwei verschiedene Auffassungen über Werte, die gesellschaftliches Leben steuern sollen. Das eine Konfliktlager vertritt die Position, daß die Beachtung religiöser Vorschriften in einem sehr engen Sinne notwendig für die Bewahrung einer guten Gesellschaft ist. Das andere Konfliktlager zeichnet sich hingegen dadurch aus, daß es die Dominanz religiös begründeter Normen in der öffentlichen Sphäre ablehnt. Auch diese Position wird teilweise scharf artikuliert und vertreten. Für den Konfliktbereich Modelle gesellschaftlicher Ordnung kann konstatiert werden, daß die Konfliktlinie zwischen den traditionalistischen Protagonisten einer religiös inspirierten und den modernistischen Protagonisten einer säkular inspirierten Gesellschaftsordnung verläuft.

5.5 Konfliktakteurskonstellationen im Konfliktbereich „Modelle internationaler Ordnung"

Der zentrale Zielkonflikt im Konfliktbereich Modelle internationaler Ordnung bezieht sich auf die grundlegenden Strukturprinzipien des Staatensystems. Dabei stehen sich zwei unvereinbare Auffassungen gegenüber: Zum einen die klassische Vorstellung der in souveräne Entitäten unterteilten Welt mit Interventionsverbot nicht nur für „raumfremde Mächte" (C. Schmitt), sondern mit allgemeinem Interventionsverbot, zum anderen das Leitbild eingeschränkter oder geteilter Souveränitäten aufgrund der gestiegenen Interdependenzen in der Staatenwelt. So wird beispielsweise die Frage diskutiert, ob und unter welchen Umständen Interventionen in innere Angelegenheiten eines Staates zur Friedenssicherung zulässig sein können. In erster Linie handelt es sich dabei um Bedrohungen, die von Massenvernichtungswaffen ausgehen. Wie die Beispiele Irak und Libyen, aber auch Südafrika zeigen, sind Interventionen, um die Entwicklung von Massenvernichtungswaffen zu verhindern, bereits mehrfach unternommen worden. Im Zusammenhang mit der Auflösung der UdSSR wurde die Befürchtung geäußert, daß beschleunigte Proliferation die Folge dieser politischen Entwicklung sein würde. Dies führte zur Diskussion über Maßnahmen zum Schutz vor unerwünschter Proliferation, worunter eine Gruppe von Akteuren auch Präventionsmaßnahmen verstand. Im wesentlichen stehen sich in diesem Konflikt einerseits demokratisch verfaßte Industriestaaten und andererseits eher autoritär orientierte Schwellen- und Entwicklungsländer gegenüber.

Auch der Streit um Exportkontrollen für Kerntechnik betrifft im Kern diesen Konflikt. Hier stehen sich das Ziel der Sicherung des internationalen Friedens durch souveränitätseinschränkende Maßnahmen und das Recht auf uneingeschränkte ökonomische Entwicklung gegenüber. In diesem Konflikt vertreten alle Industriestaaten, und zwar unabhängig davon, ob sie Kernwaffen besitzen oder nicht, die Position, daß kernwaffenfähiges Material nur unter Beachtung äußerster Sicherheitsmaßnahmen gehandelt werden dürfe. Auf keinen Fall sollte kernwaffenfähiges Material unentdeckt abgezweigt und, wie im Fall des Irak, für militärische Zwecke genutzt werden können. Die entsprechenden Kontrollregime werden ausdrücklich begrüßt und ihr weiterer Ausbau gefordert. Auf der anderen Seite argumentieren einige Entwicklungsländer, daß ihr berechtigtes - und durch den Nichtverbreitungsvertrag legitimiertes - Interesse an technologischer Entwicklung unter diesen Sicherungsmaßnahmen zu leiden hätte. Zu diesen Staaten zählen vor allem der Iran, Libyen und Nigeria. Unterstützt wird diese Position von China und mit Abstrichen auch von Rußland.

Der Konfliktbereich Modelle internationaler Ordnung zeichnet sich somit durch folgende zentrale Konfliktakteurskonstellation aus: Gegenüber stehen sich einerseits demokratisch und eher postnational orientierte Staaten und andererseits autoritär regierte und eher nationalistisch orientierte Länder. Die Streitpunkte, die beide Konfliktlager voneinander trennen, machen sich immer wieder an einer zentralen Säule des Westfälischen Staatensystems fest, der Souveränität. Während das eine Konfliktlager angesichts der permanent steigenden Verdichtung grenzüberschreitender Handlungszusammenhänge über Möglichkeiten der Einhegung von Souveränität nachdenkt, die die zunehmende Interdependenz auf globaler Ebene berücksichtigen, lehnt das andere Lager Vorstöße in Richtung Aufweichung der Souveränität kategorisch ab.

Das demokratisch-postnationale Konfliktlager diskutiert beispielsweise über Themen wie Konditionierung von Entwicklungshilfe, universelle Sozial- und Umweltstandards und den Ausbau internationaler Regime zur Verregelung strittiger Fragen etwa im Welthandel. All diese Punkte stehen im Zusammenhang mit einem Prozeß, der als Versuch der Entwicklung bzw. Harmonisierung globaler Standards bezeichnet werden könnte. Zwangsläufig verbunden mit einer solchen Harmonisierung wäre jedoch die Einschränkung bestimmter Regelsetzungskompetenzen, die Nationalstaaten qua Souveränität für sich reklamieren. Genau dieser Aspekt wird jedoch von etlichen als autoritär-nationalistisch einzuschätzenden Regierungen abgelehnt. Gegenüber den Ideen der gemeinsamen Regulierung globaler Probleme wird die nationalstaatliche Kompetenz der Regelsetzung verteidigt. Die Versuche des demokratisch-postnationalen Lagers, gemeinsame Standards zu definieren, werden als Entmündigung bzw. Kolonisation tituliert. Der Wert des Partikularen wird betont, das gehegt und geschützt werden müsse, um den Bedürfnissen distinkter Gesellschaften gerecht werden zu können. Für den Konfliktbereich Modelle internationaler Ordnung läßt sich daher eine Konfliktlinie zwischen demokratisch-postnational und autoritär-nationalistischen Staaten zeigen.

5.6 Fazit: Konfliktbereiche und Konfliktlinien

Am Ende des Kapitels über Konfliktbereiche kann die Frage nach Konfliktlinien internationaler Politik nach dem Ost-West-Konflikt folgendermaßen beantwortet werden: Das zentrale Ergebnis der vorliegenden Arbeit besteht darin, daß im Gegensatz zur Nachkriegsära gegenwärtig keine globale Konfliktlinie die Welt im Sinne einer übergeordneten Konfliktformation teilt. Jedoch existieren nach Konfliktbereichen getrennt Konfliktlinien, die wichtige Sachfragen internationaler Politik betreffen und wichtige Akteure internationaler Politik voneinander trennen. Allerdings zeichnen sich die zugrundeliegenden Konflikte dadurch aus, daß sie zumindest auf staatlicher Ebene nicht gewaltförmig ausgetragen, sondern vielmehr im Rahmen der

Prozesse internationaler Verhandlungsdiplomatie auf der Ebene von Weltkonferenzen verhandelt werden.

Konfliktbereich	Zentrale Positionsdifferenz	Konfliktlinie
Entwicklungsmodelle	Nachhaltige vs. nachholende Entwicklung	Industriestaaten/OECD vs. Entwicklungsländer/G-77
Modelle gesellschaftlicher Ordnung	Religiöses vs. säkulares Gesellschaftsbild	Traditional vs. modern orientierte Staaten
Modelle internationaler Ordnung	Geteilte vs. absolute Souveränität	Demokratisch-postnational vs. autoritär-nationalistisch orientierte Staaten

Tab. 16: Konfliktbereiche und Konfliktlinien

D. Kapitel IV: Schlußdiskussion

Am Schluß dieser Arbeit gilt es, verschiedene Fäden wieder aufzunehmen und zusammenzuführen. Zunächst sollen im ersten Teil dieses Kapitels die in der Einleitung vorgestellten Szenarios mit den Ergebnissen der Fallstudienanalyse abgeglichen werden. Da die Szenarios an diverse theoretische Ansätze der Internationalen Beziehungen anknüpfen, folgt eine Betrachtung der Relevanz dieser Arbeit für verschiedene Aspekte der IB-Theorie. Im zweiten Teil des Kapitels schließt eine Diskussion über den konstruktiven Umgang mit den gemäß den empirischen Resultaten der vorliegenden Untersuchung zentralen Konfliktlinien internationaler Politik nach dem Ost-West-Konflikt die Arbeit ab.

1. Überprüfung der Prognosen der Szenarios

Die Analyse der Konferenzdokumente und der Konferenzprozesse im Hauptteil der Untersuchung verdeutlicht, welche Konfliktakteure und Konfliktgegenstände die Weltkonferenzen der 1990er Jahre bestimmten. Wie verhalten sich nun diese Ergebnisse zu den Annahmen der in der Einleitung vorgestellten Szenarios über Konfliktakteure und Konfliktgegenstände internationaler Politik nach dem Ost-West-Konflikt? Entsprechen sie einem oder vielleicht sogar mehreren Szenarios oder bestehen gravierende Unterschiede zwischen den Befunden dieser Arbeit und den Annahmen der Szenarios? Für die vier Szenarios über Machtkonflikte, Kulturkonflikte, Wirtschaftskonflikte und Entwicklungskonflikte wurden jeweils spezifische *Konfliktakteurskonstellationen* und *Konfliktgegenstände* prognostiziert. Inwieweit die Prognosen mit den empirischen Ergebnissen der vorliegenden Arbeit übereinstimmen, soll nun überprüft werden.

1.1 Machtkonflikte

Die zentrale Prognose dieses Szenarios bezogen auf *Konfliktakteurskonstellationen* sagt die Ausbildung eines multipolaren internationalen Staatensystems vorher. Demnach soll die bipolare Weltordnung des Ost-West-Konflikts abgelöst werden durch ein neues „Konzert der Großmächte". Die meisten Prognosen dieses Szenarios gehen davon aus, daß nach einer Übergangsphase, während der die USA als alleinige Supermacht agieren, neue Großmächte aufsteigen und sich zu Koalitionen ordnen würden, um das Machtpotential der USA auszubalancieren. Ein Großteil der Debatte befaßt sich damit, welche Staaten das Potential haben könnten, eine Großmachtrolle zu übernehmen. In erster Linie werden dabei China, Rußland, Japan und die EU bzw. Deutschland genannt. Sollten die Annahmen dieses Szenarios zutreffen, müßten diese Staaten also nachweislich Positionen beziehen, die deutlich sichtbar von denen der USA abweichen. Die empirische Untersuchung kann diese Annahme nur teilweise bestätigen. Weder Rußland noch Japan oder die EU stehen in ernsthaftem Gegensatz zu den USA. Allerdings befinden sich bei genauer Betrachtung die USA und China in fast allen Fällen in unterschiedlichen Konfliktlagern, so daß zumindest ein Teil der Annahmen dieses Szenarios zuzutreffen scheint. Jedoch ist dieser Gegensatz gegenwärtig nicht mit der Intensität der Auseinandersetzungen zwischen den USA und der UdSSR zu Hochzeiten des Ost-West-Konflikts vergleichbar.

Mit Blick auf *Konfliktgegenstände* wird die Dominanz machtpolitischer Rivalitäten zwischen der Hegemonialmacht USA und den aufstrebenden Großmächten vorhergesagt. Die damit verbundene Rückkehr zur Logik von Großmachtkonflikten müßte dementsprechend die Sachfragen der einzelnen Konferenzen überlagern. Dies würde u.a. ein rein an Besitzstandwahrung und Einflußausdehnung der Großmächte orientiertes Konfliktverhalten unabhängig von den konkret verhandelten Konfliktgegenständen nahelegen. Aber selbst im Fall der sicherheitspolitisch brisanten NPTREC, die den Kernbereich machtpolitischer Auseinandersetzungen - die Verfügung über Kernwaffen - berührte, läßt sich weder die Dominanz der Großmachtlogik noch gar ein entsprechendes Verhalten der konkurrierenden Großmächte beobachten. Vielmehr verzichten potenzielle Großmächte wie Japan und Deutschland auf die Artikulation oder gar Durchsetzung ihrer prognostizierten machtpolitischen Interessen: Das Kernwaffenmonopol der Kernwaffenstaaten wird nicht in Frage gestellt, beide Staaten stimmen gar für die unbefristete Verlängerung des NVV. Somit treffen die Annahmen des machtpolitischen Szenarios in dieser Hinsicht vor dem Hintergrund des untersuchten empirischen Materials nicht zu.

1.2 Kulturkonflikte

Hinsichtlich der *Konfliktakteurskonstellationen* wird in diesem Szenario ein allgemeiner Konflikt zwischen dem Westen und dem Rest der Welt vorhergesagt. Spezifisch bezieht sich die bekannteste Prognose auf die Bildung einer Allianz aus islamisch und konfuzianisch geprägten Staaten, die Gegenmacht gegen die Dominanz des Westens bilden sollen. Diese prognostizierte Akteurskonstellation stimmt nicht mit den Ergebnissen der vorliegenden Untersuchung überein. Zwar läßt sich eine allgemeine Konfliktlinie zwischen Industriestaaten und Entwicklungsländern ausmachen, die im weitesten Sinne der erwarteten Dichotomie zwischen dem Westen und dem Rest der Welt entsprechen könnte. Je genauer jedoch die einzelnen Konfliktgegenstände untersucht werden, desto deutlicher treten verschiedene, einander überschneidende Konfliktlinien hervor: Wie in den Fallstudien gezeigt, bilden sich je spezifische Konfliktlinien in der Auseinandersetzung über spezifische Konfliktgegenstände. Ebenfalls entgegen den Erwartungen des „Kulturkampf-Szenarios" bildet sich bei Konflikten über genuine Kulturfragen, etwa der Debatte über die Rechte von Frauen bzw. die Prinzipien gesellschaftlicher Ordnung, eine Allianz aus islamischen und katholischen Staaten. Aufgrund des unüberwindbaren Antagonismus dieser beiden Kulturen dürfte genau dies nicht der Fall sein, zumal einige der involvierten katholischen Staaten zum Westen gezählt werden.

Bezogen auf *Konfliktgegenstände* wird im Kulturszenario die kulturelle Überformung jedes Konfliktgegenstandes vorhergesagt, womit die Übertragung kultureller Deutungsmuster auf alle denkbaren Konfliktgegenstände gemeint ist. Auch diese Annahme läßt sich nicht bestätigen. Vielmehr zeichnet sich der Großteil der untersuchten Fälle durch die weitgehende Abwesenheit solcher Deutungsmuster aus. In der Regel beziehen sich die Argumente der Konfliktakteure auf die sachspezifischen Aspekte der Konflikte, die zum großen Teil eben nicht kultureller Art sind. Dort, wo kulturspezifische Argumentationen unabhängig von der Sachebene vorgetragen werden, dominieren sie nicht den Konferenzverlauf. Vielmehr geraten die „ideologisch" argumentierenden Konfliktakteure oft in eine Außenseiterposition, die es ihnen tendenziell eher zu erschweren scheint, ihre Positionen erfolgreich zu vertreten. Obwohl Kultur bei einigen Konflikten also durchaus einen bedeutsamen Faktor darstellt, kann keinesfalls davon gesprochen werden, daß Kulturkonflikte die Weltkonferenzen der 1990er Jahre dominieren. Mehr noch: Versuche, mit kulturellen Stereotypen zu argumentieren, sind nicht nur nicht erfolgreich, sondern führen in den untersuchten Fällen eher zur Isolation der betreffenden Delegationen.

1.3 Wirtschaftskonflikte

Bezogen auf *Konfliktakteurskonstellationen* wird in diesem Szenario die Formierung regionaler Wirtschaftsblöcke vorhergesagt. Diese Wirtschaftsblöcke sollen demnach in zunehmenden Maße zu den dominierenden Akteuren internationaler Politik werden. Verwiesen wird in diesem Zusammenhang meist auf die USA bzw. Nordamerika (NAFTA), die EU bzw. Europa und einen ostasiatischen Block (ASEAN), eventuell unter Einschluß Japans und Chinas. Mithin müßten sich einerseits Indizien für die zunehmende Bedeutung dieser Wirtschaftsregionen und andererseits Hinweise auf die Ausbildung konflikthafter Beziehungen zwischen ihnen zeigen lassen. Die erste Annahme trifft in gewisser Weise zu, da zumindest die EU als wichtiger Akteur bei den Weltkonferenzen präsent ist. Teilweise vertritt die EU auch tatsächlich die Positionen ihrer Mitgliedstaaten, ohne daß diese selbst als Akteure auftreten. In der Regel artikulieren jedoch zumindest die großen EU-Staaten wie Deutschland, Frankreich und Großbritannien ihre Positionen parallel dazu selbständig. Diese Positionen stimmen zudem gerade bei wichtigen Konflikten mitunter nicht mit den EU-Positionen überein. Somit muß die EU als „schwacher" Akteur gelten, dem keinesfalls größere Bedeutung als den einzelnen Mitgliedstaaten zukommt. Die zweite Annahme kann ebenfalls partiell bestätigt werden, da, wie bereits gezeigt, zwischen den USA und China Konflikte über die verschiedenen Konfliktbereiche hinweg bestehen. Jedoch gilt dies nicht für die Beziehungen zwischen den übrigen Wirtschaftsregionen, sofern diese als außenpolitischer Akteur bislang überhaupt eine Rolle spielen.

Vorhergesagt wird weiterhin die Verschärfung des internationalen Wettbewerbs zwischen den dominierenden Wirtschaftsregionen. *Konfliktgegenstände* im engeren Sinne wären demzufolge einerseits die Regulierung des Zugangs zu Ressourcen und andererseits die Regulierung des Zugangs zu Absatzmärkten. Zutreffend an dieser Prognose ist der schärfere internationale Wettbewerb, der sich nicht zuletzt an einigen der bei den Konferenzen verhandelten Konfliktgegenstände zeigt: Wie Produkte beschaffen sein müssen und unter welchen Umständen sie produziert werden, damit sie Zugang zu lukrativen Märkten erhalten, ist in der Tat ein wichtiger Konfliktgegenstand. Auch die den Prognosen eigene Argumentationslogik läßt sich auffinden, etwa durch die Verknüpfung von Vorwürfen des Protektionismus mit Vorwürfen des Umwelt- und Sozialdumpings im Fall des Weltsozialgipfels. Einschränkend muß dazu allerdings bemerkt werden, daß diese Konflikte nicht zu den intensivsten Auseinandersetzungen während der Konferenzen gehörten. Vielmehr gelingt es den verhandelnden Delegationen in der Regel erfolgreich, Regelungen zu formulieren, die von allen Konfliktakteuren akzeptiert werden. Eine Ausnahme stellt der Konflikt zwischen der EU und einigen Schwellenländern über die Erwähnung von Umwelt- und Sozialstandards der ILO in den Abschlußdokumenten des Weltsozialgipfels dar. In diesem Fall sind es entgegen den Annahmen des Szenarios jedoch gerade nicht die großen Wirtschaftsblöcke, die miteinander konkurrieren, sondern eben einerseits Industriestaaten und andererseits Schwellen- bzw. Entwicklungsländer.

1.4 Entwicklungskonflikte

In Bezug auf *Konfliktakteurskonstellationen* wird in diesem Szenario eine die internationale Politik in zunehmendem Maße dominierende Konfliktlinie zwischen Industriestaaten und Entwicklungsländern vorhergesagt. In Fortführung des Nord-Süd-Konflikts der 1970er und 1980er Jahre sollen sich dabei einerseits entwickelte und andererseits sich entwickelnde Staaten gegenüber stehen. Somit müßten sich Hinweise auf eben diese Akteurskonstellation finden lassen. Auf sehr abstrakter Ebene scheint diese Konfliktlinie tatsächlich durchgehend zu bestehen, da sich in allen Fällen in der einen oder anderen Weise beide Akteursgruppen gegenüberstanden. Verläßt man jedoch diese Ebene und untersucht einzelne Konflikte, differenziert sie sich zusehends aus. So finden sich etwa im Konflikt über den Schutz der Atmosphäre die küstennahen Entwicklungsländer gemeinsam mit der EU in einem Konfliktlager, während die USA und die erdölexportierenden Entwicklungsländer im anderen versammelt sind. In der Regel gelingt es den Entwicklungsländern ohnehin nicht, eine gemeinsame Position zu vertreten, wie nicht zuletzt durch die Schwierigkeiten der G-77 mit abweichenden Interessen einzelner Mitgliedstaaten deutlich wird. Der OECD-Welt gelingt es zwar besser, gemeinsame Positionen zu entwickeln und zu vertreten, von Übereinstimmung ist auch sie jedoch weit entfernt, wie an den divergierenden Positionen von EU und USA etwa im Klimafall deutlich wird. Mithin treffen die Annahmen dieses Szenarios bezogen auf Akteurskonstellationen nur eingeschränkt zu. Allerdings entsprechen sie den Ergebnissen dieser Untersuchung in höherem Maße, als dies für die anderen Szenarios behauptet werden kann.

Gemäß den Annahmen dieses Szenarios stellen Verteilungskonflikte die dominierenden *Konfliktgegenstände* internationaler Politik nach dem Ost-West-Konflikt dar. Diese Verteilungskonflikte können beispielsweise in Form von Auseinandersetzungen über internationale Transferleistungen auftreten und die Höhe von Entwicklungshilfe oder die Modalitäten der Schuldenrückzahlung betreffen. Auch Auseinandersetzungen über Entwicklungsmodelle, etwa die entwicklungspolitischen Leitbilder nachhaltige bzw. nachholende Entwicklung, zählen im weiteren Sinne hierzu. Dementsprechend müßten die Konferenzprozesse durch Verteilungskonflikte geprägt sein. Tatsächlich bestimmten Auseinandersetzungen dieser Art einen großen Teil der Konferenzprozesse. Transferleistungen spielten bei allen Konferenzen eine wichtige Rolle und auch über verschiedene Entwicklungsmodelle wurde kontrovers diskutiert. Allerdings werden die entsprechenden Konfliktpositionen nicht immer von den erwarteten Akteuren vertreten. Etliche Entwicklungsländer zählen zu den Verfechtern nachhaltiger Entwicklung, während längst nicht alle Industriestaaten zu den Befürwortern dieses Konzepts zu rechnen sind. Bezogen auf Transferleistungen vertreten andererseits nicht alle Industriestaaten die gleiche Position, wie an der Haltung der USA zur Frage der öffentlichen Entwicklungshilfe deutlich wird. Dennoch schneiden die Annahmen dieses Szenarios bezogen auf Konfliktgegenstände in der empirischen Überprüfung vergleichsweise gut ab.

1.5 Zusammenfassung

Zwischen den Annahmen der vier vorgestellten Szenarios und den Befunden der untersuchten Empirie bestehen also unterschiedliche Diskrepanzen, die sich tabellarisch zusammengefaßt so darstellen lassen:

Szenario	Konfliktakteure	Konfliktgegenstände
Machtkonflikte	Annahme: Konflikte zwischen Großmächten Befund: Partiell	Annahme: Konflikte über Machtverteilung Befund: Nein
Kulturkonflikte	Annahme: Konflikte zwischen Zivilisationen Befund: Nein	Annahme: Konflikte über kulturelle Hegemonie Befund: Partiell
Wirtschaftskonflikte	Annahme: Konflikte zwischen Wirtschaftsregionen Befund: Nein	Annahme: Konflikte über Märkte und Ressourcen Befund: Ja
Entwicklungskonflikte	Annahme: Konflikte zwischen Nord und Süd Befund: Ja	Annahme: Konflikte über Verteilungsfragen Befund: Ja

Tab. 17: Konfliktszenarios im Vergleich

Auffallend am Abgleich der Szenarios mit der Empirie ist darüber hinaus, daß weder die identifizierte Konfliktlinie zwischen traditional-religiös und modern-säkular orientierten Regierungen noch die Konfliktlinie zwischen demokratisch-postnational und autoritär-nationalistisch orientierten Regierungen in den Szenarios auftauchte.[1] Dies überrascht vor allem angesichts der Beobachtung, daß genau diese Konfliktlinien, die in erster Linie ideologisch fundierte Ordnungskonflikte repräsentieren, internationale Politik seit der Ausbildung des Staatensystems zu prägen scheinen (Schimmelfennig 1995).

Somit wird keins der vorgestellten Szenarios der untersuchten Empirie vollständig gerecht. Ihre mangelnde Differenziertheit mag sie in den Augen einer deutungsbedürftigen Öffentlichkeit attraktiv erscheinen lassen, wird jedoch mit einem zu großen Verlust an analytischer Schärfe erkauft. Die Konstruktion alternativer Szenarios setzt einen erheblich differenzierteren Blick auf die Ausschnitte internationaler Politik voraus, mit denen sich die Weltkonferenzen befaßten. Deshalb wurden in der Auswertung der Fallstudien die verschiedenen Konfliktbereiche samt der jeweils zentralen Konfliktlinie modelliert. Das relativ schlechte Abschneiden der Szenarios im empirischen Test problematisiert jedoch auch einige der theoretischen Annahmen verschiedener Denkschulen der Internationalen Beziehungen, auf die die Szenarios zurückgehen. Neben der Frage, ob möglicherweise ein anderes Modell

---

[1] Die politisch inspirierte Konfliktlinie zwischen traditional-religiösen und modern-säkularen Regierungen wurde auch vom „Kulturkampf-Szenario" zumindest in der populären Huntington-Variante nicht prognostiziert. Die Unterscheidung zwischen religiöser und säkularer Orientierung ist der Unterscheidung zwischen Zivilisationen nachgeordnet. Zwar stellt Religion möglicherweise den entscheidenden Faktor für die Zugehörigkeit zu einer Zivilisation dar, Kultur umfaßt aber mehr. Die Werte nationaler Verfassungen spielen angesichts der kulturell determinierten Zugehörigkeit zu einer Zivilisation jedoch keine Rolle. Allerdings untersucht Juergensmeyer (1993; 2001) die aufgefundene „Bruchlinie" zwischen religiösen Fundamentalisten und säkularen Demokraten.

internationaler Politik besser mit der Empirie harmoniert, ist also zu klären, ob die empirischen Befunde weitergehende Implikationen für die Theorie Internationaler Beziehungen haben.

1.6 Exkurs: Einige Folgerungen für Theorien Internationaler Beziehungen

Die Folgerungen für Theorien Internationaler Beziehungen, die an dieser Stelle gezogen werden sollen, müssen ausgesprochen zurückhaltend ausfallen. Die in der Einleitung vorgestellten Szenarios basieren zwar auf theoretischen Annahmen einiger wichtiger Denkschulen, entsprechen jedoch in keinem Fall den theorieinhärenten Konsistenzkriterien. Vielmehr basieren sie auf Popularisierungen der jeweiligen Theorie. Somit kann die Realitätsadäquatheit der zugrundeliegenden theoretischen Modelle an dieser Stelle kaum befriedigend beurteilt werden. Da im Rahmen dieser Arbeit darüber hinaus aus den verschiedenen Erklärungsansätzen keine Hypothesen abgeleitet wurden, kann von einer systematischen Überprüfung ihrer Prämissen oder gar Wirkungsmechanismen ebenfalls keine Rede sein. Gerade Popularisierungen reklamieren jedoch oft eine hohe Realitätstreue und Erklärungskraft, so daß es nur fair erscheint, zu bewerten, wie sie der aufgefundenen empirischen Realität entsprechen:

- Das Szenario *Machtkonflikte* stellt eine Anwendung realistischer Erklärungsansätze der Internationalen Beziehungen dar. Das vergleichsweise schlechte Abschneiden des Szenarios im Rahmen dieser Untersuchung stellt daher der Erklärungskraft realistischer Ansätze kein gutes Zeugnis aus. Insbesondere die Beobachtung, daß die umstrittenen Konfliktgegenstände der Weltkonferenzen sehr wenig mit Fragen von Machtverteilung zu hatten, fördert Zweifel an der Angemessenheit des realistischen Erklärungsansatzes. Allerdings muß betont werden, daß es sich bei den untersuchten Fällen überwiegend nicht um sicherheitspolitische Konflikte handelt, die für den Realismus von zentraler Bedeutung sind.
- Das Szenario *Kulturkonflikte* entspringt einer eigentümlichen Mischung von idealistischen Prämissen und realistischen Handlungstheorien der Internationalen Beziehungen. Demnach bildet die Wirkung von Ideen den zentralen Erklärungsmechanismus für politisches Handeln. Das Handeln selbst folgt aber der realistischen Logik von Macht- und Gegenmachtbildung. Zentrale Ideen, denen gemäß dieser Ansätze hohe Wirksamkeit unterstellt wird, beziehen sich etwa auf Abstammung und Identität. Wie die Empirie zeigt, scheinen diese Ideen für manche Debatten tatsächlich von Bedeutung zu sein, etwa in der Frage von Menschenrechten und Gleichberechtigung. Daneben entfalten jedoch auch andere Ideen Wirksamkeit, wie beispielsweise in der anhaltenden Debatte über die besten Strategien zur Beseitigung von Unterentwicklung bzw. zur Förderung nachhaltiger Entwicklung. Somit kann konstatiert werden, daß Ideen prinzipiell wirken - aber anders, als erwartet: Gerade weil es sich in den Debatten oft um einen argumentativen Wettstreit handelt, entziehen sie sich der einfachen binären Kodierung in Macht- und Gegenmachtbildung.

- Das Szenario *Wirtschaftskonflikte* hat seine Wurzeln im liberalistischen Bild der Internationalen Beziehungen. Demnach bestimmt das Streben der Akteure nach relativer wirtschaftlicher Wohlfahrt die internationale Politik. In der Tat konnten wirtschaftspolitische Interessen als ein wichtiger Konfliktgegenstand identifiziert werden. Allerdings wurden die entsprechenden Debatten in der Regel im Kontext von Entwicklungskonflikten geführt, so daß die Konfliktakteurskonstellationen zumindest den Prognosen des Szenarios nicht entsprachen: Protagonisten dieser Konflikte sind eben nicht industriell entwickelte Wirtschaftsregionen, sondern einerseits Industriestaaten und andererseits Entwicklungsländer. Eine Konstellation dieser Art wird etwa von der Internationalen Politischen Ökonomie erwartet. Eine Ergänzung liberalistischer Erklärungen der Internationalen Beziehungen durch entsprechende Ansätze könnte somit beide Denkschulen befruchten.
- Im Szenario *Entwicklungskonflikte* schließlich vereinen sich diverse Erklärungsansätze, die von ökonomisch inspirierten Modellen bis zu strukturalistischen Abhängigkeitsanalysen der Internationalen Beziehungen reichen. Möglicherweise spiegelt diese Heterogenität die Ratlosigkeit der Entwicklungstheorie nach dem Scheitern von Großtheorien wie den Modernisierungs- oder den „dependencia"-Ansätzen wider. Das gute empirische Abschneiden des Szenarios basiert auf den weitgehend richtig prognostizierten Konfliktakteuren und Konfliktgegenständen. Angesichts der zugrundeliegenden theoretischen Diffusität wäre eine weitere Verfeinerung dieses Szenarios mit Hilfe der empirisch als bedeutsam erkannten ideenbasierten Theorieansätze ausgesprochen wünschenswert.

2. Ausblick: Konfliktlinien in einer globalisierten Welt

Vergegenwärtigen wir uns kurz die wichtigsten Ergebnisse der Auswertung:
- Es lassen sich drei Konfliktbereiche zeigen, die je spezifische Konfliktlinien umfassen. Diese Konfliktbereiche beinhalten (1) Konflikte über Entwicklungsmodelle, (2) Konflikte über Modelle gesellschaftlicher Ordnung und (3) Konflikte über Modelle internationaler Ordnung. Die entsprechenden Konfliktlinien bestehen (1) zwischen Industriestaaten und Entwicklungsländern, (2) zwischen traditional-religiös und modern-säkular orientierten Regierungen sowie (3) zwischen demokratisch-postnational und autoritär-nationalistisch orientierten Regierungen.
- Keines der Szenarios über internationale Politik nach dem Ost-West-Konflikt entspricht vollständig den empirischen Befunden der Untersuchung. Am besten schneidet das Szenario über Entwicklungskonflikte ab, das im wesentlichen den Konflikten über Entwicklungsmodelle entspricht. Entwicklung scheint somit ein zentraler Gegenstand des Konfliktgeschehen im postbipolaren Zeitalter zu sein.
- Ein zweiter zentraler Gegenstand des postbipolaren Konfliktgeschehens umfaßt Auseinandersetzungen über ordnungspolitische Fragen: In allen analy-

sierten Konfliktbereichen wurden Debatten über die Gestaltung politischer Ordnung im Zeitalter der Globalisierung geführt. Umstritten bleibt jedoch, wie auf die Herausforderung des „Regierens jenseits des Nationalstaats" (Zürn 1998) reagiert werden soll. Insbesondere der letzte Punkt deutet darauf hin, daß die zentralen Konflikte internationaler Politik im 21. Jahrhundert möglicherweise weniger auf monokausale Macht-, Kultur- oder Wirtschaftskämpfe zurückzuführen sind, als von vielen Beobachtern erwartet. Vielmehr scheint es so, daß komplexere Entwicklungs- und Ordnungskonflikte die internationale Agenda im kommenden Jahrhundert bestimmen werden. Am Schluß dieser Arbeit soll daher diskutiert werden, ob globale Konflikte oder Ansätze globalen Regierens, von "Global Governance" also, die internationale Politik nach dem Ost-West-Konflikt dominieren werden.

2.1 Entwicklungs- und Koordinationsdilemma

Einiges spricht dafür, daß die ungleichzeitige Bearbeitung zweier gleichzeitig auftretender Dilemmas, die im folgenden in Anlehnung an Senghaas (1991; 1994b: 121-169) als „Entwicklungsdilemma" und „Koordinationsdilemma" bezeichnet werden, die Agenda internationaler Politik in Zukunft in höherem Maße prägen wird als etwa Auseinandersetzungen über Einflußsphären oder Marktanteile. Das *Entwicklungsdilemma* bezieht sich auf das Problem der Überwindung von Unterentwicklung bei gleichzeitiger Bewahrung der Lebensgrundlagen der Menschheit:

> „Es [das Entwicklungsdilemma, LB] entsteht, wenn in einer leidlich interdependenten Welt unterschiedlich weit entwickelte Gesellschaften in Verkehr miteinander treten. Denn aus solcher Entwicklungskluft ergeben sich, sofern Interdependenz vorliegt, spezifische Problemlagen: Verdrängungswettbewerb, Peripherisierungsdruck und, allgemein gesprochen, das Problem nachholender Entwicklung" (Senghaas 1994b: 121).[2]

Das grundlegende Entwicklungsproblem liegt somit in den weltweit ungleichen ökonomischen Ausgangspositionen begründet. Zum Dilemma wird es durch die Anwendung von Strategien, die Unterentwicklung überwinden sollen: Um auf dem Weltmarkt konkurrenzfähig zu sein, sehen sich ökonomische Nachzügler oft dazu genötigt, nationale Ressourcen ohne Rücksicht auf Nachhaltigkeit auszubeuten. Das Entwicklungsdilemma entfaltet seine volle Wirksamkeit also in dem Moment, in dem es nicht mehr ohne den Einbezug ökologischer Aspekte gedacht werden kann. In der zunehmend interdependenten, globalisierten Welt spricht manches dafür, daß dieser Punkt längst erreicht ist. Die Folgewirkungen nicht-nachhaltiger Entwicklungsstrategien wie beispielsweise der Abholzung des tropischen Regenwaldes, des ungeregelten Ausstoßes von Treibhausgasen oder der systematischen Überfischung

---

2   Zum Begriff der Interdependenz vgl. u.a. Kohler-Koch (1990) und Senghaas (1994a).

der Weltmeere machen nicht an nationalstaatlichen Grenzen halt. Daraus resultieren aber angesichts steigender globaler Interdependenz - gerade hinsichtlich ökologischer Wirkungsmechanismen - zwei kollektiv betrachtet abträgliche Folgen:
- diachron betrachtet werden die Lebensgrundlagen nachfolgender Generationen möglicherweise irreversibel geschädigt,
- synchron betrachtet schädigt insbesondere die Übernutzung globaler Gemeinschaftsgüter die Lebensgrundlagen der gesamten Menschheit.

Das *Koordinationsdilemma* bezieht sich hingegen auf die Vermittlung der Interessen verschiedener Staaten. Das klassische Beispiel zur Demonstration dieses Sachverhalts entstammt der Sicherheitspolitik; die dementsprechende Situation wird als Sicherheitsdilemma bezeichnet. Individuell betrachtet rationale Maßnahmen eines Akteurs führen dabei zu einem kollektiv vermeidenswerten Ergebnis: Die Bemühungen eines Staates, seine Existenz durch die Beschaffung von Rüstungsgütern zu sichern, werden von anderen Staaten in Abwesenheit einer übergeordneten, sanktionsfähigen politischen Instanz als anwachsendes Bedrohungspotential wahrgenommen. Auf die wahrgenommene Bedrohung reagieren diese durch eigene Aufrüstung, da nicht verläßlich auf Schutz durch andere vertraut werden kann. Im schlechtesten Fall beginnt so eine Spirale wechselseitiger, von niemandem gewünschter Aufrüstung. Die sicherheitspolitische Manifestation des Ost-West-Konflikts, der Kalte Krieg, wurde von vielen Beobachtern als ein solcher „selbstinduzierter" Rüstungswettlauf interpretiert.

Das Koordinationsdilemma als strukturelles Problem internationaler Politik ist also nicht neu, gewinnt aber durch Globalisierungsprozesse immens an Bedeutung, da es angesichts zunehmend verdichteter Handlungszusammenhänge internationaler Politik für immer mehr Sachbereiche virulent zu werden droht. Beispiel Entwicklungspolitik: Während es individuell betrachtet durchaus sinnvoll sein kann, auf Strategien maximaler Ausbeutung zu setzen, um Entwicklung zu befördern, sind die Folgen kollektiv betrachtet oft unsinnig. Dies gilt umso mehr, je interdependenter die Beziehungen zwischen den handelnden Akteuren sind. Beispiel Finanzpolitik: Die Schaffung günstiger Rahmenbedingungen, die ausländische Investitionen anlocken sollen, kollidiert gemäß populären Vorstellungen mit hohen Sozialausgaben. Die zunehmende Flexibilität des Kapitals in einem deregulierten Finanzmarkt kann daher den kollektiv sicher nicht wünschenswerten Abbau sozialstaatlicher Sicherungsmechanismen nach sich ziehen.

Flächendeckend wirksam wird das Koordinationsdilemma in dem Moment, in dem Globalisierungsprozesse die internationale Interdependenz so verstärken, daß unilaterales Ausscheren aus für notwendig erachteten „Sachzwängen" mit prohibitiven Kosten verbunden scheint.[3] Die Relevanz des Koordinationsdilemmas kann in folgender zentraler Frage zusammengefaßt werden:

---

3 Inwieweit die etwa im Rahmen der Standortdebatte angeführten finanzpolitischen Sachzwänge tatsächlich empirisch eindeutig wirken, ist Gegenstand diverser Kontroversen, vgl. u.a. Wolf (2000: 145-152) und Zürn (1998: 125-157).

„Werden die entscheidenden Akteure in der internationalen Politik ihr Selbstinteresse durch unkoordinierte, einseitige, das heißt nationalistisch motivierte Maßnahmen zu verwirklichen suchen, oder wird es ein koordiniertmultilaterales Verhalten im Sinne eines an langfristigen Zielen orientierten "aufgeklärten" Selbstinteresses geben?" (Senghaas 1991: 498).

Besonders problematisch erscheint nun das gleichzeitige Auftreten beider Dilemmas: Die Entwicklungsproblematik besteht für sich betrachtet seit Jahrhunderten, ohne daß sie je wirklich zentral für internationale Politik gewesen wäre - mit beklagenswerten Folgen für die unterentwickelten Länder. Ordnungspolitische Fragen hingegen haben die internationale Staatengemeinschaft immer wieder in Krisen gestürzt, die oft genug gewaltsam ausgetragen wurden. Allerdings handelte es sich dabei zumeist um Auseinandersetzungen im Rahmen eines durch Nationalstaaten bestimmten internationalen Systems. Die Aussicht auf eine grundlegende, durch Globalisierungsprozesse induzierte Transformation dieses Systems, die zur Verknüpfung beider Dilemmas führt, stellt daher eine neue Herausforderung dar. Es müssen *gleichzeitig* neue Wege der politischen Koordinierung wirtschaftlicher Entwicklungsprozesse gefunden werden, um das kollektiv zu tragende Risiko von möglicherweise irreversiblen Schädigungen der Ökosphäre zu vermindern.[4] Wie schwierig sich die Bewältigung dieser gleichzeitigen Herausforderung in der Realität gestaltet, verdeutlichen die ebenso mühsamen wie zähen Verhandlungsprozesse während der Weltkonferenzen.

2.2 Integration oder Fragmentierung als Antwort auf Entwicklungs- und Koordinationsdilemma

Globalisierungsprozesse unterminieren die Effektivität nationalstaatlichen Regierens, da die Reichweite politischer Regelungen an den Staatsgrenzen endet, regelungsbedürftige gesellschaftliche Handlungszusammenhänge aber zunehmend Grenzen überschreiten. Somit vergrößern sich Regelungsdefizite, die Ungewißheit freisetzen und Fehlallokationen staatlicher und gesellschaftlicher Ressourcen begünstigen:

"For the greater the decline in the capacities of governments to realize their goals, the greater is the likelihood of resistance to their policies and of the erosion of their legitimacy, consequences which, in turn, detract further from their effectiveness" (Rosenau 1990: 401).

---

4 Diese Situation ähnelt strukturell dem von Offe (1994: 57-80) beschriebenen „Dilemma der Gleichzeitigkeit", daß sich auf den parallelen Umbau ökonomischer, politischer und territorialer Strukturen im Rahmen der Transformation der ehemals planwirtschaftlich orientierten Staaten Mittel- und Osteuropas bezieht. Im Gegensatz dazu stellt die Gleichzeitigkeit von Entwicklungs- und Koordinationsdilemma eine Herausforderung auf globaler Ebene dar, was die Wahrscheinlichkeit einer gelungenen Bearbeitung weiter zu vermindern droht.

In der aktuellen politischen und politikwissenschaftlichen Debatte spiegeln sich die beiden logisch möglichen Antworten auf die wahrgenommene Entflechtung politischer und sozialer Räume. Dementsprechend lassen sich zwei Auffassungen unterscheiden, die verschiedene Strategien für den Umgang mit Entwicklungs- und Koordinationsdilemma propagieren: Eine Position favorisiert Strategien der Integration, während die andere auf Strategien der Fragmentierung setzt.[5] Ziel beider Ansätze ist die Rückgewinnung politischer Handlungsfähigkeit angesichts von Globalisierungsprozessen.

Die *integrationistische Perspektive* setzt auf den systematischen Ausbau internationaler Institutionen zur Lösung des Koordinationsdilemmas. Die zugrundeliegende Logik basiert auf der Ausweitung der Räume politischen Handelns gemäß der bereits vollzogenen Ausweitung der Räume gesellschaftlicher Interaktionen:

> „Gefordert wird konsequenterweise *politische Integration* [Herv. im Orig., LB], definiert als ein Prozeß, bei dem die politischen Regelungen und die sie tragenden politischen Organisationen entweder ihren Geltungsbereich ausweiten oder sich völlig neue Regelungen und Organisationen ausbilden" (Zürn 1998b: 305).

Hier geht es darum, die globalisierte Welt zu regieren, ohne gleich eine Weltregierung einzusetzen.[6] Empfohlen wird daher der Ausbau internationaler Organisationen und Institutionen mit der Perspektive supranationaler Steuerung. Neben dieser den Nationalstaat gleichsam überwölbenden Steuerungsebene sollen sich auch nichtstaatliche Akteure an Regierungsleistungen beteiligen. Die zunehmende Integration gesellschaftlicher Gruppen in politische Prozesse und damit der Abschied von der reinen Staaten- und die Ausbildung einer „Gesellschaftswelt" (E.O. Czempiel), in der Staaten als autonomen Akteuren immer weniger Bedeutung zukommt, wäre die Folge. Sichtbarster Ausdruck dessen ist die stetig wachsende Zahl von NGOs, die versuchen, Einfluß auf kollektiv bindende Entscheidungen zu nehmen. Die Teilnahme an Weltkonferenzen im Rahmen der Vereinten Nationen, etwa der UNCED, bei der „eine von den Mitgliedstaaten getragene UN-Institution ganz offen private Akteure in den politischen Prozeß" einbezog (Hummel 2001: 22), spielt dabei eine wichtige Rolle.

Die *Strategie der Fragmentierung* setzt hingegen auf die Rückbindung gesellschaftlicher Interaktionen an bestehende Räume politischer Regulierung. Die notwendige Wiedergewinnung des Primats der Politik kann nach dieser Perspektive nur über die Verkleinerung bereits globalisierter Räume erfolgen:

> „Gefordert wird von diesem Lager nicht politische Integration, sondern verlangt werden Politiken, die im Ergebnis zu politischen und sozialen Grenzzie-

---

5   Vgl. dazu u.a. Menzel (1997), Zürn (1998b) und Zürn et al. (2000).
6   Diesen Gedanken führen u.a. Kohler-Koch (1993), Rittberger (2000), Scharpf (1991, 1998) und Zürn (1992b) aus.

hungen, also zu *politischer Fragmentierung* [Herv. im Orig., LB], führen: ein Prozeß, bei dem die Gültigkeitsreichweite von politischen Regelungen beschränkt bleibt" (Zürn 1998: 306).

Die Diagnose, nicht aber das Rezept folgt der Argumentation der „Integrationisten": Der freigesetzte Weltmarkt erzwingt die globale Ausdehnung von Wirtschaftsräumen, während ein tragfähiges solidarisches Fundament auf globaler Ebene weiterhin fehlt. Daraus resultiert der Umbau des Wohlfahrtsstaates westlicher Prägung in einen Wettbewerbsstaat, der allenfalls noch minimale staatliche Leistungen für soziale Zwecke bereitstellt.[7] Damit verlieren die Gesellschaften an Kohäsion, was einschneidende Konsequenzen hat für die Grundlagen der Legitimation demokratischer politischer Systeme. Als Gegenstrategie wird der Rückbezug auf funktionierende nationale Regelungssysteme empfohlen. Um dies zu erreichen, müssen sich gesellschaftliche Akteure wie traditionelle soziale Bewegungen, etwa die Gewerkschaften, und neue soziale Bewegungen wie Bürgerinitiativen mit nationalstaatlichen Akteuren verbünden, die ebenfalls an der (Re-) Regulierung globalisierter Handlungszusammenhänge interessiert sind. Nur so ist es gemäß dieser Position möglich, zumindest Reste sozialer Kohäsion zu bewahren und damit der Gefahr eines sonst im Extremfall drohenden (Welt-) Bürgerkrieges zu entgehen.

Entsprechend der Logik von Integration bzw. Fragmentierung können auch Lösungen für das Entwicklungsdilemma konzeptionalisiert werden. Entweder müssen, ganz im Sinne von Modellen politischer Ordnung in integrationistischen Ansätzen, die ökonomischen Beziehungen zwischen Nord und Süd ausgebaut werden und eine umfassende Integration der Entwicklungsländer in den Weltmarkt stattfinden. Die nicht ausreichend erfolgte Marktöffnung im Süden wie im Norden stellt demnach ein Haupthindernis für die Überwindung von Unterentwicklung dar. Im Integrationsprozeß auftretende ökologische und soziale Probleme wären durch gemeinsam vereinbarte globale Mindeststandards zu verregeln. Oder aber es wird genau die entgegengesetzte Perspektive eingenommen und die Renationalisierung der Entwicklungspolitik befürwortet. Eine entwicklungspolitische Strategie der Fragmentierung müßte auf die Beibehaltung nationalstaatlicher Regelungen ökonomischer Beziehungen setzen und in Abkehr vom Weltmarkt das beste Mittel zur Inszenierung erfolgreicher Entwicklungsprozesse sehen. Diese beiden logischen Optionen geben in äußerster Zuspitzung auch die Extrempositionen der entwicklungstheoretischen Debatte der letzten 50 Jahre wieder. Ihr von manchen diagnostiziertes Scheitern trägt daher zur Suche nach neuen Ansätzen bei (Menzel 1992: 70-132).

---

7   So die Bezeichnung der Transformation bei Cerny (1995) und Hirsch (1995).

	Entwicklungsdilemma	*Koordinationsdilemma*
Integration	Entwicklung durch Deregulierung und konsequenten Abbau von Protektionismus im Weltmarkt, flankiert durch globale Mindeststandards	Angleichung der Räume politischen Handelns an die Räume gesellschaftlichen Handelns durch den konsequenten Ausbau internationaler Institutionen
Fragmentierung	(Autozentrierte) Entwicklung durch nationale (Re-) Regulierung und bedingtes Zulassen von Protektionismus	Angleichung der Räume gesellschaftlichen Handelns an die Räume politischen Handelns durch Relokalisierung politischer Autorität

Tab. 18: Antworten auf Entwicklungs- und Koordinationsdilemma

2.3 Global Governance als vermittelndes Modell

Ein Modell, das sowohl Strategien der Integration als auch Strategien der Fragmentierung aufgreift und versucht, problemangemessene Antworten auf die Herausforderung des Regierens durch die Gleichzeitigkeit von Entwicklungs- und Koordinationsdilemma zu finden, firmiert unter dem Begriff "Global Governance". Hier wird eine Vision entwickelt, wie innovative Antworten auf globale Probleme gefunden und Konflikte friedlich verregelt werden können.[8] Entworfen wurde das ursprüngliche Konzept im Rahmen einer von den UN eingesetzten "Commission on Global Governance" (CGG), die sich angesichts zunehmend verflochtener Beziehungen auf globaler Ebene mit dem gemeinsamen Zusammenleben der „Nachbarn in einer Welt", so der deutsche Titel des Abschlußberichts der Kommission, auseinandersetzte. Global Governance könnte eine Antwort auf die in der Untersuchung offenbar gewordenen Entwicklungs- und Koordinationsprobleme auf globaler Ebene bieten. Zu den Kernbestandteilen einer tragfähigen Global Governance-Architektur zählen folgende Elemente:

> „Global Governance bedeutet *erstens* die Neudefinition von Souveränität, die - verstanden als selbstbestimmte Herrschaftsgewalt nach innen und außen - durch die Globalisierungsprozesse unterminiert wird. [...] Global Governance bedeutet *zweitens* die Verdichtung der internationalen Zusammenarbeit durch internationale Regime mit verbindlichen Kooperationsregeln, also eine Verrechtlichung dieser Beziehungen. [...] Global Governance meint *drittens* das Bewußtwerden gemeinsamer Überlebensinteressen und steht für eine Außen-

---

[8] Die grundlegende Veröffentlichung zu Global Governance bildet der Abschlußbericht der "Commission on Global Governance" (1995). Weitere wichtige Beiträge zu Global Governance finden sich u.a. in Desai/Redfern (1995), Finkelstein (1995), Messner (1998), Messner/Nuscheler (1997) und Rosenau (1995).

politik, die sich normativ an einem Weltgemeinwohl orientiert" (Messner/Nuscheler 1997: 342-344, Herv. im Orig., LB).

Diese drei Punkte können wie folgt ausgeführt werden:[9]
(1) *Neudefinition von Souveränität* bedeutet die Einbeziehung nicht-staatlicher Akteuren in den Regierungsprozeß. Sowohl souveränitätsgebundene Akteure, also die Nationalstaaten, als auch souveränitätsfreie Akteure, etwa supranationale Mehrebenensysteme wie die Europäische Union (EU), Nichtregierungsorganisationen (NGOs) wie Greenpeace, internationale (Regierungs-) Organisationen (IGOs) wie die Welthandelsorganisation (WTO) oder politikfeldspezifische internationale Regime wie das Ozonregime, tragen dazu bei, die Global Governance-Architektur in effektives und demokratisch legitimiertes Regieren zu übersetzen.[10] Auf der einen Seite bringen die souveränitätsgebundenen Akteure ihre Autorität und materiellen Ressourcen in den Willensbildungs- und Entscheidungsprozeß ein, auf der anderen Seite stellen souveränitätsfreie Akteure häufig das zur erfolgreichen Umsetzung nötige Wissen über die Verhältnisse vor Ort und andere nicht-materielle Ressourcen zur Verfügung. Oft wird erst durch das Zusammenwirken staatlicher mit nicht-staatlichen Akteuren die effektive und demokratische Problemverregelung jenseits des Nationalstaates möglich. Bisher beanspruchen die Nationalstaaten das Alleinvertretungsmonopol ihrer Gesellschaften nach außen. Künftig werden auch andere Akteure in viel stärkerem Maße Außenpolitik betreiben, selbst wenn der Nationalstaat weiterhin das Scharnier zwischen nationaler Gesellschaft und globaler Umwelt bleibt. Vorstellbar ist etwa die Bindung der Ausübung legitimer Regierungsgewalt und damit der Souveränitätsrechte an die Einhaltung von global anerkannten Verhaltensstandards. Schließlich sollen die Regierungsleistungen ganz im Sinne des Subsidiaritätsprinzips möglichst immer auf der optimal dafür geeigneten Ebene erbracht werden. Dieses Prinzip läßt sich dahingehend erweitern, daß der Kreis der an der Entscheidung Beteiligten möglichst groß sein soll, um eine umfassende demokratische Legitimation der beschlossenen Politik zu erreichen. Die Formulierung und Legitimierung von Politikzielen wird also häufig jenseits des Nationalstaates erfolgen, die konkrete Durchführung der beschlossenen Politik hingegen vor Ort stattfinden, um die Effektivität der Umsetzung zu sichern. Weltkonferenzen sind daher nicht für alle Aspekte von Global Governance geeignet, stellen aber gerade in ihrer gegenwärtigen Form eine innovative Arena zum Ausbau des gemeinsamen Regierens dar, da sie bereits staatliche und nicht-staatliche Akteure zusammenführen.[11]

---

9 Vgl. dazu auch Brozus/Zürn (1999).
10 Die Unterscheidung von souveränitätsfreien und souveränitätsgebundenen Akteuren findet sich besonders markant bei James Rosenau: "[S]tates are conceived to be *sovereignty-bound* actors, while multinational corporations, ethnic groups, bureaucratic agencies, political parties, subnational governments, transnational societies, international organizations, and a host of other types of collectivities are called *sovereignty-free* actors" (Rosenau 1990: 36, Herv. im Orig., LB).
11 Noch weiter geht die Interpretation Dirk Messners: „In den globalen Arenen der Weltkonferenzenwurde die polyzentrische Struktur der Weltpolitik des 21. Jahrhunderts sichtbar: *»mixed actor*

(2) *Verrechtlichung internationaler Beziehungen*: Weiterhin sollten die vor allem in der allgemeinen Anerkennung menschenrechtlicher Mindeststandards wurzelnden Elemente globaler Rechtsstaatlichkeit gestärkt und ausgebaut werden. In Ansätzen geschieht dies bereits, wie einige Präzedenzfälle zeigen, in denen nationalstaatlich begangene Menschenrechtsverletzungen international verfolgt und geahndet wurden. Beispiele hierfür sind die Gerichtsverfahren im Gefolge der Genozide im ehemaligen Jugoslawien und Ruanda. Die Einrichtung eines permanent tagenden Internationalen Strafgerichtshof (ICC) im Juli 1998 hat dem Bewußtsein globaler Rechtsstaatlichkeit institutionellen Ausdruck verliehen. Dieser Strafgerichtshof wird in Zukunft nationalstaatlich begangene Menschenrechtsverletzungen auf supranationaler Ebene untersuchen und ahnden können. Zwar bleibt er dabei auf die Kooperation mit gesellschaftlichen und staatlichen Akteuren angewiesen, dies stellt jedoch im Rahmen der Global Governance-Architektur eher einen Vorzug als einen Nachteil dar, da so die enge Abstimmung mit den verschiedenen politischen Ebenen gewährleistet bleibt. Auf Weltkonferenzen wird zwar in der Regel kein neues Völkerrecht geschaffen, die verabschiedeten Dokumente stellen aber politische Verbindlichkeit in dem Maße her, in dem Abweichungen von den dort niedergelegten Verhaltensstandards begründungspflichtig werden. Gerade der oft mühsame Prozeß des Aushandels von allseits akzeptierten Kompromissen bei den Weltkonferenzen trägt zur Folgebereitschaft und damit zur Erhöhung der Erwartungsverläßlichkeit bei, da die Wahrscheinlichkeit der Regelbefolgung steigt, wenn die Regelungsadressaten in den Regelsetzungsprozeß eingebunden werden. Somit tragen auch Weltkonferenzen über die Verbreitung sogenannten "soft laws" zur Verrechtlichung internationaler Beziehungen bei.

(3) *Orientierung an einem gemeinsamen Weltethos*: Damit effektives und demokratisch legitimiertes Regieren jenseits des Nationalstaates möglich wird, ist die Ausbildung eines Mindestmaßes an zivilgesellschaftlicher Identität auf globaler Ebene notwendig. Zu den normativen Elementen einer solchen Identität zählen u.a. zuverlässige existenzsichernde Umverteilungsarrangements, ein rechtsstaatlich eingehegtes Gewaltmonopol und nicht zuletzt auch eine selbstbewußte Öffentlichkeit, die in Anerkennung eines Kernbestandes allgemein geteilter Werte fähig ist, gesellschaftliche Pluralität zuzulassen. So etwas wie eine auf allgemein geteilten ethischen Werten beruhende Erfahrungsgemeinschaft auf globaler Ebene herzustellen ist sicherlich die schwierigste Aufgabe, die sich einem anspruchsvollen Verständnis von Global Governance stellt. Die Vielfalt globaler Kulturen und Zivilisationen erscheint auf Anhieb extrem heterogen und unübersichtlich, wie während verschiedener Weltkonferenzen mehr als deutlich wurde. Dennoch gibt es bereits Versuche, einen Kernbestand interkulturell gültiger Normen wie beispielsweise Gerechtigkeit und Solidarität herauszuarbeiten, die sich auch an den Erfahrungen der Weltkonfe-

---

systems«, in denen politische Handlungskapazitäten und Steuerungsressourcen zur Bearbeitung von Weltproblemen breit gestreut sind" (Messner 2001: 17, Herv. im Orig., LB).

renzen orientieren.[12] Besonders hoffnungsvoll sollte darüber hinaus die Beobachtung stimmen, daß während aller untersuchten Weltkonferenzen gerade die Staaten, die aus einem verengten, egoistischen Blickwinkel argumentierten, sehr schnell in Isolation gerieten.

Das Konzept Global Governance versucht also, verschiedene Aspekte miteinander zu verbinden: Einerseits wird die integrationistische Perspektive geteilt, wonach politische Räume an soziale Räume angepaßt werden sollten. Andererseits steht Global Governance für die höchstmögliche Bewahrung lokaler Entscheidungsautonomie. Die Einbindung nichtstaatlicher Akteure auf allen Ebenen politischer Entscheidungen versucht, sowohl dem Bedarf an effektiven Lösungen wie auch den Ansprüchen an eine demokratisch legitimierte politische Ordnung gerecht zu werden. Schließlich vereint Global Governance auch ein ganzes Bündel an entwicklungspolitischen Strategien. Hauptmerkmal dabei ist die Orientierung am Konzept der nachhaltigen Entwicklung, das für die Überwindung von Unterentwicklung klare Kriterien jenseits von ökonomistisch verengten Blickwinkeln an die Hand gibt.[13] Alle diese Aspekte fanden als Forderungen Eingang in die Dokumente der Weltkonferenzen, die somit berechtigterweise als „Baustellen für Global Governance" (Fues/Hamm 2001) bezeichnet werden können.

2.4 Die Bedeutung von Konfliktlinien für Global Governance

Kritiker des Konzepts Global Governance bescheinigen ihm Naivität. Sie unterstellen dem Ansatz u.a. Machtblindheit gegenüber mächtigen ökonomischen Akteuren und US-hegemonialen Bestrebungen (Brand et al. 2000; Hauchler 2000). Ohne auf diese Kritik näher einzugehen, soll hier ein anderer Aspekt betont werden, der den Ansatz selbst nicht in Frage stellt, sondern auf mögliche Hindernisse bzw. wichtige Konditionen erfolgreichen globalen Regierens verweist. Da die Weltkonferenzen als ein wichtiger Baustein der zukünftigen Global Governance-Architektur gelten, sollten die vorhandenen Konfliktlinien in den herausgearbeiteten Konfliktbereichen bei der weiteren Diskussion des Konzepts berücksichtigt werden:[14]

> „Um das Potenzial der Weltkonferenzen der vergangenen Jahre auszuschöpfen, wäre es wichtig, eine internationale Agenda der drängendsten Welt- und Zukunftsprobleme aufzustellen, um klare Prioritäten zu setzen, verbindliche und realistische Aktionsfahrpläne zu verabreden und so die Weichen in Richtung *Global Governance* zu stellen" (Messner 2000: 102, Herv. im Orig., LB).

---

12 Ansätze dazu finden sich z.B. in Küng (1990) und Mall (1997).
13 Thematisiert wird eine an Global Governance orientierte Entwicklungspolitik u.a. von Messner (2000). Ähnliche Inhalte vertritt auch Reinicke (1998).
14 Zur Bedeutung der Weltkonferenzen für Global Governance vgl. Fues/Hamm (2001) und Messner/Nuscheler (1996).

Ohne die Bearbeitung der während der Weltkonferenzen deutlich gewordenen grundlegenden Konflikte werden sonst aller Voraussicht nach auch bei künftigen multilateralen Verhandlungen immer wieder Blockaden auftreten, die die Verhandlung der spezifischen Sachprobleme behindern. Damit stellen sich dem Global Governance-Projekt drei grundlegende Herausforderungen:

(1) Erstens ist der Konflikt über Entwicklungsmodelle zu berücksichtigen: Weder über die Ziele noch die Mittel des Regierens mit Blick auf Entwicklungspolitik besteht globaler Konsens. Als Ziele stehen sich das Konzept der nachhaltigen Entwicklung und die Idee der nachholenden Entwicklung gegenüber. Zwar wurde auf der UNCED mit der Agenda 21 das Prinzip der Nachhaltigkeit künftiger Entwicklung beschlossen, dies ändert aber nichts an den Vorbehalten vieler Regierungen gegenüber diesem Konzept. Diese Vorbehalte sind berechtigt, sofern damit Verzicht auf Entwicklung assoziiert wird, da die Sanierung der Umwelt nicht auf dem Rükken der ohnehin Benachteiligten erfolgen kann. Deutlich wird dies immer wieder im Follow-up-Prozeß der UNCED: Nur wenn gleichermaßen Aspekte ökonomischer Entwicklung und des Umweltschutzes gefördert werden, stimmen die Entwicklungsländer entsprechenden Maßnahmen zu.[15]

Auf der Ebene entwicklungspolitischer Mittel impliziert die Umsetzung nachhaltiger Entwicklungsstrategien die Veränderung von Produktions- und Konsumgewohnheiten gerade in den Industriestaaten. Wie wenig diese jedoch gewillt sind, darauf einzugehen, zeigt besonders drastisch die permanente Weigerung der USA, im Rahmen der Weltkonferenzen auch nur ansatzweise über die Nachhaltigkeit des "american way of life" zu debattieren. Auch im Folgeprozeß der Weltkonferenzen demonstriert die Uneinsichtigkeit der USA die Schwierigkeiten mancher Industriestaaten, mit (Um-) Verteilung, Verzicht und damit nachhaltiger Entwicklung ernst zu machen. Solange sich entsprechende Einsichten aber nicht in konkrete redistributive Politiken übersetzen, wird der Entwicklungskonflikt bestehen bleiben. Von den Industriestaaten initiierte Projekte im Rahmen nachhaltiger Global Governance, die entwicklungspolitische und umweltpolitische Aspekte verbinden, werden dann von den Entwicklungsländern weiterhin als "Eco-fundamentalism" (Lal 1995), Neokolonialismus und Protektionismus begriffen und wenig Chancen auf erfolgreiche Umsetzung haben. Diese Konfliktlinie wird sich aller Wahrscheinlichkeit nach nicht nur bei den beiden in 2002 anstehenden Weltkonferenzen "Financing for Development" in Monterrey und dem "World Summit for Social Development" in Johannesburg, sondern auch weit darüber hinaus bemerkbar machen.

(2) Zweitens wird die Konfliktlinie zwischen religiös und säkular orientierten Gesellschaften das Projekt Global Governance belasten. Wiederum ist es die Gleichzeitigkeit von Entwicklungs- und Koordinationsdilemma, die effektives Regieren erschwert. Solange keine Einigkeit über zentrale Elemente und vor allem Werte gesellschaftlicher Ordnung besteht, ist auch kein Konsens über entwicklungspolitisch und ordnungspolitisch zentrale Sachfragen wie eine sinnvolle Bevölke-

---

15 Vgl. zum Follow-up-Prozeß u.a. Stephan (2001).

rungspolitik zu erwarten. So werden zur Lösung des Entwicklungsdilemmas von religiös und säkular orientierten Akteuren völlig unterschiedliche Konzepte propagiert, die sich in vielen Bereichen diametral gegenüberstehen.

Exemplarisch hierfür ist die Frage der Steuerung der Bevölkerungsentwicklung, die unmittelbar mit Erfolg und Nichterfolg von Entwicklungspolitik zusammenhängt. Vieles deutet darauf hin, daß die systematische Verbreitung von Verhütungsmitteln und vor allem damit einhergehende Bemühungen um sexuelle Aufklärung nicht nur die Zunahme ungewollter Schwangerschaften verringern, sondern auch die Verbreitung sexuell übertragbarer Krankheiten begrenzen. Die Bewertung entsprechender Programme als unmoralisch trägt aber genau in den Regionen, in denen sie am nötigsten wären, dazu bei, ihre Erfolgsaussichten zu minimieren. In den Augen mancher religiöser Traditionalisten haben solche Programme nämlich oft Konsequenzen, die sie besonders verdächtig machen für traditionelle Auffassungen gesellschaftlicher Ordnung: Die Beseitigung des Analphabetismus mit dem Ziel effektiverer Aufklärung führt fast zwangläufig zur Verbesserung der Bildungschancen gerade von Frauen, die dadurch langfristig in die Lage versetzt werden, mit Männern um Entscheidungspositionen in Wirtschaft und Verwaltung zu konkurrieren. Dies befördert die Wahrscheinlichkeit, daß die selbstbewußter gewordenen Frauen mehr politische Rechte einfordern, was zur Ausprägung individualistischer Lebensentwürfe und damit wiederum zur Säkularisierung traditioneller Gesellschaften beitragen kann, in jedem Fall aber die Politisierung der bislang fraglosen politischen Ordnung nach sich zieht - womit sich die abschreckendsten Visionen gottesfürchtiger Patriarchen zu bewahrheiten drohen.[16] Letztlich läuft die Veränderung gesellschaftlicher Strukturen durch Prozesse wie das "Empowerment of Women" damit auf die Neuverteilung politischer Macht etwa durch die Trennung von Staatsgewalt und institutionalisierter Religion hinaus. Dies widerspricht aber fundamental nicht nur den Interessen, sondern auch den Ideen der Befürworter gottgegebener Gesellschaftsordnungen, was ihren Widerstand umso verbissener ausfallen läßt.

Aus der Perspektive von Global Governance kann es nur eine Antwort auf diese Konfliktlinie geben: Eingebettet in die Idee der Neudefinition von Souveränität und der Ausbildung eines Weltethos ist der Gedanke der umfassenden Demokratisierung internationaler und transnationaler Beziehungen. Da Global Governance eine Antwort auf ein wahrgenommenes Steuerungsdefizit darstellt, das Steuerungsdefizit wiederum ursächlich mit der auf nationale Räume begrenzten Reichweite politischer Steuerung angesichts grenzüberschreitender Handlungsräume zusammenhängt, stellen grenzüberschreitende Regierungsarrangements den Kernpunkt des Konzepts dar. Da gleichzeitig das Prinzip Global Governance demokratisch gedacht wird, kann das entsprechende grenzüberschreitende Regieren ebenfalls nur demokratisch ausfallen: Gesellschaftliche Partizipation ist nicht nur normative, sondern

---

16 Zur überragenden Bedeutung patriarchalischer Gesellschaftsvorstellungen für die Ideologie fundamentalistischer Gruppen vgl. Juergensmeyer (1993) und Riesebrodt (1996).

auch ganz praktische Voraussetzung des Regierens auf verschiedenen Ebenen.[17] Damit ist allerdings nichts über die konkrete Ausgestaltung der demokratischen Ansätze gesagt. Klar ist allenfalls, daß die entsprechenden Verfahren nicht einseitig diktiert werden dürfen, sondern eine globale Verständigung über gewisse Mindeststandards erfolgen sollte, die eine Bandbreite demokratischer Governance-Formen zulassen. Wie die Regelung ausfällt, sollen dann die Beteiligten vor Ort entscheiden. Allerdings ist nicht zu erwarten, daß die Neuverteilung politischer Macht konfliktfrei verläuft. Wo entsprechende Konflikte auftreten, müßte die internationale Staatengemeinschaft sehr klar Stellung zu Gunsten derjenigen Akteure beziehen, die für Demokratie im Sinne von Global Governance eintreten.

(3) Global Governance kann drittens auch selbst zum Problem werden. Wie aufgezeigt, ist die teilweise Abgabe von Souveränität nicht „Jeder-Staats" Sache. Das Setzen globaler Standards oder die Einrichtung globaler Institutionen ist umstritten und wird teilweise gar als Angriff auf Demokratie und Freiheit begriffen. Wie in den Fallstudien gezeigt, fällt dabei den USA eine besondere Rolle zu, die jeder Regelung, die supranationale Elemente enthält, tendenziell skeptisch gegenüberstehen. So wird mit direktem Bezug auf Global Governance gar von einem „Angriff auf die Unabhängigkeit der USA" gesprochen, der unter allen Umständen abgewendet werden müsse. Es bestehe ein fundamentaler Unterschied zwischen der Zusammenarbeit souveräner Nationen und dem Oktroy bestimmter Werte, die mehr oder minder willkürlich von dazu nicht legitimierten Akteuren gesetzt würden:

> "It is one thing for sovereign states to agree voluntarily to cooperate through "peacetime alliances", something the United States does all the time without ceding sovereignty. It is quite another for a group of nations to impose their vision of "global" moral standards on citizens of a sovereign democracy" (Thiessen 2001: 68).

Die Einnahme einer solchen Position, die jede Form „tiefer" Kooperation ausschließt, würde letztlich die USA zu einem Hindernis für eine „multilaterale Kooperationskultur" (Nuscheler 2001: 11) machen, die integraler Bestandteil von Global Governance ist. Einiges spricht dafür, daß die gegenwärtige US-Administration Positionen anhängt, die den Multilateralismus ablehnen. Sie befindet sich dabei in bizarrer Gesellschaft: Wie in den Fallstudien gezeigt, lehnen auch China und andere autoritär regierte Staaten Eingriffe in Souveränitätsvorrechte strikt ab. Hier bildet sich eine eigenartige Koalition aus der sich selbst als "First Democracy" begreifenden einflußreichsten Nation der Erde und den Hinterbliebenen des Marxismus wie eben China, Nordkorea und Kuba.[18] Nun scheint jedoch gerade die Kooperation der USA unverzichtbar bei der Lösung der anstehenden globalen Probleme. Ob in der

---

17 Darüber hinaus scheint einiges dafür zu sprechen, daß Demokratien miteinander vergleichsweise verträglich umgehen, vgl. u.a. Risse-Kappen (1994).
18 Realpolitisch sichtbar wurde diese eigentümliche Koalition beispielsweise bei den Verhandlungen über die Einrichtung des Internationalen Strafgerichtshof (ICC). Der entsprechende Vertrag wurde u.a. von den USA, China, dem Irak und Israel abgelehnt.

Weltumweltpolitik oder der Frage der Ordnung der Weltfinanzströme, ohne die Mitwirkung der USA können Regelwerke nur schwer die erhoffte Wirkung erzielen. Mithin muß es das erste Ziel von Global Governance sein, die USA von der Notwendigkeit und den Chancen vertieft bindender internationaler Kooperation zu überzeugen.[19]

Dies könnte u.a. durch die Entkräftung der Einwände gelingen, die gegen die scheinbar undemokratische Ausgestaltung von Global Governance erhoben werden. Der im Kontext von Global Governance meistgenannte demokratietheoretische Einwand bezieht sich auf die politischen Konsequenzen der angesichts der Verdichtung sozialer Räume immer öfter auftretenden Inkongruenz von Betroffenen- und Beteiligtenkreis. Dabei spielen zwei Aspekte eine Rolle:

- Einerseits bedarf Global Governance unter Gesichtspunkten der *Effektivität* einer Ausgestaltung, die problemadäquates Reagieren auf internationalisierte politische Herausforderungen ermöglicht. Dies bedeutet eine tendenzielle Einschränkung des an den notwendigen Entscheidungen beteiligten Personenkreises.
- Andererseits bedarf Global Governance unter Gesichtspunkten der *demokratischen Legitimität* einer Ausgestaltung, die höhere Repräsentativität für sich reklamieren kann als herkömmliche politische Verfahren im internationalen Raum. Dies bedeutet allerdings die tendenzielle Ausdehnung des an den anfallenden Entscheidungen beteiligten Personenkreises.

Möglicherweise kann dieser scheinbare Widerspruch aber vergleichsweise einfach aufgelöst werden, in dem die Kategorie Folgebereitschaft mitgedacht wird: Wenn sich modernes Regieren unter anderem dadurch auszeichnet, daß die Regelungsadressaten so in den Regelsetzungsprozeß eingebunden werden müssen, daß die Wahrscheinlichkeit der Regelbefolgung steigt, löst sich der scheinbare Widerspruch zwischen Effektivität und demokratischer Legitimität auf. Die Frage ist dann nicht mehr die nach dem Ausmaß notwendiger Partizipation, um effektives Regieren noch zu ermöglichen, sondern vielmehr die nach dem Ausmaß unverzichtbarer Partizipation, die Folgebereitschaft sicherstellt und damit erst Effektivität schafft:

> „Die Adressaten von Normen und Regeln werden diese in Situationen, in denen sie ihnen (kurzfristige) Kosten aufbürden, nur dann als bindend anerkennen, wenn sie einen Einfluß auf ihre inhaltliche Ausgestaltung nehmen können. [...] Wenn die Regierten kein Vertrauen haben, daß ihre Stimme in politischen Entscheidungen Gehör findet, wird ihre Loyalität gering sein" (Rittberger 2000: 210).

Umgekehrt minimiert die beschränkte Einbindung gesellschaftlicher Akteure deren Folgebereitschaft und macht damit letztlich die Regel unwirksam.[20] Die Balance

---

19 Wie Brock (1998: 45) in einem anderen Zusammenhang formuliert: *„Staying in* statt *opting out* ist das Ziel".
20 Vgl. dazu auch Lipset (1969) und Mirbach (1990).

zwischen Effektivität und demokratischer Legitimität zu finden und zu halten bleibt jedoch eine permanente Herausforderung für alle an Global Governance Beteiligten.

Ein zweiter Einwand, der häufig gegen Global Governance als Steuerungsprinzip erhoben wird, bezieht sich auf den Einbezug nichtstaatlicher Akteure in Regierungsarrangements. Im Rahmen der Weltkonferenzen fordern NGOs ausgehend von der in der Agenda 21 und damit im Leitbild Nachhaltige Entwicklung verankerten Aufwertung gesellschaftlicher Steuerungskompetenzen ihre Beteiligung an Entscheidungsprozessen auf allen politischen Ebenen. Diese Entwicklung wird von manchen Kritikern bereits als „Privatisierung der Weltpolitik" (Hummel 2001) beschrieben. Wie in den Fallstudien gesehen, verwahren sich viele Regierungen unter Verweis auf ihre qua Souveränität bestehende Steuerungsautorität gegen die Zulassung gesellschaftlicher Akteure zu staatlichen Entscheidungsgremien.

Dabei stellt die zunehmende Einbindung nichtstaatlicher Akteure nicht zuletzt die Fähigkeiten der Staaten unter Beweis, auf neue Herausforderungen flexibel zu reagieren. Da nationalstaatliches Regieren in vielen Fällen nicht mehr auszureichen scheint, um die Probleme internationaler Politik zu lösen, werden die Kapazitäten anderer Akteure eingebunden. Die Einbindung gesellschaftlicher Akteure ist zwar keine Garantie für erfolgreiches Regieren, steigert aber die Wahrscheinlichkeit problemangemessenen Handelns. Weiterhin steigt, wie gesehen, die Wahrscheinlichkeit der Regelbefolgung mit fortschreitender Beteiligung der Regeladressaten an der Regelsetzung. Global Governance kann daher ohne den Einbezug nichtstaatlicher Akteure nicht funktionieren.

Damit einher gehen allerdings demokratietheoretische Probleme, die nicht leichtfertig abgetan werden dürfen, wenn Global Governance erfolgreich sein soll. Insbesondere wird immer wieder auf die nichtvorhandene demokratische Legitimation nichtstaatlicher Akteure, seien dies nun NGOs oder internationale Organisationen, verwiesen. Dem kann entgegengehalten werden, daß nichtstaatliche Akteure als Interessenvertreter zwar den Spielregeln demokratischer Verfahren unterworfen sind, keinesfalls aber zusätzlichen Legitimationsbedarf haben.[21] Darüber hinaus lassen sich verschiedene Verfahren denken, mit deren Hilfe abgestufte Legitimationsnachweise zu führen sind (Held/McGrew 1993; Wolf 2000: 213-242).

2.5 Schlußplädoyer: Global Governance als Antwort auf die Gleichzeitigkeit von Entwicklungs- und Koordinationsdilemma

Um den Konflikt über das genaue Verständnis bzw. die Ausgestaltung von Global Governance selbst zu thematisieren, wäre eine eigene Politikarena ebenso sinnvoll wie notwendig. Möglicherweise könnte dazu eine neue Weltkonferenz beitragen, die sich - gewissermaßen auf der Meta-Ebene - mit der Gestalt des zukünftigen Weltre-

---

21   Vgl. dazu u.a. Beisheim (1997) und Schmidt/Take (1997) und Take (2002). Kritisch äußern sich Hummel (2001) und Brand et al. (2000: 119-128).

gierens und den „Stolpersteinen" auf dem Weg dorthin auseinandersetzt. Entsprechende Ansätze zeigten sich schon in der Diskussion der Agenda 21 und im Millenniums-Bericht der UN sowie in der Debatte um die Reform der Vereinten Nationen (Gareis/Varwick 2002: 243-290). Auch die Regierungskonferenzen über „Modernes Regieren im 21. Jahrhundert", die seit 1999 jährlich stattfinden, scheinen darauf hinzudeuten, daß Bewegung in die Sache Global Governance kommt.

Die in dieser Arbeit aufgezeigten grundlegenden Konflikte und Konfliktlinien werden dabei jedoch noch zu wenig thematisiert, obwohl sich doch gerade die UN-Konferenzen immer wieder an ihnen abarbeiten mußten. Eine Weltkonferenz über das Regieren im Zeitalter der Globalisierung könnte zumindest Ansätze einer „konstruktiven Konfliktkultur" schaffen.[22] Trotz weiter existierender Konfliktlinien würde dies zu einem besseren Verständnis der verschiedenen Positionen beitragen und möglicherweise einen Grundkonsens etablieren helfen, der eine Basis für die Weiterentwicklung von Global Governance-Strukturen darstellen könnte. Die Bindungswirkung der dort gemeinsam entwickelten Normen und Verfahren für „gutes Regieren" im Zeitalter der Globalisierung bliebe zwar begrenzt. Verstöße gegen sie, egal von wem vorgenommen, wären dann aber begründungspflichtig. Schon bei der 2002 anstehenden Nachfolgekonferenz des Erdgipfels von Rio, dem "World Summit for Social Development" in Johannesburg, könnte man versuchen, dies auf die Agenda zu setzen. Aber auch nachfolgende Verhandlungsprozesse bleiben aufgefordert, sich mit den grundlegenden Konfliktlinien internationaler Politik im 21. Jahrhundert aus der Perspektive effektiver und demokratisch legitimierter Global Governance auseinanderzusetzen.

---

22 Vgl. dazu die friedenspolitische Perspektive, wie sie im zivilisatorischen Hexagon von Senghaas (1994b: 17-49) zum Ausdruck kommt.

Literaturverzeichnis

1. Konferenzdokumente und -berichte

UNCED 1992:	UN-Dokumente mit dem Sigel A/CONF.151
	Earth Negotiations Bulletin (ENB) 1992: Vol. 1/Vol. 2, diverse Ausgaben
WCHR 1993:	UN-Dokumente mit dem Sigel A/CONF.157
ICPD 1994:	UN-Dokumente mit dem Sigel A/CONF.171
	Earth Negotiations Bulletin (ENB) 1994: Vol. 6, diverse Ausgaben
WSSD 1995:	UN-Dokumente mit dem Sigel A/CONF.166
	Earth Negotiations Bulletin (ENB) 1994/95: Vol. 10, diverse Ausgaben
NPTREC 1995:	UN-Dokumente mit dem Sigel NPT/CONF.1995
	Nuclear Proliferation News (NPN) 1995: Issue No. 25, diverse Ausgaben
FWCW 1995:	UN-Dokumente mit dem Sigel A/CONF.177
	Earth Negotiations Bulletin (ENB) 1995: Vol. 14, diverse Ausgaben

2. Monographien und Aufsätze

Aarebrot, Frank H. / Bakka, Pal H. 1997³: Die vergleichende Methode in der Politikwissenschaft, in: Berg-Schlosser, Dirk / Müller-Rommel, Ferdinand (Hrsg.): Vergleichende Politikwissenschaft, Opladen, 49-66.

Adam, Erfried 1995: Der Weltsozialgipfel aus Sicht des „Deutschen NRO-Forum" - Weltsozialpolitik als globale Verantwortung, in: ZfSH/SGB, 2/95, 72-75.

Albrecht, Ulrich / Hummel, Hartwig 1990: „Macht", in: Rittberger, Volker (Hrsg.): 90-109.

Albright, David 1994: South Africa and the Affordable Bomb, in: Bulletin of the Atomic Scientists, 50/4, 37-47.

Amin, Samir 1994: Die neue kapitalistische Globalisierung. Die Herrschaft des Chaos, in: Starnberger Forschungsberichte, 3-4/94, 7-25.

Antrim, Lance N.: Dynamics of Leadership in UNCED, in: Spector, Bertram et al. (Hrsg.): 149-163.

Arts, Bas 1994: Nachhaltige Entwicklung. Eine begriffliche Abgrenzung, in: Peripherie, 54/94, 6-27.

Avalle, Oscar A. 1994: The Decision-making Process from a Developing Country Perspective, in: Spector, Bertram et al. (Hrsg.): 135-147.

Axt, Heinz-Jürgen 1995: Kampf der Kulturen?, Europa nach dem Ende des Ost-West-Konflikts, in: Europäische Rundschau, 22/1, 95-109.

Bächler, Günther / Klötzli, Stefan / Libiszewski, Stefan / Spillmann, Kurt R. 1996: Umweltzerstörung, eine Konfliktursache, in: Wissenschaft & Frieden, 3/96, 55-71.

Barber, Benjamin R. 1995: Jihad against McWorld, New York.

Barbier, Edward B. 1987: The Concept of Sustainable Economic Development, in: Environmental Conservation, 14/2, 101-110.

Beck, Ulrich (Hrsg.) 1998: Politik der Globalisierung, Frankfurt/M.

Beisheim, Marianne 1997: Nichtregierungsorganisationen und ihre Legitimität, in: Aus Politik und Zeitgeschichte, B 43/97, 21-29.

Beisheim, Marianne / Dreher, Sabine / Walter, Gregor / Zangl, Bernhard / Zürn, Michael 1999: Im Zeitalter der Globalisierung? Thesen und Daten zur gesellschaftlichen und politischen Denationalisierung, Baden-Baden.

Beisheim, Marianne / Walter, Gregor 1997: „Globalisierung" - Kinderkrankheiten eines Konzeptes, in: Zeitschrift für Internationale Beziehungen, 4/1, 153-180.

Beisheim, Marianne / Zürn, Michael 1999: Transnationale Nicht-Regierungsorganisationen. Eine Antwort auf die Globalisierung?, in: Klein, Ansgar / Legrand, Hans-Josef / Leif, Thomas (Hrsg.): Neue Soziale Bewegungen - Impulse, Bilanzen und Perspektiven, Opladen, 306-319.

Bergsten, C. Fred 1992: The Primacy of Economics, in: Foreign Policy 87, 3-24.

Beyerlin, Ulrich 1994: Rio-Konferenz 1992: Beginn einer neuen globalen Umweltrechtsordnung?, in: Zeitschrift für ausländisches öffentliches Recht 54, 124-147.

Birckenbach, Hanne-Margret 1990: Frieden durch Streit? Politisch-psychologische Rahmenbedingungen für die Überwindung von Feindbildern, in: Friedensanalysen 24: Die vergessene Dimension internationaler Konflikte: Subjektivität, Frankfurt/M., 151-188.

Boehmer-Christiansen, Sonja 1994: Scientific Uncertainty and Power Politics: The Framework Convention on Climate Change and the Role of Scientific Advice, in: Spector, Bertram et al. (Hrsg.): 181-198.

Bohnet, Michael 1994: Was wurde in Kairo beschlossen? Ein Bewertung, in: der überblick, 4/94, 51-53.

Bohnet, Michael 1996: Weltkonferenzen sind keine Papiertiger, Papier für die DSE-Expertentagung „Entwicklungspolitische Bewertung der UN-Weltkonferenzen 1990-1996", 29.10.-01.11.1996, Berlin.

Brand, Ulrich 1993: Außer Spesen... Nach den Weltkonferenzen von Rio und Wien, in: Blätter für deutsche und internationale Politik, 38/8, 913-916.

Brand, Ulrich / Brunnengräber, Achim / Schrader, Lutz / Stock, Christian / Wahl, Peter 2000: Global Governance. Alternative zur neoliberalen Globalisierung?, Münster.

Breidenbach, Joana / Zukrigl, Ina 1998: Tanz der Kulturen. Kulturelle Identität in einer globalisierten Welt, München.

Brock, Lothar 1998: Verweltlichung der Demokratie. Aus der Verflechtungs- in die Entgrenzungsfalle?, in: Greven, Michael (Hrsg.): Demokratie - eine Kultur des Westens?, Opladen, 39-54.

Brown, Michael E. / Lynn-Jones, Sean M. / Miller, Steven E. (Hrsg.) 1995: The Perils of Anarchy: Contemporary Realism and International Security, Cambridge/London.

Brozus, Lars 2000: Globale Konflikte im 21. Jahrhundert: Deutungen internationaler Politik nach der Bipolarität, in: Siegelberg, Jens / Schlichte, Klaus (Hrsg.): 304-322.

Brozus, Lars / Zürn, Michael 1999: Globalisierung - Herausforderung des Regierens, in: Informationen zur politischen Bildung 263, 59-65.

Brzezinski, Zbigniew 1997: Die einzige Weltmacht. Amerikas Strategie der Vorherrschaft, Weinheim.

Bundesinstitut für Bevölkerungswissenschaft (Hrsg.): Internationale Konferenz 1994 über Bevölkerung und Entwicklung (ICPD 1994), Materialien zur Bevölkerungswissenschaft, Sonderheft 26, Wiesbaden.

Bungarten, Pia 1994: Die Rechte der Menschen und die Interessen der Staaten. Die UN-Menschenrechtskonferenz von 1993, in: Internationale Politik und Gesellschaft, 1/94, 72-83.

Cerny, Philip G. 1995: Globalization and the Changing Logic of Collective Action, in: International Organization, 49/4, 595-625.

Cirincione, Joseph 1995a: The Non-Proliferation Treaty and the Nuclear Balance, in: Current History, 94/592, 201-206.

Cirincione, Joseph 1995b: Evaluation of the NPT Review and Extension Conference, Presentation to the Arms Control Association, 17. Mai 1995.

Chasek, Pamela 1994: The Story of the UNCED Process, in: Spector, Bertram et al. (Hrsg.): 45-61.

Collier, David 1993: The Comparative Method, in: Finifter, Ada (Hrsg.): Political Science: The State of the Discipline, Washington, 105-119.

Commission for Global Governnace 1995: Our Global Neighbourhood, Oxford etc.

Czempiel, Ernst-Otto 1981: Internationale Politik, Paderborn.

Czempiel, Ernst-Otto 1993²: Weltpolitik im Umbruch. Das internationale System nach dem Ende des Ost-West-Konflikts, München.

Dembinski, Matthias 1995: Die unbefristete Verlängerung des Nichtverbreitungsvertrages, in: Jahrbuch Dritte Welt 1996, München, 88-101.

Desai, Meghnad / Redfern, Paul (Hrsg.) 1995: Global Governance: Ethics and Economics of the World Order, London/New York.

DGVN (Hrsg.) 1994: Gleiche Menschenrechte für alle. Dokumente zur Menschenrechtsweltkonferenz der Vereinten Nationen in Wien 1993, Bonn.

Doherty, Ann 1994: The Role of Nongovernmental Organizations in UNCED, in: Spector, Bertram et al. (Hrsg.): 199-218.

Donelly, Jack 1993: Universal Human Rights in Theory and Practice, Ithaca/London.

Drury, Shadia B. 1992-93: The End of History and the New World Order, in: International Journal, 48/1, 80-99.

Efinger, Manfred / Zürn, Michael 1989: Umweltschutz und Ost-West-Konfliktformation. Zur Bedeutung problem- und situationsstruktureller Faktoren für die Entstehung internationaler Regime, in: Moltmann, Bernhard / Senghaas-Knobloch, Eva (Hrsg.): Konflikte in der Weltgesellschaft und Friedensstrategien, Baden-Baden, 224-242.

Elsenhans, Hartmut 1987²: Nord-Süd-Beziehungen, Stuttgart.

Epstein, William 1995: Indefinite Extension - With Increased Accountability, in: Bulletin of the Atomic Scientists, 51/4, 27-30.

Erbe, Barbara 1993: ... und die Klagen der Menschen, in: der überblick, 3/93, 75-77.

Europäische Rundschau 1990: Abschluß der Fukuyama-Diskussion, 18/1, 67-122.

Finkelstein, Lawrence S. 1995: What is Global Governance, in: Global Governance, 1/3, 367-372.

Foran, Virginia I. 1996: Preventing the Spread of Arms: Nuclear Weapons, in: Larsen, Jeffrey A. / Rattray, Gregory J. (Hrsg.): Arms Control Toward the 21st Century, Boulder/London, 175-200.

French, Hilary F. 1992: After the Earth Summit: The Future of Environmental Governance, Worldwatch Paper 107, Washington.

Fues, Thomas / Hamm, Brigitte I. (Hrsg.) 2001: Die Weltkonferenzen der 90er Jahre: Baustellen für Global Governance, Bonn.

Fukuyama, Francis 1989: Das Ende der Geschichte?, in: Europäische Rundschau, 17/4, 3-25.

Fukuyama, Francis 1995: Konfuzius und Marktwirtschaft. Der Konflikt der Kulturen, München.

Galtung, Johan 1987: Peace and the World as Inter-civilizational Interaction, in: Väyrynen, Raimo / Schmidt, Christian / Senghaas, Dieter (Hrsg.): The Quest for Peace: Transcending Collective Violence and War Among Societies, Cultures and States, London, 330-347.

Galtung, Johan 1992: Konfliktformationen in der Welt von morgen, in: Das Kriegsjahr 1991: Unsere Zukunft? Friedensbericht 1992. Friedensforscher zur Lage, Wien, 229-261.

Galtung, Johan 1993: The Emerging Conflict Formations, in: Dialektik, 1993/2, 27-48.

Gantzel, Norbert / Schwinghammer, Torsten 1995: Die Kriege nach dem Zweiten Weltkrieg, 1945 bis 1992. Daten und Tendenzen, Münster/Hamburg.

Gardner, Gary T. 1994: Nuclear Nonproliferation: A Primer, Boulder/London.

Gareis, Sven Bernhard / Varwick, Johannes 2002: Die Vereinten Nationen. Aufgaben, Instrumente und Reformen, Opladen.

Garrett, Geoffrey 1995: Capital Mobility, Trade, and the Domestic Politics of Economic Policy, in: International Organization, 49/4, 657-687.

George, Alexander L. 1979: Case Studies and Theory Development: The Method of Structured, Focused Comparison, in: Lauren, P. G. (Hrsg.): Diplomacy: New Approaches in History, Theory, and Policy, New York.

George, Alexander L. / McKeown, Timothy J. 1985: Case Studies and Theories of Organizational Decision Making, in: Advances in Information Processing in Organizations 2, Santa Barbara.

Gilpin, Robert 1981: War and Change in World Politics, Cambridge etc.

Griffith, Ivelaw L. 1993-94: From Cold War Geopolitics to Post-Cold War Geonarcotics, in: International Journal, 49/1, 1-36.

Gsänger, Hans 1995: Nach dem Weltgipfel für soziale Entwicklung: Die Zukunft des 20/20-Compact zur Sicherung der sozialen Grundversorgung für alle, in: NORD-SÜD aktuell, 1/95, 62-68.

Hamm, Brigitte 1996: Menschenrechte in einer interdependenten Welt. Die Suche nach einer Globalethik, in: Messner, Dirk / Nuscheler, Franz (Hrsg.): 141-155.

Hamm, Brigitte / Fues, Thomas 2000: Die Weltkonferenzen und die deutsche Politik. Ein Beitrag zu Global Governance?, SEF-Policy Paper 14, Bonn.

Haas, Peter M. / Levy, Marc A. / Parson, Edward A. 1992: Appraising the Earth Summit: How Should We Judge UNCED's Success?, in: Environment, 34/8, 6-11 und 26-33.

Hacke, Christian 1995: Die großen Mächte, in: Kaiser, Karl / Schwarz, Hans-Peter (Hrsg.): 316-336.

Hauchler, Ingomar 2000: Gemeinsames Interesse an einer interdependenten Welt? Folgerungen aus dem Brandt-Bericht, in: Nuscheler, Franz (Hrsg.): 50-64.

Hauff, Volker (Hrsg.) 1987: Unsere gemeinsame Zukunft. Bericht der Weltkommission für Umwelt und Entwicklung, Greven.

Heinz, Wolfgang S. 1993: Weltmenschenrechtskonferenz in Wien, in: pogrom, 172/93, 11-12.

Held, David / McGrew, Anthony 1993: Globalization and the Liberal Democratic State, in: Government and Opposition 2, 261-289.

Held, David / McGrew, Anthony / Goldblatt, David / Perraton, Jonathan 1999: Global Transformations: Politics, Economics and Culture, Cambridge.

Henriksen, Thomas 1995: The Coming Great Powers Competition, in: World Affairs, 58/2, 63-70.

Hirsch, Joachim 1995: Der nationale Wettbewerbsstaat, Berlin.

Höhn, Charlotte 1995: Der Weg von und nach Kairo. Bevölkerungswissenschaftliche Betrachtungen zu den Ergebnissen der Internationalen Konferenz über Bevölkerung und Entwicklung 1994 (ICPD), in: Zeitschrift für Bevölkerungswissenschaft, 20/1, 3-26.

Hohmann, Harald 1993: Ergebnisse des Erdgipfels in Rio. Weiterentwicklung des Umweltvölkerrechts durch die UN-Umweltkonferenz von 1992, in: NVwZ, 4/93, 311-319.

Homer-Dixon, Thomas F. 1991: On the Treshold: Environmental Changes as Causes of Acute Conflict, in: International Security, 16/2, 76-116.

Homer-Dixon, Thomas F. 1994: Environmental Scarcities and Violent Conflict: Evidence from Cases, in: International Security 19/1, 5-40.

Hummel, Hartwig 2001: Die Privatisierung der Weltpolitik. Tendenzen, Spielräume und Alternativen, in: Brühl, Tanja / Debiel, Tobias / Hamm, Brigitte / Hummel, Hartwig / Martens, Jens (Hrsg.): Die Privatisierung der Weltpolitik. Entstaatlichung und Kommerzialisierung im Globalisierungsprozeß, Bonn, 22-56.

Hummel, Hartwig / Wehrhöfer, Birgit 1996: Geopolitische Identitäten, in: WeltTrends, 12/96, 7-34.

Huntington, Samuel P. 1991: The Third Wave: Democratization in the Late Twentieth Century, Norman/London.

Huntington, Samuel P. 1993a: The Clash of Civilizations?, in: Foreign Affairs, 72/3, 22-49.

Huntington, Samuel P. 1993b: If Not Civilizations, What?, in: Foreign Affairs, 72/5, 186-194.

Huntington, Samuel P. 1998: Kampf der Kulturen. Die Neugestaltung der Weltpolitik im 21. Jahrhundert, München.

Huntington, Samuel P. 1999: The Lonely Superpower, in: Foreign Affairs, 78/2, 35-49.

Jetschke, Anja / Liese, Andrea 1998: Kultur im Aufwind. Zur Rolle von Bedeutungen, Werten und Handlungsrepertoires in den internationalen Beziehungen, in: Zeitschrift für Internationale Beziehungen, 5/1, 149-179.

Johnson, Rebecca 1994: Strengthening the Non-Proliferation Treaty: Decisions Made, Decisions Deferred, ACRONYM No. 4, September 1994.

Johnson, Rebecca 1995: Indefinite Extension of the Non-Proliferation Treaty: Risks and Reckonings, ACRONYM No. 7, September 1995.

Juergensmeyer, Mark 1993: The New Cold War? Religious Nationalism Confronts the Secular State, Berkeley etc.

Juergensmeyer, Mark 2001: Terror in the Mind of God: The Global Rise of Religious Violence, Berkeley etc.

Kaiser, Karl / Schwarz, Hans-Peter (Hrsg.) 1987²: Weltpolitik. Strukturen - Akteure - Perspektiven, Bonn.

Kaiser, Karl / Schwarz, Hans-Peter (Hrsg.) unter Mitarbeit von Martin Brüning und Georg Schild 1995: Die neue Weltpolitik, Bonn.

Kaldor, Mary 1992: Der imaginäre Krieg. Eine Geschichte des Ost-West-Konflikts, Hamburg.

Kallscheuer, Otto (Hrsg.) 1996: Das Europa der Religionen. Ein Kontinent zwischen Säkularisierung und Fundamentalismus, Frankfurt/M.

Kaplan, Robert D. 1994: The Coming Anarchy, in: Atlantic Monthly, 273/2, 44-76.

Karl, David J. 1996-97: Proliferation Pessimism and Emerging Nuclear Powers, in: International Security, 21/3, 87-119.

Katzenstein, Peter J. (Hrsg.) 1996: The Culture of National Security: Norms and Identity in World Politics, New York.

Kaufmann, Johan 1996³: Conference Diplomacy: An Introductory Analysis, Basingstoke/London.

Kaul, Inge / Grunberg, Isabell / Stern, Marc A. 1999a: Defining Global Public Goods, in: Kaul, Inge et al. (Hrsg.): 2-19.

Kaul, Inge / Grunberg, Isabell / Stern, Marc A. (Hrsg.) 1999b: Global Public Goods: International Cooperation in the 21st Century, New York/Oxford.

Kennedy, Paul 1993: In Vorbereitung auf das 21. Jahrhundert, Frankfurt/M.

Kennedy, Paul 1996: Aufstieg und Fall der großen Mächte, Frankfurt/M.

Keohane, Robert O. / Nye, Joseph S. 1977: Power and Interdependence: World Politics in Transition, Boston.

Klingebiel, Ruth 1993: Menschenrechtskonferenz 1993: Gipfel der verpaßten Gelegenheiten?, in: Birckenbach, Hanne-Margret / Jäger, Uli / Wellmann, Christian (Hrsg.): Jahrbuch Frieden 1994, München, 84-93.

Klingebiel, Ruth 1995: Kein Rückschritt und kein Meilenstein. Die 4. Weltfrauenkonferenz zwischen Neuinterpretation und Erweiterung des Menschenrechtskonzepts, in: Wissenschaft & Frieden, 4/95, 12-16.

Klingebiel, Ruth 1996a: Der Weltgipfel für Soziale Entwicklung in Kopenhagen 1995. Absichtserklärungen ohne Verbindlichkeit, in: Messner, Dirk / Nuscheler, Franz (Hrsg.): 206-214.

Klingebiel, Ruth 1996b: Weltfrauenkonferenz in Beijing 1995. Aktion für Gleichberechtigung, Entwicklung und Frieden?, in: Messner, Dirk / Nuscheler, Franz (Hrsg.): 215-225.

Klingebiel, Ruth 1996c: Weltkonferenz über die Menschenrechte in Wien 1993. Universalismus auf dem Prüfstand, in: Messner, Dirk / Nuscheler, Franz (Hrsg.): 186-194.

Koh, Tommy Thong-Bee 1994: UNCED Leadership: A Personal Perspective, in: Spector, Bertram et al. (Hrsg.): 165-169.

Kohler-Koch, Beate 1990: „Interdependenz", in: Rittberger, Volker (Hrsg.): 110-129.

Kohler-Koch, Beate 1993: Die Welt regieren ohne Weltregierung, in: Böhret, Carl / Wewer, Göttrik (Hrsg.): Regieren im 21. Jahrhundert. Zwischen Globalisierung und Regionalisierung, Opladen, 109-141.

Kokoski, Richard 1995: Technology and the Proliferation of Nuclear Weapons, Oxford.

Konovalov, Alexander A. / Sutiagin, Igor 1994: Nuclear Weapons on the Territories of the CIS States: Problems of Safety and Security, in: Krause, Joachim (Hrsg.): 135-157.

Krasner, Stephen D. 1985: Structural Conflict: The Third World Against Global Liberalism, Berkeley etc.

Krause, Joachim 1995: Nichtverbreitung: Ringen um die Vertragsverlängerung, in: Vereinte Nationen, 43/1, 1-7.

Krause, Joachim (Hrsg.) 1994: Kernwaffenverbreitung und internationaler Systemwandel. Neue Risiken und Gestaltungsmöglichkeiten, Baden-Baden.

Krauthammer, Charles 1991: The Unipolar Moment, in: Foreign Affairs, 70/1, 23-33.

Krysmanski, Hans Jürgen 1971: Soziologie des Konflikts, Reinbek.

Kubbig, Bernd W. / Müller, Harald 1993: Nuklearexport und Aufrüstung. Neue Bedrohungen und Friedensperspektiven, Frankfurt/M.

Kühn, Michael 1993: Die Kompromisse der Regierungen..., in: der überblick, 3/93, 72-75.

Küng, Hans 1990: Projekt Weltethos, München.

Kunig, Philip / Uerpmann, Robert 1994: Die Wiener Menschenrechtserklärung von 1993 - Neue Perspektiven für den Schutz der Menschenrechte?, in: Verfassung und Recht in Übersee, 27/1, 32-44.

Lal, Deepak 1995: Eco-fundamentalism, in: International Affairs, 71/3, 515-528.

Lapid, Yosef / Kratochwil, Friedrich (Hrsg.) 1996: The Return of Culture and Identity in IR Theory, Boulder.

Layne, Christopher 1993: The Unipolar Illusion: Why New Great Powers Will Rise, in: International Security, 17/4, 5-51.

Lewis, Bernard 1998: Der Atem Allahs. Die islamische Welt und der Westen - Kampf der Kulturen?, München.

Levy, Marc A. 1995: Is the Environment a National Security Issue?, in: International Security, 20/2, 35-62.

Lietsch, Jutta 1995: Zwei Schritte vor und einen zurück, taz-Journal zur Weltfrauenkonferenz „Donner & Doria", 2/95, 96-97.

Lijphart, Arend 1971: Comparative Politics and the Comparative Method, in: American Political Science Review, 65/3, 682-693.

Link, Werner 1988[2]: Der Ost-West-Konflikt. Die Organisation der internationalen Beziehungen im 20. Jahrhundert, Stuttgart.

Link, Werner 1998: Die Neuordnung der Weltpolitik. Grundprobleme globaler Politik an der Schwelle zum 21. Jahrhundert, München.

Lipset, Seymour M. 1969: Political Man: The Social Bases of Politics, London.

Ludermann, Bernd 1995: Erfolgeicher Fehlschlag. Urteile über den Weltsozialgipfel sind eine Frage des Maßstabs, in: der überblick, 1/95, 58-66.

Luke, Timothy W. 1995: New World Order or Neo-world Orders: Power, Politics and Ideology in Informationalizing Glocalities, in: Featherstone, Mike / Lash, Scott / Robertson, Roland (Hrsg.): Global Modernities, London, 91-107.

Luttwak, Edward N. 1993: The Coming Global War for Economic Power, in: International Economy, 3/93, 18, 20-22, 64-67.

Luttwak, Edward N. 1994: Weltwirtschaftskrieg. Export als Waffe - aus Partnern werden Gegner, Reinbek.

Mackie, Tom / Marsh, David 1995: The Comparative Method, in: Marsh, David / Stoker, Gerry (Hrsg.): Theory and Methods in Political Science, Basingstoke, 173-188.

Mair, Peter 1998: Comparative Politics: An Overview, in: Goodin, Robert / Klingemann, Hans-Dieter (Hrsg.): A New Handbook of Political Science, Oxford, 309-335.

Mall, Ram Adhar 1997: Die Morphologie einer Weltkultur, in: Senghaas, Dieter (Hrsg.): 314-323.

Mandelbaum, Michael 1981: The Nuclear Revolution: International Politics Before and After Hiroshima, Cambridge etc.

Martens, Jens 1994: Sozialer Sprengstoff liegt nicht bloß im Süden. Vor dem Weltgipfel für soziale Entwicklung, in: Vereinte Nationen, 6/94, 203-206.

Martens, Jens 1995: Weltsozialgipfel, in: Vereinte Nationen, 3/95, 118-119.

Marty, Martin E. / Appleby, R. Scott 1996: Herausforderung Fundamentalismus. Radikale Christen, Moslems und Juden im Kampf gegen die Moderne, Frankfurt/M./New York.

Matthies, Volker 1988: Kriegsschauplatz Dritte Welt, München.

Mearsheimer, John J. 1990: Back to the Future: Instability in Europe After the Cold War, in: International Security, 15/1, 5-56.

Menzel, Ulrich 1992: Das Ende der Dritten Welt und das Scheitern der großen Theorie, Frankfurt/M.

Menzel, Ulrich 1997: Globalisierung versus Fragmentierung, Frankfurt/M.

Messner, Dirk 2000: Globalisierung, Global Governance und Perspektiven der Entwicklungszusammenarbeit, in: Nuscheler, Franz (Hrsg.): 91-109.

Messner, Dirk 2001: Weltkonferenzen und *Global Governance*: Anmerkungen zum radikalen Wandel vom Nationalstaatensystem zur *Global Governance*-Epoche, in: Fues, Thomas / Hamm, Brigitte (Hrsg.): 13-43.

Messner, Dirk / Nuscheler, Franz 1996a: Die Weltkonferenzen der 90er Jahre. Eine „Gipfelei" ohne neue Perspektive?, in: Messner, Dirk / Nuscheler, Franz (Hrsg.): 160-169.

Messner, Dirk / Nuscheler, Franz (Hrsg.) 1996b: Weltkonferenzen und Weltberichte. Ein Wegweiser durch die internationale Diskussion, Bonn.

Messner, Dirk / Nuscheler, Franz 1997: Global Governance. Herausforderungen an der Schwelle zum 21. Jahrhundert, in: Senghaas, Dieter (Hrsg.): 337-361.

Miller, Steven E. 1994: Alternative Nuclear Futures: What Fate for the Soviet Nuclear Arsenal?, in: Krause, Joachim (Hrsg.): 89-134.

Mirbach, Thomas 1990: Überholte Legitimität? Oder: auf dem Weg zu einem neuen Politikbegriff, Darmstadt.

Müller, Harald 1995: Historische Entscheidung? Zur Verlängerung des Atomwaffensperrvertrages, HSFK-StandPunkte, 5/95, 1-11.

Müller, Harald 1999[2]: Das Zusammenleben der Kulturen. Ein Gegenentwurf zu Huntington, Frankfurt/M.

Müller, Harald / Fischer, David / Kötter, Wolfgang 1994: Nuclear Non-proliferation and Global Order, Oxford etc.

Münz, Rainer / Ulrich, Ralf E. 1996: Wachstum der Weltbevölkerung. Reichtum oder Bürde, in: Internationale Politik, 51/12, 36-44.

Nachtigäller, Jutta 1992: Die Konferenz der Vereinten Nationen für Umwelt und Entwicklung. Ergebnisse und Bedeutung für Lateinamerika, in: Lateinamerika. Analysen-Daten-Dokumentation, Beiheft 12.

Narr, Wolf-Dieter / Schubert, Alexander 1994: Weltökonomie. Die Misere der Politik, Frankfurt/M.

Neyer, Jürgen / Seeleib-Kaiser, Martin 1995: Bringing the Economy Back in: Economic Globalization and the Re-commodification of the Workforce, ZeS-Arbeitspapier, 95/16, Bremen.

Nitschke, Peter 2000: Grundlagen des staatspolitischen Denkens der Neuzeit: Souveränität, Territorialität und Staatsraison, in: Siegelberg, Jens / Schlichte, Klaus (Hrsg.): 86-100.

Nowak, Manfred 1993: Die Vereinten Nationen und die Menschenrechte, in: Bielefeldt, Heiner / Deile, Volkmar / Thomsen, Bernd (Hrsg.): Menschenrechte vor der Jahrtausendwende, Frankfurt/M.

Nuscheler, Franz 1995a: Reiche Welt und arme Welt, in: Kaiser, Karl / Schwarz, Hans-Peter (Hrsg.): 112-122.

Nuscheler, Franz 1995b: Universalität und Unteilbarkeit der Menschenrechte? Zur Kakophonie des Wiener Wunschkonzerts, in: Österreichische Zeitschrift für Politikwissenschaft, 24/2, 199-210.

Nuscheler, Franz 2001: Multilateralismus vs. Unilateralismus. Kooperation vs. Hegemonie in den transatlantischen Beziehungen, SEF-Policy Paper 16, Bonn.

Nuscheler, Franz (Hrsg.) 2000: Entwicklung und Frieden im Zeichen der Globalisierung, Bonn.

Nye, Joseph S. 1990: Soft Power, in: Foreign Policy 80, 153-171.

Offe, Claus 1994: Der Tunnel am Ende des Lichts. Erkundungen der politischen Transformation im Neuen Osten, Frankfurt/M./New York.

Peters, Bernhard 1997: „Multikulturalismus" und „Differenz". Zu einigen Kategorien der Zeitdiagnose, in: Münkler, Herfried (Hrsg.) unter Mitarbeit von Bernd Ladwig: Furcht und Faszination. Facetten der Fremdheit, Berlin, 223-255.

Pfetsch, Frank 1998: Globale Konfliktformationen, in: Internationale Politik, 53/3, 1-8.

Popper, Karl R. 1984: Über den Zusammenprall der Kulturen, in: Popper, Karl R.: Auf der Suche nach einer besseren Welt: Vorträge und Aufsätze aus dreißig Jahren, München etc.

Prittwitz, Volker v. (Hrsg.) 1996: Verhandeln und Argumentieren. Dialog, Interessen und Macht in der Umweltpolitik, Opladen.

Reinicke, Wolfgang 1998: Global Public Policy, Washington.

Riesebrodt, Martin 1996: Zur Politisierung von Religion. Überlegungen am Beispiel fundamentalistischer Bewegungen, in: Kallscheuer, Otto (Hrsg.): 247-275.

Risse-Kappen, Thomas 1994: Wie weiter mit dem „demokratischen Frieden"?, in: Zeitschrift für Internationale Beziehungen, 1/2, 367-379.

Rittberger, Volker 1983: Global Conference Diplomacy and International Policy-Making: The Case of UN-Sponsored World Conferences, in: European Journal of Political Research 11, 167-182.

Rittberger, Volker 2000: Globalisierung und der Wandel der Staatenwelt. Die Welt regieren ohne Weltstaat, in: Menzel, Ulrich (Hrsg.): Vom Ewigen Frieden und vom Wohlstand der Nationen, Frankfurt/M., 188-218.

Rittberger, Volker (Hrsg.) 1990: Theorien der Internationalen Beziehungen. Bestandsaufnahme und Forschungsperspektiven, PVS-Sonderheft 21, Opladen.

Rittberger, Volker (Hrsg.) 1995: Anpassung oder Austritt: Industriestaaten in der UNESCO-Krise. Ein Beitrag zur vergleichenden Außenpolitikforschung, Berlin.

Rittberger, Volker / Zangl, Bernhard 1995²: Internationale Organisationen. Politik und Geschichte, Opladen.

Rittberger, Volker / Zürn, Michael 1991: Transformation der Konflikte in den Ost-West-Beziehungen. Versuch einer institutionalistischen Bestandsaufnahme, in: Politische Vierteljahresschrift, 32/3, 399-424.

Ritter, Klaus 1987: Die Dominanz des Ost-West-Konfliks, in: Kaiser, Karl / Schwarz, Hans-Dieter (Hrsg.): 89-101.

Rosen, Klaus-Henning 1994: Bericht über die Internationale Konferenz über Bevölkerung und Entwicklung in Kairo, in: Bundesinstitut für Bevölkerungswissenschaft (Hrsg.): 67-82.

Rosenau, James N. 1990: Turbulence in World Politics: A Theory of Change and Continuity, New York etc.

Rosenau, James N. 1995: Governance in the Twenty-first Century, in: Global Governnace, 1/1, 13-43.

Rosenau, James N. 1997: Along the Domestic-Foreign Frontier: Exploring Governance in a Turbulent World, Cambridge.

Rosenberg, Robin L. 1994: Trade and the Environment: Economic Development versus Sustainable Development, in: Journal of Interamerican Studies and World Affairs, 36/3, 129-156.

Rotte, Ralph 1996: Das internationale System zwischen Globalisierung und Regionalisierung. Makroanalytische Grundstrukturen der Weltpolitik nach dem Ost-West-Konflikt, Baden-Baden.

Rubenstein, Richard E. / Crocker, Jarle 1994: Challenging Huntington, in: Foreign Policy 96, 113-128.

Ruf, Anja 1996: Weltwärts Schwestern! Von der Weltfrauenkonferenz in die globale Zukunft, Bonn.

Ruloff, Dieter 1990: Theorien der Ost-West-Beziehungen, in: Rittberger, Volker (Hrsg.): 313-329.

Scharpf, Fritz W. 1991: Die Handlungsfähigkeit des Staates am Ende des zwanzigsten Jahrhunderts, in: Politische Vierteljahresschrift, 32/4, 621-635.

Scharpf, Fritz W. 1998: Demokratie in der transnationalen Politik, in: Beck, Ulrich (Hrsg.): 228-253.

Scheffran, Jürgen / Kalinowski, Martin 1995: Das Tauziehen um den Nichtverbreitungsvertrag, in: Wissenschaft & Frieden, 12/1, 20-23.

Schilling, Walter 1995: Das Regime der nuklearen Nichtverbreitung auf dem Prüfstand, in: Aussenpolitik, 1/95, 60-69.

Schimmelfennig, Frank 1995: Debatten zwischen Staaten. Eine Argumentationstheorie internationaler Systemkonflikte, Opladen.

Schmid, Herman 1971: „Friedensforschung und Politik", in: Senghaas, Dieter (Hrsg.): Kritische Friedensforschung, Frankfurt/M., 25-52.

Schmidt, Hilmar / Take, Ingo 1997: Demokratischer und besser? Der Beitrag von Nichtregierungsorganisationen zur Demokratisierung internationaler Politik und zur Lösung globaler Probleme, in: Aus Politik und Zeitgeschichte, B 43/97, 12-20.

Schmitz, Angela 1996: *Sustainable Development*: Paradigma oder Leerformel?, in: Messner, Dirk / Nuscheler, Franz (Hrsg.): 103-119.

Schrade, Christina 1997: Machtstaat, Handelsstaat oder Zivilstaat? Deutsche Entwicklungspolitik nach dem Ende des Ost-West-Konflikts, in: Zeitschrift für Internationale Beziehungen, 4/2, 255-294.

Schwarz, Hans-Peter 1994: Die Zentralmacht Europas. Deutschlands Rückkehr auf die Weltbühne, Berlin.

Seitz, Konrad 1990: Die japanisch-amerikanische Herausforderung, München.

Senghaas, Dieter 1988: Konfliktformationen im internationalen System, Frankfurt/M.

Senghaas, Dieter 1991: Internationale Politik jenseits des Ost-West-Konflikts, in: Leviathan, 4/91, 491-520.

Senghaas, Dieter 1994a: Interdependenzen im internationalen System, in: Krell, Gert / Müller, Harald (Hrsg.): Frieden und Konflikt in den internationalen Beziehungen, Frankfurt/M./New York, 190-222.

Senghaas, Dieter 1994b: Wohin driftet die Welt?, Frankfurt/M.

Senghaas, Dieter 1995: Die Wirklichkeiten der Kulturkämpfe, in: Leviathan, 23/2, 197-212.

Senghaas, Dieter 1999: Kalter Krieg, in: 100 Wörter des Jahrhunderts, Frankfurt/M., 147-151.

Senghaas, Dieter (Hrsg.) 1997: Frieden machen, Frankfurt/M.

Siegelberg, Jens / Schlichte, Klaus (Hrsg.) 2000: Strukturwandel internationaler Beziehungen. Zum Verhältnis von Staat und internationalem System seit dem Westfälischen Frieden, Wiesbaden.

Simonis, Georg 1993: Der Erdgipfel von Rio - Versuch einer kritischen Verortung, in: Peripherie, 51/52, 12-37.

Simpson, John 1995: The Birth of a New Era? The 1995 NPT Conference and the Politics of Nuclear Disarmament, in: Security Dialogue, 26/3, 247-256.

Singer, Max / Wildavsky, Aaron 1993: The Real World Order, Chatham.

Spaemann, Robert 1996: Sollten universalistische Religionen auf Mission verzichten?, in: Kallscheuer, Otto (Hrsg.): 277-289.

Spector, Bertram I. / Sjöstedt, Gunnar / I. William Zartman (Hrsg.) 1994: Negotiating International Regimes. Lessons Learned from the United Nations Conference on Environment and Development (UNCED), London etc.

Stahl, Karin 1993: Die UN-Konferenz über „Umwelt und Entwicklung": Neue und alte Verteilungskonflikte zwischen Erster und Dritter Welt, in: Jahrbuch Dritte Welt 1993, München, 48-60.

Stelzenmüller, Constanze 1993: Die 2. UNO-Menschenrechtskonferenz - Wien, 14.-25. Juni, Bericht im Auftrag der Friedrich-Ebert-Stiftung, Bonn.

Stephan, Petra 2001: Die Kommission für Nachhaltige Entwicklung (CSD): »*talkshop*« der Vereinten Nationen oder wirksame Institution zur Umsetzung der Agenda 21?, in: Fues, Thomas / Hamm, Brigitte (Hrsg.): 126-157.

Stiftung Entwicklung und Frieden 1999: Globale Trends 2000. Fakten Analysen Prognosen, Frankfurt/M.

Streeck, Wolfgang 1998: Industrielle Beziehungen in einer internationalisierten Wirtschaft, in: Beck, Ulrich (Hrsg.), 169-202.

Take, Ingo 2002: NGOs im Wandel. Von der Graswurzel auf das diplomatische Parkett, Wiesbaden.

Tang, James T. H. (Hrsg.) 1995: Human Rights and International Relations in the Asia-Pacific Region, London/New York.

Thiessen, Marc A. 2001: Don't Tread on U.S., in: Foreign Policy, March/April 2001, 68-69.

Thurow, Lester C. 1992: Head to Head: The Coming Economic Battle Among Japan, Europe, and America, New York.

Tibi, Bassam 1995: Krieg der Zivilisationen. Politik und Religion zwischen Vernunft und Fundamentalismus, Hamburg.

Walk, Heike / Brunnengräber, Achim 2000: Die Globalisierungswächter. NGOs und ihre transnationalen Netze im Konfliktfeld Klima, Münster.

Wallerstein, Immanuel 1984: The Politics of the World-economy: The States, the movements and the civilizations, Cambridge etc.

Walter, Gregor 1995: Politikfelder als Erklärungsvariablen in der Außenpolitikanalyse: Theoretische Entwicklung und Illustration am Beispiel der Außenwirtschaftspolitik der USA und der Bundesrepublik Deutschland im Agrarbereich, unveröffentlichte Magisterarbeit, Tübingen.

Waltz, Kenneth N. 1993: The Emerging Structure of International Politics, in: International Security, 18/2, 44-79.

Wehr, Paul 1979: Conflict Regulation, Boulder.

Weller, Christoph 2000: Die öffentliche Meinung in der Außenpolitik. Eine konstruktivistische Perspektive, Wiesbaden.

Welsh, Susan 1995: Delegate Perspectives on the 1995 NPT Review and Extension Conference, in: Nonproliferation Review, 2/3, 1-24.

Wöhlcke, Manfred 1993: Der ökologische Nord-Süd-Konflikt, München.

Woiwod, Christiane 1996: Die internationale Konferenz über Bevölkerung und Entwicklung in Kairo 1994. Vom Nil zu neuen bevölkerungspolitischen Ufern?, in: Messner, Dirk / Nuscheler, Franz (Hrsg.): 195-205.

Wolf, Klaus Dieter 2000: Die Neue Staatsräson - Zwischenstaatliche Kooperation als Demokratieproblem in der Weltgesellschaft, Baden-Baden.

Wolfrum, Rüdiger 1993: Die Entwicklung des internationalen Menschenrechtsschutzes. Perspektiven nach der Weltmenschenrechtskonferenz von Wien, in: Europa-Archiv, 23/93, 681-690.

Worldwatch Institute (Hrsg.) 1996: Zur Lage der Welt 1996, Frankfurt/M.

Zangl, Bernhard 1999: Interessen auf zwei Ebenen. Internationale Regime in der Agrarhandels-, Währungs- und Walfangpolitik, Baden-Baden.

Zürn, Michael 1992a: Interessen und Institutionen in der internationalen Politik. Grundlegung und Anwendungen des situationsstrukturellen Ansatzes, Opladen.

Zürn, Michael 1992b: Jenseits der Staatlichkeit. Über die Folgen der ungleichzeitigen Denationalisierung, in: Leviathan, 20/4, 490-513.

Zürn, Michael 1996: Konfliktlinien nach dem Ende des Ost-West-Gegensatzes - global handeln, lokal kämpfen, in: Beyme, Klaus v. / Offe, Claus (Hrsg.): Politische Theorien in der Ära der Transformation, PVS-Sonderheft 26, Opladen, 94-128.

Zürn, Michael 1998a: Regieren jenseits des Nationalstaats, Globalisierung und Denationalisierung als Chance, Frankfurt/M.

Zürn, Michael 1998b: Schwarz-Rot-Grün-Braun: Reaktionsweisen auf Denationalisierung, in: Beck, Ulrich (Hrsg.): 297-330.

Zürn, Michael / Brozus, Lars 1996: Kulturelle Konfliktlinien. Ersatz für den Kalten Krieg?, in: Internationale Politik, 51/12, 45-54.

Zürn, Michael / Take, Ingo 1996: Weltrisikogesellschaft und öffentliche Wahrnehmung globaler Gefährdungen, in: Aus Politik und Zeitgeschichte, B 24-25/96, 3-12.

Zürn, Michael / Walter, Gregor / Dreher, Sabine / Beisheim, Marianne 2000: Postnationale Politik? Über den politischen Umgang mit den Denationalisierungs-Herausforderungen Internet, Klimawandel und Migration, in: Zeitschrift für Internationale Beziehungen, 7/2, 297-329.

Zürn, Michael / Wolf, Klaus Dieter / Efinger, Manfred 1990: Problemfelder und Situationsstrukturen in der Analyse internationaler Politik. Eine Brücke zwischen den Polen?, in: Rittberger, Volker (Hrsg.): 151-174.

AUS DEM PROGRAMM

Politikwissenschaft

Joachim Jens Hesse, Thomas Ellwein
Das Regierungssystem der Bundesrepublik Deutschland
Band 1: Text, Band 2: Materialien
8., völlig neubearb. und erw. Aufl. 1997. 1.400 S.
Br. € 49,00
ISBN 3-531-13124-9
Geb. € 74,00
ISBN 3-531-13125-7

Das Standardwerk über das Regierungssystem der Bundesrepublik Deutschland wurde für die achte Auflage umfassend überarbeitet und auf den neuesten Stand gebracht. Allgemein verständlich geschrieben, vereint das Lehrbuch die Vorzüge einer kompakten Gesamtdarstellung mit denen eines Handbuchs und Nachschlagewerkes.

Klaus von Beyme
Das politische System der Bundesrepublik Deutschland
Eine Einführung
9., neu bearb. und akt. Aufl. 1999. 475 S. Br. € 14,90
ISBN 3-531-13426-4

Der seit vielen Jahren in Lehre und Studium bewährte Band ist vor allem dem schwierigen Prozess der deutschen Einigung gewidmet. Außen- und innenpolitische Hindernisse des Prozesses werden dargestellt. Die Schwierigkeiten des Zusammenwachsens von Ost- und Westdeutschland werden mit der Analyse der Institutionen – Parteien, Bundestag, Regierung, Verwaltung, Verfassungsgerichtsbarkeit und Föderalismus – und der politischen Prozesse – Wahlverhalten, Legitimierung des Systems, Durchsetzung organisierter Interessen und Führungsauslese – verknüpft.

Bernhard Schreyer, Manfred Schwarzmeier
Grundkurs Politikwissenschaft:
Studium der Politischen Systeme
Eine studienorientierte Einführung
2000. 243 S. Br. € 17,00
ISBN 3-531-13481-7

Konzipiert als studienorientierte Einführung, richtet sich diese Einführung in erster Linie an die Zielgruppe der Studienanfänger. Auf der Grundlage eines politikwissenschaftlichen Systemmodells werden alle wichtigen Bereiche eines politischen Systems dargestellt. Im Anhang werden die wichtigsten Begriffe in einem Glossar zusammengestellt. Ein Sach- und Personenregister sowie ein ausführliches allgemeines Literaturverzeichnis runden das Werk ab.

www.westdeutschervlg.de

Erhältlich im Buchhandel oder beim Verlag.
Änderungen vorbehalten. Stand: April 2002.

Abraham-Lincoln-Str. 46
65189 Wiesbaden
Tel. 0611. 78 78 - 285
Fax. 06 11. 78 78 - 400

Westdeutscher Verlag

AUS DEM PROGRAMM

Politikwissenschaft

Martin Greiffenhagen, Sylvia Greiffenhagen (Hrsg.)
Handwörterbuch zur politischen Kultur der Bundesrepublik Deutschland
2., völlig überarb. Aufl. 2002. 674 S. Geb. ca. € 43,90
ISBN 3-531-13209-1

Dieses Werk stellt den Wissensstand zum Thema politische Kultur in ca. 120 Stichwörtern umfassend, aktuell und gut verständlich dar. Dieses Handwörterbuch vermittelt Grundwissen über die politische Kultur Deutschlands: ihre Geschichte; ihre institutionellen, sozialen und ökonomischen Bedingungen; die Einstellungen, Werthaltungen und Verhaltensprofile ihrer Bürger. Dabei werden die Entwicklungen seit der Vereinigung Deutschland besonders berücksichtigt. Zugleich informiert das Werk über Theorien und Methoden der politischen Kulturforschung.

Karl-Rudolf Korte (Hrsg.)
„Das Wort hat der Herr Bundeskanzler"
Die großen Regierungserklärungen von Adenauer bis Schröder
2002. ca. 460 S. Br. ca. € 39,00
ISBN 3-531-13695-X

Regierungserklärungen sind ein wichtiges und wirksames Instrument des Regierungshandelns und der Orientierung der Öffentlichkeit. In diesem Sammelband wird dieses Instrument anhand der großen Antrittsreden aller Kanzler erstmals umfassend (politische Situation, Entstehung, Wirkung usw.) untersucht. Die Texte der Regierungserklärungen sind als Anhang zum Buch beigefügt.

Udo Kempf, Hans-Georg Merz (Hrsg.)
Kanzler und Minister 1949 - 1998
Biographisches Lexikon der deutschen Bundesregierungen
2001. IV, 859 S. Geb. € 49,00
ISBN 3-531-13407-8

Dieses Lexikon behandelt erstmals biografisch alle Kanzler und Bundesminister der Bundesrepublik Deutschland von 1949-1998. In ausführlichen Einzelartikeln werden der berufliche und politische Lebensweg der Politiker, die wichtigen politischen Leistungen sowie die bleibenden Resultate ihrer Politik dargestellt und gewürdigt. Insgesamt entsteht so ein lebendiges Gesamtbild der Politik und einzelner Politikfelder in der Bundesrepublik.

www.westdeutschervlg.de

Erhältlich im Buchhandel oder beim Verlag.
Änderungen vorbehalten. Stand: April 2002.

Abraham-Lincoln-Str. 46
65189 Wiesbaden
Tel. 06 11. 78 78 - 285
Fax. 06 11. 78 78 - 400

Westdeutscher Verlag